| 高等教育现代化研究丛书 |

董泽芳◇主编

职业院校服务区域战略性新兴产业路径与政策

ZHIYE YUANXIAO FUWU QUYU
ZHANLUEXING XINXING CHANYE LUJING YU ZHENGCE

徐　波　王子成／著

華中師範大學出版社

新出图证（鄂）字 10 号
图书在版编目（CIP）数据

职业院校服务区域战略性新兴产业路径与政策/徐波，王子成著. —武汉：华中师范大学出版社，2023.6
（高等教育现代化研究丛书 / 董泽芳主编）
ISBN 978-7-5769-0106-1

Ⅰ.①职… Ⅱ.①徐… ②王… Ⅲ.①职业教育—关系—新兴产业—产业发展—研究—中国 Ⅳ.①G719.2 ②F269.2

中国国家版本馆 CIP 数据核字（2023）第 058513 号

职业院校服务区域战略性新兴产业路径与政策
© 徐 波 王子成 著

责任编辑：陈良军 **责任校对**：骆 宏 **封面设计**：罗明波
编辑室：学术出版中心 **电话**：027-67867792
出版发行：华中师范大学出版社有限责任公司
社址：湖北省武汉市洪山区珞喻路 152 号 **邮编**：430079
电话：027-67863426（发行部） **传真**：027-67863291
网址：http://press.ccnu.edu.cn **电子邮箱**：press@mail.ccnu.edu.cn
印刷：湖北恒泰印务有限公司 **督印**：刘 敏
开本：710mm×1000mm 1/16 **印张**：24.5
版次：2023 年 6 月第 1 版 **印次**：2023 年 6 月第 1 次印刷
字数：345 千字 **定价**：98.00 元
欢迎上网查询、购书

总　　序

教育是国之大计、党之大计。党的二十大报告提出了“实施科教兴国战略，强化现代化建设人才支撑”的重要论断，围绕教育优先发展、科技自立自强、人才引领驱动等作出新的全面部署。这为我们在全面建设社会主义现代化国家新征程上加快建设教育强国、科技强国、人才强国指明了方向。

高校承担着人才培养、科学研究、社会服务、文化传承创新与国际交流合作等重要职能，是教育高地、科技高地、人才高地的融合体。习近平总书记指出，高等教育发展水平是一个国家发展水平和发展潜力的重要标志。国家对高等教育的需要比以往任何时候都更加迫切，对科学知识和卓越人才的渴求比以往任何时候都更加强烈。实现高等教育现代化是实现教育现代化的核心内容，是建设教育强国、科技强国与人才强国的重要保障，是全面实现中国式现代化的强大基础，是推进中华民族伟大复兴的先导工程。

实现我国高等教育现代化，既要顺应国际高等教育的发展潮流，符合全球高等教育发展的共同愿景，体现世界一流的高等教育理念、体系、质量和水平；也要具有鲜明的中国特色，契合中国的国情，坚持社会主义办学方向，重视对优秀传统文化、核心价值理念和正确教育思想的弘扬，走出一条在高等教育大国基础上建设高等教育强国的道路；还要遵循我国现代化发展、教育现代化发展与人才发展自身的规律。高等教育现代化是一个立足本国、向他国学习，并不断自我创新的过程。基于此，我国高等教育现代化应该是立足于人口规模巨大国情的现代化，是追求人的全面发展、全体人民共同富裕、物质文明和精神文明协调并进、人与自然和谐共生的现代化，走和平发展道路的现代化。

实现我国高等教育现代化要把握机遇，用好机遇。当今世界正处于国际形势大变动时期，中国的发展也进入新时代，综观国际、国内形势，我国正处在进一步发展的重要战略机遇期，这为高等教育现代化发展提供了千载难逢的机遇。如世界经济格局新变化为高等教育现代化提供了强大的外部动力，“科教兴国”与“人才强国”战略为高等教育现代化建设提供了重要的战略支撑，经济持续发展与对高教投入加大为高等教育现代化发展提供了必要的物质保障，全党全社会对“教育优先发展”战略的认识深化为高等教育现代化发展创造了良好的精神环境，广泛的国际开放与合作背景拓宽了我国高等教育现代化国际交流平台，等等。在促进我国高等教育现代化发展的进程中，我们必须以高度的使命感把握机遇，用好机遇。

实现我国高等教育现代化也必须正视问题、研究问题。这些问题主要有：一是有些理念滞后，表现在很多大学对大学主体是什么、为什么办大学以及大学应该怎样办等缺乏深层次的理性认识；二是价值取向偏颇，表现在重功利价值轻学术价值，重科技价值轻人文价值，重局部近期价值轻整体长远价值，重个人发展价值轻社会发展价值，重效率价值轻公平价值，重适应社会的价值轻社会导引的价值，重分化的价值轻整合的价值，重维护稳定价值轻改革创新等方面，价值取向上的偏颇必然导致办学方向的迷茫、培养目标的模糊与高等教育功能的萎缩；三是发展定位不当，表现在我国当前许多高校在定位上仍然存在着办学目标雷同、服务面向不清、办学层次混乱、发展模式单一、办学特色淡化等问题；四是经费投入不足，表现在我国生均财政经费偏低，不同地区高校生均经费差距很大，公办高校经费投入与规模发展不相适应，不少高校的硬件建设和软件建设受到极大限制；五是制度建设薄弱，表现在大学与政府、社会的关系尚未理顺，大学自身的主体性的失落，有些大学内部也因种种原因出现行政权力异化，如职能官位化、作风衙门化、学术行政化等现象；六是教师现状堪忧，表现在部分高校教师人文素质偏低、敬业意识淡薄、价值观念偏颇和师德教风不佳等方面；七是培养模式僵化，反映在部分高校培养目标过专、专业划分过细、专业设置求全、教学方法重灌、学习方法过死、评价方法单一等；八是教学质量堪忧，主要反映在学生的自主学习能力不高、实践能力偏弱、创新人才较差等方面。我们必须以高度的责任感研究问题、破解难题。

本套丛书正是基于上述认识，围绕我国社会现代化进程中高等教育现代化面临的问题进行了探究。如有专著根据高等教育现代化是为了实现科教强国、人才强国的目标，将有效开发高校人力资源作为研究对象，以当今国际形势变动、国内发展转型、学校自身变革对高校教师开发以及人才培养的需求为研究切入点，重点评介了国内外高校人力资源开发与管理的相关理论，结合对当前高校人力资源开发与管理现状的调查研究，着重分析了高校人力资源选、用、管、评的机制优化与实施策略。有专著依据我国高等教育现代化追求公平与质量并重的目标，阐释了评价考生入学公平的最终标准是人人都能接受适合自己的高质量高等教育，人人都能成为社会的有用之才，人人都有出彩的机会；高等教育分流机制创新的根本目的是促进高等教育公平，前提条件是保证教育质量，高等教育分流机制创新必须合目的性、合规律性、合条件性。有专著认为实现乡村振兴是我国高等教育现代化的重要任务，提出了“培育一粒种子，带动一个专业，服务一群产业，扶持一方经济”“以师兴乡”的办学理念，开展了研究生层次乡村工匠之师培养培训创新实践与理论研究，总结出了“三界共振＋三双共振＋三术共振”要素之和及其相互作用的“全息共振”模式。有专著围绕高等教育对乡村振兴的智力支持的理念，采用访谈、个案等形式对某些具有典型性的农村社区进行实证调查，分析了高等教育对乡村振兴进行智力渗透方面的成绩与问题，提出了实现高等教育为乡村振兴提供切实有效智力支持的对策建议。有专著基于“制度—环境—行为”和“行为—环境—制度”两条主线，围绕制度、社会结构与组织环境、行为主体三大中心及其相互作用，对应用型本科高校教师工作考核制度的变迁机制和运行现状进行了探究。有专著立足于高等教育现代化是追求全体人民共同富裕、城乡协调发展的现代化，提出高师实践教学改革应以实习支教为抓手，整合教师教育实践教学改革和农村师资补充，建构地方政府推动下高校实习生、高校教师、乡村教师与城镇教师循环流转的“四元多维”模式，以促进贫困地区教育发展。有专著基于高职院校服务战略产业的方向，研究了区域战略性新兴产业对人才的需求，调查了职业院校人才培养现状，探讨和建构了推进职业院校服务区域战略性产业的路径和相关政策保障。有专著根据高等教育现代化的目标，从新制度主义理论视角出发，研究了推动高校分类发展，引导应用型本科高校特色发展，完善教师权益保障制度、工资薪酬制度和职称评定制度等的思路与对策。有专著以 112 所地方本科师范院校为样本，对组织目标、组织结构、组织行为等方面的转型问题进行了研究，提出了建立省级统筹下的教师教育体系、形成分类评估的制度、促进适合区域特色的本土化发展之路等对策。有专著基于知识生产模式理论的分析视角，综合运用多种方法，研究了西南地区地方高校的学科建设问题，剖析了地方高校与学科、地方高校与知识、学科与知识的逻辑关系，总结了西南地区地方高校学科建设的基本经验，梳理了地方高校学科建设中的主要问题，提出了在高等教育现代化进程中优化地方高校学科建设的基本路径。有专著以教育博士专业学位研究生培养模式为研究对象，以知识生产模式转型为理论视角，考察了我国教育博士专业学位研究生培养中的问题，提出了构建“系统集群—结构要素”组合的教育博士专业学位研究生培养模式和改革路径。

本套丛书在选题上都是紧紧围绕高等教育现代化发展，立足于问题研究，着眼于学科发展，致力于实践服务，既有宏观的政策考察，也有中观的制度分析，更有微观的对策探讨；书中提出的可行性建议与举措，对促进我国高等教育改革与发展具有一定的参考价值，希望能为构建中国式现代化高等教育体系，推进高等教育现代化发展贡献微薄之力。本套丛书的作者有些是资历尚浅的青年学者，书中有些观点和论证还显稚嫩和不足，但他们对教育深厚的人文情怀与现实关切令人感动。

中国高等教育现代化建设是一个系统工程，还有许多值得研究的问题。由于作者水平所限，以及对高等教育现代化发展的规律认识不深，本套丛书必有诸多不足，希望诸位读者不吝赐教。在此要特别感谢华中师范大学出版社领导、编辑部主任及各位编辑对本套丛书的大力支持。

董泽芳

2023 年 5 月 12 日

序

2019年《国家职业教育改革实施方案》指出："自2019年开始，围绕现代农业、先进制造业、现代服务业、战略性新兴产业，推动职业院校在10个左右技术技能人才紧缺领域大力开展职业培训。"2017年国务院4号文件《国务院关于印发国家教育事业发展"十三五"规划的通知》明确提出加快培养战略性新兴产业急需人才。鼓励学校、行业、企业、科研机构、社会组织等组建职业教育集团，实现教育链和产业链有机融合。由此可见，国家已经将发展职业院校服务战略性新兴产业作为一项重要的战略，然而目前战略性新兴产业人才极为缺乏，因此"职业院校如何培养所需人才为现代战略性新兴产业做出贡献"是我们亟待探究的问题。

本书在大量的调查研究基础上，综合分析职业教育服务区域战略性新兴产业的理论逻辑、湖南战略性新兴产业发展前景、湖南战略性新兴产业紧缺人才需求预测与对策、职业院校对接湖南战略性新兴产业现状、湖南省职业院校专业设置与战略性新兴产业适应性、职业院校服务区域战略性新兴产业的实现路径、职业院校服务区域战略性新兴产业的政策建议，并深入分析了长沙航空职业技术学院的案例。职业院校服务湖南战略性新兴产业的研究，不仅全面创新了区域职业教育战略性新兴产业人才培养的模式，而且对于促进校企深度融合、提高人才培养质量、达成优质资源共享、促进战略性新兴产业发展、推动职业教育服务新兴产业走向国际起到了重要借鉴与指引作用。经过长期的探索与实践，作者撰写了《职业院校服务区域战略性新兴产业路径与政策》一书。综观本书有以下几个方面的特点：

一是内容丰富。该书对湖南省具代表性的中、高职学校进行了充分调研，对已有研究成果进行了梳理、分析，通过对湖南战略性新兴产业紧缺人才需求进行预测，对湖南省职业院校专业设置、战略性新兴产业适应性分析，总结出职业院校服务区域战略性新兴产业的实现路径与高职院校服务区域战略性新兴产业的政策建议。

二是见解新颖。本书是经过多年经验积累、实践和理论探索，学校领导和教师的共同努力，在高校科研团队指导下完成的。该书提出的"创新职业院校服务区域战略性新兴产业实现路径、构建职业院校服务区域战略性新兴产业服务政策体系、优化职业院校服务区域战略性新兴产业办学模式"等观点，受到职教界普遍认可，在一定程度上丰富了我国职业教育的理论与实践体系。

三是结构合理。该书是按照实地调研—理论构建—实证研究—政策提炼—案例分析的逻辑结构进行撰写的。首先通过理论分析构建高职院校服务区域战略性新兴产业分析框架和理论基础。科学界定产业及产业结构、战略性新兴产业、职业院校服务产业发展、职业院校专业结构的内涵和外延，研究产业经典理论、区域产业结构与职业教育的相互关系、战略性新兴产业与职业教育发展的协调性分析，为后续研究奠定理论基础。通过实地调研，对湖南战略性新兴产业发展、湖南战略性新兴产业紧缺人才需求预测与对策、职业院校对接区域战略性新兴产业现状进行分析，从而进一步探析湖南省职业院校专业设置与战略性新兴产业适应性，构建职业院校服务区域战略性新兴产业的实现路径，并提出职业院校服务区域战略性新兴产业的政策建议，最后以长沙航空职业技术学院的案例进行分析。本书研究逻辑性强、结构严谨、分析合理，是一本具有很高应用价值的著作。

总之，研究高职院校服务区域战略性新兴产业的著作并不多见。能够结合区域经济与战略性新兴产业特色，提出具有独特性与创新性的职业教育服务战略性新兴产业发展路径与政策建议的著作则是少之又少。虽然本书资料搜集难免有所遗漏，书中的一些观点与结论，还有待今后在职业教育服务战略性新兴产业实践活动中进一步印证和丰富，但是毋庸置疑，本书对职业院校服务区域战略性新兴产业的发展有重要的参考价值，是一部不可多得的研究高职院校服务区域战略性新兴产业的著作。

湖南农业大学二级教授、博士生导师

周明星

2023年5月15日

目　　录

第一章 绪 论

当今世界，为适应人类需求发展的趋势，新的科技革命正孕育而生，重大技术创新与突破催生出诸多新兴产业，同时带动传统产业改造升级和产业结构重大调整广泛深入展开，经济发展已进入新的产业革命时代，全球经济发展和竞争格局正在发生深刻变革。在这一历史进程中，对于新兴产业，尤其是新一代信息技术、生物技术、新能源、新材料、节能环保、新能源汽车等具有战略性的新兴产业，世界主要国家都从战略高度，抢抓重大历史机遇，纷纷制定发展计划，采取强有力政策措施大力推进，战略性新兴产业发展已勃然兴起，正处于快速上升阶段，呈现出蓬勃发展之势。

经济新常态下，战略性新兴产业已成为拉动各国经济增长的新动能。根据 BEIS 数据 2018 年可再生能源占英国电力供应的 27.5%[①]。美国新制造业每年对经济的贡献量达 2 万亿美元，占出口的比重达 60%。韩国发现了文化创意产业的“四倍效应”，文化产业出口规模以年均 22.5%的速度飞速增长[②]。据中国国家统计局统计，2018 年工业战略性新兴产业增加值比上年增长 8.9%，增速快于全部规模以上工业 2.7 个百分点，战略性新兴服务业同比分别增长 16.7%，增速快于规模以上

---

① 中国新能源网. 初步统计显示：2018 年英国可再生能源产量创历史新高 [EB/OL]. [2019-03-18]. http://www.china-nengyuan.com/news/136603.html.

② 高山. 发达国家战略性新兴产业发展动态与我国对策 [J]. 改革与战略，2017 (7)：51-54.

服务业 4.0 个百分点①。可见，战略性新兴产业正成为世界各国经济发展的新引擎，与此同时，战略性新兴产业快速发展急需大批与之相适应的高素质技术技能人才，据工信部数据，目前每年社会上对于各类网络高端技术技能人才的需求量正以 71.2%的平均速度递增，“十三五”期间人才需求量将达到 100 万人，而目前的供给及培养速度远远跟不上需求的发展②，而新兴产业的技能人才主要来源于职业技能型高校，因此对于职业技能型高校如何服务区域战略性新兴产业等理论和实际问题亟待解答。

第一节　研究背景

一、时代背景

党的十九大召开标志着中国特色社会主义进入新时代，意味着科学社会主义在二十一世纪的中国焕发出强大生机活力，在世界上高举中国特色社会主义伟大旗帜；意味着中国特色社会主义道路、理论、制度、文化不断发展，拓展了发展中国家走向现代化的途径，给世界上那些既希望加快发展又希望保持自身独立性的国家和民族提供了全新选择，为解决人类问题贡献了中国智慧和中国方案。党的十八大以来的五年，是党和国家发展进程中极不平凡的五年。面对世界经济复苏乏力、局部冲突和动荡频发、全球性问题加剧的外部环境，面对我国经济发展进入新常态等一系列深刻变化，我们坚持稳中求进工作总基调，迎难而上，开拓进取，取得了改革开放和社会主义现代化建设的巨大成就。

经济建设取得重大成就。坚定不移贯彻新发展理念，坚决端正发展观念、转变发展方式，发展质量和效益不断提升。经济保持中高速增

① 国家发展和改革委员会. 高技术制造业增加值占规模以上工业比重达 13% [EB/OL]. [2018-08-24]. http://www.gov.cn/xinwen/2018-08/24/content_5316378.htm.

② 杨燕. 基于战略性新兴产业的高端技术技能人才培养方式调整探析 [J]. 职教论坛, 2016 (7): 54-57.

长，在世界主要国家中名列前茅，国内生产总值从五十四万亿元增长到八十万亿元，稳居世界第二，对世界经济增长贡献率超过百分之三十。供给侧结构性改革深入推进，经济结构不断优化，数字经济等新兴产业蓬勃发展，高铁、公路、桥梁、港口、机场等基础设施建设快速推进。农业现代化稳步推进，粮食生产能力达到一万二千亿斤。城镇化率年均提高一点二个百分点，八千多万农业转移人口成为城镇居民。区域发展协调性增强，“一带一路”建设、京津冀协同发展、长江经济带发展成效显著。创新驱动发展战略大力实施，创新型国家建设成果丰硕。

全面深化改革取得重大突破。全面深化改革，坚决破除各方面体制机制弊端。改革全面发力、多点突破、纵深推进，着力增强改革系统性、整体性、协同性，拓展改革广度和深度，推出一千五百多项改革举措，重要领域和关键环节改革取得突破性进展，主要领域改革主体框架基本确立。中国特色社会主义制度更加完善，国家治理体系和治理能力现代化水平明显提高，全社会发展活力和创新活力明显增强。

民主法治建设迈出重大步伐。积极发展社会主义民主政治，推进全面依法治国，党的领导、人民当家作主、依法治国有机统一的制度建设全面加强，党的领导体制机制不断完善，社会主义民主不断发展，党内民主更加广泛，社会主义协商民主全面展开，爱国统一战线巩固发展，民族宗教工作创新推进。科学立法、严格执法、公正司法、全民守法深入推进，法治国家、法治政府、法治社会建设相互促进，中国特色社会主义法治体系日益完善，全社会法治观念明显增强。国家监察体制改革试点取得实效，行政体制改革、司法体制改革、权力运行制约和监督体系建设有效实施。

思想文化建设取得重大进展。加强党对意识形态工作的领导，党的理论创新全面推进，马克思主义在意识形态领域的指导地位更加鲜明，中国特色社会主义和中国梦深入人心，社会主义核心价值观和中华优秀传统文化广泛弘扬，群众性精神文明创建活动扎实开展。公共文化服务水平不断提高，文艺创作持续繁荣，文化事业和文化产业蓬勃发展，互联网建设管理不断完善，全民健身和竞技体育全面发展。主旋律更加响亮，正能量更加强劲，文化自信得到彰显，国家文化软实力和中华文化影响力大幅提升，全党全社会思想上的团结统一更加巩固。

人民生活不断改善。深入贯彻以人民为中心的发展思想，一大批惠民举措落地实施，人民获得感显著增强。脱贫攻坚战取得决定性胜利，六千多万贫困人口稳定脱贫。教育事业全面发展，中西部和农村教育明显加强。就业状况持续改善，城镇新增就业年均一千三百万人以上。城乡居民收入增速超过经济增速，中等收入群体持续扩大。覆盖城乡居民的社会保障体系基本建立，人民健康和医疗卫生水平大幅提高，保障性住房建设稳步推进。社会治理体系更加完善，社会大局保持稳定，国家安全全面加强。

生态文明建设成效显著。大力度推进生态文明建设，全党全国贯彻绿色发展理念的自觉性和主动性显著增强，忽视生态环境保护的状况明显改变。生态文明制度体系加快形成，主体功能区制度逐步健全，国家公园体制试点积极推进。全面节约资源有效推进，能源资源消耗强度大幅下降。重大生态保护和修复工程进展顺利，森林覆盖率持续提高。生态环境治理明显加强，环境状况得到改善。引导应对气候变化国际合作，成为全球生态文明建设的重要参与者、贡献者、引领者。

贸易自由化。随着全球货物贸易、服务贸易、技术贸易的加速发展，经济全球化促进了世界多边贸易体制的形成，从而加快了国际贸易的增长速度，促进了全球贸易自由化的发展，也使得加入 WTO 组织的成员以统一的国际准则来规范自己的行为。生产国际化。生产力作为人类社会发展的根本动力，极大地推动着世界市场的扩大。以互联网为标志的科技革命，从时间和空间上缩小了各国之间的距离，促使世界贸易结构发生巨大变化，促使生产要素跨国流动，它不仅对生产超越国界提出了内在要求，也为全球化生产准备了条件，是推动经济全球化的根本动力。

金融、科技全球化，世界性的金融机构网络，大量的金融业务跨国界进行，跨国贷款、跨国证券发行和跨国并购体系已经形成。世界各主要金融市场在时间上相互接续、价格上相互联动，几秒钟内就能实现上千万亿美元的交易，尤其是外汇市场已经成为世界上最具流动性和全天候的市场。科技全球化。它是指各国科技资源在全球范围内的优化配置，这是经济全球化最新拓展和进展迅速的领域，表现为，先进技术和研发能力的大规模跨国界转移，跨国界联合研发广泛存在。以信息技术产业为典型代表，各国的技术标准越来越趋向一致，跨国公司巨头通过垄断技术标准的使用，控制了行业的发展，获取了大量的超额利润。

二、产业背景

1. 全球制造业格局面临重大调整

新一代信息技术与制造业深度融合，正在引发影响深远的产业变革，形成新的生产方式、产业形态、商业模式和经济增长点。各国都在加大科技创新力度，推动三维（3D）打印、移动互联网、云计算、大数据、生物工程、新能源、新材料等领域取得新突破。基于信息物理系统的智能装备、智能工厂等智能制造正在引领制造方式变革；网络众包、协同设计、大规模个性化定制、精准供应链管理、全生命周期管理、电子商务等正在重塑产业价值链体系；可穿戴智能产品、智能家电、智能汽车等智能终端产品不断拓展制造业新领域。我国制造业转型升级、创新发展迎来重大机遇。

全球产业竞争格局正在发生重大调整，我国在新一轮发展中面临巨大挑战。国际金融危机发生后，发达国家纷纷实施“再工业化”战略，重塑制造业竞争新优势，加速推进新一轮全球贸易投资新格局。一些发展中国家也在加快谋划和布局，积极参与全球产业再分工，承接产业与资本的转移，拓展国际市场空间。我国制造业面临发达国家和其他发展中国家“双向挤压”的严峻挑战，必须放眼全球，加紧战略部署，着眼建设制造强国，固本培元，化挑战为机遇，抢占制造业新一轮竞争制高点。

2. 我国经济发展环境发生重大变化

随着新型工业化、信息化、城镇化、农业现代化同步推进，超大规模内需潜力不断释放，为我国制造业发展提供了广阔空间。各行业新的装备需求、人民群众新的消费需求、社会管理和公共服务新的民生需求、国防建设新的安全需求，都要求制造业在重大技术装备创新、消费品质量和安全、公共服务设施设备供给和国防装备保障等方面迅速提升水平和能力。全面深化改革和进一步扩大开放，将不断激发制造业发展活力和创造力，促进制造业转型升级。

我国经济发展进入新常态，制造业发展面临新挑战。资源和环境约束不断强化，劳动力等生产要素成本不断上升，投资和出口增速明显放缓，主要依靠资源要素投入、规模扩张的粗放发展模式难以为继，调整结构、转型升级、提质增效刻不容缓。形成经济增长新动力，塑造国际竞争新优势，重点在制造业，难点在制造业，出路也在制造业。坚定不移地贯彻新发展理念，坚决端正发展观念、转变发展方式，努力推动发展质量和效益不断提升。

3. 建设制造强国任务艰巨而紧迫

经过几十年的快速发展，我国制造业规模跃居世界第一位，建立起门类齐全、独立完整的制造体系，成为支撑我国经济社会发展的重要基石和促进世界经济发展的重要力量。持续的技术创新，大大提高了我国制造业的综合竞争力。载人航天、载人深潜、大型飞机、北斗卫星导航、超级计算机、高铁装备、百万千瓦级发电装备、万米深海石油钻探设备等一批重大项目取得突破，形成了若干具有国际竞争力的优势产业和骨干企业，我国已具备了建设工业强国的基础和条件。

建设制造强国，必须紧紧抓住当前难得的战略机遇，积极应对挑战，加强统筹规划，突出创新驱动，制定特殊政策，发挥制度优势，动员全社会力量奋力拼搏，更多依靠中国装备、依托中国品牌，实现中国制造向中国创造的转变，中国速度向中国质量的转变，中国产品向中国品牌的转变，完成中国制造由大变强的战略任务。

我国经济已由高速增长阶段转向高质量发展阶段，正处在转变发展方式、优化经济结构、转换增长动力的攻关期，建设现代化经济体系是跨越关口的迫切要求和我国发展的战略目标。必须坚持质量第一、效益优先，以供给侧结构性改革为主线，推动经济发展质量变革、效率变革、动力变革，提高全要素生产率，着力加快建设实体经济、科技创新、现代金融、人力资源协同发展的产业体系，着力构建市场机制有效、微观主体有活力、宏观调控有度的经济体制，不断增强我国经济创新力和竞争力。

三、教育背景

截至2016年底，全国共有1.25万所职业学校，年招生总规模接近950万人，在校生2700多万人，非学历教育的注册学生5287万人，共开设了近1000个专业，近10万多个专业点，基本覆盖了国民经济的各个领域。中职和高职已经分别占我国高中阶段教育和普通高等教育的半壁江山。每年830多万职业学校毕业生有效改善了劳动力结构，全国150多万高级技师、650多万技师、3500多万高级工，绝大多数来自职业学校或接受过职业培训。人才培养质量稳步提高，中职毕业生就业率连续10年保持在95%以上，高等职业教育毕业生就业率超过了90%。就业质量持续向好，近70%的职业学校毕业生是在县市就近就业。职业学校毕业生已经成为支撑中小企业集聚发展、区域产业迈向中高端的一支生力军，有力地助推了产业升级和经济增长。对此，时任国务院副总理刘延东同志曾这样评价：我国经济发展有两座金矿，一座金矿是广大的市场和群众消费能力的提升，我国十几亿人口消费能力将为经济发展带来巨大动力；另一座金矿就是人力资本，有1亿受过高等教育的人群和7800万受过各种专业培训的技能人才，这是中国持续发展的最大红利，职业教育对此贡献巨大①。

进入新时代，我国社会发展的主要矛盾发生了深刻的变化，与之相应的，职业教育领域的主要矛盾也必然发生变化。要正确应对新时代职业教育发展的挑战，把握住新时代职业教育发展的机遇，首先必须正确认识新时代对职业教育发展提出的新要求。

① 王哲，董衍美. 十八大以来中国特色现代职业教育人才培养质量工作报告［J］. 职业技术教育，2017，38（24）：53-59.

1. 新时代的深刻内涵对职业教育提出新要求

习近平总书记在党的十九大上宣告“中国特色社会主义进入了新时代”的同时，也明确指出了中国特色社会主义新时代的具体内涵，“是决胜全面建成小康社会、进而全面建设社会主义现代化强国的时代，是全国各族人民团结奋斗、不断创造美好生活、逐步实现全体人民共同富裕的时代，是全体中华儿女勠力同心、奋力实现中华民族伟大复兴中国梦的时代，是我国日益走近世界舞台中央、不断为人类作出更大贡献的时代”。新时代的四大内涵，每一项都对职业教育提出了新的要求：第一，全面建成小康社会、进而全面建设社会主义现代化强国，要求职业教育发展提质增效。建设现代化强国，需要一大批高素质技术技能型人才来提供技术和智力支撑，这就需要职业教育不断提升教育质量和效率，为各行各业输送优秀卓越的人才。第二，各族人民团结奋斗、不断创造美好生活、逐步实现全体人民共同富裕，要求职业教育在改善民生方面发挥更加积极的作用。职业教育是与社会经济发展联系最为紧密的教育，也是直接面向就业市场的教育。要让人民安居乐业，创造美好生活，实现共同富裕，既需要国家颁布的好政策，也需要每一个公民实现自我价值。办好职业教育，能够有力地促进就业，改善民生，在优化我国经济结构、人才结构的同时，持续增强公民个体的获得感、幸福感。第三，实现中华民族伟大复兴中国梦，要求职业教育为提升国民素质做出更大贡献。职业教育不仅发挥着传承知识、技术、技能的作用，还承担着传播先进文化的社会职能。大力发展职业教育，对提升国民素质具有非常重大的意义，也是实现中华民族伟大复兴的必然要求。第四，我国日益走近世界舞台中央、不断为人类做出更大贡献，要求职业教育培养大量国际化人才。职业教育国际化正是我国不断提升国际影响力、深度参与国际事务的必然要求。

2. 新时代赋予职业教育新的使命

党的十九大报告明确指出：“建设教育强国是中华民族伟大复兴的基础工程，必须把教育事业放在优先位置，深化教育改革，加快教育现代化，办好人民满意的教育。”习近平总书记对教育事业做出的总体部署中，着重提出了建设教育强国的战略目标，而要实现这一目标，需要做好四个方面的工作，这其中的每一项工作，都对职业教育发展提出了新的要求。第一，把教育事业放在优先位置，就是要优先发展教育事业。职业教育是我国社会主义教育事业的有机构成，优先发展教育事业，就是要求教育在实现中华民族伟大复兴的宏伟战略目标中发挥更大作用，做出更大贡献。在此过程中，职业教育责无旁贷，必须以更优质、更高效的发展满足国家和社会对职业教育的期待。第二，深化教育改革，就是要变革教育管理体制机制，从整体上优化教育体系，祛除教育领域的沉疴宿疾，激发各方教育主体的活力，构建充满生机而又具有中国特色的教育体系。长期以来，受到种种历史原因和当代因素的影响，职业教育领域存在许多问题和矛盾。面对深化教育改革的战略要求，职业教育需要通过“自我革命”来赢得更强的发展动力。第三，加快教育的现代化。建设现代化国家离不开教育的现代化，只有实现教育的现代化，尤其是职业教育的现代化，不断为国民经济发展培养一批又一批优秀的技术技能型人才，建设现代化强国才会有最为坚实的支撑。第四，办好人民满意的教育，关键是要满足人民群众不断增长的对良好教育的需求。我国职业教育为国民经济建设和促进就业、保障民生做出了巨大贡献，但现阶段在满足民众日益增长的多元化、个性化、终身化教育需求等方面，还有很大的提升空间。

3. 新时代的新战略对职业教育指明新方向

党的十九大报告提出了我国社会主义建设的中长期战略目标，同时也对职业教育的未来发展做出了战略性安排。对于新时代对职业教育发展的新要求，必须从党的十九大报告中提出的有关新战略的表述中深刻领会。从宏观层面来看，党的十九大报告明确提出了“两个一百年”过渡期的战略目标，即在2020年全面建成小康社会的基础上，2035年基本实现社会主义现代化，2050年建成社会主义现代化强国。我国社会主义建设的层次越高，国民经济越发达，对国民素质的要求就越高，对人才资源的数量和质量的要求也越高，因为物质文明、政治文明、精神文明、社会文明、生态文明无一不是建立在国民素质和人才资源基础上的。实现“两个一百年”的战略目标，对我国教育事业的发展无疑提出了更高的要求，而对教育事业发展的要求也就是对职业教育发展的要求。职业教育必须肩负起自身的历史使命，持续培养优秀的技术技能型人才，为党和国家提出的宏伟战略目标贡献力量。从职业教育领域来看，习近平总书记在党的十九大报告中强调要“完善职业教育和培训体系，深化产教融合、校企合作”，这是党中央对职业教育发展所做出的战略性部署，指明了职业教育的发展方向。首先，要完善职业教育和培训体系，就是要实施职业教育领域的“供给侧结构性改革”，破除阻碍职业教育现代化的体制机制障碍，优化职业教育体系结构，建立更加完善、科学的职业教育体系。其次，深化产教融合、校企合作就是要进一步推动职业教育的开放式发展，强化职业教育与区域产业经济的联系，真正实现职业教育的市场化、社会化，提升职业教育的办学水平和效益①。

4. 第四次工业革命对职业教育产生新影响

一般认为，职业教育是与社会经济、产业、企业联系最为紧密的教育类型，职业教育的存在与发展又对社会经济产生一定的反作用。因此，毋庸置疑的是社会经济等的变化会对职业教育产生影响。2015 年我国推出了《中国制造 2025》战略规划，其意在通过信息化、工业化两化融合和“互联网＋”，对制造业进行转型升级，以实现从“中国制造”向“中国创造”的跨越。从根本上说，中国制造 2025 战略构想与第四次工业革命的旨归是一致的。也就是说，无论是中国制造 2025 战略的推进，还是第四次工业革命的展开，都将使我国职业教育置身于变化中的社会经济、生产和治理的背景中。第四次工业革命以及其引发的经济、生产与公共治理等的变化，定然会对我国职业教育产生影响。

首先，人力资源结构与人才规格诉求发生变化。无论是第四次工业

① 朱跃东，梁建胜. 新时代下职业教育发展的要求、问题及实践理路［J］. 教育与职业，2018（11）：5-12.

革命，还是中国制造2025规划，最鲜明的特征是信息化与智能化，产业的发展更加依赖于知识的集成与创新，依赖于高技能人才，引发人才需求规格的变化。就从事生产、建设、服务与管理一线的从业人员而言，人才规格主要倾向是：其一，知识储备与知识结构需要适应性调整。这包括两方面：首先，传统学科领域的知识更新、现代化，即是传播给学生的自然、社会与科技知识的现代化；其次，新学科领域知识中的某些部分要成为学生的基本知识架构的元素，如信息科学、经济学、环境保护、和平与民主、家庭与文化、审美、运筹学、管理学与创造学等学科或专题知识。其二，职业技能的需求格局将经历一个扬弃与调整的过程。主要是与传统产业升级改造相适应的传统技能被保留、创新与整合的过程，以及与新兴产业相关的技能嵌入职业技能系统框架的过程。新兴产业相关的技能涉及移动互联、物联网、3D打印技术、机器人、大数据、人工智能、区块链、新能源和智慧城市等领域。其三，从业者的态度构成与取向趋于合作性、效率感与探索创新精神。新型经济对从业者不仅需要敬业、职业操守等，而且新生产方式产生流程再造、价值链的重组、知识技术的密集等特征，要求从业者具有不断学习、创新与接受创新的精神，要具备与不同价值观念、阶层人群合作的涵养与技巧，又要具备契约精神与时间观念等。其四，从业者的思想观念与智慧需要多维、多元的包容性。主要包括“地球村”、国际化、公正公平、生态、绿色发展等理念，以及情境判断、情绪管理、自我激发与身体素质提升等智慧。其五，从业者倾向于高技术技能与综合素质的复合型人才。

其次，职业教育面临变革，教育管理流程面临再造。第四次工业革命深广发展带来的新科技、新理念对职业教育活动领域的影响是具有颠覆性的。主要体现在：其一，不断发展的新科技对职业教育传播手段的影响与构建的进程正在加剧。涉及的新科技包括移动互联、云技术、大数据、人工智能、虚拟现实、智能制造、物联网、机器人、无人驾驶、3D打印等等。当然，这些新科技走进职业教育的步伐取决于其自身发展和扩散能力，以及职业教育领域的价值取向与作为。其二，由于新科技融入而带来的教学秩序、教育模式的转变与新建。近期可以预见的课题包括移动互联与传统教学的整合创新模式、泛在学习与“传统学习”的联合范式的建构、虚拟现实与实训的有机结合形式、现代学习理论、脑科学等的教学运用，等等。值得注意的是，有关研究指明未来教育将呈现 4 种趋势，即混合学习法、STEAM 学习法（跨学科、多学科的学习脉络）、合作学习法、学生从消费者向创造者转变。同时，有六大技术将走进教育，包括 BYOD（Bring Your Own Device）、创客空间、3D 打印、自适应学习技术、数字徽章、可穿戴技术。新技术等将进一步渗透职业教育管理的各个部分，这种态势包括信息化、自动化、智能化以及移动互联、数字化身份、物联网等技术不断融进教育决策、管理过程、质效评价等管理体系。科学化管理进一步发展，这种发展不仅表现为现代管理理论的广泛应用，而且表现为其他相关科学的强势介入。职业教育的行为流程与管理流程面临重置再造。同时，教学管理部门也可依此制定或修订教学制度。又如产教融合、校企合作、工学结合，以及现代学徒制等培养模式，要求建立有别于传统的教学组织、教学过程、教学质量评价系统与管理流程。再如网络空间课、MOOC、微课与翻转课堂等教学新模式的渗入，也将带来课堂结构、过程与学业评价的调整。

最后，对职业教育的社会功能提出更高要求。职业教育的功能一般可划分为社会功能与对个体发展的功能，社会功能又可分为经济功能、政治功能、文化功能等。学界也用人才培养、科技服务和文化传承等来表述。第四次工业革命作为一场深刻的系统性变革，影响一定会超越科技与生产的领域而渗透至社会的各个层面。其一，职业教育作为社会人力资源的主要供给者，对于应对与引领第四次工业革命的经济变革有着关键的作用。按重要性依次为处理复杂问题的能力、社交技能、过程技能、系统技能、认知能力、资源管理技能、专业技能、知识性技能与身体能力。就态度与行为方式而言，带来了与以往许多不同的要求与挑战，如对创新的接纳、效率意识、规则意识、适应变化与自我调整的精神与能力，诚信与责任感等等；就价值观而言，对公平与效率的合理判断，人类命运共同体的认知，人与自然关系的认知，人生观、幸福观等等。其二，职业教育特别是高等职业教育，不仅作为科学技术的教育机构，而且还具有新科学技术知识的社会传播、生产、科技服务的功能，而后者在应对第四次工业革命中作用非同一般。职业教育作为新科技的存储器、传输器和孵化器在第四次工业革命中有着突出价值。其三，职业教育的政治功能更需加强与适时跟进。职业教育的政治功能是指通过传播一定社会的政治理念、意识形态，调控、主导一定社会的舆论和规范，积极地影响人、引导人，以促进和保证一定的社会政治制度的巩固与发展。其四，第四次工业革命的深入推进，需要职业教育进一步发挥其文化功能，以在从业者与社会中营造相应的文化氛围。职业教育的文化功能是指通过教育传递和保存既定的社会文化、职业文化，在此基础上，实现社会文化、职业文化的创新和发展，主要体现在文化传承、文化选择、文化创造和文化交流四个方面。

第二节 文献综述

一、国外研究现状

国外战略性新兴产业的培育模式主要有三种：一是以美国为代表的产学研相结合的市场化培育模式，一是以日本为代表的政府积极干预发展模式，一是以韩国为代表的从政府主导型向民间主导型转变的模式（刘洪昌，武博，2010）。职业教育服务战略性新兴产业主要体现在几个方面：第一，不断强化职业教育国家战略；第二，不断健全职业教育质量保障体系；第三，不断完善衔接的职业教育体系；第四，不断完善校企合作模式；第五，不断更新适应产业发展的专业；第六，不断提高职业教育经济贡献率（田淑波，2012）。美国学者阿戈瓦尔（Rajshree Agawal，2006）认为新兴产业处于启蒙阶段，短时间内企业数量会减少，企业通过减少技术创新投入至让部分企业退出。美国于 2009 年和 2011 年两度发布《国家创新战略》，强调创新战略是美国“赢得未来”

的关键，是经济增长和竞争力提升的基础，要培养具有 21 世纪知识和技能的美国人，打造世界一流的劳动力。英国在 2009 年颁布的国家技能战略的基础上，又于 2010 年 11 月发布了“为可持续发展而提高技能”和“为可持续发展而对技能投入”两个技能开发的国家战略性文件。其用意在于培养高端技能型人才，支撑实体经济和现代产业的发展。2010 年 11 月 13 日，俄罗斯总理普京宣布，2011 年俄罗斯将把教育经费预算提高一倍，新增的预算主要用于优先发展 300 个新的职业教育项目，涉及能源节约技术、医药、核能源等领域。

二、国内研究现状

相比于西方国家，国内专家学者对战略性新兴产业做了更为深入的研究和探讨。芮明杰（1999）把产业区分为 2 大类：一类为战略性产业，另一类为一般性产业。赵玉林（2007）提出了战略支柱产业和战略性主导产业的概念。江世银（2005）指出区域战略性产业是指对一国或一个区域经济长期发展，即对区域产业结构的升级、转换和经济持续快速增长起根本性、全局性作用的产业。陈旺华、吴懈（2010）认为新兴产业是指那些依靠有别于传统技术的新技术所形成的，以绿色、环保、智能和可持续为发展目标，具有高投资、高风险、高收益特征的资本和技术密集型产业。但部分学者认为战略性新兴产业呈现产品低端化的不合理配置状况。任保全和王亮亮（2014）则从竞争角度探讨地方政府在政绩晋升驱动下，通过优惠政策来争取项目，导致资源利用效率低下、企业创新技术落后和低端化规模扩大，并最终导致全要素生产率大幅下跌。如沈宏超（2014）认为经过几年发展我国新兴产业出现了产业同构，发展粗放式和低端化现象。战略性新兴产业处于产业初期，不同于传统产业，但发展过程中出现上述现象，国内学者对其进行深入研究和关注①。现阶段部分学者对战略性新兴产业内涵特征的研究基本遵从

① 刘喜．地方政府竞争对战略性新兴产业产能过剩的影响［D］．大连：东北财经大学，2017.

《国务院关于加快培育和发展战略性新兴产业的决定》及《“十二五”国家战略性新兴产业发展规划》中的定义：战略性新兴产业是以重大技术突破和重大发展需求为基础，对经济社会全局和长远发展具有重大引领带动作用，知识技术密集、物质资源消耗少、成长潜力大、综合效益好的产业（李金华，2011；刘洪昌，2011；宋河发，万劲波，任中保，2010）。

马克思曾论述过：“有一些服务是训练、保持劳动能力，使劳动能力改变形态等等的，总之，是使劳动能力具有专门性，或者仅仅使劳动能力保持下去，例如学校教师的服务（只要他是‘产业上必要的’或有用的）、医生的服务（只要他能保护健康，保持一切价值的源泉即劳动力本身）——购买这些服务，也就是购买提供可以出卖的商品等等’，即提供劳动能力本身来代替自己的服务，这些服务应加入劳动能力的生产费用或再生产费用。”（《马克思恩格斯全集》第26卷）从现代教育发展的过程来看，教育是一种具有服务性质的实践活动，教育服务就是教育活动的产品，或者说是一种服务形态的产品，教育产品是教育服务（靳希斌，2003）。自WTO建立以来，《服务贸易总协定》中规定教育服务为服务贸易中的一个类别，把教育定义为一种可以跨境贸易的服务产业，把教育分为初等教育服务、中等教育服务、高等教育服务、成人教育服务和其他教育服务。我国加入WTO后，国内学者也开始对教育服务贸易进行研究。覃壮才（2002）、杨树雨（2002）、靳希斌（2004）等学者从中国的实际出发，详细阐述了教育服务贸易规则并解答了我国在“入世文件”中所作的承诺。覃壮才（2003）阐述了建立世界贸易组织多边贸易体制经济学理论基础—比较优势理论，分析了中国加入世界贸易组织后在教育服务领域的比较优势，他认为：教育服务贸易的比较优势可以概括为许多方面，但最根本的是专业服务，进而分析了教育专业服务的含义及我国教育专业服务的比较优势，并从制度构建的角度提出政策建议；巩真（2004）从经济学的角度分析了教育服务的国际化对教育出口国和进口国经济和教育机构的影响；张向丽（2004）从教育机构的核心竞争力的角度构建了我国教育机构的持续竞争优势模型；张意湘（2006）对我国教育服务贸易与经济增长的关系进行了探讨。

“以服务为宗旨、以就业为导向”是国家现阶段职业教育政策的核心。《国家中长期教育改革和发展规划纲要（2010—2020年）》提出了“形成适应产业结构调整要求、体现终身教育理念、中高职教育协调发展的现代职业教育体系”。2011年教育部分别下发两个关于高等职业教育服务产业发展的重要指导性文件。《关于推进高等职业教育改革创新　引领职业教育科学发展的若干意见》提出：高等职业教育必须准确把握定位和发展方向，自觉承担起服务经济发展方式转变和现代产业体系建设的时代责任，主动适应区域经济社会发展需要。《关于支持高等职业学校提升专业服务产业发展能力的通知》中指出：高等职业教育要提高服务国家经济发展方式转变和现代产业体系建设的能力，并且教育部、财政部根据此文件决定2011—2012年实施“支持高等职业学校提升专业服务能力”项目。高等职业教育作为一种为社会培养职业型人才和实用型人才的教育培养模式，在服务区域经济发展和区域经济改革方面起着不可替代的作用。经济结构的调整和产业结构的升级，都离不开高水平的技术应用型人才，离不开产品、工艺和技术的创新（张祺午，程宇，鲁昕，2012）。要培育技术创新的力量，就要做强职业技术教育，提升职业技术教育服务经济转型升级的能力（郑婷婷，2015）。

国内学者对职业教育服务路径研究主要集中在服务区域经济发展。袁吉林（2003）的课题《地区高等职业教育与区域经济发展的实证研究》分析了中部地区高职教育与区域经济发展的关系；刘克勤（2008）认为科研能为区域经济服务，地方职业院校可以通过选择产学研战略来寻找一条真正能为社会服务的路径；沈励铭、朱晓卓（2011）认为高等职业教育的发展必须以服务区域经济社会的发展为中心，以适应区域产业结构的需要为根本。储著源（2012）认为，要建立示范区产业发展与高等职业教育互动机制。刘倩倩（2014）认为，区域经济的发展需要高等职业教育的人才支持产业格局更新，而且对于区域经济的产业转型更需要高等职业人才提供技术支持，区域经济的人力资源优化需要高等职业教育提供培训和训练平台；王成荣（2015）认为，职业教育只有根植于企业，在服务企业中汲取知识，才能不断成长。具体到职业教育服务战略性新兴产业研究，例如，苗晋峰的《河北省战略性新兴产业发展与职业教育对接研究》、周文山的《安徽省战略性新兴产业崛起与职业教育发展研究》、张小丽的《河南省高等职业教育服务区域经济问题与对策研究》、孙泉本的《吉安市职业教育服务区域经济发展研究》、朱蓉的《浙江职业教育服务经济转型升级之研究》、黄建华的《湖南高职院校服务战略性新兴产业现状及对策研究》、胡拥军的《浅论国家示范性高职院校服务湖南战略性新兴产业》。

三、研究述评

本书拟研究职业院校服务战略性新兴产业的政策和路径，在文献检索与收集上分为三个部分，分别是学术研究文献、政策研究文献和实践研究文献。首先，对战略性新兴产业和教育服务进行文献检索与收集。以“战略性新兴产业”为主题在中国知网（CNKI）进行搜索，检索到 20323 条结果，涵盖众多学科，来源自期刊文献、硕博论文、报纸年鉴、国内外会议记录及专利成果；以“教育服务”为主题，并含“职业院校”在中国知网（CNKI）进行搜索，检索到相关文献数量 8853 条；以“职业教育服务战略性新兴产业”为主题在中国知网（CNKI）进行搜索，检索到 345 条结果，包括期刊类文献 153 篇、硕博士论文 154 篇；以“职业院校服务战略性新兴产业”为主题在中国知网（CNKI）进行搜索，检索到 165 条结果，包括期刊论文 92 篇，硕博士论文 57 篇。其次，对教育服务战略性新兴产业相关政策和文献进行检索和收集。在我国中央人民政府网站（http://www.gov.cn）搜索关键字“战略性新兴产业”，得到 7307 条结果，其中“国务院文件”141 条；在教育部网站（http://www.moe.gov.cn）搜索关键字“职业教育服务”，得到 14290 条结果，其中“文献”130 条；在湖南省人民政府网站（http://www.hunan.gov.cn）搜索关键字“战略性新兴产业”，得到相关“文件”14 条。最后，对职业院校服务战略性新兴产业的政策和路径进行文献检索与搜集。以“职业教育服务战略性新兴产业”为主题搜索后，并含“政策”“路径”进行二次检索，检索到的相关文献数量为 23 篇，其中，高等教育、职业教育学科类文献仅 5 篇。

综上所述，从研究数量上看，对战略性新兴产业的研究非常多，但从教育服务的角度开展职业教育服务战略性新兴产业的研究比较少，充分说明职业教育服务战略性新兴产业还没有受到学者们足够的重视；具体到关于职业教育服务战略性新兴产业的政策和路径更是甚少，也可以说，关于这方面的研究还很不成熟。

通过对职业教育服务战略性新兴产业三个维度的文献分析，可以看出目前国内外学者对有关战略性新兴产业的基础研究已经取得了较为丰硕的成果，对职业教育服务战略性新兴产业的政策和路径研究尚处于起步阶段，需要更进一步拓展和深入。尽管已有少量职业教育服务地方战略性新兴产业研究，但对职业院校服务战略性新兴产业政策的核心内涵和关键特征、职业院校服务战略性新兴产业的特殊价值、已有职业院校服务战略产业政策的研究状况、进展、代表性结论以及缺陷缺乏深入思考和研究。基于湖南省的战略性新兴产业研究紧缺人才需求预测研究、职业院校服务湖南战略性新兴产业宏观状况研究、职业院校服务湖南战略性新兴产业区域样本研究、职业院校服务湖南战略性新兴产业路径选择及政策保障研究。本课题将尝试建构一个涵盖省级区域层面的发达地区、贫困地区、少数民族地区和面向不同功能定位的整体框架式的职业院校服务湖南战略性产业的政策体系；通过大数据研究和样本研究概略地评估湖南七大战略性产业对人才的需求及职业院校服务这些产业的状况、问题、经验和重要差异；探索职业院校服务湖南战略性产业的不同专业、不同区域、不同院校的路径，并尝试对其进行风险、成本、效果的预期评估，为职业院校进一步服务战略性新兴产业提供研究方向和研究内容。

第三节　概念界定

一、产业及产业结构

1. 产业

产业是居于微观经济与宏观经济之间的“集合”，是与社会生产力发展水平相适应的社会分工形式的一种表现，也是产业之间存在着直接或间接的经济联系，整个产业构成一个具有函数关系的经济系统，具有投入和产出效益的活动单位。

产业是经济学的一个概念，其内涵主要体现在以下三个方面：

其一，产业是社会分工和生产力不断发展的产物。社会分工开始出现的突出标志就是第一个产业“农业”的形成，即农业从人类的狩猎和采集活动中分离出来；随后，相继发生了三次社会大分工，即畜牧业从农业中分离出来、手工业从农业中分离出来、商业从农业手工业中分离出来。三次社会大分工后，形成了农业、畜牧业、手工业和商业等产业部门。

其二，产业是具有同类属性或特征企业开展经济活动的集合。它既不是一个个体概念，也不是一个总体概念，而是介于二者之间的一个群体概念；组成这个集合内部的个体存在着一定的相同特征。

其三，产业属于中观经济层面。宏观经济以国民经济的总量为研究对象，微观则以企业或家庭中的经济行为为研究对象，产业经济则是以具有某些共同特征的企业经济活动组成的集合为研究对象的。相比产业的内涵特征来说，产业的外延更加难以统一：由于生产过程复杂，生产经营活动的性质很难准确区分；随着生产力的发展和技术创新，不断地产生一些新的产业类型，也淘汰一些旧的产业；随着专业化分工的不断深化，不仅在旧的产业中会逐渐分化出新的产业，甚至在产业内形成分工，使得产业之间的界限更加模糊。所以，需要分清不同的产业划分标准和方法，并区分不同的产业类型。一般来说，比较重要的产业分类法有以下几种。

（1）两大产业分类法

这种方法是马克思创立的产业分类法。马克思在《资本论》中提出了以产品的最终用途不同作为分类标准，将全社会的物质生产部门分为两大产业部类：生产资料生产部门（第Ⅰ部类）、消费资料生产部门（第Ⅱ部类），这种分类方法是马克思为了揭示资本主义生产的本质和剩余价值产生的秘密而对社会再生产过程进行剖析所采用的一种产业分类方法。但如果将它运用于产业结构的分析是有一定的局限性的，因为它没能涵盖所有产业，非物质生产部门如商业、运输业等均没有包括在内；许多商品难于归类，归属到第Ⅰ部类还是第H部类都有道理；这种分类法与其他分类法相差甚远，分析口径不统一。

（2）三大产业分类法

这种方法是列宁创立的产业分类法。列宁在马克思两大产业分类法的基础上，将经济活动中的物质类生产部门分成以下三大部类：

农业：种植业、畜牧业、林业、渔业等。

轻工业：纺织、服装、食品、饮料、制革、玩具、家具、电子等。

重工业：冶金、钢铁、机械、船舶、电力、煤炭、石油、化工等。

这种分类方法来源于苏联，对于研究工业化发展进程具有重要的理论意义。是马克思两大产业分类法在实际工作中的应用，是对两大产业分类法的改进和提高，比两大产业分类法应用更加广泛。到今天，不但社会主义国家普遍应用它，资本主义国家和许多国际组织也常常用它。但这种方法和两大产业分类法都遗漏了社会经济中有重要作用的服务部门，不适合于工业化程度较高的发展阶段。随着产业结构的不断高度化，这种分类法在实际中的应用将越来越少。

（3）三次产业分类法

三次产业分类法最早是由新西兰经济学家费歇尔（Fisher）在1935年提出的，他提出了三次产业的分类方法及其分类依据，但他没有进一步总结出三次产业的结构变化与经济发展的关系；1940年英国的克拉克（Clark）利用三次产业分类法开展了实证研究，做了具体分析。1950年美国库兹涅茨（Kuznetz）揭示了三次产业在国民经济中的变化规律。此后三次产业分类法被广泛接受。

第一产业：农业（种植业）、林业、畜牧业、渔业。

第二产业：制造业、采掘业和矿业、建筑业、煤气、电力、供水等产业。

第三产业：除第一、第二产业以外的其他行业。

三次产业分类法揭示了产业发展和分工演进的一般历史规律，在西方国家统计中广泛应用，世界银行等国际组织和许多国家的政府部门和产业研究部门仍广泛采用这种分类方法，也适用于国际间的比较，是产业经济学中影响最大的产业分类方法。随着科技的快速发展和社会经济活动的日趋复杂化，这种分类法的缺陷越来越明显：部分产业的归类尚仍不能明确，如，第二产业的采掘业和矿业是直接从自然界获取的产品，按理应归入第一产业等。由于它的实用性，三次产业分类法仍具有很强的生命力。

（4）标准产业分类法

标准产业分类法（Standard Industry Classification，SIC）是为了统一国民经济统计口径制定颁布的一种产业分类方法。联合国提出了《国际标准产业分类法（International Standard Industrial Classification，ISIC）》，是在三次产业分类的基础上进一步进行细化和标准化，联合国2008年8月11日颁布的最新修订本第四版《国际标准产业分类法》将全部经济活动分成21个门类，再将门类分为88个类，再将各个类分为若干个大组，最后将各个大组细分为组。西方许多国家都根据联合国《国际标准产业分类法》制定了自己的官方使用的标准分类法。根据联合国ISIC我国也制定了《国民经济行业分类与代码》。在新国家标准《国民经济行业分类》（GB/T4754—2011）中把中国的国民经济行业划分为20个门类、84个大类、432个中类和更多的小类四级。标准产业分类法能够全面、精确、统一地对国民经济和各个产业进行统一和实证分析，对国家经济政策的制定和运用都具有重要的实践意义。

（5）其他分类方法

产业还有其他一些分类方法例如产业发展状况分类法、生产要素分类法、产业地位和功能分类法、综合分类法等等。本文中的产业所采用的是新西兰经济学家费歇尔的三次产业分类法，即把全部的经济活动划分为第一产业（primary industry，简称“一产”）指广义的农业、第二产业（secondary industry）指广义的工业和第三产业（tertiary industry）指广义的服务业。

2. 产业结构

产业结构是指生产具有相同性质产品的生产单位所组成的生产群体，或是具有同类社会经济职能的社会经济单位所组成的群体。它泛指国民经济的各行各业，不仅包括生产部门，也包括流通部门、一般服务行业和文化教育行业等，是介于微观经济组织与宏观经济组织的一种概念。

产业结构是指国民经济系统中各个物质资料生产部门（包括部门内的分部门）之间的组合与构成的情况，以及各个生产部门在社会生产总体中所占的比重，可以理解为产业间的比例关系及其发展规律的形态和产业间“投入—产出”联系的形态。有的学者将区域经济结构也纳入产业结构的范畴。较为宽泛的定义则是“产业结构包括四方面的含义：国民经济各产业之间和产业结构内的量的比例关系、产业组织、产业技术水平、产业区域分布”产业结构是由许多紧密联系的要素所组成的一个有机结合的系统。组成产业结构的各个要素不是简单地堆积，而是具有一定的层次性、相关性和相对性，这就是产业结构的三大特性。

层次性是指产业结构在不同的发展阶段有不同的层次，而且产业结构的变动是一个由量变到质变，由低级向高级渐进的发展过程。产业结构的层次性表现在：第一层次是一、二、三次产业结构；第二层次是各产业的内部结构；第三层次是三次产业内部的大类结构，如工业中的轻、重工业结构等等。产业结构的层次性要求分层次建立合理的产业结构。

相关性是指在产业结构各要素之间、结构之间、要素与结构之间的连锁和反馈作用。这一特性要求产业结构的调整注重产业结构的协调与合理，从而能够把产业结构的整体功能发挥出来。

相对性是指合理的产业结构的形成是一个动态而不是静态的发展过程。它不是僵化不变的，而是随着社会生产条件、生产水平的提高和社会需求的变化而变化，因而就是要求对产业结构适时地加以调整。产业结构伴随着经济发展而改变，由以农业为主调整至以工业为主，再过渡至以服务业为主的生产形态，这是世界各国经济发展共同的经验。就我国的发展历程来看，从 1953 年开始实施计划经济，在符合国情的基础上出台相关政策对此进行了有效引导，从 20 世纪 90 年代开始转向以制造业为主的时期，同时服务业也呈现蓬勃发展的趋势。对于产业结构的演进，许多理论及统计分析都有涉及，其中最为著名的是配第一克拉克定理。克拉克按照经济活动与自然界的紧密程度不同，将经济活动分为三大类别：即第一次产业、第二次产业和第三次产业。第一次产业为直接从自然界获取产品的物质生产部门，第二次产业为加工取自自然界产品的物质生产部门，第三次产业为除第一、第二次产业外的非物质生产部门，这三大类别即广义的农业、工业和服务业。通过研究他发现，世界各国所处的不同经济发展阶段以及国民收入水平的差异，主要是由产业结构的不同形成的。美国经济学家库兹涅茨在克拉克的研究成果上进一步提出，随着经济的发展，三次产业增加值在国内生产总值结构中的变化趋势是，第一产业增加值所占的比重不断下降，第二、三产业增加值所占的比重不断上升；三次产业劳动力结构变化的趋势是，第一产业劳动力比重不断降低，第二、第三产业劳动力比重不断提高。

二、战略性新兴产业

战略性新兴产业是以重大技术突破和重大发展需求为基础，对经济社会全局和长远发展具有重大引领带动作用，知识技术密集、物质资源消耗少、成长潜力大、综合效益好的产业。目前，我国的战略性新兴产业主要包括新一代信息技术、高端装备、新材料、生物、新能源汽车、新能源、节能环保、数字创意等产业。战略性新兴产业代表新一轮科技革命和产业变革的方向，是培育发展新功能、获取未来竞争新优势的关键领域。为了进一步推动我国战略性新兴产业发展，2016 年 11 月 29 日，国务院印发了《“十三五”国家战略性新兴产业发展规划》，明确了战略性新兴产业的发展目标、指导思想以及总体部署和重点领域的发展任务[①]。

战略性新兴产业作为一种具有高度战略性和区别于以往产业的新产业，在经济发展中发挥着越来越重要的作用。在我国的传统产业急需升级改造的社会大背景下，培育和发展战略性新兴产业成为当前我国经济保持持续稳定增长的新举措和社会发展的基础。国家把节能环保、新一代信息技术、生物、高端装备制造、新能源、新材料和新能源汽车等作为战略性新兴产业来发展，是我国经济社会发展的需要，也是转变经济发展方式、调整产业结构的需要。

1. 实体经济和虚拟经济的联动效应

实体经济和虚拟经济联动发展才能更加有效地推动经济发展，这不仅在理论上已被论证，而且在具体的实践中已被证实。无论是在我国的温州老板跑路还是在美国的次贷危机抑或欧洲主权债务危机的蔓延等一系列的实例中均所有反映，这也告诫我们，经济发展的过程中必须高度重视实体经济和虚拟经济的结合发展，坚决避免两者脱钩化的发展格局，否则只能带来经济的泡沫发展或是金融危机等风险。战略性新兴产业作为实体经济的新增长点和新引擎，兼具知识技术密集、物质资源消耗少、成长潜力大和综合效益好等优点，代表未来科技和产业发展新方向，在经济社会发展中，能够与金融等虚拟经济稳固结合，为虚拟经济的发展提供可靠的根基，防止虚拟经济脱离实体经济而畸形发展，以此形成两者互促共进的美好局面，这也能够彰显出战略性新兴产业所具有的广阔的市场前景和发展空间，多方位推动我国经济社会的可持续发展。因此，战略性新兴产业作为实体经济能够通过与虚拟经济的联动效应来促经济的发展，这是战略性新兴产业的基本功效，也是世界各国共

① 刘福满，于飞，苏欣. 战略性新兴产业高技能人才培养的国际比较研究［J］. 税务与经济，2018（3）：50-53.

同的战略取向。

2. 产业结构转型升级的经济能动效应

产业结构转型升级能够给经济发展带来正向的促进作用，这是社会各界公认的观点。然而，在我国经济发展的实践中，产业结构存在着诸多结构性问题，如传统产业劣势逐步显现，各产业之间的数量对比关系、经济技术联系和相互作用关系并没有向协调平衡化的趋势演进；产业雷同化发展现象明显，同质化竞争趋势加强；产业发展并没有处理好与资源、环境的关系等。战略性新兴产业作为一种崭新的产业类型，具备自身的能动效应，一方面，通过技术创新、商业模式创新和体制机制创新改造传统产业，弥补传统产业发展的劣势，如结构不合理、高级化程度低及同质化的竞争等；另一方面，战略性新兴产业的发展符合我国低碳经济的大时代，节能减排，将高效节能技术装备、先进环保产业作为发展的主导，能够抢占下一轮产业结构调整的制高点，实现产业、资源和环境的协调发展。因此，通过发展战略性新兴产业来促进产业结构的转型升级，从而带动经济的全面发展，这是战略性新兴产业的经济能动效应的重要体现。与此同时，战略性新兴产业也蕴含着巨大的内需潜力，未来的培育和发展将大幅度提升其在国内生产总值中所占的比重，将会在需求潜力大、带动性强的领域强化其发展速度，发挥先导和支柱作用，成为我国新一轮经济增长的重要推动力量。因此，应当根据我国经济发展的需要和产业发展的实际，合理有效地发展战略性新兴产业，推动我国经济的可持续发展。

当前，国内学者对战略性新兴产业的发展倍加关注，但在战略性新兴产业概念的界定上尚无定论，对它的认识还处于一个不断深化和完善的过程中。科技部部长万钢（2009）认为，战略性新兴产业不同于传统产业，首先，它在国民经济中具有战略地位，对经济社会发展和国家安全具有重大和长远影响；其次，这些产业是着眼未来的，它必须具有能够成为一个国家未来经济发展支柱产业的可能性。我国现在大力发展的新能源、电动汽车、智能网络、生物技术、新材料和先进制造产业等都属此范畴。华文（2010）提出，“战略性新兴产业”中的“战略性”指的是这些产业对经济和社会发展以及国家安全具有全局性的影响和极强的拉动效应；“新”指的是相对于现在的经济发展阶段，这些产业的产品、服务或者组织形式是以前没有的；而“兴”就是指刚刚崭露头角，未来可能会高速增长、规模扩大、对经济发展有主导作用的产业。清华大学博士后赵刚（2010）指出，所谓战略性新兴产业，是指伴随信息、生物、医疗、新能源、环保、海洋和空间等新技术的发展而产生的一系列新兴的产业部门，它们代表产业发展的未来方向，在促进经济增长中发挥着关键作用。冯长根教授（2010）指出，战略性新兴产业是新兴科技和新兴产业的深度融合，既代表着科技创新的方向，也代表着产业发展的方向。此外，国务院办公厅（2010）在《国务院关于加快培育和发展战略性新兴产业的决定》中，将战略性新兴产业定义为“以重大技术突破和重大发展需求为基础，对经济社会全局和长远发展具有重大引领带动作用，知识技术密集、物质资源消耗少、成长潜力大、综合效益好的产业，它包括节能环保产业、新一代信息技术产业、生物产业、高端装备制造产业、新能源产业、新材料产业、新能源汽车产业”。综合上述以及其他国内学者的研究成果，笔者认为，完整地理解战略性新兴产业的科学内涵，需要把握好两个前缀词：一是战略性，二是新兴性。前者对应的是一个产业在经济社会发展与国家安全方面的作用，后者对应的是一个产业出现的时间。因此，所谓战略性新兴产业，就是指随着新的科研成果和新兴技术的发明、应用而新出现的，对一个国家经济的长期战略发展具有支柱性和带动性、能够聚集和吸引世界技术资金等生产要素、占据国内外市场制高点、代表未来科技和产业发展新方向的产业。

三、职业院校服务产业发展

职业院校服务产业发展是以产业发展为先导，面向经济社会发展和生产服务一线，培养高素质劳动者和技术技能人才，促进区域新型战略产业发展的重要途径。职业院校作为培养应用型人才的重要载体，理应加强人才培养模式改革，以职业需求为导向，以服务社会为目的，以新兴产业结构升级为目标，不断提升院校学生的社会适应能力，紧跟社会战略产业的发展，围绕新兴产业发展进行自身建设。职业院校要根据新兴产业对专业人才的需求，积极进行创新，打造有特色、有质量、有水平的人才培养模式，促进职业院校服务产业能力的可持续发展①。

国家在相关政策上也明确提出，职业院校发展要与区域产业发展相匹配。以技能大赛为例，教育部《全国职业院校技能大赛三年规划》中明确指出：提升技能大赛与区域产业同步发展的水平。要根据技术革新的趋势和产业结构的调整，特别是战略性新兴产业、现代服务业、现代农业、先进制造业的技术变化，适时调整技能大赛的赛项设置、竞赛内容和竞赛标准。职业院校的人才培养要充分发挥技能大赛的平台作用，积极推进专业建设和教学改革，大力提升职业教育服务经济发展方式转变和产业结构调整的能力。寻找服务区域经济结合点，提高社会服务能力是职业院校服务产业发展的关键。可以通过以下途径提升职业院校服务产业发展的能力：以开展就业技能培训、职业资格鉴定为切入点，为社会提供合格劳动力资源，形成良好的培训运行机制；以新工艺、新产品开发为切入点，解决企业面临的实际困难；以与企业联合开展横向课题研究为切入点，面向管理、生产、服务一线开展技术攻关②。

四、职业院校专业结构

专业结构就是专业的各要素之间的关系。因此，要理解专业结构，必须从两部分入手：一是要素，二是要素之间的关系。专业发展内涵、口径与质量等都是专业的要素；专业数量、规模、布局、衔接关系等是专业关系，它是指在一定专业内涵的基础上专业间的构成状态。

职业院校作为技术技能型人才培养基地，其专业结构与产业结构存在着相互依存的关系，专业是高校人才培养的载体，产业的发展变化带

① 侯宁，邬玉晶. 新兴产业影响下的高职院校人才培养模式的改革 [J]. 教育与职业，2015 (3)：14-16.

② 曹爱民. 高等职业院校服务区域经济社会发展研究 [J]. 济南职业学院学报，2014 (2)：14-15.

动社会对专业性人才需求的增长，从而使人才供给与人才需求尽量保持相互平衡。专业结构和产业结构作为职业院校教育结构和经济结构的重要组成部分。结合教育与经济的关系，产业结构与专业结构之间的关系可以概括为以下两点：

1. 产业结构决定职业教育的专业结构

英国政治经济学家威廉·配第（William Petty）提出的配第—克拉克定理指出，随着社会经济的发展、人均国民收入的增加，劳动力就会逐步由第一产业向第二产业再到第三产业转移。随着产业结构高级化进程的加快，以往的技术结构和就业结构必然发生改变，对人才的素质和技能的要求也不断提高，也需要多层次的专业结构影响带动产业发展所需要的科技、管理、实践人才。职业院校教育作为培养专门技术、技能型人才的机构，其培养人才的结构、规格、规模等都与产业结构相吻合，才能有效地为国民经济各个部门培养和输送数量、质量、结构和层次相当的各类专门技术、技能人才，促进社会经济快速发展。90 年代以后，随着第二产业、第三产业产值比重逐步提高，第一产业逐步下降，我国的高等教育也进行了新一轮的院系调整，大量的农科院校被合并撤销，农科类专业大幅减少。由此可见，职业院校专业结构需要根据产业结构的变化及时进行相应的调整。

2. 专业结构的优化可促进产业结构升级

教育影响经济发展。职业院校教育专业结构直接影响着人才结构，并作用于经济结构。人才保持一定的结构是现代化大生产的客观要求。职业院校专业结构制约着人才的工种和岗位类型的形成，专业结构失调会直接影响人才的专业和岗位的对口。产业结构的变化取决于人才的类型和水平，而人才结构的变化，人才素质的提高只能通过发展教育，调整学校专业结构来实现。合理的专业结构可以为适应这些转变提供技术支持和智力保障。例如，在哈佛大学、麻省理工学院、耶鲁大学的帮助下，波士顿地区从一个以传统产业为主的普通区域变成了当前的科学工业综合体；在斯坦福大学、加州理工学院等高校帮助下，硅谷由荒芜之地转身变成为闻名全球的电子工业基地。职业院校专业结构与区域产业结构之间是相互制约、相互影响。教育结构应主动与经济结构相适应，合理的专业结构对产业结构的优化有着巨大的促进作用。人才培养的滞后性要求我们只有科学预测人才的需求结构，为专业结构调整提供现实依据。教育结构与经济结构作为社会大系统中的子系统，两者之间的适应性是相对的，没有固定不变的模式。人才供给与社会经济发展对人才的需求之间是一种动态的平衡，因此，要积极主动进行专业结构的改革调整，使之与产业结构的变化相适应①。

第四节　研究目的与内容

一、研究目标

本课题研究的主要目标就是在充分总结现有相关研究成果、整合已有相关文本资源的基础上，建构一个全面、客观、可用的职业院校服务湖南战略性产业政策框架，继而以此为依据，摸清湖南战略性产业对人才的需求和职业院校人才培养发展状况，探讨和建构推进职业院校服务湖南战略性产业路径和相关政策保障，并对其进行评估。课题研究目标具体如下：

（1）对职业院校服务湖南战略性产业的相关文献资料进行系统梳理和总体评估。梳理职业教育服务战略性新兴产业的理论逻辑。

（2）通过大数据研究和样本研究概略地评估湖南战略性产业对人才的需求及职业院校服务这些产业的状况、问题、经验和重要差异。

（3）通过对职业院校对接湖南战略性新兴产业现状、湖南省职业院校专业设置与战略性新兴产业适应性，探索职业院校服务湖南战略性新兴产业的实现路径，建构一个职业院校服务湖南战略性产业的政策体系。

① 张慧青. 基于产业结构演进的高职专业结构调整研究：以山东省为例［D］. 上海：华东师范大学，2017.

二、研究框架

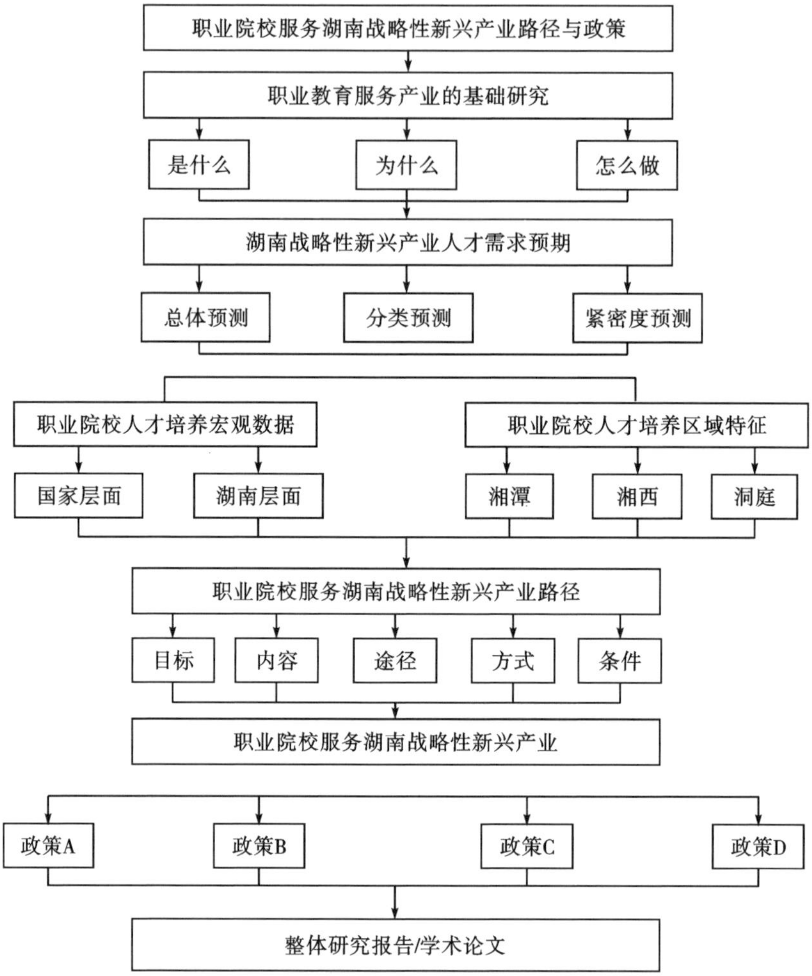

图 1-1　研究框架

三、研究内容

本书基于职业院校服务战略产业的基础理论研究，对湖南战略性新兴产业对人才的需求、职业院校人才培养现状等方面进行相关研究，进而探索其实现路径和政策体系。本研究要从以下几个基本问题入手：

第一，职业院校服务湖南战略性新兴产业的逻辑。职业院校服务湖南战略性新兴产业政策的核心内涵和关键特征是什么？职业院校服务湖南战略性产业的特殊价值是什么？已有职业院校服务战略产业政策的研究状况、进展、代表性结论以及缺陷是什么？

第二，职业院校服务湖南战略性新兴产业发展分析。该部分主要试图在中国和湖南职业院校服务战略产业的宏观整体发展状况进行描述，其分析主要以研究湖南的职业院校服务战略产业维度为主要框架，继而整合已有相关数据和进行数据收集，并对数据进行多重比较以及规范化分析。此外结合文献研究部分的既有国际、国内职业院校服务战略产业对湖南职业院校总体布局、专业设置、课程内容、人才培养、技术支持及对接战略新兴产业的现状进行比较、评估，这也是该部分的重要任务。

第三，湖南战略性新兴产业紧缺人才需求预测。湖南先进装备制造、新材料、文化创意、生物、新能源、信息、节能环保 7 大战略性新兴产业的发展定位、发展结构、发展路径和政策导向等总体状况，对湖南战略新兴产业对职业院校的人才培养分别作出总体预测、分类预测和紧密度预测。湖南七大战略性新兴产业对相关人才的总体需求以及不同产业、不同年度的需求？职业院校满足这些需求应该调整哪些政策？并结合文献研究部分的国内外对战略产业人才开发的成功经验进行比较、分析，为湖南省战略性新兴产业人才开发汲取经验。

第四，职业院校服务湖南战略性新兴产业现状、适应性。基于上述研究以及课题组核心成员在之前进行的相关研究，本部分主要以区域层面的专业院校服务湖南战略性新兴产业为依托，分别选择长株潭等地具代表意义对应湖南七大战略性新兴产业的高职院校服务状况进行评估和研究。同时，结合样本区域的相关政策文件、政府工作报告所进行的路径及政策评估，同样是该部分研究的重要组成部分。

第五，职业院校服务湖南战略性新兴产业实现路径及其政策性建议。区域在湖南教育发展中占据十分重要的地位，不同区域的发展状况以及路径的差异，对于理解湖南整体职业院校具有极为重要意义。依托战略性新兴产业的企业来推动产教融合；对接战略性新兴产业以此来调整专业结构；依据战略性新兴产业对人才的需求形成专业一体化结构；满足战略性新兴产业的需要，建设实训基地等路径；同时，结合样本区域的相关政策文件、政府工作报告所进行的路径及政策评估，同样是该部分研究的重要组成部分。

第五节　研究思路与方法

一、研究思路

本研究遵循“应然—实然—应然”的研究思路，运用规范研究与实证研究相结合的研究范式，按照“应该是什么—现状是什么—原因是什么—对策是什么”的逻辑主线，构建包含理论分析、事实分析和对策建议在内的完整研究体系。

通过理论分析构建职业院校服务湖南战略性新兴产业分析框架和理论基础。科学界定战略性新兴产业、职业院校、教育服务的内涵和外延。从服务主体、对象、内容、方式和条件五个维度客观阐释职业院校服务湖南战略性产业所具有的一般性特点。科学界定湖南战略性新兴产业与职业院校之间的联系和区别；从而最终明确职业院校服务湖南战略性新兴产业的应然状态，包括湖南战略性产业的人才需求到底应该达到什么样的目标，各类职业院校需要什么样的条件下、通过什么样的方式、设计什么样的教学内容来达到这一应然目标等等。以上述分析框架为依据构建职业院校服务湖南战略性产业问题的分析范式，充实和完善教育服务理论体系。

通过事实分析深刻揭示湖南职业院校服务战略性产业存在的现实问题。一是对现状进行客观描述。通过综合运用深入调研、入户访谈、大规模抽样问卷等方法客观描述湖南职业院校服务战略性产业存在的现实思路图：

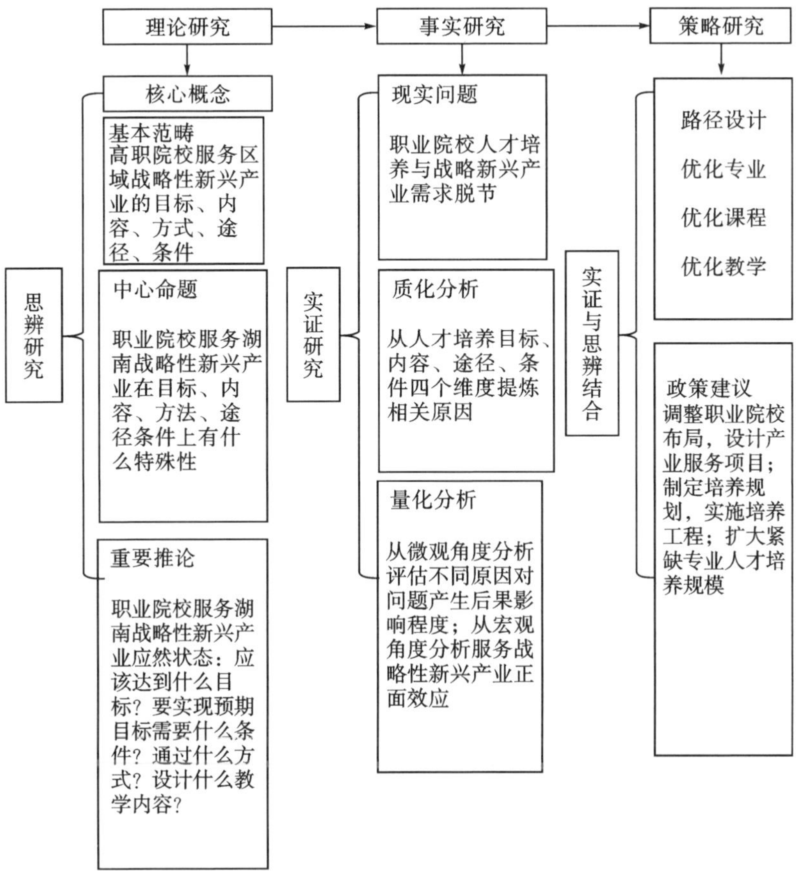

图 1-2　研究思路

问题。二是通过质化分析提炼问题。从服务目标、主体、对象、内容、方式、条件六个预设维度关照客观现实，分析湖南职业院校服务战略性产业存在的问题。包括预期的教育目标是否达到？现有制度和物质条件、所运用的培养培训方式，所设计的教学内容，培养培训主体和对象之间需求的匹配程度等等是否有利于达成预期的教育目标？三是通过量化分析衡量后果和影响。一方面从微观角度分析评估不同原因对问题产生影响的程度；另一方面从宏观角度分析评估湖南职业院校发展对当地战略性新兴产业发展的外部效应。

通过对策分析得出解决湖南职业院校服务战略性新兴产业存在问题的政策和路径建议。有针对性地从湖南职业院校服务战略性新兴产业的条件、方式和手段入手，解决人才培养与产业需求相脱节的问题，综合考虑人才培养与技术培训有效衔接系统设计湖南职业院校人才培养培训适应战略性新兴产业发展需求的实施方案。

二、研究方法

1. 桌面研究

桌面研究旨在利用一切可供使用的文献、文本、数据资源，是前期的基础性研究。该研究方法主要在子课题一中使用，后续相关课题也涉及该方法的使用。其主要目的是判断现有研究所达成的状况，课题可利用的资源，同时为后续研究进行铺垫，如相关专家工作坊人员的选择，研究框架及基本理论的确定。从本课题角度，其主要范围涵盖如下方面：

（1）国内外国家层面的教育政策、规划文件。

（2）区域层面的教育政策、发展规划。

（3）国内外现有数据资源，如《中国统计年鉴》《中国教育统计年鉴》《教育经费统计年鉴》等。

（4）国内外相关职业教育发展战略（亦包括教育发展状况）学术研究，职业教育发展战略评价相关研究，职业教育发展战略推进路径相关研究，相关评估理论、模型、指标、方法的基础研究。

（5）国内外相关职业教育发展战略、教育发展评估报告。

（6）国内外相关政府教育工作报告。

2. 专家咨询

由于职业教育发展战略的复杂性和跨专业性，需要整合相关专业人士的力量对课题研究设计、结论进行咨询。本研究主要通过两种途径进行专家咨询，首先是德尔菲法，主要应用于指标研制领域；其次是专家工作坊（座谈会），主要应用于指标设计的修正，宏观职业教育发展战略的状况评估、区域职业教育发展战略评估以及路径选择和政策推进。专家工作坊分为三期，每期规模为25人左右。人员选择涵盖不同教育类别研究者、教育基本理论、教育政策、专业评估人员、公共管理等领域。依据专家对于项目研究的赞同程度以及改进意见，进行后续修订。

3. 公共调查

由于职业教育发展战略涉及的主体的复杂性，专家意见很难反映全部利益群体；同时现代公共管理越来越强调社会群体的参与，因而，课题组拟进行一个样本1000左右的、全国范围的、自抽样、分层、分类的公共调查咨询项目，对未来中国职业教育发展战略的相关政策议题进行咨询。其主体主要分为六类：政府教育官员和管理人员、普通学校相关人员、教育研究机构人员、媒体和社会组织、非正式教育机构（博物馆等）、普通民众。人员选择按照不同区域进行，同时将性别、年龄、社会背景等因素囊括考虑。其主要任务是：

（1）通过调研进一步明晰职业教育发展战略的机遇与挑战，聚焦我国宏观和东中西部义务教育改革和发展中的典型问题；

（2）对国家和省级层面现行教育运行机制及其现状进行调研；在地市、区、县层面对地市、区、县政府主管领导和职能部门调查咨询，探明这一层面职业教育发展战略的实效和实际问题；

（3）学校和非正式教育机构调研，对上述作为调研对象的地市、区、县范围内的学校进行调查；

（4）针对社会机构、媒体、普通民众的热点教育议题的调查咨询。

4. 分析方法

（1）定量分析方法。运用主成分分析法、层次分析法和模糊分析法来确定对教育发展有重要影响的环境因素，并通过建立指标体系来评价全国及区域范围内的教育发展状况。数据收集之后，通过描述统计、权重设计等方法对不同类别职业教育发展战略状况进行评估。

（2）定性分析方法。依据课题掌握的职业教育发展战略的相关数据，运用归纳、演绎、比较的方法揭示中国职业教育发展战略的基本状况；运用比较方法对国外职业教育发展战略政策的背景和作用机理进行比较分析，对教育发展的理想环境与现实环境、条件、限制进行比较分析；用要素分析方法对我国现行的政策以及课题预期政策设计进行分析评估，在此基础上构建我国职业教育发展战略支持体系框架。

本章小结

本章是对本研究的总体概述，包括研究背景与价值，国内外关于战略性新兴产业及职业院校服务新兴产业的研究现状；对主要相关概念进行界定；以及对研究目的与内容、思路与方法的阐述。本研究意在通过对职业院校服务湖南战略性产业的相关文献资料进行系统梳理和总体评估，梳理职业教育服务战略性新兴产业的理论逻辑；通过大数据研究和样本研究概略地评估湖南战略性产业对人才的需求及职业院校服务这些产业的状况、问题、经验和重要差异；通过对职业院校对接湖南战略性新兴产业现状、湖南省职业院校专业设置与战略性新兴产业适应性，探索职业院校服务湖南战略性新兴产业的实现路径，建构一个职业院校服务湖南战略性产业的政策体系。

第二章　职业教育服务战略性新兴产业的理论逻辑

区域经济与职业教育互利共生的关系，不仅使产业结构成为职业教育专业设置的客观依据，同时战略性新兴产业也对区域职业教育专业设置提出了新要求，从而促使职业教育优化专业设置，提高服务战略性新兴产业发展的有效性。因此，要在积极构建战略性新兴产业结构与职业教育专业设置的良性互动中，形成产业与职业教育协同共进、发展共赢的良好局面。

第一节　产业经济经典理论

产业经济方面包含着很多经典的理论，例如产业生命周期理论、产业布局理论、产业结构演变理论，在一定程度上对职业教育产生影响，指导了职业教育的发展。

一、产业生命周期理论

1. 产品生命周期理论

产业生命周期理论起源于产品生命周期理论，1957 年，美国的波兹（Booz）和阿伦（Allen）在《新产品管理》一书中提出了产品生命周期理论，他们根据产品销售情况将产品生命周期划分为投入期、成长期、成熟期和衰退期四个阶段。英国的戈波兹（Kuznets）等人把产品生命周期和生物进化理论结合起来，提出了戈波兹曲线数学模型，从而将对产品生命周期的研究由定性分析深入到定量分析。弗农（Vernon）的产品生命周期理论最具有代表性，1966 年弗（Vernon）从国际化的视角，依据产业从发达国家到欠发达国家依次转移现象，将产品生产划分为导入期、成熟期和标准化期三个阶段。在 20 纪 70 年代，哈佛大学的阿伯纳西（Abernathy）和麻省理工学院的厄特巴克（Utterback）将产品生命周期和创新结合起来进行研究①。通过案例分析共同提出了 A-U 模型。他们依据产出增长率将产品生命周期划分为流动阶段、过渡阶段和稳定阶段，并认为企业的产品创新和工艺创新相互关联，在不同阶段对两者的侧重有所不同，企业的创新类型和创新频率取决于产业成长的不同阶段。A-U 模型主要针对产品管理，却为产品生命周期理论的建立奠定了理论基础，也揭示了技术创新对产业演进的推动作用这一客观事实；同时揭示了技术创新对产业演进的推动作用这一客观事实；但 A-U 模型存在明显的局限性，比如没有明确推动产业演进的技术创新的主体，过分强调技术创新对产业演进的作用而忽视了其他创新的作用以及对部分产业演进缺乏解释力等。

2. 产业生命周期理论

随着进一步的演进，在 1982 年高特（Gort）和克莱柏（Klepper）最早提出产业生命周期这一概念，产业生命周期指产业从生产到衰亡具有阶段性和共同规律性的厂商行为的改变过程。他们在对 46 个产品的整体或部分的销售、价格和产量时间序列数据进行分析的基础上，按产业中厂商数目（净进人数）对产品生命周期进行划分，分为引入、大量进入、稳定、大量退出（淘汰）和成熟五个阶段，从而建立了产业经济学意义上第一个产业生命周期模型，即 G-K 模型②。该模型的突出贡献在于，强调了产业生命周期阶段的重要影响，即其对创新的特征、重要性和来源的重大影响，首次指出厂商数目存在“淘汰”（shakeout）现

① UTTERBACK J M. Mastering the dynamics of innovation [M]. Boston: Harvard Business School Press, 1994.

② 蒋选，杨万东，杨天宇. 产业经济管理 [M]. 北京：中国人民大学出版社，2006.

象，并建立了进入率的正式联系。在实证分析的方向上，Klepper 和 Graddy 对 G-K 模型进行了技术内生化的发展①。首先，在向后扩展的该数据集上，他们按厂商数目改变将产业生命周期重新划分为成长、淘汰和稳定三个阶段。1996 年，Agarwal 和 Gott 沿着另一条路径对 G-K 模型进行了发展②。基于同一数据库中 25 个产品更长时间的序列数据，他们对产业生命周期进行了更为细致的划分，这种划分在形态与特征描述上与 G-K 模型非常相似，只在成长阶段上有所不同。通过引入危险率，研究了产业生命周期的阶段性对厂商进入与退出的综合影响，分析结果表明，危险率与厂商“年龄”成反比，早期进入者的危险率在淘汰发生时开始上升，而所有厂商在淘汰阶段的危险率水平均较高，此外在最后阶段所有厂商的危险均上升。之后，Klepper 通过对 4 个产业发展重点案例的研究，提出了技术效率存活的寡头进化理论。他发现在产业的早期，进入和产业产出同步上升，最终导致单位质量价格下降，获利减少，进而导致对进入者创新能力的要求不断提升，直至无厂商愿意进入。从而，最早的进入者具有最大的创新效率，成长为最大的厂商，进行最多的创新，并具有最强的竞争优势。甚至在进入停止后，其不断的成长也会挤出无效者和后进入者，这样不但引起淘汰，并且导致寡头市场形态的出现。对单个产业来说，其存在的基础是产品，因此每一个产业都有其产生、成长、发展和衰退的过程，即生命周期。产业生命周期的曲线呈现“S”形，未发生异化的标准形态都经过形成期（导入期）、成长期、成熟期和衰退期四个阶段，这主要是按照该产业在全部产业中所占比重的大小及其增长速度的变化而进行的③。

第一阶段：形成期（导入期）。

在产业形成阶段，市场对该产业的产品接受需要一个过程，因此，

---

① UTTERBACK J M. Mastering the dynamics of innovation [M]. Boston: Harvard Business School Press, 1994.

② AGARWAL, RAJSHREE, GORT, MICHAEL. The evolution of markrts and entry, exitand survival of firms [J]. Review of Economics and Statistics, 1996, 78 (3): 489-498.

③ 苏东水. 产业经济学 [M]. 北京：高等教育出版社，2006.

初期需求不大，产业成长会受现实需求的约束。

第二阶段：成长期。

当某产业的产出在整个产业系统中的比重迅速增加，并且该产业在产业结构中的作用也日益扩大时，就可以认为该产业已经度过了形成期而进入成长阶段①。

第三阶段：成熟期。

当某产业经过长期的迅速增长阶段，从需求方面来说，该产业的产品已经为消费者所接受，产出的市场容量相对稳定，其发展速度就会放慢。另一方面，该产业在产业结构变动中的作用也基本上得到了发挥。那么，它发展的速度必将放慢，这就标志着该产业从成长期进入成熟期。

第四阶段：衰退期。

当技术的进步向市场推出了在经济上可替代该产业的新产品时，该产业的产品市场需求严重萎缩，产品销量急剧下降，该产业占整个产业的比重就会下降，这表明该产业已经进入衰退期。产业衰退是客观的必然现象，是产业经济新陈代谢的表现。产业衰退是对产业自身的否定并孕育新的产业和新的产品过程。老产业衰退与新产业形成并存使产业经济体不断推陈出新，从而保持旺盛的活力，进而推动产业经济和国民经济不断发展。

3. 产业生命周期理论最新进展

目前的研究大多集中于对生命周期理论的实证研究，主要对产业生命周期理论的上述观点进行了检验，但结论不一。Hansen 以北美两个产业的数据检验了上述产业生命周期理论，一个产业是处于产业生命周期衰退阶段的胶合板产业（plywood mills），另一个产业是处于产业生命周期成长期的定向结构刨花板产业（OSB）②。通过对两个产业的产

① 杨公仆，夏大慰. 产业经济学教程［M］. 上海：上海财经大学出版社，2002.

② HANSEN E. Structural panel industry evolution：implications for innovation and new product development［J］. Forest Policy and Economics，2006（8）：774-783.

品创新性、新产品开发过程的结构以及产品专业化的比较研究，他们发现，与定向结构刨花板产业相比，胶合板产业并没有采用更多的产品创新和更加结构化的新产品开发来应对竞争威胁，这与产业生命周期理论的预测不符，与产业生命周期理论一致的是，胶合板产业具有了更加专业化的产品线。Boldrin 和 Levine 指出①，新兴的产业产生了很多的创新，而且关于创新的信息也流动得更加畅通。而来自企业层面的数据却表明，相当一部分企业根本不进行创新活动。Klette&Kortum 的研究表明②，生产率的增长与创新活动的不同并无太强的联系，这意味着模仿外部性的大量存在，即创新型企业和模型性企业都能获得租金。但随着新进入者的不断增加，原有的租金逐渐被稀释。而到了产业成熟阶段，淘汰就会发生，企业数量减少。与产业成熟阶段相伴随的是企业对知识产权保护的强调和创新的重点由产业层面转向企业层面，以保持某个特定企业的利基市场。为了合理地解释上述现象，Braguinsky 等建立了一个竞争性产业创新和模仿的动态模型，来解释在产业生命周期的早期阶段创新速度保持稳定或较多、而在成熟阶段则专利较多的现象③。

尽管产业生命周期理论关于产业生命周期与创新关系的相关论断获得了不少经验支持，但也有部分研究对产业生命周期理论的上述观点提出了质疑。McGahan&Silverman 通过对 1981—1997 年美国产业以专利数据衡量的创新行为的实证研究结论并不支持传统的生命周期理论，依靠企业净进入率来划分产业演化阶段的产业生命周期理论并不能全面描述成熟产业的创新活动④。Floricel&Dougherty 从理论上对不支持产业

① BOLDRIN M，LEVINE D. Against intellectual monopoly [M]. Cambridge：Cambridge University Press，2008.

② KLETTE T J，KORTUM S. Innovating firms and aggregate innovation [J]. Journal of Political Economy，2004，112 (5)：986-1018.

③ BRAGUINSKY S，GABDRAKHMANOV S，Ohyama A. A theory of competitive industry dynamics with innovation and imitation [J]. Review of Economic Dynamics，2007 (10)：729-760.

④ MCGAHANA M，Silverman B. S. How does innovative activity changes industries mature? [J]. International Journal of Industrial Organization，2001 (19)：114-116.

生命周期理论的实证研究以及创新的持续性进行解释。在他们看来，传统产业生命周期理论的阶段演进也可以从影响知识生产和投资的机制及其限制条件来理解。他们通过模型对这些机制及其限制条件进行了重新思考，以表明通过内生的更新周期来重新创造知识和必要的资金以在某个阶段维持长时间的创新。他们建立了一个能够容纳高速创新和超级竞争等理论的分析框架，并分析了创新内生更新周期的三种模式，从而扩展了产业生命周期理论。

二、产业布局理论

产业布局是指人们对产业空间分布的规划，它是资源在空间配置的一种重要方式。产业布局理论主要是研究地区经济发展的不同阶段，地区内部各产业空间组合的最佳形式和一般规律，以求合理地利用本地资源，求得最大的区域效益。产业布局与产业分布不同，产业分布是在市场机制作用下已经形成的产业空间形式，而产业布局则是对产业所做的人为再分布。产业布局具有加速产业空间演变、使产业分布符合国家整体利益以及纠正不合理的产业分布的作用。地区性产业布局的主要依据包括：在自然环境上有一定的类似性和关联性，经济发展与布局现状有相似性和互补性，拥有实力雄厚的经济中心等。

1. 产业布局理论的形成和发展的三个阶段

（1）古典区位论

古典区位理论的代表是德国经济学家杜能（Thünen）的农业区位理论和韦伯（Weber）的工业区位理论。杜能通过经济活动的空间配置模型，论述单一运输因素确定农业生产及经济空间的配置定向，并提出了销售价格决定产品种类和经营方式，运输费用决定生产成本，主张依据运输、距离确定最佳配置点的环形农业区位理论。

19 世纪中后期，第一次科技革命的发生，使得工业区位问题显得突出起来。德国的经济学家对工业区位进行了系统的研究。工业区位论的先驱者是德国经济学家劳恩哈特（Launhardt）。劳恩哈特利用几何学和微积分，将网络结点分析方法应用于工厂的布局，1882 年，劳恩哈特在《工程师协会期刊》上发表的《确定工商业的合理区位》一文中第一个提出了在资源供给和产品销售约束下，使运输成本最小化的厂商最优定位问题及其尝试性的解法。

1902 年，劳恩哈特在 *The Principles of Railway Location* 一书中提出了著名的“区位三角理论”。美国经济学家尼汉斯（Niehans）认为，在 19 世纪的最后 30 年里，劳恩哈特的工作是德国最重要的、实际上也是唯一有意义的对“边际革命”的贡献。韦伯第一个全面而系统地论述了工业区位理论。1909 年，韦伯在《工业区位理论——区位的纯粹理论》一节中，提出了工业区位论的基本思想。1914 年，韦伯又发表了《工业区位——区位的一般理论及资本主义理论》，对德国 1861 年以来工业区位对资本主义国家人口聚集以及其他若干工业区位问题进行综合分析。韦伯认为，集聚节约额比运费指向或劳动费指向带来的生产费用节约额大时，便会产生集聚。韦伯通过加工系数，即单位区位重量的加工价值来判断集聚的可能性。韦伯首次将抽象和演绎的方法运用于工业区位研究，建立了完善的工业区位理论，并且提出了区位理论中的经典法则—最小费用区位法则。任美锷（1947）认为，工业区位理论以韦伯的研究“最有系统”，韦伯的《工业区位论》为“经济地理学的不朽名著”。

（2）近代区位论

近代区位理论始于 20 世纪 30 年代。近代区位理论的代表人物是德国的经济地理学家克里斯塔勒（Christaller）和廖什（Losch）。1933 年，克里斯塔勒在《德国南部的中心地——关于具有城市职能聚落的分布与发展规律的经济地理学研究》一书中，将地理学的空间观点与经济学的价值观点结合起来，利用抽象演绎的方法创立了以城市聚落为中心，以市场原则、交通原则和行政原则等中心地区原则进行市场区域网络分析的理论。这一理论被称为中心地理论。

克里斯塔勒认为，中心地是周围区域的中心，是指能够向周围区域的消费者提供各种商品和服务的地点。中心地的相对重要性可以通过中心性来衡量，即：中心性＝中心地供给中心商品的量－中心地供给自身的中心商品的量。中心地的等级取决于其能够提供的货物和服务的水平。一个地区会形成一套中心地的等级体系，同类中心地间的距离也相同，且每个中心地的市场区域都为半径相等的圆形区域。各级中心地相互竞争，组成一个有规律递减的多级六边形空间模型，此时所有中心地达到了空间均衡。

中心地的空间分布形态遵循三个原则：市场原则、交通原则和行政原则。在三个原则中，市场原则是基础，交通原则和行政原则是对市场原则的修正和补充。克里斯塔勒的中心地理论是一种综合的、宏观的、静态的以市场为中心的区位论，为具体解决计划、规划问题的动态平衡打下了基础（杨吾杨，1989）。

中心地理论为城市地理学和商业地理学奠定了理论基础，也是区域经济学研究的理论基础之一，《理论地理学》的作者邦奇（Bunge）将克里斯塔勒尊称为“理论地理学之父”。1940 年，廖什出版了《区位经济学》一书。廖什利用克里斯塔勒的理论框架，提出了以市场为中心的中心地系统—市场区位论（何炼成，2005）。廖什认为单一企业的最佳区位应该是收入和费用差的最大点，即利润最大点。廖什的理论从市场区位的概念出发，将一般均衡理论应用于空间，把生产区位和市场范围结合起来，建立了市场区和市场网络的模型，促进了区域经济理论的形成和发展①。

（3）现代区位理论

二战后，特别是 20 世纪 60 年代以来，产业布局理论得到了巨大的发展，现代产业理论虽然以古典和近代产业理论为基础，却有明显差别，大致可分为五大学派：

成本—市场学派。该学派以成本与市场的相依关系作为理论核心，以最大利润原则为确定区位的基本条件。其中影响较大的有：胡佛提出

① 徐阳，苏兵．区位理论的发展沿袭与应用［J］．商业时代，2012（33）：138-139.

的以生产成本最低准则来确定产业的最优区位；弗农提出的产业寿命周期理论，认为处于不同生命周期的产业布局各有特色；克鲁格曼、波特等人的产业集群理论则从竞争经济学的角度去研究产业布局问题，认为产业集群对企业竞争是非常重要的，可以使企业更好地接近劳动者和公共物品以及获得相关机构的服务，企业成本越低，整个产业的竞争力就越强。

行为学派。代表人物是普莱德。该学派最大特点是确立以人为主题的发展目标，主张现代企业管理的发展、交通工具的现代化、人的地位和作用是区位分析的重要因素，运输成本则降为次要因素。该学派认为，在现实生活中既不存在行为完全合理的经济人，也难以做出最优的区位决策，人的区位行为必然受到实际获得信息和处理信息能力的限制。

社会学派。代表人物是克拉克、摩尔等人。他们推行政府干预区域经济发展，认为政策制定、国防和军事、人口迁移、市场因素、居民储蓄能力等因素都在不同程度地影响区位配置，而且社会经济因素愈益成为最重要的影响因素。

历史学派。代表人物是达恩、奥托伦巴等人。其理论核心是空间区位发展的阶段性，认为区域经济的发展是以一定时期生产力发展水平为基础的，具有很明显的时空结构特征，不同阶段空间经济分布和结构变化研究是理想区域发展的关键。

计量学派。该学派以定量研究的可能性和准确性作为其理论核心，认为区位研究涉及内容广、范围大、数据多、人工处理已经显得无能为力，必须建立区域经济数学模型，借助计算机等科学技术工具进行大量的数据处理和统计分析。

2. 产业布局的多种理论模式

如增长极布局模式、点轴布局模式、网络布局模式、区域梯度开发模式等[①]。

---

① 蒋选，杨万东，杨天宇. 产业经济管理［M］. 北京：中国人民大学出版社，2006.

（1）增长极布局模式

法国经济学家佩鲁（Perroux）的增长极理论在产业布局方面的核心指导思想是：在一国经济增长过程中，某些主导产业或者有创新力的企业在特定区域或城市聚集，从而形成资本和技术的高度集中、增长迅速并且有显著经济效益的经济发展机制。根据这种思想，国家在进行产业布局时，首先要根据地区特点，选择其主导产业，然后通过采取各种直接和间接措施，将所选择的主导产业嵌入该地区，形成集聚经济，产生增长极。通过增长极的扩展作用，逐步带动其周边地区经济的发展。

（2）点轴布局模式

点轴布局模式是增长极布局模式的延伸。该理论的核心是，社会经济客体大都在点上集聚，通过线状基础设施而连成一个有机的空间结构体系。从产业经济发展空间过程看，产业特别是工业，首先集中在少数条件较好的城市发展，呈点状分布，这种产业（工业）点，也就是区域增长极。点和点之间由曲线基础设施联系在一起。随着经济的发展，产业（工业）点逐渐增多，点与点间经济联系加强，必然会建设各种形式的交通通信线路并使之相联系，这一线路即为轴。轴线首先为点服务而产生，但它一经形成，其两侧地区的生产和生活条件就会得到改善，从而吸引产业和人口向轴线两侧聚集，并产生新的产业（工业）点，进而由点带轴，由轴带面，形成点轴系统，促进区域经济发展。

（3）网络布局模式

网络布局是点轴布局模式的延伸。一个现代化的经济区域，其空间结构必须同时具备三大要素：一是“节点”，即各级各类城镇；二是“域面”，即节点的吸引范围；三是“网络”，即商品、资金、技术、信息、劳动力等各种生产要素的流动。网络式开发就是强化并延伸已有的点轴系统。通过增强和深化本区域的网络系统，提高区域内各节点间、各域面间，特别是节点与域面之间生产要素交流的广度和密度，使“点”“线”“面”组成一个有机的整体，从而使整个区域得到有效的开发，使区域经济向一体化方向发展。通过网络的向外延伸，加强与区域外其他区域经济网络的联系，并将本区域的经济技术优势向四周区域扩散，从而在更大的空间范围内调动更多的生产要优化组合。

（4）区域梯度开发模式

区域梯度开发模式的理论基础是梯度推移理论。由于经济技术的发展是不平衡的，不同地区客观上存在经济技术发展水平的差异，即经济技术梯度，而产业的空间发展规律是从高梯度地区向低梯度地区推移。在进行区域开发时，要从各区域的现实梯度分布出发，优先发展高梯度地区，让有条件的高梯度地区优先发展新技术、新产品和新产业，然后再逐步从高梯度地区向中梯度地区和低梯度地区推移，从而实现经济发展的相对均衡。

三、产业结构演变理论

产业结构是经济活动中各产业部门之间的相互关系。经济增长实际就是产业结构不断优化发展的过程。现代经济发展带来生产专业化和分工日益深化，从而使产业结构效益上升到十分重要的地位。随着经济社会的发展，产业结构在不断地演进，而且表现出一定的规律性。产业结构演变有代表性的理论包括李斯特产业结构阶段论、配第—克拉克定理、罗斯托经济成长阶段论、钱纳里工业化阶段理论、赤松要雁行形态理论等。

1. 李斯特产业结构阶段论

德国经济学家李斯特于 1841 年出版的《政治经济学的国民体系》书中提出了产业结构演进的五阶段理论。国家在经济发展过程中，一般要经历原始未开化时期、畜牧时期、农业时期、农工业时期、农工商时期五个阶段。这五个阶段各自的特点可概括如下：

原始未开化阶段。原始未开化阶段也可称为渔猎阶段。李斯特认为，在这个阶段，一切东西几乎全部来源于自然力量，人类对自然资源的利用率极低，例如一个打猎的人所能利用的周围的自然资源还不到千分之一。资本几乎等于零。

畜牧阶段。在李斯特看来，随着单纯的游猎形态转变为畜牧形态，资本的增长主要表现为牲畜头数的增长；人类居无定所，对自然资源的利用率极低，例如一个牧羊人所能利用的自然资源还不到百分之一。随着人口的增长，畜群和牧场被分割成越来越小的份额。结果，国家势必要从畜牧业转向农业，否则将陷于贫困。

农业阶段。李斯特指出，由于农业特有的生产方式，加之农业国交通运输手段的落后，使得这个阶段形成了以下几个特点：(1) 仍然倚重自然力量，靠天吃饭；自然资源利用率虽比以往有所提高，但还是很低。(2) 分工不太明确，各地区处于自给自足的状态之中，它们的生产方式与消费方式大致雷同。(3) 体力劳动为主，科学技术贫弱。(4) 农民居有定所，但散布于各处，因而缺乏社会交往，人们之间精神交流和物质交换的诱惑力非常微小，结果导致政治、文化等各方面的落后。“一个国家所经营的假使仅仅是原始状态下的农业，在那里普遍存在的现象就必然是感觉迟钝，笨手笨脚，对旧有的观念、风俗、习惯、方式、方法固执不化，缺乏文化、繁荣和自由。”(5) 资本的增长主要表现在耕地和剩余农产品的增加上。由于土地面积的增长速度不及人口的增长速度，人口增量中的一部分为了求工作不得不投入农业生产中，结果一方面使每个生产者所耕作的土地不断减少，另一方面消耗了国家的全部农产品余额。由此产生了所谓的“农业的残缺状态”，这只有通过工业的发展才能逐渐消除。

农工业阶段。李斯特认为，人类进入农工业阶段是历史上的一个重大转折。这个阶段具有一系列显著地区别于前几个阶段的特点：(1) 由于交通运输业和大工业的发展，潜在的和现实的经济资源都得到了较为充分的开发和利用。在此阶段，不但剩余农产品有了销路，剩余农村劳力被工业吸收了，而且许多以往储藏在地下的资源也得到了开发利用。(2) 科学技术成了推动工业发展的巨大力量。工业是科学与技术的成果，也是科学与技术的支持者和保护者。因此在工业国家受到重视和获得厚酬的，首先是天才，其次是技巧，再次是体力。(3) 工农业的发展，促进政治、文化、道德等方面的进步。“工业和农业越是向前发展，人类意志就越加不受拘束，就越能使宽容忍让的精神占上风，使真正的道德和宗教势力在内心代替天良的强制。”

农工商业阶段。李斯特认为，随着工业的发展、运输工具的改进和人口的增长，商业跟着繁荣起来。但商业一旦兴盛起来，就对整个社会发生深刻而广泛的影响。由于人们处于复杂而激烈的商业竞争氛围之中，他们的社交能力、智力水平、自由意识、进取精神、惜时观念、文化艺术、政治制度、甚至人种都会获得提高和发展。李斯特认为，一国的政治制度、科学技术、人员素质、民族精神都是生产力发展和工商业繁荣的重要条件和源泉。

2. 配第—克拉克定理

配第—克拉克定理又称为三次产业演变定律，主要研究在经济发展和产业结构变化过程中劳动力变化的规律，尤其是在这一变化过程中劳动力在产业间的分布和变化趋势。该定理认为，随着经济的发展，即人均国民收入的提高，劳动力首先由第一产业向第二产业转移；当人均国民收入水平有了进一步提高时，劳动力便向第三产业转移。因此，劳动力在产业间的分布状况为：第一产业逐渐减少，第二产业和第三产业逐渐增加。库兹涅茨在配第和克拉克等人研究的基础上，将多国历史资料运用现代经济统计体系进行研究，考察了人均国内生产总值和就业人口结构变动的规律，揭示了产业结构变动的总方向，验证了三次产业结构变动的总方向，从而进一步证明了配第—克拉克定理。

3. 罗斯托经济成长阶段论

罗斯托在 1971 年出版的《政治与成长阶段》一书中，以经济发展史为视角，将人类社会划分成六个发展阶段，即传统社会阶段、起飞创造前提阶段、起飞阶段、向成熟推进阶段、高额大众消费阶段以及追求生活质量阶段，形成了经济成长的六阶段理论。在这六个阶段的每个发展阶段中，都存在着主导产业部门（如表 2-1 所示），而经济阶段的演进则以主导产业的交替变更为标志。

表 2-1　经济成长阶段及其主导产业部门

经济成长阶段	主导产业部门
传统社会阶段	农业
起飞创造前提阶段	工业（如食品、水泥等工业）
起飞阶段	重型工业、制造业（如钢铁工业等）
向成熟推进阶段	非耐用消费品工业（如纺织业等）
高额大众消费阶段	耐用消费品工业（如汽车工业等）
追求生活质量阶段	服务业、建筑业（如保健、旅游等产业）

罗斯托的观点认为，在经济成长的六个阶段中，起飞创造前提阶段、起飞阶段及向成熟推进阶段是最关键的三个阶段，并且一国要想实现经济起飞，必须具备一定的条件：第一个基本条件是应当具备 10% 以上的资本积累率；第二个基本条件是正确选择并扶持能够带动整个经济增长的主导产业；第三个基本条件是需要有一个政治、体制等给予相应配合的适当的社会环境。

4. 钱纳里工业化阶段理论

钱纳里从经济发展的长期过程中考察了制造业内部各产业部门的地位和作用的变动，揭示了制造业内部结构转换的原因，即产业间存在着产业关联效应。他将制造业的发展分为三个发展时期：经济发展初期、中期和后期。进而将制造业按三种不同时期划分为三种不同类型的产业。他的这些在不同经济发展阶段的不同产业具有不同特点的理论，被称为钱纳里工业化阶段理论。

5. 赤松要雁行形态理论

产业结构演进的一个重要趋势就是与国际市场相适应。一国的经济发展需要完善的内贸与外贸相结合的产业结构。日本经济学家赤松要对此提出了著名的雁行形态理论。这一理论要求将本国产业发展与国际市场密切结合起来，使产业结构国际化。后起的工业化国家可以通过以下四个阶段加速本国工业化进程。第一阶段，从研究开发新产品到国内市场的形成。第二阶段，从国内市场饱和到产品出口，开拓国际市场。第三阶段，从国外市场形成到输出技术设备，就地生产和销售。第四阶段，国外生产能力形成，产品以更低价格返销，迫使本国该产品减少生产，并促进新产品开发。

6. 工业结构演变规律

由于现代发达国家大多经历了工业化过程，经验证明一个大国的发展必须先走工业化道路进行一定的积累，才能创造国内生产总值的持续提升。在工业化进程中，随着农业所占比重的下降，人均国内生产总值呈现上升趋势。根据工业化进程总结出的一般性规律，我们称之为工业结构演变规律。工业化过程主要分为三个阶段：第一阶段，工业以轻工业为重心向以重工业为重心发展的阶段，即“重工业化”阶段；第二阶段，在重工业化过程中，工业结构以原料工业为重心，向加工、组装工业发展，即“高加工度化”阶段；第三阶段，在工业结构的高加工度化过程中，工业各部门采用的技术越来越高，以技术密集型为代表的高新技术被大量采用，使得工业结构表现出较高的技术水平，即“技术集约化”阶段。

四、产业经济经典理论对职业教育发展的指导作用

1. 产业生命周期理论与职业教育专业生命周期

职业教育的专业结构最能体现其适应经济、社会的发展的能力。衡量专业结构是否合理的根本标志是与经济社会发展相适应的程度。专业结构是国家经济结构的反映，是同一定历史时期的产业结构联系的，它反映了经济社会发展的需要①。因此，与产业生命周期规律相对应，每个专业的发展也有其自身的生命周期，包括形成、发展和衰退的过程。根据这个发展过程，可以鉴别什么是新兴专业、主干专业、衰退专业②。针对专业发展生命周期的不同阶段，采取不同的发展策略，对专

① 占小梅. 德国职业教育与经济社会发展的适应性研究［D］. 石家庄：河北师范大学，2013.

② 谢勇旗. 高等职业教育专业设置研究［D］. 天津：天津大学，2004.

业进行扶持、转并或新设等建设和改革。

（1）“专业形成期”的专业建设策略

专业形成期是影响专业生命周期长短的关键。这个时期的专业建设应做好以下几个方面的工作。

第一，专业设置科学合理。职业教育必须以市场需求为导向，以职业岗位（群）为依据，以技术含量为参数，以学科专业的交叉复合来综合研究专业的设置。专业设置以充分的市场调研为基础，根据职业的变化，以及不同地区经济的不同需要灵活设置专业。

第二，专业培养目标定位准确。确定专业的人才培养目标是专业建设的基础性工作，十分重要。在定位职业教育的人才培养目标时，应考虑人才层次的高等性、知识能力的职业性、人才类型的技术性、毕业生去向的基层性和一线性等。不同专业还要根据各专业的具体情况，进行职业分析，确定其具体的知识、能力结构和职业素质要求，将各专业培养目标进一步具体化、个性化，使专业与社会职业群的内在联系及教育过程与职业活动过程的内在联系显现出来，以增强其适应性和针对性。

第三，专业培养方案切实可行。根据职业对从业者能力的要求，从课程体系的建立、课时的安排、课程考核标准等方面研究出切实可行的人才培养方案，是专业建设教学改革的核心任务。以就业为导向，按模块化、综合化开发课程，强调实训，动手操作，以解决实际问题为目的的多层次多样化考核，是教学过程中必须解决的问题。

第四，教学条件基本具备。教学条件应包括两个方面，一是师资队伍，二是教学基础设施。师资队伍是人力资源要素，是专业建设的重中之重。教学基础设施除教学场所、仪器设备外，还应包含校外实训基地的建设。

（2）特色优势专业建设是“专业成长期”建设的重点

专业成长期是专业快速发展的时期，加大教学投入，加强师资队伍建设，适当调整课程结构，建立稳固的实习实训基地，形成强势和特色专业是这一时期专业建设的主要内容，而特色优势专业建设是专业建设的重点。

（3）“专业衰退期”的建设

这一时期，专业建设的重点是将专业进行改造并转向相近专业，使之产生新的活力。对没有就业前景的专业坚决关停[①]。

2. 产业布局理论与职业教育

增长极布局模式、点轴布局模式、网络布局模式、区域梯度开发模式等产业布局模式对产业的发展会产生两种效应，即产业集聚效应和产业扩散效应。

产业集聚（也称产业集群）是指大量相同或相关企业按照一定的经济联系集中在特定的地域范围，形成一个类似生物有机体系统的产业群落。产业集聚对系统内的企业具有很多好处，比如可以提高生产率、刺激创新、形成产业品牌等。一般说来，产业集群形成后，将可以通过多种途径，如降低成本、刺激创新、提高效率、加剧竞争等，提升整个区域的能力，并形成一种集群竞争力。因为“集群不仅仅降低交易成本、提高效率，而且改进激励方式，创造出信息、专业化制度、名声等集体财富。更重要的是，集群能够改善创新的条件，加速生产率成长，也更有利于新企业的成长”（波特，2002）。

产业集聚的形成与发展，与职业教育在区域内形成与发展具有密切的关系。因为在产业集聚的形成过程中，不单是某一特定产业的大量企业高度集聚，同时也是一个不断完善的服务体系的建设过程。随着产业规模的不断扩大，它必然要求建立相应的配套服务设施体系来支撑自身的进步发展，比如交通体系的建设、金融机构的融入以及教育事业的发展等。尤其是产业对劳动力的数量及素质均有更多更高的要求，这些要求会催生教育培训业尤其是职业教育和培训的产生及发展。另外，产业集聚区域形成品牌，在区域内对该产业的发展起支持作用的职业院校也会受到正面积极的影响，将会极大地提高职业院校的知名度。

产业扩散是指当产业集聚到一定程度后，其向周边地区扩展的形

① 钟静．生命周期理论视角下高职院校专业建设策略研究［J］．当代教育论坛（学科教育研究），2008（4）：77-79.

式。产业之所以向周边地区扩散，一是由于集聚体本身有一个生长的过程，随着其范围的扩大，周围地区不断被囊括到集聚体内，成为集聚体的一部分。二是由于集聚过度而导致的规模不经济，生产及经营成本上升，从而导致产业向外扩散。产业扩散通常有两种形式——邻域扩散和等级扩散。邻域扩散是指经济要素从中心极核点（地带）向周边地区逐渐铺开，依次扩散。等级扩散是指经济要素从中心极核点（地带）优先向下一级中心极核点（地带）扩散，可能会跨越一定的空间，向较远的地区扩散。

产业扩散的形式和方向，对职业教育产生两个方面的影响。一是影响职业教育的布局；二是影响职业教育的办学层次。对于一些技术含量较低的产业，由于往往采用的是领域扩散的方式，这种方式常见的是产业由某个中心城市向其周边地区的扩散，带动周边地区经济的发展。为了服务于这些城区产业的发展，职业教育便会应运而生。这样，通过产业向周边的扩散，职业教育的覆盖面也会越来越广。对于一些技术含量较高的产业往往采用的是等级扩散的方式，即由一个极点向另一个存在一定技术梯度差的极点扩散。一个国家（地区）向另外一个国（地区）产业扩散，另外一国（地区）为了满足本国（地区）产业发展所需的技术，会促使职业教育在办学层次上有所突破。

总之，产业布局与职业教育的互动，是通过产业布局而产生的两种产业效应实现的，即产业集聚效应和产业扩散效应。这两种效应对职业教育在某一地区的形成与发展，对职业教育的专业设置以及职业教育的分布与办学层次都会产生影响；职业教育的发展，反过来又促进产业集聚规模的扩大并吸引外地产业向本地扩散①。

3. 产业结构演变理论与职业教育

随着人类社会的发展及经济的进步，产业结构总是处于不断地调整变化之中，尤其在信息技术比较发达、新兴产业不断涌现的竞争激烈的现代社会，各国产业结构调整的力度也越来越大。产业结构总体演变的

① 康元华. 产业结构与职业教育互动战略研究［D］. 南宁：广西大学，2006.

一般趋势是：从各产业占国民收入或国民生产总值的比重来看，由大到小排列的变化情况是由“一、二、三”的格局向“三、二、一”的格局转变。劳动力数量在不同产业的分布状况也是这个规律。

由于职业教育是为产业发展服务的，所以，职业教育与产业结构演变存在着一定的关系。首先，职业教育的层次结构与产业结构的演变是相对应的。当产业结构水平还处于比较落后状况时，即以第一产业为主导的情况下，职业教育在人才培养层次上通常也是以初级人才培养为主。而随着产业结构不断向高度化方向发展，职业教育在人才培养层次上也不断上升，由以培养初级人才为主转向以培养中等层次人才为主，进而以培养高等人才为主的变化过程。其次，职业教育的专业结构与产业结构的演变是相对应的。由于职业教育是为产业的发展培养产业技术型人才，与产业的发展情况紧密相连，在产业结构演变的不同时期，对应于产业结构特征，需要有不同的专业结构与之相适应。

第二节　区域产业结构与职业教育的相互关系

一个国家或地区产业结构的发展水平通过其劳动需求直接对职业教育的规模和结构提出要求，同时，职业教育提供人才的数量和质量也影响产业发展水平及产业结构的调整升级。随着人类社会的发展及经济的进步，产业结构总是处于不断地调整变化之中，尤其在信息技术发达、新兴产业不断涌现的竞争激烈的现代社会，各国产业结构调整的力度和调整的节奏都越来越快。职业教育的产生是产业发展到一定程度的产物，职业教育发展的快慢、教育结构及层次的变化均受到产业结构变化的影响；反之，职业教育的发展对产业结构向合理化、协调化、高度化方向发展也起到推动的作用。

一、产业结构决定职业教育的发展层次

最明显的是产业结构决定职业教育的层次结构。产业结构升级是推动职业教育产生和发展的强大动力。产业结构升级主要是在产业中普遍

应用高新技术，增加产品的附加值。其主要标志是各产业的技术层次不断提高和新兴产业不断成长为主导产业。产业结构的升级，使得工作的复杂性提高，从而要求从业人员掌握更加复杂的知识技能才能胜任工作。这就要求作为熟练产业工人和应用型技术人才培养主要阵地的职业教育，必须随着产业结构的高级化发展而向更高层次发展，形成与产业结构协调一致的职业教育办学层次结构。

产业结构高级化发展的一般趋势是，第一产业国内生产总值（GDP）比重有不断下降的趋势；第二产业 GDP 比重首先是迅速增长，然后趋于稳定；第三产业 GDP 比重趋于不断增长；三次产业协调发展才能保证经济的持续高速增长。职业教育因产业的需要而产生和发展，产业结构决定职业教育的层次结构。当产业结构处于比较低级的阶段时，即以第一产业为主导的情况下，职业教育在人才培养层次上通常是以初级人才培养为主，初等职业教育是职业教育体系的重心；而随着产业结构不断向高级化方向发展，职业教育的人才培养层次不断上升，职业教育的重心逐步向上移动。当第二产业成为主导产业时，职业教育由培养初级人才为主转向培养中级层次人才为主，中等职业教育是整个职业教育体系的重心；随着第三产业国民生产总值比重的增加，职业教育中培养高级人才的高等职业教育的比重也不断增加，职业教育体系的重心随之上移。考察西方各国的经济发展史与教育发展史，不难发现各国产业的大规模、高速度发展一般伴随着职业教育相应的发展。第一次产业革命爆发后的 100 多年间，虽然欧美各国资本主义经济迅速发展，但第二产业尚未成为各国的主导产业，职业教育一般是在初等教育阶段，并结合普通的文化教育一起进行；19 世纪中期到第二次世界大战前，各发达国家先后进入垄断资本主义阶段，第二产业逐步占国民经济的主导地位，经济发展对职业教育产生强烈需求，虽然由于文化传统不同各国教育体系有不同的特征，但由于受资本主义经济发展共同规律的制约，一个共同的特征是迅速发展职业教育①。各国普遍形成了各具特色

① 王天一. 外国教育史：下［M］. 北京：北京师范大学出版社，1985：3-63.

的职业教育体系。德国是最早重视职业教育的国家。根据1872年颁布的《普通学校法》，在高等国民学校（相当于高小）之上设职业补习学校，兼施普通教育与职业教育的中间学校，以及为已经就业的青年举办的职业教育学校①。

此三种类型的中学中也就是文法中学、文实中学和实科中学，后两种都实施职业教育，中等职业教育与中等普通教育有同等地位。20世纪60年代中期开始，三年的职业教育被纳入义务教育的范畴。英国在1902年颁布《巴尔福尔教育法》就授权给地方当局举办专门的中等职业学校。1938年提出改革中等教育的《斯宾斯报告》强调加强实用性技术教育，建立偏重实用知识技能的现代中学和兼有文法中学、现代中学和技术中学特点的多科性中学（二战后发展为综合中学）。职业技术教育重心的上移，是经济、社会发展到一定程度的必然要求。二战后至20世纪60年代，美国成为世界第一经济强国，第三产业日益在国民经济当中占主导地位。美国的职业教育也体现出由中等层次向高等层次转化的趋势。以实施高等职业教育的社区学院为例，与1943年相比，1966年公立二年制高等院校入学人数增长了18.5倍，私立二年制学院的入学人数增长了3.9倍。20世纪末随着知识经济时代的来临，第三产业在GDP中占有绝对优势，美国职业教育由中等到高等的层次转型基本完成。再看我国的台湾地区，20世纪60年代，经济以轻工业和农产品加工为主，重点发展中等职业技术教育。20世纪70—80年代其经济开始由劳动密集型的加工工业向资本、技术密集型的重化工业转移，专科以上的职业技术教育应运而生。

总而言之，职业教育的层次结构必须与产业结构相适应，如果不顾产业结构的实际需求盲目发展职业教育，则会导致一系列问题。20世纪60—70年代受舒尔茨的人力资本理论影响，有些国家如印度等国过度发展教育，超出了经济、社会发展的需要，导致大学生不能就业，不但影响了教育自身的发展，也给经济发展带来不利影响。

① 匡英．比较高等职业教育：发展与变革［M］．上海：上海教育出版社，2006．

产业结构水平要求相应的劳动者素质水平。当产业结构处于较低阶段时，劳动需求以初级人才为主，随着产业结构不断优化，人才素质要求也不断上升，由熟练劳动力为主向技能型人才为主转变，并逐步向高技术人才转变。职业教育作为培养技术人才的主要基地，必然要随着产业结构的高度化发展而不断优化自身结构。任何一个国家的技术水平都是高、中、低技术并存的，我国也是如此。一般来说，当一个国家的中高技术产业所占比例开始超过50%时，便是其技能型人才培养重心由中职转向高职，并要求高职快速发展时期。区域技术结构决定了职业教育的层次结构，技术结构是指劳动生产中自动化的程度。区域技术结构的变动和发展及其对劳动力层次的需求直接影响职业学校培养人才的层次。各区域、各产业间技术构成水平发展很不平衡，既有发达地区接近甚至赶上发达国家的产业和企业，它们处于工业化中后期；也有欠发达和不发达地区技术水平十分落后的地区、产业和企业，它们处于工业化前期，因此，职业教育必然是多层次的。随着国际产业结构逐渐向技术含量高端迈进，相应的职业教育发展层次必须得到相应的提升。国际职业教育的总趋势是随着社会发展和科技进步，职业教育层次逐步“上移”，职业教育的办学层次应该与产结构的发展状况保持一致。

二、产业结构决定职业教育的专业设置

产业结构调整要求职业教育培养相应的技术人才。伴随着产业结构的升级，社会分工的专业化程度日益加深，新的专业技术性岗位不断产生，人才需求的类型和规格也相应变化，必然要求职业教育的专业设置结构发生变化。目前，第二产业尤其制造业是我国经济发展的支柱产业，对技能型人才需求量巨大，职业教育培养的人才供不应求。然而在职业教育体系内部，也需要与产业结构对应的专业设置。例如，我国高职以培养高技能型人才为主要职能，但高职的就业率不高，主要原因是专业设置结构失衡，即受短期利益驱使，大多数高职把专业设置在第三产业类，而非设置在第二产业急需人才的领域，从而导致高职毕业生的

结构性失业[①]。

《国家中长期教育改革和发展规划纲要（2010—2020年）》明确提出："把职业教育纳入经济社会发展和产业发展规划，促使职业教育规模、专业设置与经济社会发展需求相适应。"作为一种以就业为导向的教育，职业教育必须面向市场，培养市场所需的人才，这就要求职业教育的专业结构与产业结构调整和发展相适应。随着产业结构调整的加快、职业教育进程的加速，职业学校专业结构问题日益凸显。这种情况自然会对职业教育人才培养结构上最为敏感也是最重要的一环——专业设置产生直接冲击。如何使职业学校专业设置更趋合理、更具特色，更好地适应产业结构升级调整，对职业教育的进一步健康有序发展具有重要意义。

专业设置作为教育与经济的接口，不仅是职业教育为经济发展服务的具体途径，更是职业学校适应社会需求的关键环节。区域经济与职业教育互利共生的关系，不仅使得产业结构成为职业教育专业设置的客观依据，同时产业结构的转型升级也对区域职业教育专业设置提出了新要求，从而促使职业教育优化专业设置，提升服务经济社会发展的有效性。在积极构建产业结构与职业教育专业设置的良性互动关系中，形成协同共进、发展共赢的良好局面。

1. 区域产业结构布局是职业教育专业设置的前提

作为以就业为导向的职业教育，其价值实现必须以满足社会经济发展实际需求的程度为基本衡量标准。产业结构的转型升级与发展必然导致人才需求结构的变化，而职业教育把握这一历史发展机遇的关键是培养数量足、质量优的人才队伍，培养具有区域特色的技能型人才，以满足区域产业发展过程中的人才需求。因此，职业教育的专业设置必须以区域产业结构为依据进行合理设置。这不仅是促使自身时代价值发挥的重要方面，也是提升职业教育社会认可度和吸引力的关键环节。

2. 区域产业结构转型升级为职业教育优化专业结构树立新方向

职业教育直接为区域经济服务，其专业结构调整和专业设置必须从

---

① 徐莉亚. 职业教育专业设置与产业结构适应性分析 [J]. 教育与职业，2016（3）：5-8.

区域经济和社会发展出发。区域经济产业结构升级为职业教育发展带来了良好机遇，同时也倒逼职业教育进行专业优化组合，以适应目前及未来产业发展带来的新挑战。由于产业结构的升级与变化，区域产业结构布局随之调整，必然带动各产业对人才需求结构的变化，引发劳动力就业结构的重新组合。许多原有的技术领域、职业、岗位在逐渐消失，新技术领域、新职业、新岗位应运而生。这些新变化将引发职业教育或主动、或被动地做出相应的调整，其中专业设置作为人才供给结构的重要组成部分，集中反映了经济与社会发展对技能型人才的种类、规格、知识能力与素质的根本要求，势必需要做出适当调整，与区域社会经济发展相适应，尤其是与区域产业结构的发展变化相匹配，从而起到服务产业经济的作用。

3. 合理的职业教育专业结构是实现区域产业结构新发展的有效途径

产业结构与职业教育之间互动关系的建立，是以人才供需结构为纽带的。专业设置是否合理、结构是否优化，不仅直接影响职业学校的生存和发展，还影响着能否为区域经济提供合理充足的人才储备。专业设置如果符合区域产业发展需求，培养的毕业生如果满足经济和社会发展的需求，就能为产业结构升级、技术革新、区域产业发展不断注入新鲜血液和活力。反之，专业设置如果脱离区域产业发展实际，培养出的毕业生过剩、积压，而企业急需人才未能得到培养，将很难在推动区域产业发展中起到积极作用。因此，合理的职业教育专业结构不仅能使职业教育步入良性发展轨道，更能为产业结构升级提供源源不断的人力资源保障和智力支撑，是实现区域产业结构新发展的有效途径。

三、产业结构影响职业教育的地区分布

产业的发展与职业教育的发展存在广泛的互动关系。一方面，某地区产业的发展水平高，意味着该地区经济比较发达。那么在教育投入方面必有优势，职业教育的发展水平相对较高。另一方面，职业教育的良好发展为产业的发展提供了人力资源的保证，在技术创新上必然具备优

势，从而推动产业不断向高度化发展。

事实上，职业教育与区域经济发展之间存在着动态的平衡。就世界范围来看，经济发达国家的职业教育也同样发达。德国、美国是世界职业教育最发达的国家。作为后起的资本主义国家，德国在1871年统一后工业生产迅速发展，到20世纪初已经超过英国，仅次于美国，跃居世界第二位。为适应经济发展的要求，德国最早建立了较为系统的职业教育体系。德国经济在二战中受到重创，到20世纪60年代初，联邦德国经济进入恢复发展期，工业化、信息化和服务性产业的发展，需要大量受过高等教育的劳动者。因此1968年联邦德国开始建立3年制的高等专科学校，培养经济、社会发展急需的应用型人才。20世纪70年代经济发达地区的企业与高校联合创办职业学院，专门培养企业需要的应用型高级管理、技术和服务人才，开创了校企联合办学的“双元制”人才培养模式①。20世纪90年代，德国经济跃居世界前列，以“双元制”为特色的高职教育体系基本成型，成为世界职业教育最发达的国家之一。

美国的工业产值在20世纪初已经跃居世界第一，二战后更是成为世界最强大的国家。与其世界强国的经济地位相适应，美国拥有世界上最发达的职业教育体系。伴随着60年代经济发展的黄金时期，美国的职业教育开始由中等向高等转型，而90年代后期随着第三产业在其国民经济中所占绝对优势地位的不断巩固，美国职业教育完成了由中等向高等层次的转型，形成了以两年制的社区学院为主体，并逐步发展了本科层次和研究生层次的高等职业教育体系。广东省也存在同样的情况。区域经济发展的不平衡，使珠三角发达地区和东西两翼、北部山区职业教育的发展也不平衡。珠三角九市GDP占广东全省GDP总量的79.4%，山区五市、粤东四市、粤西三市之和仅占总量的20.6%。与此相关，珠三角地区中等职业技术学校在校生占全省的73%；东西两翼和北部山区中等职业学校在校生仅占全省的27%。高职高专学校数

① 匡英. 比较高等职业教育：发展与变革［M］. 上海：上海教育出版社，2006.

及在校生数集中于珠三角地区的情形更为明显[①]。高等职业教育发展规模与产业发展状况联系更为紧密。目前广东省政府正在实施“双转移”战略，即珠三角劳动密集型产业向东西两翼、粤北山区转移，东西两翼、粤北山区劳动力向当地二、三产业和珠三角发达地区转移。双转移的顺利推进客观上要求对全省的职业教育地区布局进行相应调整。对广东省来说，珠江三角洲地区是产业结构升级的重点地区，应该根据引进高新技术产业的新情况，集中优质资源发展高层次的职业教育，广东其他地区则要重视职业教育的发展，对未来几年进入劳动力市场的十分庞大的人口进行初中级的职业技能培训，以形成承接珠三角产业转移的必要条件。我国的长江流域存在类似情况。以位于长江三角洲的苏州为例，先是乡镇企业的异军突起，后是承接中国台湾地区和日本及欧美国家制造业、信息业的产业转移，高新技术产业比重不断增加，产业结构不断优化。到 2004 年，三次产业产值比重为 2.2∶65.7∶32.1。为适应产业发展的要求，苏州 2002 年开始对市区 42 所中等职业学校通过“整合提升、转制重组、保留发展、撤销停办”四个途径进行调整，组建苏州工业职业技术学院等一批高等职业学院，提高了职业教育的培养层次，形成了与当地产业结构基本适应的职业教育层次结构体系[②]。目前我国东部沿海地区因为产业高度集中造成土地资源紧张、劳工不足以及污染等问题日趋严重。经济的可持续发展要求东部沿海地区必须及时进行产业升级，把高能耗、高污染、低附加值的劳动密集型产业转移到中、西部地区。产业结构的调整必然要求职业教育重新进行区域布局。

职业教育是一种面向职业岗位的教育，直接为地方经济和社会发展服务，它必然植根于特定的区域经济之中，其专业设置和人才培养必须与地方经济及产业结构相适应。以我国东、中、西三大地带为例，东部地区人均 GDP 已达到中等国家收入水平，其中上海、北京和天津等地

---

① 宋海. 从战略高度谋划和推进广东职业技术教育大发展［J］. 广东经济，2006（7）：11-14.

② 张锴. 苏州产业结构调整与中等职业教育发展的对策研究［D］. 上海：华东师范大学，2006.

已经进入工业化后期，产业结构以技术密集型和知识密集型为主导，所需人才相应地向技术型和创新型转变；中部地区处于工业化中期，资本密集型和技术密集型产业占主要地位，需要大量技术和技能型劳动者；西部地区刚刚进入工业化，对熟练工人的需求仍处于较高水平，然而随着先进技术和设备的引进，技能型一线工人的需求量将大幅提升。职业教育要紧紧围绕地方经济结构调整和技术进步对一线劳动者素质的需要，根据地方产业结构优化升级对劳动者的知识、技能和态度提出的新要求，及时调整专业和人才培养结构，为新型工业和现代服务业提供合格的人才，改变我国经济发展过程中企业技术工人比例偏低的状况[①]。

四、职业教育合理发展推动产业结构调整

产业结构优化在很大程度上取决于资本投入和人力投入的合理配置。相对于资金流形态的资本而言，人力资源结构对于产业结构效益的影响更为关键与深远。人力资源的数量、质量及相对价格是推动产业结构变化的主要因素，它能否适应资产结构与技术结构优化的进程，关系到产业结构能否能够不断实现优化[②]。职业教育根据产业需求设计合理的教育结构，为其培养人才，实现产业劳动力类型和层次的最佳配置，以满足产业结构发展的需求，推动产业结构的发展[③]；反之，如果职业教育发展规模和培养的人才结构难以满足产业结构调整需要，无疑将延缓产业结构调整进程，甚至影响产业结构优化升级的水平职业教育提供大量应用型技术人才、管理人才和大批熟练的技术工人，可以为产业结构调整提供人力资源保障。正是基于这种认识，二战后各发达国家纷纷把职业教育作为促进经济增长的有力武器大力发展。德国在 20 世纪 60 年代开始能够迅速从战后经济严重衰败中恢复，并于 90 年代跃居世界经济前列，其

---

① 何倩. 地方经济与产业结构对职业教育的影响及启示 [J]. 宁波职业技术学院学报，2009 (1)：30-33.

② 周健，产业结构优化与我国高等教育层次结构改革 [J]. 中国农业教育，2008 (5)：36-37.

③ 郝寿义，安虎森. 区域经济学 [M]. 北京：经济科学出版社，1999.

合理的职业教育体系，特别是70年代发展起来并在全德国范围推广的高等专科学校和职业学院功不可没。美国由社区学院四年制本科学院和研究生层次组成的高等职业教育体系，对其超级大国地位的确立也发挥了很大作用。我国属于后发型、赶超型国家，为促进产业结构调整优化，职业教育可以适度超前发展，从劳动要素方面加快推动产业结构调整的进程[①]。

五、职业教育发展水平影响产业结构优化升级的高度

1. 产业结构升级的程度决定职业教育层次结构的高度

产业结构升级是指产业结构从低级形态向高级形态转变的过程或趋势。当产业结构从低级形态向高级形态转变时，需要大量的高新技术和先进设备，从而导致资本有机构成的提高。资本有机构成由资本技术构成所决定，资本技术构成的提高产生了技术资本对人力资本的替代作用，对传统生产方式下的低端劳动力需求减少。在这种背景下，生产部门需要对新技术、新产品进行研发和市场应用，与此相关的中、高端产业对技术劳动力的需求增加。新技术的开发与应用，会对上下游的产业发展带来影响，如增加了对上游原材料以及下游产品市场化服务与相关配套应用的需求，从而延长了产业链条。这不仅增加了与新兴产业相关的高端劳动力的需求，也增加了与新兴产业相关的中、低端劳动力的需求。因此，随着产业结构的优化升级，劳动力结构和就业结构发生了变化，客观上对劳动者的素质提出了更高的要求，这就要求职业教育必须培养出能够满足升级产业或新兴产业需求的大量基层操作人员和技术人才。同时，随着产业结构的不断优化升级，职业教育的人才培养层次逐步提升。因此，职业教育层次结构的调整要视产业结构升级的程度而定，两者的关系是以劳动力结构或就业结构为基础的。

2. 职业教育层次结构的优化促进产业结构的升级

一方面，职业教育培养的人才推动产业结构的升级。马克思指出：

---

① 苗素莲. 产业结构与职业教育关系探析［J］. 广东工业大学学报（社会科学版），2009（8）：20-23.

“要改变一般的人的本性，使它获得一定劳动部门的技能和技巧，成为发达的和专门的劳动力，就要有一定的教育训练。”[①] 可见，职业教育是人力资源开发的最主要方式。在所有的生产要素中，人力资源是最重要、最具有活力的要素。人类历史发展的实践证明，三大产业之间人力资源比重的变化规律是：第一产业人力资源所占比重不断降低；第二产业人力资源所占比重不断上升；第三产业人力资源所占比重将超过第一、第二产业，并最终占绝对优势。人才是为产业服务的，人才结构的优化必须遵循产业结构升级的规律。以舒尔茨、贝克尔为代表的发展经济学家提出的《新增长理论》将人力资本因素作为独立变量引入经济增长模型，说明人力资本是经济增长的决定性因素和永久动力[②]；尽管人才结构的优化要与产业结构的调整相一致，但由于人才培养的滞后性，要遵循人才结构调整先行的原则。

另一方面，职业教育促进科技进步和创新，使产业结构不断升级。职业教育向受教育者传授科技知识、科学精神和科学方法等来实现对科技及其发展进步的认同，同时也为受教育者从事科技创新提供必要的前提条件。职业教育可以使人们获得科技理念、科技知识、创新能力等从事科技工作所必备的条件，促进科技进步。职业教育培养的人才利用科学技术对原有产业部门的技术进行改造或建立新兴的产业技术部门，这必然导致产业结构的升级。

职业教育的专业结构受社会生产的分工状况和社会职业结构制约，由于社会生产的分工状况处于不断变化之中，职业教育的专业结构也需要不断调整。职业教育一般有初、中、高三种层次，就总的趋势而言，社会生产对劳动力的需求总是拾级而上的，半熟练工、熟练工的比例逐步下降，技术工人、技术员及工程师等技能型劳动力的比例逐步增加。由于社会生产由劳动密集型向技术密集型转变是工业化的必然趋势，职业教育

---

① 中共中央马克思恩格斯列宁斯大林著作编译局．马克思恩格斯全集：第 23 卷［M］．北京：人民出版社，1972．

② 李炯，苏静．浙江人力资本扩展推动产业结构升级研究［J］．中共宁波市委党校学报，2005（3）：59-65．

培养层次逐步提高也是适应技术结构升级的必然反映。总之，产业结构的演变与职业教育的层次、专业结构之间存在着互动关系，但这种互动关系并不是完全对称的。产业的发展催生了职业教育，职业教育的发展在推动产业结构高度化方面扮演了重要的角色；而产业结构高度化发展，又为职业教育的进一步发展指明了方向；二者循环往复、相互促进发展。

第三节　战略性新兴产业与职业教育发展的协调性分析

人类社会的进步、经济的发展、技术的革新，人才的需求，使得产业结构总处于不断地调整变化当中。随着战略性新兴产业的形成，急需越来越多技术性人才供给，同时促进了职业教育的发展。一方面，职业教育结构调整的方向、教育深化的规律都会受到战略性新兴产业发展的影响；另一方面，职业教育规模的优化也会对新兴产业的发展起到推进作用。

一、职业教育与战略性新兴产业演变的历史发展

随着世界经济的发展，世界上许多国家均意识到谁在科技创新和培育新经济增长点方面占据优势，谁就能掌握发展的主动权，因此都在努力寻找推动下一轮经济增长的新引擎。经济危机，催生着新兴战略产业的萌发，也是中国借机步入新兴产业革命的重要历史时期。新兴产业的发展同时也促进了职业教育的发展①。

1. 经济周期战略性新兴产业的历史发展

研究世界经济发展历史可知：每个长经济周期推动经济增长的技术革命，从产生到消亡的时间一般约 50 年（其中前 25 年为周期的繁荣

---

① 牛立超. 后经济危机时代战略性新兴产业发展的国际比较［A］. 北京市社会科学界联合会，河北省社会科学界联合会，天津市社会科学界联合会，北京市科学技术协会，河北省科学技术协会，天津市科学技术协会；2010 年度京津冀区域协作论坛论文集［C］. 北京市社会科学界联合会，河北省社会科学界联合会，天津市社会科学界联合会，北京市科学技术协会，河北省科学技术协会，天津市科学技术协会，2010：6.

期，后 25 年为周期衰退期)，这是以资本的积累和投资周期为基础的。而始于石油危机与布雷顿森林体系终结后的 70 年代后半期的美国最新一轮新经济革命至今已走过了近 40 年，从历史规律来看，该长周期将步入衰退阶段。正如熊彼特所阐述的，企业家的创新冲动导致要素失衡、经济陷入萧条的同时，也唯有新的浪潮才能实现要素的再一次重组并实现经济发展新的均衡。全球经济发展历史中无数次的经验表明，受益于科技革新力量的推动，一批又一批新兴产业总能在战胜重大经济危机的过程中孕育和成长，并以其特有生命力成为新的经济增长点，成为摆脱经济危机的根本力量，并在危机过后，推动经济进入新一轮繁荣。

1857 年的世界经济危机推动人类社会从蒸汽时代进入电气时代，创造了电力与电器、汽车、石化工等一大批新兴产业；1929 年的世界经济危机引发了电子革命，推动人类社会从电气时代进入电子时代；1940 年代，二战对全球经济秩序的摧毁导致计算机、核能和空间技术的快速发展，使世界迎来新技术的浪潮；1987 年华尔街金融风暴促使休闲娱乐和金融服务业成为美国最具有竞争实力的支柱产业；1994 年墨西哥金融危机使信息技术产业为代表的高技术产业成为美国经济快速增长最主要来源；1998 年亚洲金融危机催生互联网新经济发展并成为引领世界经济新的增长点，推动经济走出历次危机的新兴产业，如表 2-2 所示：

表 2-2　历次推动经济走出危机的新兴产业

经济危机	产业革命	高速发展的新兴行业	引导增长的方式	持续力度
圈地运动引发生产关系的重大变革	第一次工业革命	纺织行业、运输行业、机器设备行业	纺纱机、蒸汽船、蒸汽机车的出现极大地提升了英国的劳动生产率。内河航业、机器制造业兴旺，银行贷款额增长得更为迅速。工业投资迅猛增长，投资品需求旺盛，生产能力迅速扩大，出口不断增加	持续到 19 世纪初期

续表

经济危机	产业革命	高速发展的新兴行业	引导增长的方式	持续力度
19世纪20年代纺织业严重产能过剩	铁路革命	冶金、煤炭、机车制造业	铁路业兴起，带动冶金、煤炭、机车制造业的发展，运输成本迅速降低，进而带动其他工业的发展，同时英国作为技术领先国不断向美国输出资本和商品	持续到19世纪末期
1857年过度铁路投机引发经济危机	第二次工业革命	电力与电器、汽车、石油化工	在铁路建设和电气革命的推动下，美国兴建了大批煤井、铸钢厂、炼铁炉。工业的迅猛发展，大量移民入境和新土地开拓，使美国的国内市场猛烈扩大。同时电报的普及，让经营的可控性大大提高	持续至20世纪初
1890年金融危机	钢铁繁荣	钢铁	由于提炼技术不断进步，钢材价格的不断下降，一切钢制品，如机器、工具、铁轨、桥梁、机车、轮船等的需求都迅速扩张，从而带动了新一轮经济繁荣	持续至第一次世界大战
一战以后	汽车普及	汽车工业	平均每六人就有一辆汽车，汽车制造业成为美国最大的工业部门。它的发展也推动了钢铁、橡胶、石油和玻璃等行业的发展	持续至1929年经济危机
二战以后	第三次工业革命	原子能、航天科技、电子计算机、生物工程	极大提升了劳动生产率，加强了产业结构的非物质化和生产过程智能化的趋势，使得一批西方国家完成了现代化	持续至石油危机

续表

经济危机	产业革命	高速发展的新兴行业	引导增长的方式	持续力度
石油危机	信息化技术革命	个人计算机、通信设备、微电子	信息高速公路计划推动了互联网从国防领域发展到商业领域，计算机的普及和基础通信设施投资为互联网时代打下基础，带动美国走出石油危机后的衰退	持续至20世纪90年代
1997年亚洲金融危机	互联网革命	互联网产业、移动通信产业	彻底改变了人们的生活方式，基于网络的新兴服务形态使得现代服务业出现重大变革	持续至今

资料来源：牛立超. 后经济危机时代战略性新兴产业发展的国际比较［A］. 北京市社会科学界联合会，河北省社会科学界联合会，天津市社会科学界联合会，北京市科学技术协会，河北省科学技术协会，天津市科学技术协会；2010年度京津冀区域协作论坛论文集［C］. 北京市社会科学界联合会，河北省社会科学界联合会，天津市社会科学界联合会，北京市科学技术协会，河北省科学技术协会，天津市科学技术协会，2010：6.

1997年亚洲金融危机后，新经济主导产业格局的转变，正是从长周期的繁荣阶段转向长周期的衰退阶段的标志，同时预示着新的技术革命、产业革命及其新周期即将到来。

与以往历次新科技革命带动的产业创新浪潮不同的是，随着对经济周期和产业发展认识的不断深入，当人们意识到科技革命可以成为经济增长引擎时，人们就会在经济衰退阶段主动去寻找新的技术革命；从被动地顺应产业革命趋势变为积极响应和培育长期新经济增长的主要措施。尤其是2008年经济危机之后，全球各发达经济体均试图通过制定新兴产业发展规划来引导经济走出泥淖，并刺激新的主导产业重振经济发展，见表2-3。

表 2-3　危机中主动把握新兴产业发展方向欧美日等国的目标和进展

英国	2009.6	数字经济	数字英国	英国政府
英国	2009.7	低碳经济	英国低碳过渡计划	商务部、能源和气候变化部
美国	2009.3	新能源、环保等	《2009 年美国复兴与再投资法》	奥巴马签署
美国	2009.6	新能源	《美国清洁能源安全法案》	众议院通过
日本	2009.3	IT 技术	信息技术发展计划	日本政府
日本	2009.4	环保	第四次经济刺激计划	日本政府
日本	2009.12	节能	新经济刺激计划	日本政府
欧盟	2008.12	电信、环保	工商界代表圆桌会	英国首相布朗
欧盟	2009.3	能源、信息	欧盟成员领导人布鲁塞尔峰会	欧盟轮值主席国捷克总理托波拉内克
欧盟	2009.4	绿色产业发展	“环保型经济”的中期规划	欧盟新闻发言人
欧盟	2009.12	节能、环保	欧盟首脑会议	欧盟首脑
澳大利亚	2008.12	新能源	可再生能源立法草案	澳大利亚政府
加拿大	2009.9	清洁能源	生态信托环保计划	加拿大联邦政府
印度	2009.9	核能	核能发展计划	印度政府
俄罗斯	2009.8	能源	2030 年前能源战略	俄罗斯政府
法国	2008.11	新能源	一揽子计划	法国环境部
韩国	2009.7	绿色产业	绿色增长法	韩国政府

资料来源：牛立超. 后经济危机时代战略性新兴产业发展的国际比较［A］. 北京市社会科学界联合会，河北省社会科学界联合会，天津市社会科学界联合会，北京市科学技术协会，河北省科学技术协会，天津市科学技术协会；2010 年度京津冀区域协作论坛论文集［C］. 北京市社会科学界联合会，河北省社会科学界联合会，天津市社会科学界联合会，北京市科学技术协会，河北省科学技术协会，天津市科学技术协会，2010：6.

通过与前五次技术革命的对比，以新兴产业为代表的第六次技术革命具有和前五次相似的特点，即全球大范围布局、产生一批影响强大、全新且动态的技术、产品和部门，对传统生产方式产生替代，集中发生于能源、动力、交通通信领域，给整个经济模式带来巨变，并能推动长期的发展高潮。目前欧美日等主要发达国家均将新能源、生物技术、新材料等新兴产业作为重点发展方向，并给以政策上的大力支持。

从产业集群化的技术特点来看，新兴产业也已显示出全球性技术革命的特征。能源方面，第三次技术革命的电力、钢铁，第四次技术革命的石油，而目前新兴产业的技术集群之一是太阳能、核能、风能等新一代能源和新材料。动力产业方面，第二次技术革命的蒸汽机，到第四次技术革命的内燃机，而新兴产业的技术集群之一就是电动机、电动汽车。运输产业方面，第一次科技革命的航运、第二次科技革命的铁路，第四次技术革命的公路，而目前新兴产业的集群之一就是卫星、高铁、航天。以新兴产业技术群为代表的新一代科技革命即将来临，以绿色、智能和可持续为特征的新科技革命和产业革命，预示着新经济主导产业格局的转变。

2. 职业教育与战略性新兴产业发展的演变

在产业革命爆发以前，世界各国主要以农业和个体手工业为主，与之相适应的教育形式主要是学徒制。学徒制是以父子相传和师徒授受为主的一种教育模式，以劳动现场为主要教育场所，以手工工艺传承为主要教育内容。但是，学徒制还不能算是真正意义上的职业教育。

18 世纪中期，产业革命首先在英国爆发，继而扩展到欧洲大陆、北美和世界许多国家，产业革命是以机器为主体的工厂制度代替以手工技术为基础的手工工场的革命。产业革命的发生与发展，极大地推动了欧美等国工业的发展，对职业教育产生了深刻的影响。首先，产业革命使学徒制度彻底崩溃。由于机器的使用和生产的分工，把原来某一产品的完整生产过程分解为各个片段式操作，工人不再需要花费七八年时间去掌握全部工序，只需在较短的时间内学会参加局部生产的技术就可以了。产业革命的发生与发展，极大地促进了社会生产力的发展，新的生产力对劳动者的智力素质提出了新的要求，要求他们掌握机器生产的科学原理。而社会生产力的发展所造成的社会物质财富的积累，为职业教育的建立与发展提供了充足的物质前提。于是，以传授科学生产原理和技术为重要内容的近代职业教育便应运而生了。

随着战略性新兴产业的产生，职业教育也得到了快速的发展，由于近代职业教育以学校为基本教育场所，能在短期内培养大批的战略性新兴产业所需各种层次和各种类型的职业技术人才，其耗时短和效率高的特点使它产生之后很快受到各国产业界的青睐，进而促使近代职业教育蓬勃兴起。随着战略性新兴产业的提出，其发展变化便是与职业教育的变化呈现相互影响、相互促进的互动关系。

首先，职业教育是推动战略性新兴产业高度化发展的动因之一。其主要标志是各产业的技术层次不断提高和新兴产业不断成长为主导产业。比如，以蒸汽机发明和应用为核心的第一次产业革命结束了手工业时代，使纺织工业、冶金工业、采煤业等形成并成为主导产业；以能源革命为标志的第二次产业革命使电机电器、精细化工、通信等产业出现，随后又产生了汽车、飞机制造等新兴产业；以电子技术、遗传工程等为基础的第三次产业革命又产生了计算机工业、核能工业、航天工业等新产业。这些新兴产业的出现都标志着产业结构高度化发展。职业教育对产业结构高度化的推动作用主要体现在为产业发展壮大而提供大量生产型和技术型人才。当科技创新促使新兴产业出现后，要将弱小的新兴产业发展壮大，就需要大量的技术人才、基层操作人员等作为保证。而职业教育对技术技能型人才培养的供给恰好与新兴产业对大量的技术人才、基层操作人员的需求相一致。

其次，战略性新兴产业结构高度化过程又会拉动职业教育向前发展。产业结构的高度化发展，使得工作的复杂性提高，从而要求员工掌握更加复杂的技术才能胜任工作。作为技术人才培养的主阵地，职业教育必然要随着产业结构的高度化发展而向更高层次发展。也就是说，职业教育的办学层次与产业结构的高度化是相互协调的。

二、发达国家职业教育发展与战略性新兴产业结构的协调性分析

不同的国家战略性新兴产业存在差异，因此在不同的结构状态下，其职业教育在培养目标上亦存在不同；从战略性新兴产业、职业教育与中间环节的联系看，在任何国家，任何战略性新兴产业与职业教育同样存在比较紧密的互动关系。

1. 美国职业教育与战略性新兴产业的协调性分析

为摆脱经济衰退，提高国际竞争力，美国政府在 20 世纪 80 年代初，以信息技术研发为中心，从政策体制、配套设施等方面积极营造有利于信息产业发展的整体环境，加强信息人才的培养，大力扶持电子信息等战略性新兴产业的发展。2008 年金融危机的爆发，促使美国政府开始考虑如何摆脱危机的影响，继续保持头号经济强国的地位。在反思实体经济与虚拟经济倒挂以及过于依赖金融创新与信贷消费拉动经济模式等诸多问题后，美国积极布局发展战略性新兴产业，在 7870 亿美元的经济繁荣方案中，以可再生能源、环境保护、医疗信息化、航空航天以及海洋与大气等领域等为重点，并将新能源产业作为重中之重。美国政府主张通过科技实现能源独立，力争在 18 年内提高能源经济标准 1 倍，2030 年前降低石油消费 35%。此外，美国政府还着力提高其海洋能产业的国际地位。总的来说，美国的战略性新兴产业以新能源产业为主导，以长期的经济增长和经济繁荣为核心目标①。

要实现国家经济可持续发展，必须对高水平的劳动储备和人力资源开发做出新安排。近几年来，以重振职业教育职能、重构技能人才培养体系为目标的社区学院系统“应用技术强化”改革方兴未艾②。

---

① 刘玉茹，周建国，费学宁. 国外战略性新兴产业的成功经验及其对天津发展的启示 [J]. 中国轻工教育，2014 (1)：22-24.

② The White House. Remarks of President Barack Obama As Prepared for Delivery Address to Joint Session of Congress [EB/OL]. [2014-10-20]. http://www. whitehouse. gov/the-press-office/Remarks-of-President-Barack-0bama-Address-to-Joint-Session-of-Congress.

白宫就业与竞争力顾问委员会的《美国经济复兴路线图》报告中视技能鸿沟为制约国家复兴的主要瓶颈，并呼吁重振国民技术技能①②。2012 年 7 月，先进制造业联盟指导委员会发布了第一代先进制造业联盟报告《抢占先进制造业的国内竞争优势》（APM 1.0），提出确保美国先进制造业领先地位的三大支柱即加快创新、保证人才输送管道、改善商业环境③。2012 年 4 月，联邦教育部发布《现代职业教育体系建设规划（2014—2020）》，要求职业教育课程必须与区域劳动力市场需求对接，确保教育系统提供高质量的就业培训机会，以改善技能短缺状况。同时，培养融知识创新与高技能于一体的高级职业人才，以满足未来美国企业对具有创新意识的高技能人才的需求，强化国家整体创新能力与经济增长④。奥巴马政府于 2014 年 7 月颁布《美国劳动力创新与机遇法案》，促使职业教育更好地契合劳动力开发与经济发展需要，在此基础上宣布通过一系列行政措施来振兴美国制造业并保障其发展的良好势头，包括通过发展职业教育来保障制造业领域合格劳动力的供给。例如推行国家职业资格证书制度，以利于技能型人才的认证与合理流动；加强企业与社区学院间的合作，推广新学徒制，以便在区域内形成制造业领域的规模效应，并有助于解决长期失业问题⑤。2018 年 1 月 30 日，特朗普总统在发表《国情咨文》时曾提到让“美国制造业再次伟大”⑥，

① President's Council on Jobs and Competitiveness. Road map to renewal: invest in our future, build on our strengths, play to win [R]. Washington D. C., 2011.

② President's Council of Advisors on Science and Technology. Ensuring american ieadership in advanced manufacturing [R]. Washington D C: PCAST, 2011.

③ Report to the Presidenton Capturing Domestic Competitive Advantage. In advanced Manufacturing [R]. Executive Office of the President, President's Council of Advisorson Science and Technology, 2012.

④ Investing in America's Future: A blue print for transforming career and technical education, home U. S. Department of Education, https://www. edgov/news/speeches/investing. americas. future-blueprint-transforming-career- and-technical-education.

⑤ 汤霓，石伟平. 美国振兴先进制造业的职业教育发展战略述评：奥巴马政府《振兴美国先进制造业》战略计划解读 [J]. 高等教育研究，2015 (12)：51-56.

⑥ 特朗普首份国情咨文（附全文翻译），美国驻华大使馆和领事馆 [EB/OL]. https://china usembassy-china org cn/zh/news-event-zh/page/4/.

“让我们开办很棒的职业学校，让我们未来的工作者可以学习一技之长，发挥他们的全部潜能”①。

美国职业教育的发展历程表明，政府及时把握市场需求，通过适时颁布促进职业教育发展的相关政策促进教育改革，使职业教育能够在不同历史阶段发挥其功用，并且在顺应经济发展、有效提升生产效率、市场竞争力和生产效益的同时，其自身也得到可持续发展。走综合发展的职业教育改革道路，是美国推行职业教育终身化历程中涉及面广、综合性强、影响很大的一项改革举措。

2. 欧盟国家职业教育与战略性新兴产业协调性分析

在全球能源、环境及金融危机的影响下，欧盟正在加快发展低碳经济，开发利用新能源，提高能源利用效率，以促进经济结构调整和经济发展方式的转变。受此影响，职业教育在欧盟的战略地位上升，培养结构发生转变，培养标准提高，教育资源增加。欧盟职业教育的未来趋势是绿色意识增强，新职业教育兴起，与产业界合作加深等。作为欧盟曾经的重要成员国，英国是发展低碳经济的先行者。英国较早意识到了能源和气候变化问题，在 1993 年就设定了减排目标，进入新世纪后更是加快产业转型，在一定程度上推动了欧盟集体采取行动。

（1）发展低碳经济的行动

欧盟为了应对全球气候变化，不断加强对新能源的开发和利用，并增强能源替代，减少对化石能源的依赖。欧盟成员国制定了“新能源发展路线图”，通过税收机制和投入引导，加强在风能、太阳能、生物能源等领域的研发和应用。欧盟充分发挥财税杠杆作用，进行绿色采购，加强清洁能源补贴，征收非再生能源税，降低可再生能源利用成本，制定企业排放配额，允许碳排放交易等，引导各国合理利用能源。欧盟还大力发展新型低碳技术，充分利用自身技术优势，加强与其他国家或地区的有关气候变化和温室气体减排的合作，推广利用新能源技术，提高能源利用效率。

① 毛艾琳．产业升级：职业教育的机遇与挑战：国外职业教育支持国家发展战略的经验及启示［J］．北京劳动保障职业学院学报，2018，12（2）：51-57.

（2）欧盟低碳经济发展对职业教育的影响

第一，欧盟在职业教育领域的战略规划。

在实施《欧盟气候与能源方案》的同一年，通过了《波尔多公报》，旨在加强欧盟职业教育与培训和劳动力市场的联系。2010 年 3 月，欧盟委员会提出了发展低碳经济的《欧洲 2020 战略》，该战略于同年 6 月在欧盟峰会上通过，战略高度重视发展职业教育，并将职业教育与培训作为欧盟未来发展的核心。《欧洲 2020 战略》发布后，欧盟委员会提出了发展职业教育的战略要求，即增强职业教育与培训的吸引力。欧盟还敦促各成员国加强职业教育与高等教育的衔接；采用“菜单式”培训，即扩大用人企业、传统培训机构和高等教育机构提供的培训机会；与社会伙伴和国家就业部门合作；加强教师的能力建设；帮助弱势群体提高技能；使用“欧洲资格框架”和“欧洲职业教育学分转移系统”，使学习者资格更加透明，学习成果得到普遍承认；建立国家质量保障体系。为配合《欧洲 2020 战略》，欧盟委员会提出了教育培训和青年领域的综合计划“教育欧洲”（Education Europe），推动教育机构与产业界的全球合作，以促进教育、创新和创业的现代化；收集关于教育投资效益的例证，为成员国实施有效的职业教育政策提供支持。

第二，产业结构调整促使人才培养结构转变。

欧盟低碳经济的发展带来了经济结构的变化，主要是产业结构的调整。一些高污染、易破坏环境的产业逐渐被限制或淘汰，高科技、低排放产业逐步兴起并发展。产业结构的调整引起了就业结构的明显变化，劳动力逐渐转向新兴产业，尤其是低碳环保的新兴产业。到 2020 年，欧盟低碳经济的发展将创造许多新的工作岗位，其中，约 33.3 万个岗位与风能有关，约 8.4 万个与太阳能有关，约 6.9 万个与节能建筑有关。就业结构的变化使得欧盟职业教育的培养目标开始向新兴产业调整，建立新的职业教育培养模式，改革准备进入劳动力市场的青年的预备教育，使院校专业与低碳经济产业紧密相连，提早培养学生的职业意识。为适应新兴经济模式对劳动力资质的要求以及社会就业导向的转变，欧盟开始逐步开设新兴产业职业教育培养课程，加强职业教育基础设施建设和专业教师培训，建设双师型队伍，努力提高师资和教学水平。

第三，技术变革推动职业教育培养标准提高。

2008 年，欧盟成立了能源技术战略指导委员会，指导实施《欧洲能源技术战略规划》，并启动包括《欧洲风力计划》《欧洲二氧化碳收集与存储计划》等在内的 6 项行动计划①。欧盟的低碳经济发展战略引起了技术上的一系列革命性变化，使得能源利用技术、新能源技术、衍生技术等标准不断提高。技术标准的提高带来了对技术人才要求的提高，各成员国不仅要更新在岗人员的技术与能力，还要引进新的技术人才，以适应新产业技术的要求。为了提高教育培训质量，欧洲职业教育与培训质量保障机构推出了一个网络在线工具“欧洲职业教育与培训质量保障机构质量循环”（EQAVET Quality Cycle）。该工具依据《欧洲职业教育与培训质量保障参考框架》（European Quality Assurance Reference Framework for Vocational Education and Training）设计，可指导各成员国的职业教育与培训机构在自身质量保障系统方面的运作与评估。

（3）欧洲职业教育的发展趋势

为推动低碳经济的发展，欧盟 2009 年推出了《欧洲教育和培训合作战略框架》（Strategic Framework for European Cooperation in Education and Training），即《教育和培训 2020 计划》，规划了未来十年的教育发展路线。在降低“青少年辍学率”和提高“成年人接受高等教育比例”两大核心目标的引领下，欧盟职业教育朝着更有利于低碳经济发展的方向迈进。

第一，职业教育中的低碳意识和绿色理念加强。

欧盟低碳经济下的经济结构调整、产业转型带来的是整个经济社会发展观的转变，低碳、环保、节能、绿色等意识和理念逐步渗透到社会的经济活动中。欧盟职业教育为适应低碳经济下的社会发展变化，不断调整变革，将绿色元素、环保要求整合到职业教育教学中，把低碳技术

① 蓝虹，孙阳昭，吴昌，等. 欧盟实现低碳经济转型战略的政策手段和技术创新措施 [J]. 生态经济，2013 (6)：62-66.

和节能技术作为职业教育培训的重点，建立新的职业能力目标。例如，德国的双元制培训采用整合的方式进行调整和改进，更新升级原有岗位，把环境保护、废物利用、能源节约、废气减排、绿色建筑等绿色知识和技能整合到培训中，以增强劳动力的岗位胜任能力。英国在2009年出台学徒制相关法规的同时，还相继推行了《国家实习计划》《绿色人才计划》，为14～19岁的年轻人提供5000个绿色工作实习岗位，为未来培养环保型人才。

第二，适应绿色岗位的新职业教育兴起。

随着欧盟转向低碳经济，一些与新能源、节能技术等新兴产业相关的绿色岗位不断产生，如风能、太阳能、水力、生物质能等新能源产业中不断有新岗位产生。绿色岗位并非全部是新兴岗位，大部分与已有的产业岗位有关，是在原有岗位技能基础上的技术更新。一些传统产业和落后产业逐渐改造，岗位技能不断升级，新岗位要求不断提高，如“工业电工”升级为“可再生能源管理员”，“供暖和空调技师”升级为“太阳能技师”，“水管工”升级为“安装工程设计师”等。欧盟各国正在加强绿色岗位的职业教育，修订企业员工职业教育培训项目目标，增强新概念和新实践培训，加强环境法规、新岗位标准、工作安全、绿色技术等教育与培训，推进绿色岗位培训现代化。德国岗位培训中新增设的4个绿色岗位是污水工程技术员、回收和废物管理技术员、给水工程技术员、下水道和工业服务技术员①。

第三，产学合作加强。

欧盟低碳经济发展使职业教育与产业发展结合更加紧密。职业教育培训系统与产业部门加深合作，并逐步建立起良好的合作反馈机制，共同商定绿色岗位职业培训知识和技能标准，联合商讨完善低碳经济下的已有职业资格或制定新职业资格，合作开展学徒制培养和校企合作培训，使教育和培训更加适应不断发展的低碳经济劳动力市场需求。在丹麦，

---

① 徐峰. 绿色经济背景下职业教育的回应与变革：丹麦、德国的经验与启示［J］. 职教通讯，2011（17）：33-37.

为应对风力发电的需要，职业院校和相关企业合作开发了风轮机操作高中职业教育项目，并开发了风轮机操作员职业资格证书[①]。未来十年，欧盟职业教育提供者与社会团体、公共就业服务机构之间的合作会加强，欧盟还将建立共同的技能和职级分类系统，形成统一的评测标准。

第四，职业教育保障增强。

欧盟的低碳经济发展使得劳动力市场对技术和人才的要求更高，也使得以国家为主体的各方加强了对多层次、多类型的职业教育的投入和保障。欧盟在2007—2013年整合各种教育与培训的新终身学习规划中，投入了83.76亿欧元[②]。在2014—2020年整合教育与培训项目的“伊拉斯谟+”教育计划中将投入预算147亿欧元，增幅达40%，其中部分资金将用于为65万名学生提供职业教育与培训机会。欧盟利用财税杠杆，如车辆财税政策、能源补贴政策、政府绿色采购及节能服务财税政策等一系列低碳财税政策[③]。吸引行业企业加大对职业教育领域的投入，使成本在国家、行业、企业之间分担。欧盟部分成员国还采用社会定制化培养与培训，与财政政策、监督措施和评估机制相结合，以保障职业教育与培训的顺利开展。

3. 日本职业教育与战略性新兴产业的协调性分析

(1) 新设“专门职业学校”以提供实践的生涯职业教育

随着经济社会的发展，“工业4.0”国家级战略的提出。使劳动力市场流动性、多样性增强。“工业4.0”概念即是以智能制造为主导的第四次工业革命，或革命性的生产方法。该战略旨在通过充分利用信息通信技术和网络空间虚拟系统—信息物理系统（Cyber-Physical System）相结合的手段，将制造业向智能化转型，将物联网技术作为国家的战略性新兴产业。促进国家的发展，因此日本高度重视学校职业

① 刘敏，李兴保，胡凡刚. 欧盟职业教育与培训现代化进展及对我国的启示 [J]. 中国电化教育，2010 (8)：38-43.

② European Commission. Erasmus：Changing Lives Opening Minds [EB/OL]. [2013-12-12]. http//ec. europa. eu/education/erasmus-plus/index_en. htm.

③ 蒋海勇. 欧盟发展低碳经济的财税政策研究 [J]. 开放导报，2010 (6)：56-59.

教育的作用。“工业 4.0”时代技术、职业更新速度加快，对劳动者技能生涯更新提出要求，对所有人提出生涯职业教育的要求。在此背景下，为培养适应社会、技术变化需要的高水平实践职业人才，为更多社会人提供生涯职业学习机会，日本必须重视职业教育，适应国家战略性新兴技术革命的发展。

（2）丰富职业教育项目以加强“产学官”横断合作

日本“工业 4.0”引发产业结构变革，为将日本建设成为世界上最适合创新的国家，为促进企业在革新领域创造出更多新产品、新服务、新价值，日本政府高度重视“产学官”横断合作与开放创新。“产学官”合作最大的功能是将最尖端的技术创新与技术产品转化为有机连接，打破主体有限资源壁垒，实现知识、资金、人才的有效循环①。《日本再兴战略 2016》提出，到 2025 年企业对职业院校、研究机构开发法人等的投资增加到现在的 3 倍水平，超过 OECD 成员国平均水准的目标。文部科学省在第 1 次、第 2 次、第 4 次产业革命人才育成推进会议上都强调，通过丰富职业院校项目形式，加强职业院校“产学官”横断合作。现阶段，主要实施的职业教育“产学官”合作项目有“超级职业高中”计划、专修学校“双元制”教育推进事业、专修学校地域产业中坚人才育成事业、“高等专门学校 4.0 计划”以及私立短期大学改革综合支援事业等。这些项目均由文部科学省提供资金支持，一方面主张通过校企密切合作，实现职业院校课程改编，为学生提供实习实训机会，开发理论与实践结合教学手法，培养引领“工业 4.0”需要的高质量人才，另一方面以“产学官”合作为契机，将学校研究成果还原社会，加强共同研究、受托研究、技术商谈合作，提高技术与产品转化效率，提高职业院校的经营效益，为促进地域创生贡献力量。

（3）更新专业设置，实施实践性职业教育课程改革

迅速反映经济社会变化是日本职业教育的重要特色，以人工智能、

① 日本经济团体联合会，産学官連携による共同研究の強化に向けて［EB/OL］. http//www. keidanren. or. jp/policy/2016/014_honbun. pdf.

物联网、大数据、机器人为技术先导的“工业 4.0”引领职业院校专业设置变革，强化数理与情报教育，普及计算机编程教育，增设“工业 4.0”适需的 IT、情报等计算机专业成为变革方向，以高等专门学校为例，文部科学省投入 3 亿日元用以扶持高等专门学校设置“工业 4.0”适需的情报安全、机器人、航空、海洋专业，加强跨专业合作，培养“工业 4.0”适需的复合型人才。课程是职业教育人才培养实施的载体，实践性是日本职业教育课程的最大特色。高等专门学校实施“楔形课程”，随着年级增加，一般科目逐步减少，专门科目逐步增加，注重实习实训。专修学校为培养学生实践的专业化职业能力，文部科学大臣认定并奖励专修学校实施职业实践专门课程，职业实践专门课程由企业参与编制，学校与企业合作进行实习实训授课，使学生掌握最新的职业实务知识、技能，根据文部科学省《平成 27 年职业实践专门课程时态调查研究》数据显示：专修学校 46.7％的课程实施形式为讲义；46％的课程为实习实训；7.3％的课程为企业内实习；2017 年文部科学省预算投入 2.83 亿日元持续支持推进专修学校设置职业实践专门课程，以更好地服务“工业 4.0”的高效推进。

（4）加强职业指导，提高学生的生涯设计能力

“工业 4.0”引发产业结构、就业结构以及工作内容变化加速，对个体的职业自立意识要求增加，个体的职业生涯再设计能力愈发重要，环境的不确定性使文部科学省、经济产业省等相关行政机构以及职业院校都高度重视职业指导。在日本，职业指导是培养每个人的社会职业自立能力，促进生涯发展的教育，主要培养学生形成正确的劳动观、职业观，充分理解自身个性，自主选择未来道路的能力。日本构建从幼儿园教育到高等教育的一贯式职业指导教育体系；面向初、中等教育学生实施“职业生涯教育新体验计划”；面向高等教育学生实施“高端职业生涯教育计划”；面向自由职业者实施“自由职业者再教育计划”[①]，为所有人持续提供职业指导服务，职业指导注重学生的体验性，在活动体验

① 吕显然. 日本职业生涯教育研究及启示［D］. 青岛：青岛大学，2014.

中感知职业，以促进职业院校学生顺利实现从学校到社会的过渡。日本职业指导的另一个特色在于，职业指导由学校、企业、家庭、地域协同合作实施，提高职业指导实效。文部科学省、厚生劳动省、经济产业省联合召开职业生涯教育推进合作研讨会，建立对实施职业生涯教育优秀企业的表彰制度，设立职业生涯教育奖，以鼓励企业参与学校职业生涯教育的积极性。日本职业指导面向全员，提供专业化职业指导服务，提高学生的职业生涯设计能力，为“工业 4.0”实施推进持续提供优秀人才保障①。

三、我国职业教育发展与战略性新兴产业的协调性分析

1. “十二五”时期战略性新兴产业发展回顾

自国务院发布《关于加快培育和发展战略性新兴产业的决定》以来，经过五年的快速发展，战略性新兴产业逐渐成为中国经济增长新引擎，在稳定经济增长、促进经济转型升级、引领创新发展等方面发挥了重要作用。“十二五”期末，战略性新兴产业增加值占 GDP 比重达到 8%。

(1) 产业总体规模保持快速发展态势

“十二五”期间，战略性新兴产业实现快速增长，为稳增长提供重要支撑。2015 年，(27 个) 重点行业规上企业（规模以上企业）收入达 16.9 万亿元，占工业总体收入的比重达 15.3%，较 2010 年提升 3.4 个百分点，2010—2015 年，重点行业规上企业收入年均增长 18%。上市公司情况来看（特指 A 股，下同），战略性新兴产业企业已经成为重要组成部分，并发展成为支撑上市公司总体业绩发展的重要力量。2010 年以来，战略性新兴产业上市公司保持了良好发展态势，增速持续高于上市公司总体，带动了上市公司总体业绩增长。2015 年，战略性新兴产业上市公司营收总额达 2.6 万亿元，占上市公司总体的 21.1%，2010—2015 年年均增速达到了 19.5%。

---

① 安培. 日本“工业 4.0”与职业教育发展研究 [J]. 中国职业技术教育，2017 (27)：28-32.

（2）产业景气指数持续高位运行

根据国家信息中心开展的战略性新兴产业企业（1000 余家）景气调查结果显示，2014 年初以来，战略性新兴产业行业景气指数以及企业家信心指数均达到 130 以上，持续在较为景气区间运行（见图 2-1）。

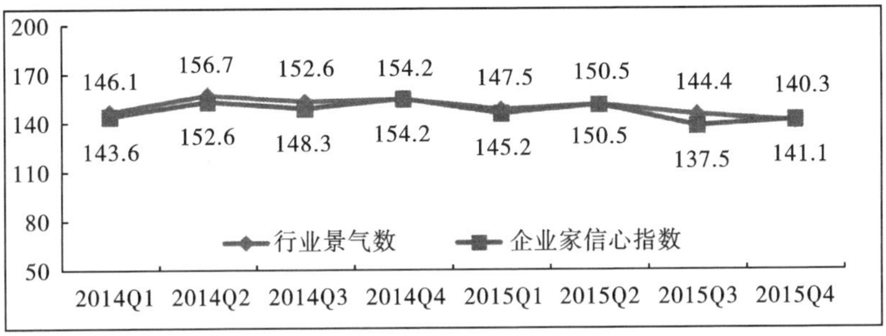

图 2-1　2014 年以来战略性新兴产业企业家信心指数和行业景气指数变化

资料来源：国家信息中心。

（3）综合效益高，可持续发展能力强

战略性新兴产业不仅是先进、高端产业的集合，同时具有良好的经济效益，发展战略性新兴产业有效促进了经济社会可持续发展。“十二五”期间，战略性新兴产业上市公司盈利能力始终强于大部分传统产业。2015 年，战略性新兴产业上市公司利润总额达 2065.9 亿元，利润率达 9.1%，明显高于上市公司总体 5.8%的利润率水平（金融业除外）（见图 2-2）。

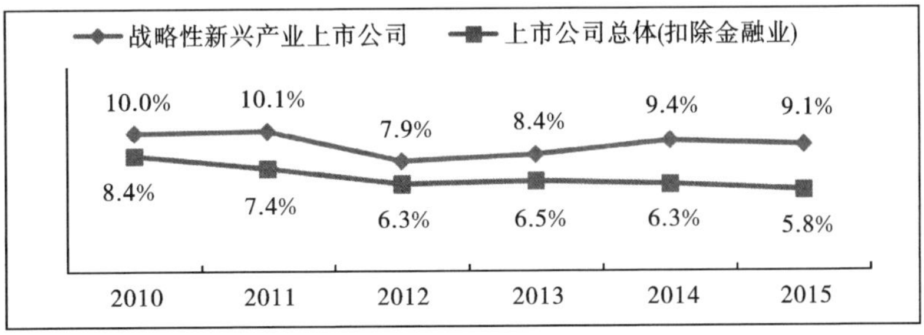

图 2-2　战略性新兴产业上市公司利润率变化

资料来源：国家信息中心。

2. “十三五”时期战略性新兴产业发展规划

（1）指导思想

全面贯彻党的十八大和十八届三中、四中、五中、六中全会精神，深入学习贯彻习近平总书记系列重要讲话精神，认真落实党中央、国务院决策部署，按照“五位一体”总体布局和“四个全面”战略布局要求，积极适应把握引领经济发展新常态，牢固树立和贯彻落实创新、协调、绿色、开放、共享的新发展理念，紧紧把握全球新一轮科技革命和产业变革重大机遇，培育发展新动能，推进供给侧结构性改革，构建现代产业体系，提升创新能力，深化国际合作，进一步发展壮大新一代信息技术、高端装备、新材料、生物、新能源汽车、新能源、节能环保、数字创意等战略性新兴产业，推动更广领域新技术、新产品、新业态、新模式蓬勃发展，建设制造强国，发展现代服务业，为全面建成小康社会提供有力支撑。

（2）主要原则

坚持供给创新。创新是战略性新兴产业发展的核心。要深入实施创新驱动发展战略，大力推进大众创业、万众创新，突出企业主体地位，全面提升技术、人才、资金的供给水平，营造创新要素互动融合的生态环境。聚焦突破核心关键技术，进一步提高自主创新能力，全面提升产品和服务的附加价值和国际竞争力。推进简政放权、放管结合、优化服务改革，破除旧管理方式对新兴产业发展的束缚，降低企业成本，激发企业活力，加快新兴企业成长壮大。

坚持需求引领。市场需求是拉动战略性新兴产业发展壮大的关键因素。要强化需求侧政策引导，加快推进新产品、新服务的应用示范，将潜在需求转化为现实供给，以消费升级带动产业升级。营造公平竞争的市场环境，激发市场活力。

坚持产业集聚。集约集聚是战略性新兴产业发展的基本模式。要以科技创新为源头，加快打造战略性新兴产业发展策源地，提升产业集群持续发展能力和国际竞争力。以产业链和创新链协同发展为途径，培育新业态、新模式，发展特色产业集群，带动区域经济转型，形成创新经济集聚发展新格局。

坚持人才兴业。人才是发展壮大战略性新兴产业的首要资源。要针对束缚人才创新活力的关键问题，加快推进人才发展政策和体制创新，保障人才以知识、技能、管理等创新要素参与利益分配，以市场价值回报人才价值，全面激发人才创业创新动力和活力。加大力度培养和吸引各类人才，弘扬工匠精神和企业家精神。

坚持开放融合。开放融合是加快战略性新兴产业发展的客观要求。要以更开放的理念、更包容的方式，搭建国际化创新合作平台，高效利用全球创新资源，大力推动我国优势技术和标准的国际化应用，加快推进产业链、创新链、价值链全球配置，全面提升战略性新兴产业发展能力。

(3) 发展目标

到 2020 年，战略性新兴产业发展要实现以下目标：

产业规模持续壮大，成为经济社会发展的新动力。战略性新兴产业增加值占国内生产总值比重达到 15%，形成新一代信息技术、高端制造、生物、绿色低碳、数字创意等 5 个产值规模 10 万亿元级的新支柱，并在更广领域形成大批跨界融合的新增长点，平均每年新增就业 100 万人以上。

创新能力和竞争力明显提高，形成全球产业发展新高地。攻克一批关键核心技术，发明专利拥有量年均增速达到 15%以上，建成一批重大产业技术创新平台，产业创新能力跻身世界前列，在若干重要领域形成先发优势，产品质量明显提升。节能环保、新能源、生物等领域新产品和新服务的可及性大幅提升。知识产权保护更加严格，激励创新的政策法规更加健全。

产业结构进一步优化，形成产业新体系。发展一批原创能力强、具有国际影响力和品牌美誉度的行业排头兵企业，活力强劲、勇于开拓的中小企业持续涌现。中高端制造业、知识密集型服务业比重大幅提升，支撑产业迈向中高端水平。形成若干具有全球影响力的战略性新兴产业发展策源地和技术创新中心，打造百余个特色鲜明、创新能力强的新兴产业集群。

到 2030 年，战略性新兴产业发展成为推动我国经济持续健康发展的主导力量，我国成为世界战略性新兴产业重要的制造中心和创新中心，形成一批具有全球影响力和主导地位的创新型领军企业。

（4）总体部署

以创新、壮大、引领为核心，紧密结合“中国制造 2025”战略实施，坚持走创新驱动发展道路，促进一批新兴领域发展壮大并成为支柱产业，持续引领产业中高端发展和经济社会高质量发展。立足发展需要和产业基础，大幅提升产业科技含量，加快发展壮大网络经济、高端制造、生物经济、绿色低碳和数字创意等五大领域，实现向创新经济的跨越。着眼全球新一轮科技革命和产业变革的新趋势、新方向，超前布局空天海洋、信息网络、生物技术和核技术领域一批战略性产业，打造未来发展新优势。遵循战略性新兴产业发展的基本规律，突出优势和特色，打造一批战略性新兴产业发展策源地、集聚区和特色产业集群，形成区域增长新格局。把握推进“一带一路”建设契机，以更开放的视野高效利用全球创新资源，提升战略性新兴产业国际化水平。加快推进重点领域和关键环节改革，持续完善有利于汇聚技术、资金、人才的政策措施，创造公平竞争的市场环境，全面营造适应新技术、新业态蓬勃涌现的生态环境，加快形成经济社会发展新动能。

3. 职业教育的转型

（1）职业教育的现状

战略性新兴产业在不断发展的同时，职业教育承担着培养技术性人才的重任，其专业结构也在不断地进行演变。2014 年 5 月，国务院颁布的《关于加快发展现代职业教育的决定》（以下简称《决定》）提出，要形成产教深度融合、中高职衔接、职业教育与普通教育相互沟通，具有中国特色、世界水平的现代职业教育体系。随后，教育部等六部门印发了《现代职业教育体系建设规划（2014—2020 年）》（以下简称《规划》），对现代职教体系的构建做了具体部署，中高职根据国家发展的趋势，新兴产业对人才的不断需求，分别更新了中高职的专业目录。成为构建现代职业教育体系的重要部分。专业目录是国家对教育进行宏观管理的基础指导性文件，具有制度的特殊性。专业目录是国家经济社会所处发展阶段在人才需求、人才培养方面的集中反映，具有鲜明的时代特征；它既是职业院校培养人才的规格和标准，亦是人才培养目标的具体化，还是教学内容和课程体系设计安排的基本依据①。近几年以来各类教育相继发布新修订的专业目录，具体情况见表 2-4。

表 2-4　各类专业目录各层次数量对比

专业目录层次	职业教育			
	高职（2015 年）		中职（2010 年）	
	名称	数量（个）	名称	数量（个）
第一层	专业大类	19	专业类	19
第二层	专业类	99		
第三层	专业	748	专业	321

资料来源：陈涛．我国高等教育学科专业目录的检视与反思［J］．现代教育管理，2015（12）：7-9.

中职专业目录经历了两个阶段②：第一阶段：以学科设置专业门类。1993 年原国家教委颁布的《普通中等专业学校目录》，呈现出去行业化的特点。第二阶段：以产业设置专业门类。从 2000 年开始中职专业目录按产业来设置专业；2010 版中职专业目录经历了 2 年 5 个月的修订时间，为了与当时的高职专业目录（2004 版）相衔接，对专业类进行了较大调整，由原来的 13 类增加为 19 类。中专专业修订具体情况见表 2-5。

① 陈涛．我国高等教育学科专业目录的检视与反思［J］．现代教育管理，2015（12）：7-9.

② 邓泽民．《中等职业学校专业目录（2010 年修订）》解读［J］．中国职业技术教育，2010（16）：22-23.

表 2-5　中职专业目录修订

划分标准		以学科设置专业门类	以产业设置专业门类	
专业目录层次		1993 年专业目录修订数量（个）	2000 年专业目录修订数量（个）	2010 年专业目录修订数量（个）
第一层	专业类	9 科；49 类	13	19
第二层	专业	518	270	321

资料来源：陈涛. 我国高等教育学科专业目录的检视与反思［J］. 现代教育管理，2015（12）：7-9.

高职专业目录经历了以下发展轨迹：一是套用本科目录，以学科划分专业（20 世纪 80 年代—2003 年）；二是确定三级架构，以产业、行业划分为主（2004—2014 年）；三是扩大自主权，推进衔接（2015 年至今）。2015 年高职专业目录延续了原来的划分标准，且更加细化其对应关系：专业大类对应产业、专业类对应行业、专业对应职业岗位群或技术领域。高职专业目录的专业大类数量不变，划分和排序有所调整，且在原来的基础上新增了“专业方向举例”等 4 项内容。高职专业修订具体情况见表 2-6。

表 2-6　高职新旧专业目录结构、数量对比

划分标准		以产业、行业分类为主，兼顾学科分类	
专业目录结构		2004 年专业目录数量（个）	2015 年专业目录数量（个）
第一层	专业大类	19	19
第二层	专业类	78	99
第三层	专业	532（原 1500）	748（原 1170）

资料来源：陈涛. 我国高等教育学科专业目录的检视与反思［J］. 现代教育管理，2015（12）：7-9.

（2）职业教育发展与战略性新兴产业的协调性

中高职专业的调整，可以为战略性新兴产业培养合适的人才。推动新兴产业的发展。新兴产业的发展同时推动了职业教育体系的改革创

新。职业教育是实现我国科技实力转化为社会基本生产力的有效途径，因此，满足新兴产业的发展，实现我国职业技术高端人才的培养既是职业教育的主要目标，也是现阶段我国职业教育体系改革与创新的方向。尤其是在科学技术不断创新和发展的背景下，我国产业结构正由依靠大量廉价劳动力、能源消耗保持经济增长的粗放型产业结构向以科学技术创新、信息技术发展为主导的集约型产业结构转变。新兴产业的发展促使职业教育的培养目标、教育体系、专业结构设置和人才培养模式等方面均做出相应的调整，形成人力资源的有效配置。职业院校在进行应用型人才培养的过程中，应明确各级各类职业教育培养目标，不断调整专业设置，充分挖掘职业技术人才的创造潜力和动手能力，满足新兴产业发展对技术型人才的需求①。

本章小结

本章以产业经济经典理论为基础，探讨了区域产业结构与职业教育的相互关系，以此更加进一步地分析了战略性新兴产业与职业教育的发展，为职业教育服务战略性新兴产业提供一定的理论基础。第一部分主要讲述的产业经典理论的三个代表性理论，以及他们如何对职业教育产生指导作用。第二部分讲述了区域产业结构与职业教育的相互关系：产业结构决定职业教育的发展层次；产业结构决定职业教育的专业设置；产业结构影响职业教育的地区分布；职业教育的合理发展推动职业教育的调整等四个方面。第三部分战略性新兴产业与职业教育的协调性分析，首先讲述了职业教育与战略性新兴产业的历史演变，然后梳理了发达国家职业教育与战略性新兴产业的关系，从而进一步分析了我国职业教育与战略性新兴产业的协调性关系。

职业教育就是教育与经济最直接的结合部，是生产社会化与工业化的摇篮，职业教育的人才培养直接关系参与我国战略性新兴产业建设的

① 2018 年中国战略性新兴产业展望［J］. 高科技与产业化，2018（1）：12-17.

一线高素质劳动者和技能型人才的实力。正如各国实践结果所表明的那样，越是经济发达的地区、越是工业附加值高的产业区域，职业教育的贡献率就越高。因此，要切实实现经济发展方式转变，通过职业教育普遍提高劳动者素质意义重大、任重道远。

第三章 湖南战略性新兴产业人才需求预测

以创新为重点的新兴产业是推动世界经济发展的主导力量。世界各国都开始加快部署战略性新兴产业集群协同创新的措施，纷纷抓住全球科技发展与创新的制高点。湖南省作为中国“中部崛起”的重要力量，特别是在“两型社会”加快推进建设与转变经济增长模式的背景下，加快战略性新兴产业集群协同创新发展建设，培养产业新的增长点，对推动湖南省新兴产业发展、创造产业发展的新优势具有战略意义[①]。

发展战略性新兴产业，既是引导区域经济“稳增长、促改革、调结构”的重要切入点，更是推动湖南省经济发展的强劲动力。目前，湖南战略性新兴产业已经具备一定的发展基础，但面临营收增长速度逐步放缓的压力，全省战略性新兴产业增加值由2011年的30%左右，下滑至2017年的13%左右。企业如何在低成本压力下吸引、留住人才成为加速推进湖南省战略性新兴产业的培育发展的关键要素。战略性新兴产业对于国家经济发展具有导向性和全局性，是国家经济发展的长期战略部署，同时又具有时代性和动态性，产业领域会随着经济环境的变化适时调整。基于上述特点，战略性新兴产业的发展对人才具有高度的依赖性，《“十三五”国家战略性新兴产业发展规划》也强调了“坚持人才兴业”的基本原则[②]。

---

① 宾厚，游嘉靖，王欢芳，等. 湖南省战略性新兴产业集群协同创新策略探析［J］. 经贸实践，2017（2）：42-43.

② 刘福满，于飞，苏欣. 战略性新兴产业高技能人才培养的国际比较研究［J］. 税务与经济，2018（3）：50-53.

第一节　湖南战略性新兴产业发展情况

近年来，全省七大战略性新兴产业实现较快增长，增速继续领先全省 GDP 增速，在全省经济中的地位及引领带动作用进一步提升。但客观分析，战略性新兴产业发展也还存在增速放缓、规模偏小、盈利下降、布局欠合理和发展不均衡等问题。当前，我国经济社会发展已进入新常态，战略性新兴产业面临的发展机遇与挑战并存，湖南应积极谋划、顺势而为，发挥比较优势，完善产业配套，坚持创新驱动，加大政策扶持，着力推动战略性新兴产业发展上水平、上台阶，确保为全省经济提供持续有力的新的增长动力。

一、战略性新兴产业总体概况

单位数量稳步增加。截至 2014 年底，全省共有战略性新兴产业企业 3097 家，比上年底净增 532 家，总数为 2011 年底的 1.56 倍。战略性新兴产业企业中，规模以上工业企业 2130 家，占全省的 68.8%；限额以上服务业企业 305 家，占全省的 9.8%。分地区看，长沙市、岳阳市、株洲市、衡阳市、郴州市、常德市的企业数均在 200 家以上，6 市企业合计 1989 家，占全省的 64.2%。2016 年我省新增 304 家战略性新

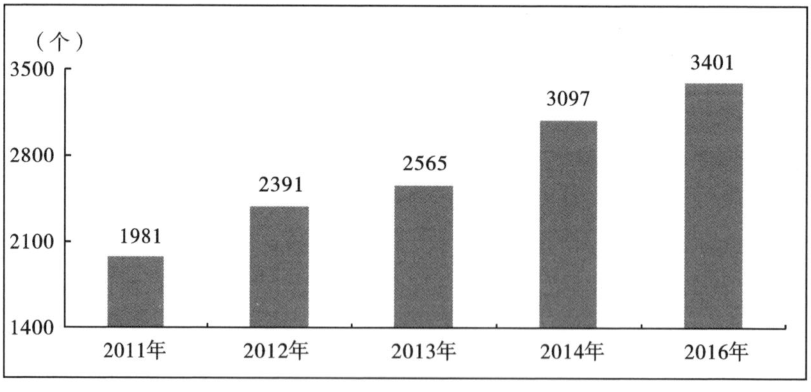

图 3-1　全省战略性新兴产业企业数

兴产业企业，包括中冶长天重工、南岳生物医药等在内的304家企业被认定为“战略性新兴产业企业”。至此，全省共认定战略性新兴产业企业3401家（见图3-1）。

经济规模逐年壮大。2014年，全省七大战略性新兴产业增加值3088.39亿元，占全省地区生产总值（GDP）的11.4%，比重比上年提高0.7个百分点，比2011年提高1.3个百分点。工业是战略性新兴产业发展的主战场。2014年，工业企业实现战略性新兴产业增加值3003.83亿元，占全省战略性新兴产业增加值的97.3%，比重比上年提高0.2个百分点，比2011年提高1个百分点；占全省规模工业增加值的28.6%，比重比上年提高2.6个百分点，比2011年提高5.1个百分点（见图3-2）。

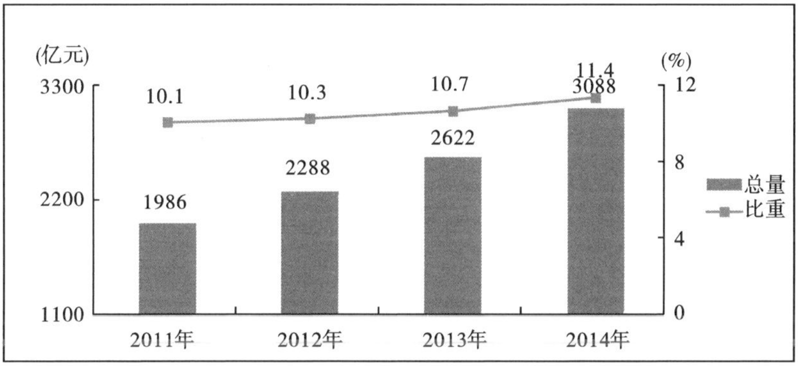

图3-2　战略性新兴产业增加总量及占GDP的比重

增长速度保持领先。2014年，全省七大战略性新兴产业增加值比上年增长13.7%，增幅比上年高0.5个百分点，但比2011年和2012年分别回落17.4个和6.9个百分点。其中，工业战略性新兴产业增加值增长14.0%，高于平均水平0.3个百分点。虽然近年战略性新兴产业增加值增速呈回落走势，但仍一直领先于全省经济平均增长水平。2014年，战略性新兴产业增速高于GDP增速4.2个百分点，比上年扩大个百分点，但比2011年和2012年分别缩小14.1个和5.1个百分点（见图3-3）。

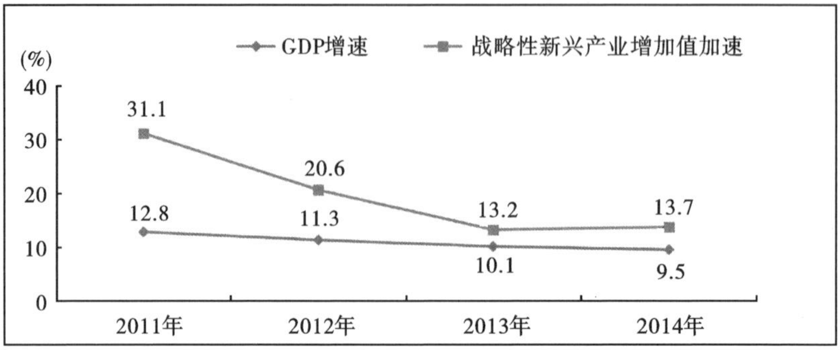

图 3-3　全省 GDP 增速战略性新兴产业增加值增速

二、战略性新兴产业发展现状

1. 产业现状

“十二五”以来，全省先进装备制造、新材料、文化创意、生物、电子信息、节能环保、新能源等战略性新兴产业呈现出规模化、高端化、集聚化的发展态势，增加值年均增长 17.4%，2015 年实现增加值 3335.31 亿元，占 GDP 比重达到 11.5%，成为支撑我省经济转型升级，保持经济中高速增长的核心力量。

（1）自主创新成果丰硕，前沿科技不断突破。一批具有战略性、前瞻性的核心技术和高端产品取得新突破，产业创新能力和市场竞争力明显提升。“十二五”期间，全省共获国家科技奖励 107 项，每万人发明专利拥有量达到 3.29 件，创新综合能力排名全国第 11 位。“天河二号”超级计算机、超级杂交稻、高铁牵引系统、碳刹车材料等重大成果国际领先。IGBT 芯片、特高压输变电设备、增材制造装备等产品实现重大突破。大数据、互联网＋、云计算等领域加快融合和渗透，涌现了大批新技术、新产品。智能制造、基因检测、现代中药、北斗导航等领域形成了一批全国制造和应用示范中心。

（2）市场主体加速成长，领军企业不断涌现。战略性新兴产业企业数量和规模不断扩大，竞争优势逐步增强。全省工业领域战略性新兴产业超过 2500 家，企业平均产值达 5.03 亿元。骨干企业对战略性新兴产业支撑作用明显，产值过亿元企业超过1110家，增加值和利税额占全部战略性新兴产业企业比重均为97%左右；过10亿元企业达73家，增加值和利税额占比均达60%以上。其中，三一集团、中联重科、中车株机等发展成为世界级装备制造企业，隆平高科、博云新材、长城信息、杉杉新材等成长为行业领军企业，湘电集团、时代新材、蓝思科技、中南传媒、永清环保、力合科技等成为行业龙头。

（3）集聚态势初步形成，特色优势逐渐凸显。环长株潭城市群作为主要集聚区，占全省战略性新兴产业增加值比重超过84%，其中长株潭城市群核心区的营业收入、利润总额和增加值占全省的比重均超过55%。株洲市轨道交通装备产业集群产值突破千亿元，打造了从整机、核心零部件到配套设施和运维服务的完整产业链。长沙市智能成套装备产业集群形成了关键零部件和控制系统、智能建筑机械成套装备和智能车间与自动化生产线产业体系。株洲市、湘潭市风电装备制造业构建了从控制系统、风力发电机组、叶片到整机系统集成的产业体系。以广电、出版、动漫、娱乐、创意为核心内容的文化湘军品牌集群稳步崛起，在全国具有较大的影响。湘南地区和洞庭湖生态经济区战略性新兴产业营业收入占全省比重均为21%左右，逐渐形成了生物育种、生物制造、新材料、电子信息等新兴产业特色集群。

（4）开放合作持续深化，国际地位不断提升。通过主动对接“一带一路”倡议，积极融入国际产业分工体系，一批骨干和优势企业成功走向国际市场，产业向海外拓展。中车株机公司动车组整车打入欧洲市场，在马来西亚建立了我国首个轨道交通装备海外制造基地，打破了全球轨道交通装备领域高端市场被欧美垄断的局面。三一集团收购全球混凝土机械第一品牌德国普茨迈斯特公司，有力提升了公司品牌形象和国际影响力，改写了该行业的全球竞争格局。中车时代电气依托车载电气系统集成优势，通过收购海工巨头SMD公司，积极打造陆海两栖产业集群的新格局。隆平高科发挥育种技术优势，积极推进杂交水稻国际化布局，在东南亚、非洲、美洲等地设立了研发中心和育种基地，在壮大产业的同时，也造福了世界人民。

2. 产业发展形势

从国际看，新一轮科技革命和产业变革正加速演进。以万物互联、大数据、云计算、人工智能等为代表的信息技术跨界发展，加速了全球经济格局和生产生活方式的重构。基因组学、增材制造、超材料、低碳技术、数字创意等前沿技术群体性突破，推动了传统工业体系分化变革。同时，全球经济贸易格局、产业分工格局、能源资源版图正发生重大调整，发达国家制造业回归、新兴经济体同构竞争，使得战略性新兴产业成为全球竞争的主战场。

从国内看，我国战略性新兴产业的基础地位和支撑作用不断凸显。创新驱动发展、供给侧结构性改革、大众创业万众创新、中国制造2025、互联网＋等重大战略的深入实施，“一带一路”、长江经济带等区域发展的全面推进，以及经济、社会、科技等领域改革的不断深化，为战略性新兴产业带来了更大发展空间。但同时，国内经济下行压力持续加大，战略性新兴产业作为产业转型升级突破口的作用更加凸显，区域竞争将更加激烈。

从省内看，机遇与挑战并存。未来5到10年，是我省战略性新兴产业发展壮大的机遇期，也是改革攻坚的关键期。省十一次党代会提出，将大力实施创新引领、开放崛起战略，重点突出“三个着力”，推进建设“四大体系”和“五大基地”。这为战略性新兴产业发展提供了广阔空间。但同时也要看到，我省战略性新兴产业整体创新水平不高，现有政策体系和体制机制还不适应战略性新兴产业发展的要求，制约了新技术的应用、新业态的培育和新模式的推广。面对外部环境变化和自身发展的要求，需要找准战略定位，保持战略定力，抓住战略机遇，积极应对挑战，推动战略性新兴产业成为经济社会发展的主动力和新引擎①。

三、战略性新兴产业行业概况

第一，重点产业初具规模。2014年，七大战略性新兴产业共实现

① 湖南省发展和改革委员会. 湖南省“十三五”战略性新兴产业发展规划［A］. 2017-01-23.

营业收入 10339.86 亿元，总量前四位的产业营业收入均超千亿元。其中，先进装备制造业营业收入 3165.77 亿元，占全部战略性新兴产业的 30.6%；新材料产业 2837.87 亿元，占 27.9%；节能环保产业 1441.79 亿元，占 14%；信息产业 1329.91 亿元，占 12.9%。七大战略性新兴产业共实现利润 477.66 亿元，其中，先进装备制造业（141.46 亿元）、新材料产业（82.85 亿元）和节能环保产业（67.76 亿元）利润规模居前三位；营业收入利润率为 4.23%，其中，文化创意产业（9.67%）、生物产业（6.17%）和节能环保产业（4.7%）盈利能力居前三位。从增加值总量看，先进装备制造业、新材料产业、信息产业和节能环保产业等四个产业总量均在 400 亿元以上，分别为 1007.95 亿元、755.61 亿元、434.08 亿元和 420.45 亿元；生物产业、新能源产业和文化创意产业规模相对较小，其增加值总量在 200 亿元左右及以下水平（见表 3-1）。

表 3-1　2014 年全省七大战略性新兴产业主要经济指标

产业分类	营业收入（亿元）	营收占比（%）	利润总额（亿元）	营业收入利润率（%）	增加值（亿元）
先进装备制造业	3165.77	30.1	141.46	4.47	1007.95
新材料产业	2837.87	27.9	82.85	2.92	755.61
节能环保产业	1441.79	14	67.76	4.7	420.45
信息产业	1329.91	12.9	59.92	4.51	434.08
生物产业	671.5	6.5	41.43	6.17	213.44
新能源产业	580.37	5.6	24	4.14	190.8
文化创意产业	312.65	3.1	30.24	9.67	125.31
全省合计	10339.86	100	477.66	4.23	3147.64

第二，重点领域特色鲜明。经过几年培育发展，七大战略性新兴产业基本都形成了特色比较鲜明的重点发展领域。（1）先进装备制造业。中高端工程机械、新能源汽车及整车新品、高端轨道装备是该产业的主要发展领域。2014 年，中高端工程机械装备及关键零部件行业实现营

业收入1739.57亿元，占先进装备制造业的54.9%；新能源汽车等整车新品及关键部件行业营业收入598.33亿元，占18.9%；高端电力牵引轨道交通装备及关键部件行业营业收入487.37亿元，占15.4%。（2）新材料产业。金属新材料和化工新材料是该产业的主要发展领域。金属新材料产业营业收入1493.95亿元，占新材料产业的52.6%；化工新材料产业营业收入789.65亿元，占27.7%。（3）节能环保产业。资源循环利用产业和节能产业是该产业主要发展领域。资源循环利用产业实现营业收入703.57亿元，占节能环保产业的48.8%；节能产业营业收入703.57亿元，占41.3%。（4）信息产业。数字化整机和新型元器件是该产业主要发展领域。数字化整机和新型元器件行业营业收入1158.67亿元，占信息产业的87.1%；新一代网络和“三网融合”行业营业收入78亿元。（5）生物产业。现代中药、化学药、粮油作物育种是该产业的主要发展领域。现代中药行业营业收入为208.64亿元，占生物产业的31.1%；化学药行业营业收入166.01亿元，占24.7%；粮油作物育种营业收入90.29亿元，占13.4%。（6）新能源产业。智能电网及其关键装备、风电装备制造及应用和太阳能综合利用为主要发展领域，分别实现营业收入215.78亿元、144.05亿元和108.75亿元，合计占新能源产业的80.7%。（7）文化创意产业。创意设计、数字媒体和数字出版是该产业的主要发展领域。创意设计行业营业收入158.12亿元，占文化创意产业的50.6%；数字媒体和数字出版行业营业收入分别为81.96亿元和71.00亿元，占比分别为26.2%和22.7%。

第三，重点产业收入可观。据初步统计，2014年，全省七大战略性新兴产业共实现营业收入10339.86亿元，总量规模居前四位的产业营业收入均超千亿元。其中，先进装备制造业营业收入3165.77亿元，占全部战略性新兴产业30.1%；新材料产业2837.87亿元，占27.9%；节能环保产业1441.79亿元，占14%；信息产业1329.91亿元，占12.9%。七大战略性新兴产业共实现利润477.66亿元，其中，先进装备制造业（141.46亿元）、新材料产业（82.85亿元）和节能环保产业（67.76亿元）利润规模居前三位；营业收入利润率为4.23%，其中，文化创意产业（9.67%）、生物产业（6.17%）和节能环保产业（4.70%）盈利能力居前三位。从增加值看，先进装备制造业、新材料产业、信息产业和节能环保产业等四个产业总量均在400亿元以上，分别为1007.95亿元、755.61亿元、434.08亿元和420.45亿元；生物产业、新能源产业和文化创意产业规模相对较小，其增加值总量在200亿元左右及以下水平①。

（1）先进装备制造业。中高端工程机械、新能源汽车及整车新品、高端轨道装备是该产业的主要发展领域。2014年，中高端工程机械装备及关键零部件行业实现营业收入1739.57亿元，占先进装备制造业的54.9%；新能源汽车等整车新品及关键部件行业营业收入598.33亿元，占18.9%；高端电力牵引轨道交通装备及关键部件行业营业收入487.37亿元，占15.4%（见图3-4）。从盈利能力看，高端电力牵引轨道交通装备及关键部件、高技术船舶及海洋工程装备、高档数控装备等行业盈利能力居前，三个行业营业收入利润率分别为9.31%、9.11%和5.92%；新能源汽车等整车新品及关键部件行业和大型冶金矿山设备行业盈利能力偏低，仅分别为1.29%和2.24%。

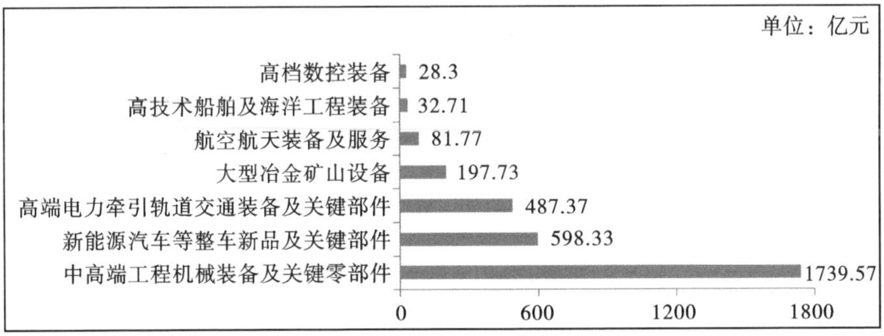

图3-4　先进装备制造业重点领域营业收入

（2）新材料产业。金属新材料和化工新材料是该产业的主要发展领

① 湖南省经济和信息化委员会. 2014年湖南战略性新兴产业发展报告［N］. 湖南日报，2015-03-17（10）.

域。2014 年，金属新材料产业实现营业收入 1493.95 亿元，占新材料产业的 52.6%；化工新材料产业营业收入 789.65 亿元，占 27.8%；另外，先进储能材料产业和先进复合材料产业营业收入规模也都在 200 亿元以上（见图 3-5）。从盈利能力看，新材料产业五个重点发展领域的盈利能力差距不大，除金属新材料产业营业收入利润率为 2.61%外，其他四个领域的利润率处在 3.0%～4.5%的区间波动。

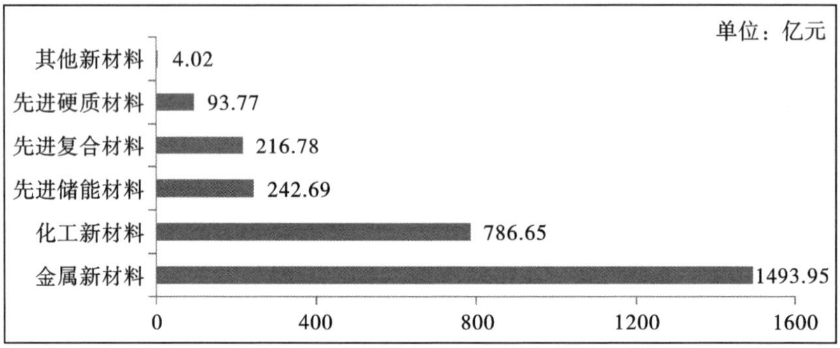

图 3-5　新材料产业重点领域营业收入

（3）节能环保产业。资源循环利用产业和节能产业是该产业主要发展领域。2014 年，资源循环利用产业实现营业收入 703.57 亿元，占节能环保产业的 48.8%；节能产业营业收入 703.5 亿元，占 48.8%。从盈利能力看，节能产业营业收入利润率为 6.37%，资源循环利用产业和环境治理产业分别为 3.42%和 4.05%（见图 3-6）。

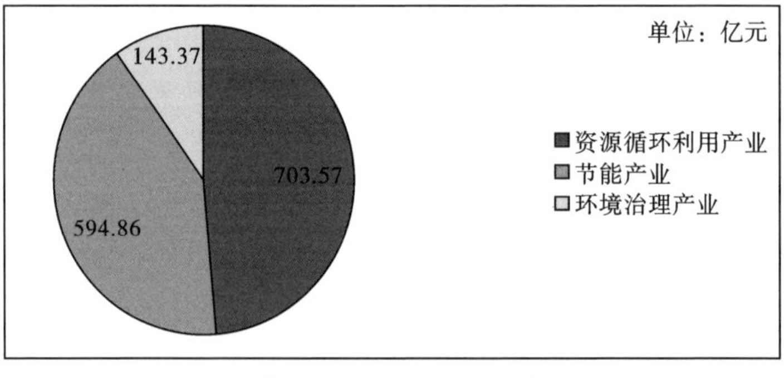

图 3-6　节能环保产业重点领域营业收入

(4) 信息产业。数字化整机和新型元器件是该产业主要发展领域。2014 年，数字化整机和新型元器件行业营业收入 1158.67 亿元，占信息产业的 87.1%；新一代网络和“三网融合”行业营业收入 78 亿元。除数字化整机和新型元器件行业营业利润率（3.07%）低于产业平均水平外，其他行业利润率都比较高（见图 3-7）。

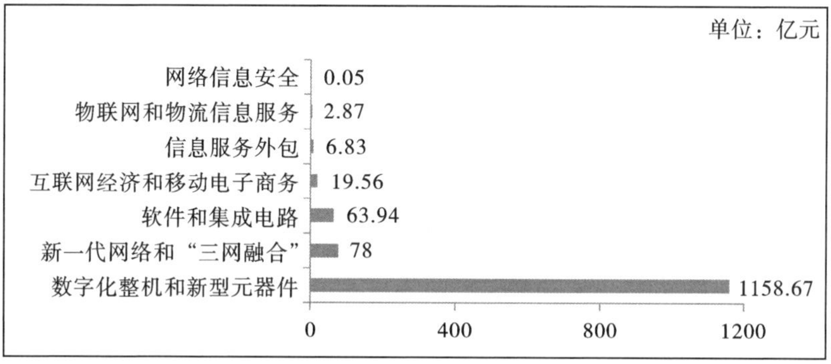

图 3-7　节能环保产业重点领域营业收入

(5) 生物产业。现代中药、化学药、粮油作物育种是该产业的主要发展领域。2014 年，现代中药行业营业收入为 208.64 亿元，占生物产业的 31.1%；化学药行业营业收入 166.01 亿元，占 24.7%；粮油作物育种营业收入 90.29 亿元，占 13.4%。现代中药行业和化学药行业营业利润率分别为 7.45%和 6.19%（见图 3-8）。

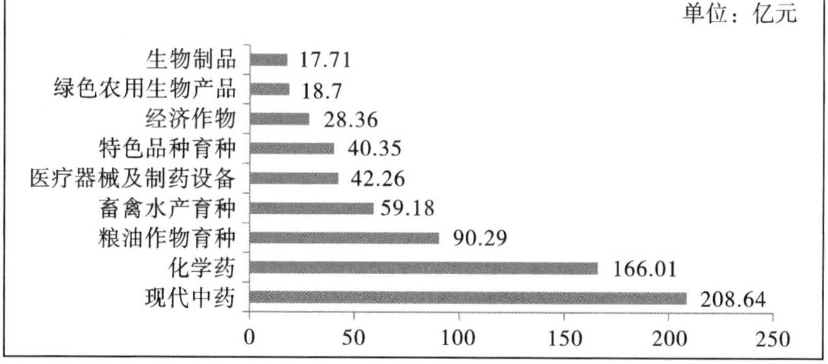

图 3-8　节能环保产业重点领域营业收入

（6）新能源产业。智能电网及关键装备、风电装备制造及应用和太阳能综合利用为主要发展领域，分别实现营业收入 215.78 亿元、144.05 亿元和 108.75 亿元，合计占新能源产业的 80.7%。智能电网及关键装备行业盈利能力较强（利润率 6.96%），风电装备制造及应用行业亏损（见图 3-9）。

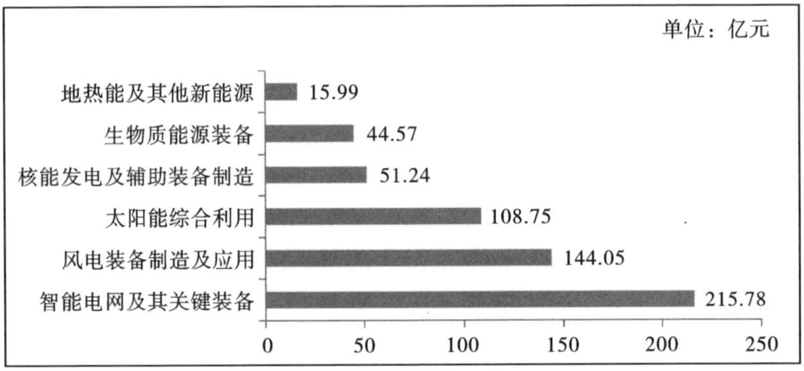

图 3-9　新能源重点领域营业收入

（7）文化创意产业。创意设计、数字媒体和数字出版是该产业的主要发展领域。2014 年，创意设计行业实现营业收入 158.12 亿元，占文化创意产业的 50.6%；数字媒体和数字出版行业营业收入分别为 81.96

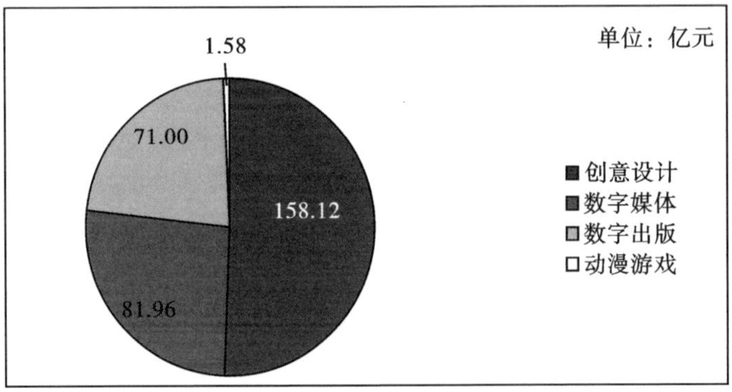

图 3-10　文化创意产业重点领域营业收入

亿元和 71.00 亿元，占文化创意产业的比重分别为 26.2%和 22.7%。从盈利能力看，文化创意产业明显高于其他六大战略性新兴产业（见图 3-10）。其中，动漫游戏和数字媒体行业营业利润率分别为 16.68%和 14.28%，创意设计行业利润率为 9.66%；数字出版行业利润率较低，只有 4.23%。

四、战略性新兴产业区域概况

1. 市州发展概况

2014 年，长沙市、岳阳市、株洲市、湘潭市、郴州市和衡阳市 6 市战略性新兴产业营业收入规模超过 800 亿元，占全省战略性新兴产业营业收入的比重均在 8.0%以上，6 市战略性新兴产业营业收入合计占全省的 83.4%[①]。其中，长沙市战略性新兴产业营业收入 3804.37 亿元，占全省 37.4%；岳阳市 1084.04 亿元，占 10.7%；株洲市 949.65 亿元，占 9.3%，总量规模居前三位。从盈利能力看，张家界市、常德市、株洲市、湘西州、邵阳市、益阳市、长沙市和郴州市 8 个市州战略性新兴产业营业收入利润率高于全省平均水平。其中，张家界市战略性新兴产业营业收入利润率为 8.13%（产业规模最小），常德市为 7.37%，株洲市为 6.99%，居各市州前三位。从增加值看，长沙市、株洲市、郴州市、湘潭市和岳阳市的战略性新兴产业增加值总量居前 5 位，分别为 1129.15 亿元、356.86 亿元、303.38 亿元、302.41 亿元和 274.41 亿元，合计占全省的 76.6%。从战略性新兴产业增加值占 GDP 比重看，湘潭市、株洲市、郴州市、长沙市、岳阳市、衡阳市和益阳市比重均超过 10%。其中，湘潭市为 19.3%，株洲市为 16.5%，郴州市为 16.2%，长沙市为 15.5%（见表 3-2）。

---

① 湖南省经济和信息化委员会. 2014 年湖南战略性新兴产业发展报告［N］. 湖南日报，2015-03-17（10）.

表 3-2　2014 年各市州战略性新兴产业主要经济指标

市州	营业收入（亿元）	占全省比重（%）	利润总额（亿元）	营业收入利润率（%）	增加值（亿元）	占 GDP 比重（%）
长沙市	3804.37	37.4	172	4.52	1129.15	15.5
株洲市	949.65	9.3	66.34	6.99	356.86	16.5
湘潭市	918.74	9	20.92	2.28	302.41	19.3
衡阳市	827.14	8.1	23.1	2.79	245.03	10.2
邵阳市	264.85	2.6	13.13	4.96	82.41	6.5
岳阳市	1084.04	10.6	25.13	2.32	274.41	10.3
常德市	322.16	3.2	23.76	7.37	83.92	3.3
张家界市	16.54	0.2	1.34	8.13	6.43	1.6
益阳市	395.76	3.9	19.58	4.95	127.99	10.2
郴州市	902.24	8.9	40.68	4.51	303.38	16.2
永州市	151.21	1.5	5.99	3.96	44.12	3.4
怀化市	132.88	1.3	3.16	2.38	43.21	3.7
娄底市	362.22	3.6	13.53	3.73	81.55	6.7
湘西州	45.45	0.4	2.33	5.14	16.09	3.5
全省合计	10177.25	100	430.99	4.23	3096.96	11.4

2. 主要经济区域发展概况

“环长株潭”城市群是全省战略性新兴产业发展的主要集聚区，2014 年实现战略性新兴产业营业收入 8664.07 亿元，占全省的 85.1%；实现利润总额 364.35 亿元，占全省的 84.5%；实现增加值 2601.33 亿元，占全省的 84.2%。其中，“长株潭”城市群实现营业收入、利润总额和增加值分别为 5672.75 亿元、259.26 亿元和 177.42 亿元，占全省比重均超过 55%，是战略性新兴产业发展的核心引领区。湘南地区和洞庭湖生态经济区产业营业规模基本相当，其战略性新兴产业营业收入分别为 1880.60 亿元和 1801.96 亿元；大湘西地区规模最小，营业收入为 821.94 亿元。从盈利能力看，“长株潭”城市群战略性新兴产业营业收入利润率最高，为 4.57%；“环长株潭”城市群为 4.21%，大湘西地区为 4.07%，洞庭湖生态经济区为 3.80%，湘南地区为 3.71%（见图 3-11）。

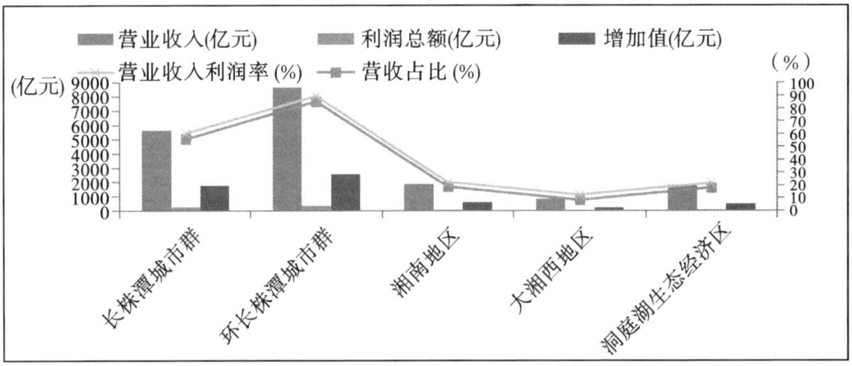

图 3-11　2014 年全省主要经济区域战略性新兴产业主要经济指标

五、战略性新兴产业增长情况

1. 七大产业增长情况

从营业收入增速看，2014 年全省战略性新兴产业营业收入同比增长 11.1%。其中，信息产业营业收入增长 27.4%，新材料产业、文化创意产业、节能环保产业和生物产业增速处在 12.5%～14.7%的区间。从利润增速看，由于工程机械等行业景气下降，增速分化现象比较突出。2014 年，全省战略性新兴产业利润总额同比下 10.9%，其中，先进装备制造业下降 25.1%，信息产业和节能环保产业分别下降 9.8%和 5.4%；新能源产业、生物产业和文化创意产业利润实现个位数增速。从增加值增速看，信息产业、新材料产业和节能环保产业增长较快，增速分别为 27.8%、18.2%和 17.2%；生物产业（14.3%）和文化创意产业（11.6%）增幅均保持了两位数水平；新能源产业和先进装备制造业增速偏低，仅为 9.4%和 5.7%，低于全省平均水平（见图 3-12）。

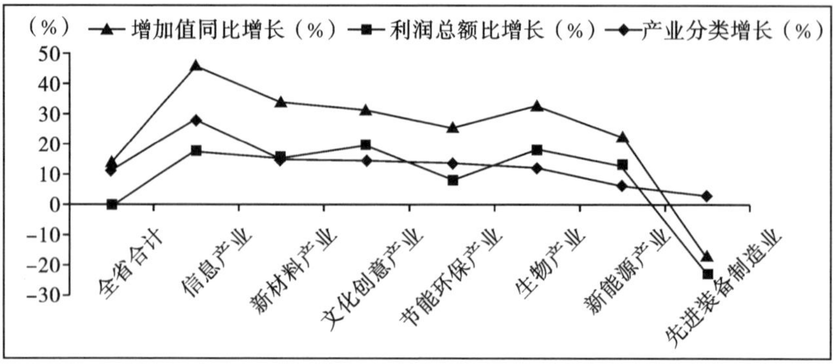

图 3-12　2014 年七大战略性新兴产业主要经济指标增长情况

2. 市州增长情况

从营业收入增速看，全省 14 个市州中，有 12 个市州的战略性新兴产业营业收入实现增长，有 5 个市州增幅高于全省平均水平。其中，郴州市增长 17.9%，永州市增长 16.2%，株洲市增 14.9%，长沙市增长 11.5%，娄底市增长 11.2%；常德市和张家界市较上年略有下降。从利润增速看，5 个市州战略性新兴产业利润总额同比实现增长或基本持平。其中，株洲市增长 21.4%，郴州市增长 13.2%，湘西州增长 10.0%，邵阳市和张家界市利润同比基本持平。从增加值增速看，有 11 个市州增幅高于 10%，有 5 个市增幅高于全省平均水平。其中，郴州市（18.2%）、株洲市（16.1%）和娄底市（15.1%）增速居全省前三位（见图 3-13）。

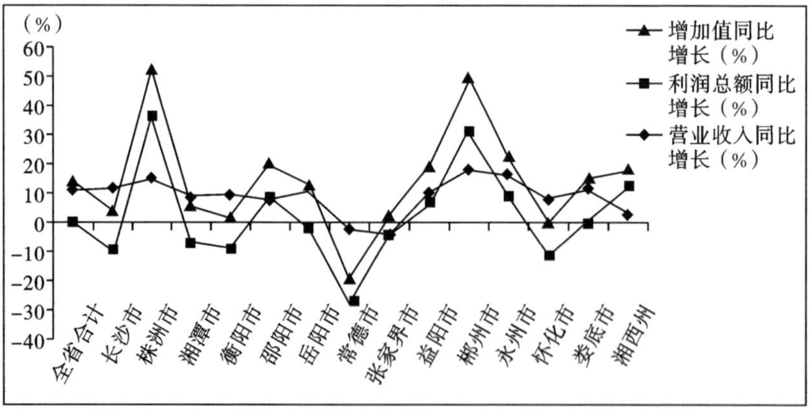

图 3-13　2014 年各市州战略性新兴产业主要经济指标增长情况

第二节　湖南战略性新兴产业紧缺人才需求预测原则和方法

战略性新兴产业是当今时代适应人类需求发展趋势，以科技重大突破和重要创新为先导，知识技术密集、资源消耗少，对经济社会发展具有战略意义的新兴产业。其中主要包括新一代信息技术、生物技术、新能源、新材料、节能环保、新能源汽车等产业。战略新兴产业具有巨大发展潜力和广阔发展前景，是引领带动当今及未来产业结构调整、新产业革命的主导力量。面对国际国内战略新兴产业发展的趋势和竞争形势，面对重大历史机遇和湖南省自身发展的战略要求，必须加快推进湖南省战略新兴产业的培育和发展。

加快发展壮大战略新兴产业，必须加强人才队伍建设，建立坚实的人才基础和充分的人才保障。战略新兴产业是以高新技术发展为支撑和以科技创新为先导的知识技术密集型产业，它的发展需要与之相适应的各类人才的支撑，尤其是需要科技创新人才的引领和带动。当前，湖南省战略新兴产业发展还存在着诸多制约，其中关键性、根本性的制约是人才，尤其是科技创新人才的制约。虽然，湖南省战略新兴产业人才队伍已得到较快发展，尤其是科技创新人才对湖南省战略新兴产业发展起到了重要支撑和引领带动作用，但现有人才队伍无论在数量、质量、水平及类型和结构上，还远远不能满足当前及未来产业发展的需要。特别是科技创新人才、新型技能人才、创业人才、复合型管理人才等非常紧缺，已成为亟待破解的瓶颈。人才需求特别是对紧缺人才的迫切需求能否得到满足将是决定未来湖南省战略性新兴产业能否实现又好又快发展的重要一环。

要满足战略新兴产业的人才需求，建设数量足、质量高、结构优的产业人才队伍，建立起产业发展的强大人才支撑，解决好产业发展面临的突出的紧缺人才制约问题，打造产业发展的人才优势，充分发挥人才对产业发展的引领带动作用，必须做好人才需求预测，尤其是紧缺人才需求预测。因此，重点做好湖南省战略新兴产业紧缺人才需求预测，是当前一项迫切的工作，对于指导促进紧缺人才培养、引进，超前做好紧缺人才储备，促进紧缺人才向战略新兴产业聚集，形成产业发展与竞争的人才优势，具有十分重要的作用和意义。

一、基本原则

1. 以服务产业发展为宗旨

紧紧围绕战略新兴产业的发展壮大进行紧缺人才需求预测，将满足各产业各领域对不同类型、不同层次紧缺人才需求作为预测的出发点和落脚点，将更快更多地培养引进符合产业发展需要的紧缺人才作为预测的根本目的和任务。

2. 客观真实，正确可靠

从湖南省实际出发，面向战略新兴产业发展实际需要，客观分析预测紧缺人才的需求情况及趋势。

3. 把握重点，统筹兼顾

以重点产业、重点领域紧缺人才需求为重点，全面系统分析预测战略新兴产业紧缺人才需求情况，统筹兼顾各产业、各领域、各类别、各层次紧缺人才需求预测。

4. 着眼当前，适度超前

对紧缺人才需求的预测，做到既反映近两年产业紧缺人才需求情况，又能够把握未来产业发展中紧缺人才需求的基本趋势。

5. 遵循规律，科学预测

坚持科学的人才观，遵循科学的人才规律，采用科学的方法和手段，对湖南省战略新兴产业紧缺人才需求状况及趋势做出科学的分析预测。力求预测的科学性，以科学性保证准确性。

6. 定性分析预测与定量分析预测相结合

既要对战略新兴产业及其主要领域紧缺人才需求情况做出定性分析预测，也要分产业、领域、类列、类型、层次、专业等对紧缺人才需求情况做出数量预测，并使两者相统一。

二、基本依据

以国家和湖南省国民经济和社会发展“十三五”规划、培育重大战略新兴产业的“决定”和“实施意见”、战略新兴产业发展规划等的规划部署为主要依据，并以国家和湖南省科技发展规划、教育发展规划、人才发展规划等为重要依据。

1．坚持以支撑重大战略需求为根本任务

聚焦国家科技发展战略和我省经济社会发展重大需求，积极发挥科技创新在培育经济新业态、建设生态文明、提高民生幸福指数方面的支撑引领作用，明确主攻方向和突破口，在关键领域尽快实现突破，力争形成更大发展优势。

2．坚持以系统部署与重点突破有机结合为重要导向

根据经济社会发展需求和科技创新自身规律，系统开展科技创新发展的谋篇布局。针对湖南县域经济、开放型经济、非公经济和金融经济等发展短板，强化科技与经济对接，提高创新供给质量。

3．坚持以全面深化科技体制改革和全面开放合作为根本动力

充分发挥市场配置创新资源的决定性作用，强化政府规划引导、创新服务和政策支持功能。切实做到科技体制机制改革有实质性突破，最大限度地释放创新活力和改革红利。切实构建科技创新开放合作新态势，深度融入全球和区域科技创新网络。

4．坚持以科技人才驱动和科技为民为基本理念

坚持创新驱动实质是人才驱动，加快创新型人才队伍建设，激发各类科技人员的积极性和创造性。坚持科技创新与改善民生福祉相结合，让更多的科技创新成果由广大人民共享，为全体人民迈入全面小康社会提供重要科技支撑。

三、主要内容

为了战略性新兴产业健康快速发展，提供人才智力保障预测指导。提供战略性新兴产业人才需求信息，引导国内外人才以多种形式向我省

战略性新兴产业流动，特对战略新兴产业紧缺人才需求进行预测分析是一种统计或数据挖掘解决方案，包含可在结构化和非结构化数据中使用以确定未来结果的算法和技术。可为预测、优化、预报和模拟等许多其他用途而部署，也可为规划流程提供各种信息，并为今后湖南省的发展提供关键洞察。

预测内容涵盖七大战略新兴产业及其各个领域紧缺人才需求情况的分析预测，主要内容包括以下几个方面。

1. 总体预测

从总体上对七大战略性新兴产业及其主要领域发展趋势、人才需求趋势及紧缺人才需求情况做出预测，主要包括对科技人才、经营管理人才、技能人才三大类紧缺人才需求情况的总体预测。

2. 分类预测

分类预测即分产业、分领域、分类别地对紧缺人才需求做出预测。领域指各产业的细分领域。类别主要包括：紧缺人才的数量、类别、类型、岗位、层次、专业、学历、能力、资格、资历等。

3. 紧缺度预测

紧缺度预测即分类别、类型、岗位、专业、学历、资历等对紧缺人才的需求程度做出预测。紧缺度从供给和需求两个方面，定性和定量两个方面，根据问卷统计调查情况，运用模型，按照评价指标，通过综合分析确定。

四、主要方法

1. 问卷调查

向代表性企事业单位发放调查问卷。问卷调查法也称问卷法，是调查者运用统一设计的问卷向被选取的调查对象了解情况或征询意见的调查方法。一种以书面提出问题的方式搜集资料的研究方法。研究者将所要研究的问题编制成问题表格，以邮寄方式、当面作答或者追踪访问方式填答，从而了解被试对某一现象或问题的看法和意见，所以又称问题表格法。问卷法的运用，关键在于编制问卷，选择被试和结果分析。

2. 典型调查

选择并对不同产业行业的代表性企业进行典型调查。典型调查是根据调查目的，在对研究对象总体进行全面分析的基础上，有意识地从中选取若干个总体单位进行系统周密调查研究的一种非全面调查。其特点是：调查单位少，并且是调查者有意识选择出来的；调查内容具体细致；调查所需时间短，反映情况快。典型调查的主要作用是：第一，能对所研究的问题进行具体深入的调查，并能把调查与研究结合起来；第二，能调查研究新情况、新问题；第三将典型调查与全面调查结合起来，可以弥补全面调查的某些不足，验证全面调查数字的真实性。在一定条件下，典型调查资料还可用来估计推算全面数字。搞好典型调查的关键在于选择好典型。选择典型必须以调查目的和调查研究对象的情况为根据。如果调查的目的是了解总体的一般情况，可选择中等的单位；如果调查的目的是总结经验教训，可以选最先进的单位和最落后的单位；如果调查的目的是研究新情况、新问题，可以选出现这些苗头的单位；如果调查的目的是要研究事物发展的过程和规律，就要选择发展形态完整的单位；如果调查的目的是近似地估计推算总体的数值，就要把总体划分为若干类型，然后在每一类中选择有代表性的单位进行调查。典型可以是单个的，也可以是整群的。典型调查的方法是多种多样的，如开调查会、个别访问、直接到现场观察、制发调查表填报等。

3. 访谈法

行为事件访谈法主要以目标岗位的任职者为访谈对象，通过对被访谈者在任职期间最具典型特征（最成功和最失败）事件的详细阐述，挖掘出事件背后的原因与细节，比较绩优群体和普通群体之间行为特征的差异，进而提炼总结出满足特定岗位所需的胜任力。这一方法是目前最为有效且得到一致公认的建构胜任力模型的方法，有鉴于此，本研究也采用这一方法作为模型建构的主要方法。

访谈对象的确定。从理想的角度出发，一项研究如果能够对所有研究对象进行研究，那么其研究结果的误差相对就会更小。但是由于研究条件的限制（时间、经费等），“无论什么研究方法，都不可能、也没有必要穷尽对研究总体中的所有个体进行研究”，因而科学的抽样方法对研究精度的保证就显得非常重要。尽管遵循“随机化原则”的概率抽样对总体代表性最高，但是考虑到研究对象的特殊性和研究实施的可行性，本研究采用方便抽样法。

4. 专家会议法

专家会议法，也称专家座谈法。是指对预测对象由有较丰富知识和经验的人员组成专家小组进行座谈讨论，互相启发、集思广益，最终形成预测结果的方法。专家会议有助于专家们交换意见，通过互相启发，可以弥补个人意见的不足；通过内外信息的交流与反馈，产生“思维共振”，进而将产生的创造性思维活动集中于预测对象，在较短时间内得到富有成效的创造性成果，为决策提供预测依据。

组织形式有如下三种：

（1）头脑风暴法

头脑风暴法也称非交锋式会议。会议不带任何限制条件，鼓励与会专家独立、任意地发表意见，没有批评或评论，以激发灵感，产生创造性思维。采用头脑风暴法组织群体决策时，要集中有关专家召开专题会议，主持者以明确的方式向所有参与者阐明问题，说明会议的规则，尽力创造融洽轻松的会议气氛。一般不发表评论意见，以免影响会议的自由气氛。由专家们“自由”提出尽可能多的方案。

（2）交锋式会议法

与会专家围绕一个主题，各自发表意见，并进行充分讨论，最后达成共识，取得比较一致的预测结论。交锋式会议法应根据预测内容和任务选择专家，并注意以下四点：

①专家会议的规模要适中，一般以 10 人左右为宜。

②应向专家提供有关预测的资料，以及需要讨论研究的具体题目和要求。

③预测组织者不宜发表影响会议的倾向性意见，只是广泛听取意见，最后综合专家意见确定预测结果。

④对定性描述的预测结果，应进行综合分析和论证，以消除某些主

观因素的影响。对定量描述的预测结果，一般可采用简单或加权平均求综合预测值。

（3）混合式会议法

混合式会议法也称质疑头脑风暴法，是对头脑风暴法的改进。它将会议分为两个阶段，第一阶段是非交锋式会议，产生各种思路和预测方案；第二阶段是交锋式会议，对上一阶段提出的各种设想进行质疑和讨论，也可提出新的设想，相互不断启发，最后取得一致的预测结论。

5. 数量分析预测方法

用适当的统计分析方法对收集来的大量数据进行分析，提取有用信息和形成结论而对数据加以详细研究和概括总结的过程。这一过程也是质量管理体系的支持过程。在实用中，数据分析可帮助人们作出判断，以便采取适当行动。

第三节　湖南战略性新兴产业发展及人才需求总体趋势

发展战略性新兴产业是党中央和国务院针对“十二五”期间加快转变经济发展方式提出的重大战略举措，各地区围绕战略性新兴产业发展制定的人才规划是有效保障其顺利实施的坚实基础。因此，各地区以战略性新兴产业发展方向为依据，对战略新兴产业发展及人才需求趋势进行总体分析，制定科学、全面的区域人才发展规划成为切实保障区域性战略性新兴产业发展的重要手段之一。

一、产业发展趋势

1. 发展动力：知识密集、创新驱动

新一轮科技密集突破正在催生以新兴产业为先导的产业革命①。与

① 路甬祥. 迎接新科技革命挑战引领和支撑中国可持续发展［J］. 科学咨询，2010（7）：1-4.

过去的产业革命不同，本轮的发展不再仅仅以一两个技术领域的突破为带动，而呈现出群体涌现的趋势。具体来说，进入21世纪，自然科学迅猛发展，信息、生命、能源、材料学科相互交叉，开辟了新的科技前沿，如生物与信息科学的融合产生了生物信息，认知科学、计算科学，推动了智能技术快速发展。科技创新和成果转化速度大大加快，宽带信息技术、基因工程技术、干细胞技术、高效能源材料技术、纳米技术的快速产业化带动了新一代信息技术产业、生物产业、新能源产业、新材料产业的崛起。科学的多点突破和技术的交叉融合推动了新兴产业的群体涌现和快速发展，新的经济增长点正在形成。

2. 发展目标：应对挑战、绿色增长

应对气候变化、资源短缺、生态恶化、重大疾病、粮食安全等全球共同挑战，是推动新兴产业发展的重要因素。走出金融危机，重振经济活力，加速了新兴产业的发展进程。与以往不同，本轮新兴产业发展在充分满足消费者个体需求的同时，更加注重社会公共利益，在追求经济目标的同时更加强调资源节约、环境保护、公共健康等社会目标。绿色增长、智慧增长成为众多国家共同的发展理念，节能环保、低碳能源、新能源汽车、宽带网络、生物医药、绿色材料、智能制造等成为主要国家在发展领域上的集中选择①。以新兴产业为先导的新一轮产业革命，将深刻改变人类的生产生活方式。

3. 发展模式：新型业态不断涌现

商业模式创新在新兴产业发展中起着重要作用②。以信息产业为例，商业模式创新在该领域极为活跃，微博、团购、社交网站等新业态层出不穷。苹果公司创立了一种横跨信息、通信和娱乐领域的崭新业态，带来了个人电脑和手机行业的颠覆性变化。互联网＋智能制造是全球新一轮科技和产业竞争的核心，系统解决方案的实施与推广能力则是

---

① 姜江. 世界战略性新兴产业发展的动态与趋势 [J]. 中国科技产业，2010 (7)：54-59.

② 陈志. 战略性新兴产业发展中的商业模式创新研究 [J]. 经济体制改革，2012 (1)：112-116.

体现竞争核心力的重要载体。德国和美国对各自的智能制造发展战略不遗余力地进行推广，在很大程度上是西门子、SAP、GE 等跨国企业对其跨行业、全链条、综合性的系统解决方案的推广，以抢占当前全球产业链、价值链和产业生态系统重构进程中的主导权。例如，西门子的 PLM 平台创建并管理了全球 48%以上的三维数据；GE 的 Predix 系统面向各国企业开放，正在逐步打造全球性的工业互联生态系统。

新兴产业中制造业和服务业融合发展的趋势十分显著，服务价值比例不断提高[①]。信息技术产品在教育、医疗等传统领域的应用，正在推动产品供应商向信息服务商的转型，并带动传统服务业向信息服务业的转变。在节能环保领域，合同能源管理、能效认证等新兴服务业态的出现，使商业模式创新与技术创新相互促进，成为推动产业发展的两翼。在装备制造领域，制造业服务化日趋明显，发达国家推动“再工业化”战略引发的高端制造业回流，以及发展中国家加快推进工业化进程的中低端制造业分流，使中国制造业正面临着日益沉重的双重压力，亟待形成实践意义突出、可行性高、示范效应显著的智能制造系统解决方案。参考国际先进经验，中国应从智能车间、智能工厂及智能行业（包含集团型企业）互联系统等方面入手，打造具有中国特色的互联网+智能制造系统产业。

4. 发展主体：中小企业空前活跃

在知识密集的新产业部门中，专长于价值链特定环节的创新型中小企业在产业技术创新中扮演着愈加突出的角色；相比之下，大企业的重要性则日益下降，并改变了过去主要依赖于内部研发，包揽从基础研究到技术开发全过程的策略[②]。美国 80%以上的技术创新成果来自中小企业，欧盟中小企业人均创新成果是大企业的两倍。新兴产业领域的一些核心关键技术，如超高速无线网核心技术、手机电视、大容量锂电池、商业化的插电式电动车和干细胞产权组织 2011 年的报告，德国的太阳

---

① 参见苹果公司 2011 年年报：http://investor.apple.com/secfiling.cfm?filingID=1193125-11-282113&CIK=320193.

② MOWERY D. Plusca change：industrial R & D in the “Third Industrial Revolution” [J]. Industrial and Corporate Change，2009，18 (1)：1-50.

能专利技术70%掌握在中小企业手中[①]。创业企业的快速成长，成为新兴产业发展壮大的突出标志，通用电气公司从诞生到市值达到1000亿美元花了103年，同样的过程微软花了22年，而谷歌只花了7年。新兴产业呈现出明显的集群化趋势。例如，美国的生物技术企业主要集中于波士顿、旧金山、圣地亚哥、北卡罗来纳等地区，信息技术产业集中于硅谷。再比如英国的剑桥地区形成了欧洲最成功的高新技术产业集群，其中生物、信息等领域在世界上处于领先地位。集群内密集的知识与人员流动，活跃的创业与兼并收购，良好的产业生态，带来了产业竞争与合作方式的变化。

5. 发展格局：新兴经济体快速崛起

新兴产业创新活跃程度和产业化速度都远远超过传统产业，技术快速演进，产业格局尚未确定，为经济体提供了在更高层次上参与竞争、实现跨越发展的机遇，全球呈现出群雄逐鹿的局面。近年来，新兴经济体加大了对新兴技术的投入，全球创新要素呈现向新兴经济体流动的趋势。根据联合国教科文组织2010年发布的报告，金砖四国研发投入占全球的比例从2002年的10%上升到2007年的15%，发展中国家研发人员占全球总数的比例从2002年的30%增加到2007年的38%[②]。在部分产业领域，新兴经济体已成为重要的市场和产业策源地。根据世界风能协会2012年发布的报告，中国的新增风电装机容量占世界新增装机容量的43%，位居第一；印度的风电装机量也跻身世界前五[③]。

新兴经济体的不俗表现正在深刻改变新兴产业的全球竞争与合作格局。一方面，发达国家有意识加强与新兴经济体的合作。2010年英国与印度承诺共同出资6000万英镑用于气候变化、水及食物安全和疾病预防研究，并启动“携手创新”计划以促进两国在信息通信技术领域的

① WIPO. World Intellectual Property Report 2011：The Changing Face of Innovation [R]. Geneva：WIPO Press Release，2011.

② UNESCO. UNESCO Science Report 2010：The Current Status of Science around the World [R]. Paris：UNESCO Publishing，2010.

③ WWEA. World Wind Energy Report 2011 [R]. Bonn：WWEA，2012.

合作[①]。2007年巴西医疗技术等均出自科技型中小企业。根据国际发展合作署和美国签署了关于促进生物燃料合作的谅解备忘录，共同推动新一代生物燃料的研究和开发[②]。另一方面，新兴产业领域的国际竞争日趋激烈，贸易摩擦日益增多，如2008年美国食品和药物管理局以生产过程不规范为名禁止印度最大药厂兰巴克西的30多种药物进口，致使该企业面临近1亿美元的损失[③]。可以预见，随着新兴产业的进一步发展，围绕市场、资源、人才、技术、标准等的国际竞争将更加激烈。

当今世界，人类需求的发展促进了新的科技革命，重大技术创新与突破催生出诸多新兴产业，同时带动传统产业改造升级和产业结构重大调整广泛深入展开，经济发展已进入新的产业革命时代，全球经济发展和竞争格局正在发生深刻变革。在这一历史进程中，对于新兴产业，尤其是新一代信息技术、生物技术、新能源、新材料、节能环保、新能源汽车等具有战略性的新兴产业，各主要国家都从战略高度，抢抓重大历史机遇，纷纷制定发展计划，采取强有力政策措施，大力推进。美国、日本、欧盟等，以2008年全球金融危机为转折点，凭借其科技创新实力和优势，采取前所未有的政策支持进军这些新兴产业领域，以图占据世界新兴产业发展的领先和主导地位，并将发展战略新兴产业作为摆脱金融危机和经济困境的战略举措。目前，在世界范围内，战略性新兴产业发展已勃然兴起，目前正处于快速上升阶段，呈现方兴未艾之势。从未来看，其发展潜力空间巨大。在我国，从中央到地方都对发展战略新兴产业给予了高度重视。2010年国务院出台了《关于加快培育和发展战略性新兴产业的决定》，从指导思想、发展目标、主要任务、战略重点及主要政策措施等方面，对其做了总体部署；《中共中央关于制定国民经济和社会发展“十二五”规划的建议》提出了“十二五”时期我国

---

① 钱敏锋. 英国印度启动ICT合作创新计划［N］. 人民邮电报，2010-09-27（5）.

② 徐振伟，田钊. 能源安全：美国与巴西生物燃料合作评析［J］. 国际关系学院学报，2012（5）：100-107.

③ 参见新华网报道：http://news.xinhuanet.com/health/2008－09/19/content_10077003.htm.

战略新兴产业发展的总体要求；《“十二五”规划纲要》对其予以了规划部署。2012 年 5 月 30 日国务院讨论通过《“十二五”国家战略新兴产业发展规划》，对加快我国战略新兴产业发展做了具体规划部署。

“十三五”时期是我省全面建成小康社会的决胜阶段，是经济转型的爬坡过坎时期。必须深入分析国内外形势变化的趋势特点，准确把握我省发展面临的问题矛盾，积极适应新常态，充分挖掘新优势，坚定不移加快发展步伐，确保全面建成小康社会①。

二、人才需求总体趋势

2015 年，我国战略性新兴产业增加值占国内生产总值比重达到 8%左右，产业规模年均增长率保持在 20%以上；到 2030 年，战略性新兴产业发展将成为推动我国经济持续健康发展的主导力量，我国将成为世界战略性新兴产业重要的制造中心和创新中心，也将形成一批具有全球影响力和主导地位的创新型领军企业②。随着战略性新兴产业的迅猛发展，亟需一大批掌握精湛技能和高超技艺的高技能人才作支撑。据预测，到 2020 年我国技能劳动者需求将比 2009 年增加约 3290 万人（不含存量缺口 930 万人），其中，高级技能人才需求将增加约 990 万人（不含存量缺口 440 万人）③。可见，高级技能人才在总量上存在很大缺口④。

从国际看，新一轮科技革命和产业变革正加速演进。以万物互联、大数据、云计算、人工智能等为代表的信息技术跨界发展，加速了全球经济格局和生产生活方式的重构。基因组学、增材制造、超材料、低碳技术、数字创意等前沿技术群体性突破，推动了传统工业体系分化变革。同时，全球经济贸易格局、产业分工格局、能源资源版图正发生重大调整，发达国家制造业回归、新兴经济体同构竞争，使得战略性新兴

① 湖南省国民经济和社会发展十三五规划纲要［A］. 2016-11-29.

② 国务院关于印发“十三五”国家战略性新兴产业发展规划的通知［A］. 2016-11-29.

③ 人力资源和社会保障部高技能人才队伍建设中长期规划（2010—2020）［R］. 2011-04-29.

④ 刘福满，于飞，苏欣. 战略性新兴产业高技能人才培养的国际比较研究［J］. 税务与经济，2018（3）：50-53.

产业成为全球竞争的主战场。

从国内看，我国战略性新兴产业的基础地位和支撑作用不断凸显。创新驱动发展、供给侧结构性改革、大众创业万众创新、中国制造2025、互联网+等重大战略的深入实施，“一带一路”、长江经济带等区域发展的全面推进，以及经济、社会、科技等领域改革的不断深化，为战略性新兴产业带来了更大发展空间。但同时，国内经济下行压力持续加大，战略性新兴产业作为产业转型升级突破口的作用更加凸显，区域竞争将更加激烈。

从省内看，机遇与挑战并存。未来5到10年，是我省战略性新兴产业发展壮大的机遇期，也是改革攻坚的关键期。湖南省十一次党代会提出，将大力实施创新引领、开放崛起战略，重点突出“三个着力”，推进建设“四大体系”和“五大基地”。这为战略性新兴产业发展提供了广阔空间。但同时也要看到，我省战略性新兴产业整体创新水平不高，现有政策体系和体制机制还不适应战略性新兴产业发展的要求，制约了新技术的应用、新业态的培育和新模式的推广。面对外部环境变化和自身发展的要求，需要找准战略定位，保持战略定力，抓住战略机遇，积极应对挑战，推动战略性新兴产业成为经济社会发展的主动力和新引擎①。

产业发展需要人才的支撑和保障，战略新兴产业是技术密集型的高端产业，尤其需要高端创新人才引领带动。目前，湖南省虽具有一支规模较大的产业人才队伍，但其人才数量、素质、类型和结构，都还不适应产业发展的需要，整体支撑力、带动力不足，竞争力不强，不适应产业加快发展和国内国际竞争的要求，尤其是研发创新人才短缺，高端创新领军人才匮乏，高新技术产业化所需的专业技术、经营管理和技能人才、各类复合型人才、创业人才等都存在不足。

自2011年以来，《湖南省高层次紧缺人才需求目录》每两年面向社会公开发布一次，旨在预测一定时期内我省经济和社会发展的高层次紧

① 李真明．湖南省国民经济和社会发展十三五规划纲要［N］．新湖南，2016-04-22（T0B）．

缺人才需求趋势，并通过目录引导国内外高层次人才向我省重点产业、行业、工程、项目合理流动。此次目录编制，呈现出信息覆盖面广、小微企业需求数量增多、岗位需求紧迫等特点。为持续给我省重点优势产业引入人才和智力资源，省委组织部、省人社厅、省经信委联动，于2017年12月16日在中国湖南人才市场发布《2018年湖南省“芙蓉人才行动计划”重点产业人才需求目录》，并同步举办湖南省重点优势产业人才专场招聘会、海内外高端人才网上交流会。从《2018年湖南省“芙蓉人才行动计划”重点产业人才需求目录》中可以看出目前湖南省战略新兴产业既存在人才总量短缺，也存在人才结构性紧缺。这一状况严重制约着湖南省战略新兴产业发展壮大。产业的加快发展必将带来更大更高人才需求。该目录显示，2018年，湖南省先进轨道交通装备、工程机械、新材料等重点优势产业人才需求旺盛，计划引进中高端人才3000余名。电机设计、智能制造研发、新材料研发、生物医药研发等专业技术类研发岗位和高级管理、高级营销、海外营销等高端岗位非常紧缺。

在当天同步举行的湖南省重点优势产业专场招聘会上，特变电工、华曙高科、华自科技等177家用人单位面向社会引进7440名技术研发、高级管理类重点人才。用人单位均属于湖南重点优势产业及战略性新兴产业。参会的企业包括中车株洲电机、隆平高科、华曙高科、湘电集团、威胜集团等全省重点优势产业的龙头企业。本场招聘会侧重于先进轨道交通装备、电力装备、节能环保、金融等行业，提供一大批高精尖岗位；对求职者要求也比较高，如芯片设计工程师、电子电力开发工程师、设备工程师等，具有硕士研究生及以上学历或3年以上相关经验，部分岗位还要求有海外学习或工作背景，在相关研发领域有所成就。

目前，各产业都存在“人才饥渴症”，各类人才需求强烈、持续升温。从当前及未来几年看，在国际国内及省内都大力推动战略性新兴产业发展的大背景下，湖南省各产业尤其是重点领域人才需求必然出现快速增长和不断扩大的趋势，各类人才需求都将有更大增长。一是人才需求总量持续增长，“十二五”时期，按照产业增长速度，预计人才需求总量年均增长在10%以上。二是各产业领域人才需求全面全线增加，人才需求量普遍增长，整个产业链人才需求都将呈现增长趋势。三是各类、各层次人才需求全面增多，相关专业人才需求不断增加①。

第四节　湖南战略性新兴产业紧缺人才需求分析预测

结合湖南省经济发展现状，第一类为高级管理人才，主要是指中层以上管理岗位并具有连续任职经历的人才。第二类为高级专业技术人才，主要是指具有副高以上专业技术职称的人才。第三类为高级技能人才，主要是指具有高级技能等级资格的人才。

684个高端、紧缺人才需求中，掌握核心技术、科研能力经验丰富的高级专业技术类人才的缺口最大；总监级管理人才招聘难现象突出。高级专业技术类人才的结构性缺乏以及地域、薪资吸引力不足，是人才紧缺的主要原因。

一、战略性新兴产业高层次人才缺口

1. 整体人才需求情况

从国际国内战略新兴产业发展趋势及湖南省战略新兴产业人才现状和供给需求情况看，当前湖南省战略新兴产业各领域普遍存在人才短缺问题，尤其是重点领域，这一问题更为突出，对紧缺人才的需求更为迫切。从新能源产业看，太阳能光伏发电、风力发电、智能电网、新能源四大产业领域，尤其是光伏电池及应用、风力发电装备和新能源汽车制造等领域，紧缺人才需求强度较高。从新一代信息技术产业看，通信网络设备、物联网、平板显示、半导体照明、软件与信息服务、云计算等领域，紧缺人才需求强度较高。从生物产业看，生物医药、生物育种、

① 湖南省发布重点产业人才需求目录［N］. 湖南日报，2017-12-16.

生物能源、生物制造等领域，紧缺人才需求强度较高。从高端装备制造业看，现代轨道交通装备、高端输变电装备、核电装备、通用航空、电子工业装备、医学工程装备、工业智能装备等领域，紧缺人才需求强度较高。从新材料产业看，新能源材料、电子信息材料、非晶材料、稀土功能材料、特种陶瓷等新型功能材料，高品质特殊钢、新型合金材料、工程塑料等先进结构材料，碳纤维、玄武岩纤维、芳纶、新型纺织材料、超高分子量聚乙烯纤维等高性能纤维及其复合材料等领域，紧缺人才需求强度较高。从节能环保产业看，高效电机、智能控制节电装置、高效输变电传输设备、高效电机、余热余压利用、节能监测等先进节能技术和产品，生物处理、环境监测、大气和水污染防治、清洁生产等环保技术和产品，再生资源回收和再制造利用技术，固体废弃物综合利用、建筑及生活废物的资源化利用等领域，紧缺人才需求强度较高。从海洋产业看，海洋生物技术、海洋医药、海水综合利用、海洋工业、海洋能源、海洋养殖、海洋运输、滨海旅游等领域，紧缺人才需求强度较高。

湖南省战略性新兴产业的高端、紧缺人才需求，在行业、地域等方面的分布如下：

(1) 人才需求的产业差异

由图 3-14 所示，先进装备制造行业人才缺口最大，预计未来两年，行业人才缺口超过 2000 人，其次是信息业、生物业（见图 3-14）。

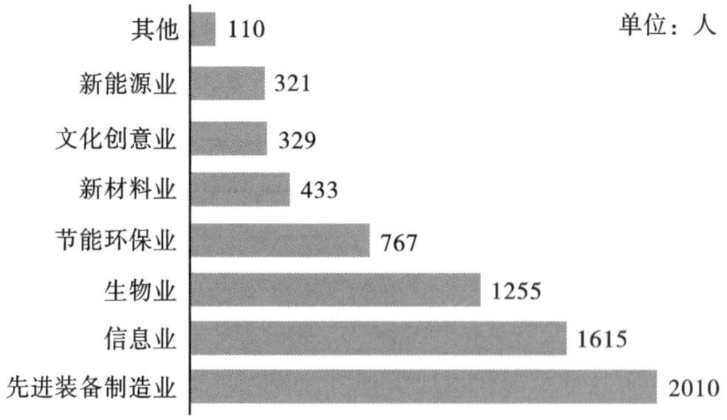

图 3-14　未来两年各行业总体需求量

从单个企业需求人数看，先进装备制造业的单个企业人才缺口最大，达到 14.4 人/企业，其次是信息业和节能环保业（见图 3-15）。

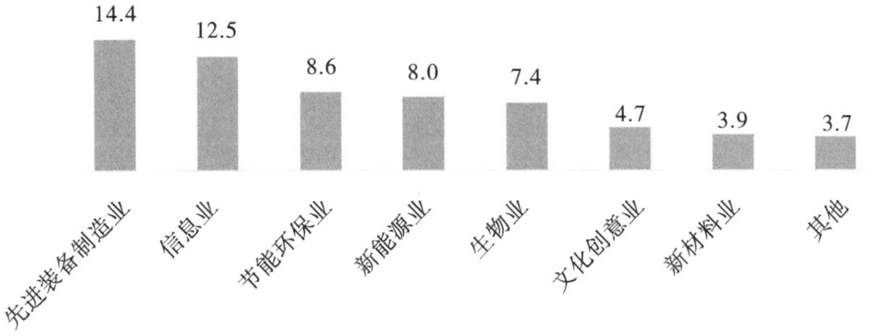

图 3-15　各行业企业需求人数均值

（2）人才需求的地域性差异

整体需求中，88%的人才需求集中在本地，12%的岗位需要人才赴异地（湖南省以外，北京、上海、广州、深圳等城市）工作，即未来有 800 人以上的外派人员需求（见图 3-16）。

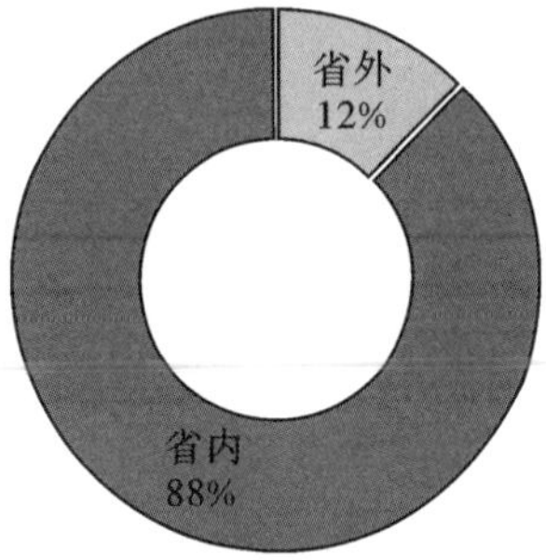

图 3-16　高端紧缺人才工作地点分布

（3）人才类型分布

根据本次调研，发现掌握核心技术、科研能力经验丰富的高级专业技术类人才的缺口最大，占了整体人才缺口的 55%，预计总缺口量超过 3700 人，其次为高级管理类人才，缺口预计超过 2300 人，高级技能人才的缺口相对较小，缺口预计在 700 人左右（见图 3-17）。

从产业属性看，未来两年，先进装备制造产业对高级专业技术类人

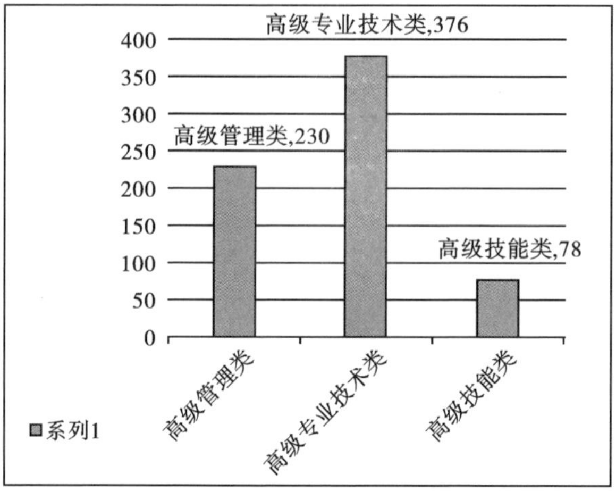

图 3-17　高端紧缺人才的类型需求

才的需求接近 1500 人，居于各行业首位，其次是信息产业需求量在 1000 人左右。同时，生物产业的需求中，半数以上是管理类人才，预计整个产业未来管理类人才的缺口超过 800 个。

从岗位特征看，高级专业技术类人才的需求，集中在研发类岗位，尤其是计算机、电气相关研发岗。同时，具有互联网敏感度、国际视野的复合型管理人才稀缺，产品经理相关岗位需求量较大。

2. 紧缺人才需求特征

在高端人才的招募过程中，相比较学历，企业更看重工作年限，具 5 年以上工作经验的本科学历者，仍是企业重点需要的人才。未来两年，企业对工作经验超过 10 年的人员的需求超过 900 人。同时，企业对博士的工作年限要求较为宽松（见图 3-18）。

进一步分析发现，高级专业技术类人才中，对学历要求较高。预计未来两年，需要研究生以上学历的高级专业技术类紧缺人才 750 人左右。

由图 3-19 可见，未来两年，全省战略性新兴产业对 10 年以上经验的管理类人才需求超过 600 人，占到全省 10 年以上工作经验人员需求总量的 2/3。

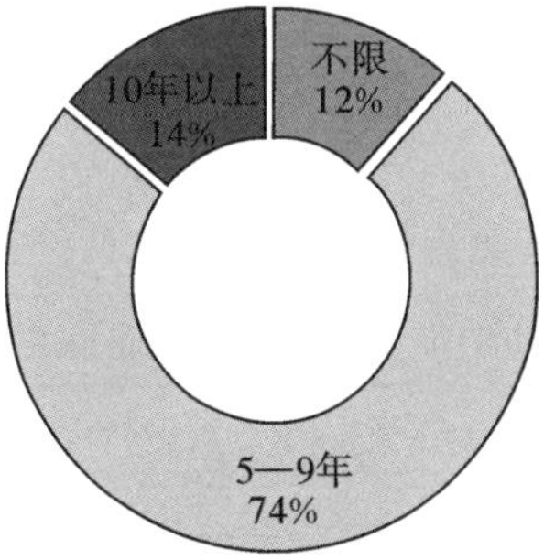

图 3-18　高端紧缺人才的工作经验要求

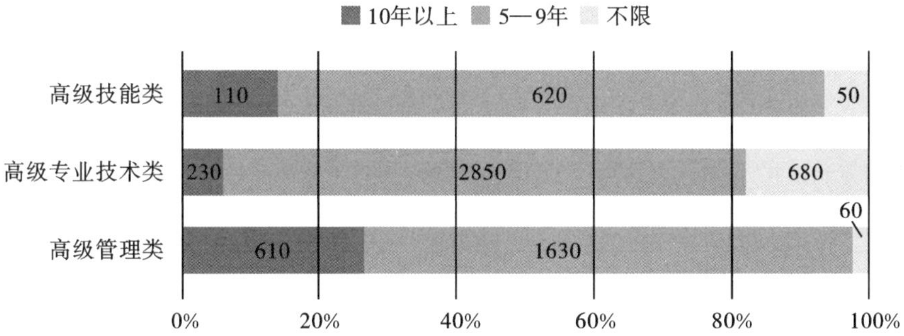

图 3-19　不同类型高端紧缺人才的工作年限要求

3. 紧缺人才薪酬情况

从企业给出的薪酬待遇信息分析，3%的岗位年薪在 10 万元以内，29%的岗位年薪在 30 万元以上（见图 3-20）。

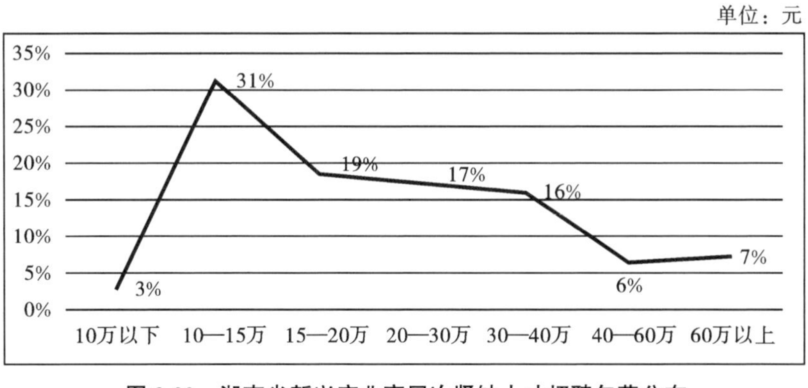

图 3-20　湖南省新兴产业高层次紧缺人才招聘年薪分布

从不同的岗位类型年薪看，高级管理类岗位的年薪平均水平最高，年薪 30 万元以上的高端管理类岗位占比 42%。高级技能类岗位的年薪平均水平最低，集中分布在 20 万元以下区间（见表 3-3）。

表 3-3　湖南省新兴产业不同岗位类型年薪分布

年薪段	高级管理类	高级专业技术类	高级技能类
10 万元以下	3%	4%	5%
10—15 万元	24%	36%	41%
15—20 万元	9%	28%	21%
20—30 万元	22%	16%	5%
30—40 万元	16%	14%	22%
40—60 万元	11%	2%	3%
60 万元以上	15%	0%	3%
总计	100%	100%	100%

4. 紧缺人才需求趋势

“十三五”期间，湖南省面临经济发展模式转型、社会结构转型、政府职能转变三大挑战，同时，湖南作为制造业大省，随着“工业 4.0”“中国制造 2025”的提出，迎来制造业数字化、智能化发展新机遇。

结合以上发展趋势及历年数据预测，战略性新兴产业人才需求将持续增高。专业技术类人才的缺口将进一步加大，尤其是高端先进装备制造产业的专业技术类人才，需求增幅达 92%左右（见图 3-21）。

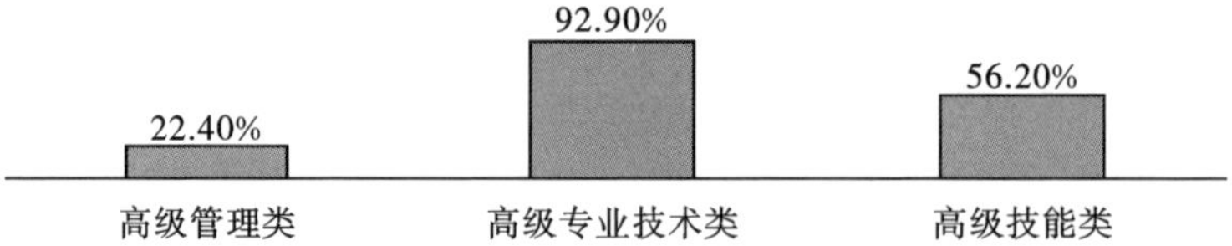

图 3-21　未来两年人才需求增幅

此外，高级管理类人才的需求增幅虽相对较小，但随着产业升级的需求，合格的复合型管理、运营人才的招聘难度将进一步加大。

二、战略性新兴产业紧缺人才供给情况

1. 湖南省求人倍率较高，相对于需求，人才供给紧张

从 2016 年 1—10 月份数据看，和其他省比较，湖南省的求人倍率（招聘人数/求职人数）较高，是 1.33，仅低于辽宁和陕西省，招聘难度相对较大（见图 3-22）。

这一方面体现了湖南经济发展带来的人才需求量较大，另一方也体现了人才供给较为紧张。

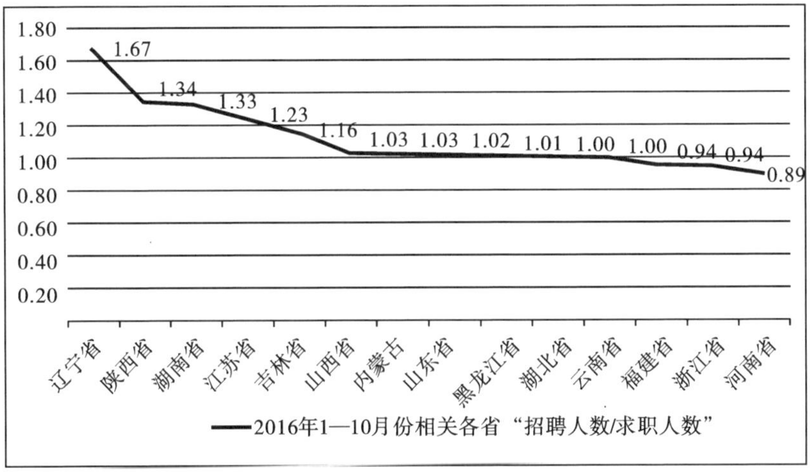

图 3-22　湖南省求人倍率较高，人才供给紧张

2. 湖南省新兴产业人才供给同比增幅低于全国

从智联招聘数据看，湖南省相关新兴产业 2016 年 1—10 月份投递人数和全国平均水平比较，除了智能制造行业，普遍增幅偏低，人才供给后劲不足。

三、战略性新兴产业紧缺人才招聘难度及原因

1. 整体人才招聘难度

为掌握战略性新兴产业紧缺人才的招聘难度，我们从 800 家企业中抽取了 78 家企业进行岗位招聘难度调研，并设置了六个难度的级别。

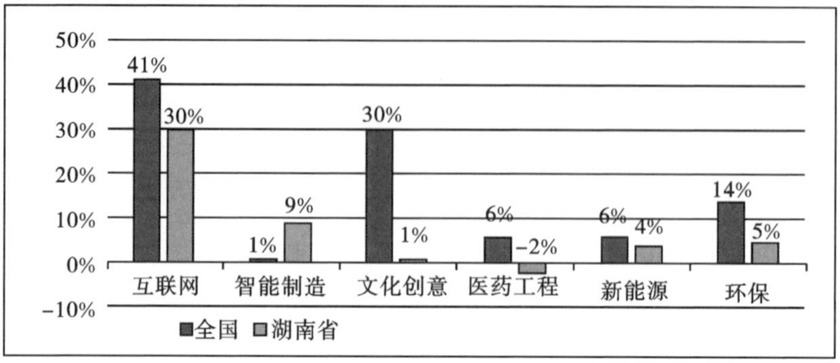

图 3-23　湖南省及全国新兴产业 2016 年 1—10 月份投递人数同比增幅

分别是容易（能招到 80%以上）、较容易（能招到 60%—80%）、一般（能招到 40%—60%）、困难（能招到 20%—40%）、很困难（招到不足 20%）、完全招不到（见图 3-23）。

从难度分布的数据看，容易和一般的比例不到 5%，77%的岗位招聘困难或很困难，甚至有近 8%的岗位是完全招不到合适的人选。可见，新兴产业高层次紧缺人才的“招聘难”现象较为普遍（见图 3-24）。

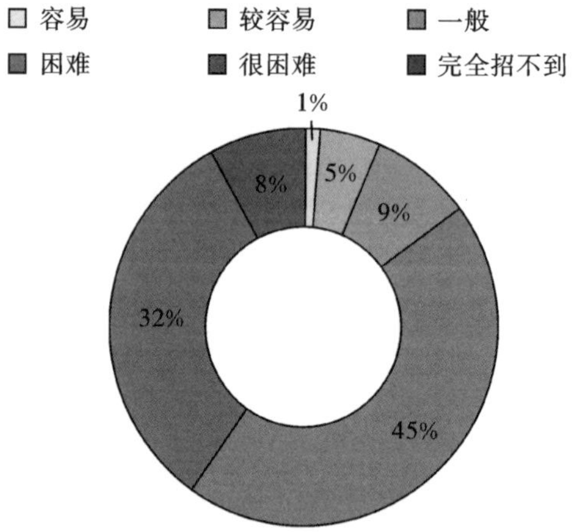

图 3-24　各高端紧缺岗位整体招聘难度

从人才类型进一步分析，高级管理类人才的招聘难度相对更大，年薪 60 万元以上的总监级人才占比较大，尤其是市场营销总监招聘难度最大。

同时，支撑产业结构优化升级的技能领军人才，尤其是研发类人才十分短缺，特别是新兴领域（如汽车制造类、生物医药类）的技术骨干，处于完全招不到的状态。

2. 人才招聘难原因

在战略性新兴产业人才吸引上，湖南省的高端紧缺人才分布呈现两类不均衡性：一是平台不均衡性，高端紧缺型人才相对集中于大企业、大平台，中小企业人才吸引力不足；二是产业不均衡性，高端紧缺型人才更愿意流入资金充沛、短期盈利前景好的产业。

企业招聘中，“找不到合适的人”“合适的不愿意来”“愿来的不合适”三方面的困难并存（见图 3-25）。

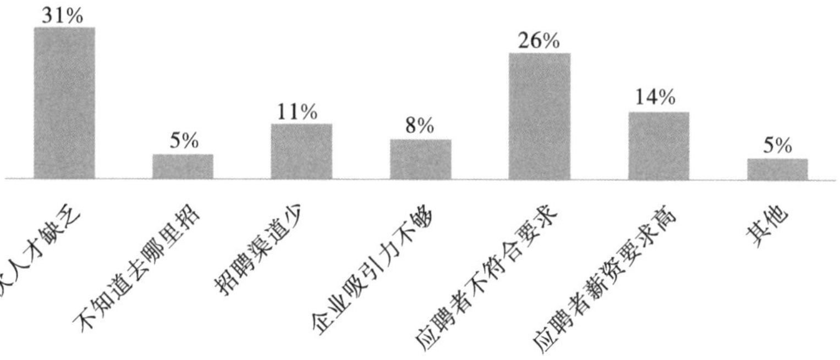

图 3-25　企业认为招聘困难的原因

（1）结构性人才缺乏是主要因素

企业认为高端人才招聘难，最重要的原因是高层次人才的结构性缺乏。目前，随着生产过程的智能化改造，高素质技能人才的培养速度和质量跟不上企业发展需求，各省市战略性新兴产业对高端人才的需求总量均较大。麦肯锡全球研究所的一项研究显示，到 2020 年中国将面临约 2200 万技术人才缺口。

（2）地域性人才缺乏现象突出

随着战略性新兴产业集聚的增强，符合企业要求的战略性人才主要向京津冀、长江经济带、珠三角地区中的核心城市集聚，湖南省在地理、薪酬方面均处于相对弱势。以汽车制造、软件研发和机械制造业为例，长沙各产业内人才储备，仅占全国同类人才的 2%。

（3）薪酬待遇差距

以 4—6 年工作经验、年薪 10 万元以上的人员为例，四个一线城市和四个新一线城市中，长沙的人才占比仅高于武汉，只有 7.5%（见图 3-26）。

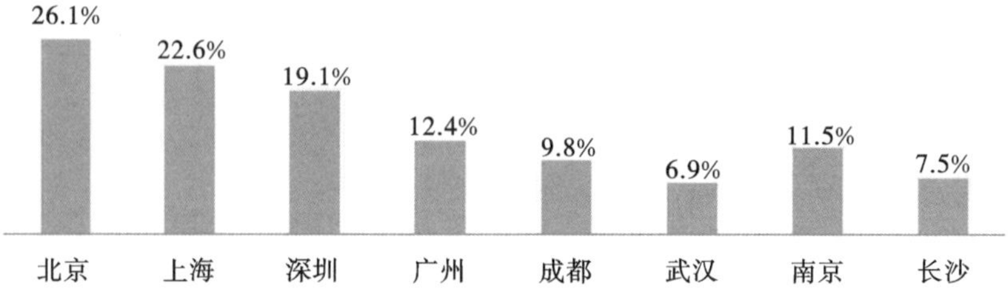

图 3-26 工作 4—6 年且年薪 10 万元以上人员占比

从典型职位求职者在不同城市的平均薪酬看，以长沙为例，和北上广深平均薪酬差距是 37%，和相邻新一线城市的差距是 11%。在高级管理、生物制药类岗位差距较大，而在机械设计、汽车制造岗位差距较小，这些都可以作为参照，提升相关岗位待遇，加强人才吸引力（见图 3-27）。

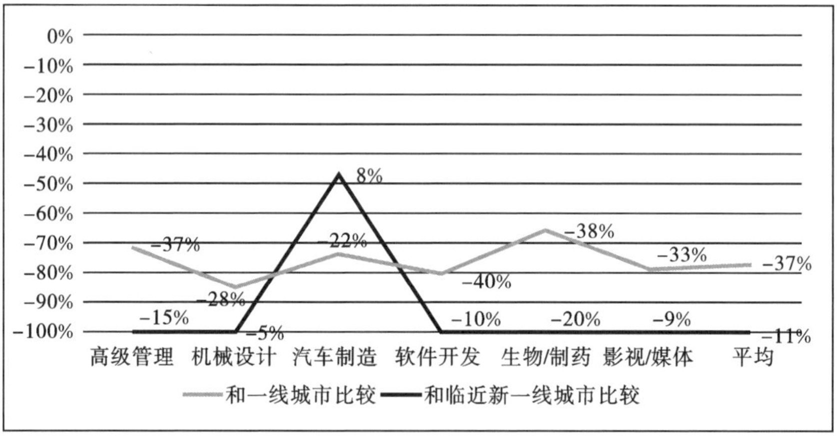

图 3-27 长沙与附近新一线城市的薪酬差距

（4）企业招聘策略局限

图 3-28 可见，在招聘效果上，湖南省七大新兴产业中，除了加工

制造和文化创意业外，其余招聘效果都弱于广东省。

根据调研访谈，78 家企业中的多数企业在招聘期间，存在招聘形式单一、招聘渠道有限、人才激励政策不完善、招聘中的宣传不足等问题。在高端人才招聘方面，企业的招聘形式和招聘渠道需要进一步地优化和提升[①]（见图 3-28）。

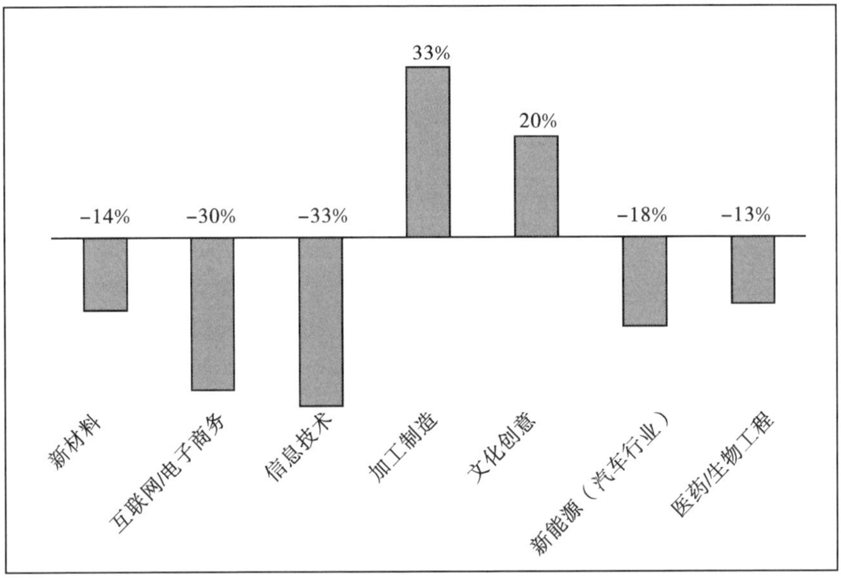

图 3-28　湖南省和广东省 2016 年二季度招聘效果同比

四、战略性新兴产业人才开发存在的主要问题

1. 人才理念落后，人才政策不完善

(1) 人才理念落后，缺乏服务意识

95％的企业对政府人才政策的满意度评价为“一般”，79％的 CHO 反映现有人才优惠政策难落实。导致这些问题的根本原因是在过去相当

---

① 湖南省人力资源和社会保障厅. 湖南省战略新兴产业高端紧缺人才供求分析报告［Z］. 2016-09-10.

长的一段时间里，政府的人才理念落后，对人才重视程度不够，服务意识不强，在企业层面难以形成令人满意的人才支撑政策。

(2) 人才政策不完善，未形成整体合力

人才强国、人才兴企是一个系统工程，而非某一部门或单位凭一己之力所能完成的。南车时代的一位经理说："引进一个人并非单纯地引进他一个人，而是引进了一个家庭。"在企业层面，人才对工资薪酬、养老保险、子女教育、住房等各方面均提出了具体要求。而在政府层面，一般涉及财政、税务、人事、教育等各个职能部门。这些部门往往从自身利益出发，制定一些旨在维护自身利益的政策，在人才开发过程中利则相争、弊则推诿，难以形成整体合力，使人才优惠政策难以落实。在调研中有 17 位 CHO 表示，"最希望政府能理顺职能部门之间的关系，把现有人才优惠政策落到实处"。

2. 人才培养模式不合理，校企供求脱节

(1) 职业院校人才培养与市场需求脱节

职业院校专业设置落后于社会需求，市场需求量已经减少的专业没有及时调整，而新兴产业急需人才却没有相应专业进行培养，导致大学生就业和新兴产业招工"两难"问题日益严重。在被调查的企业中，有 73%的 CHO 反映，每次招聘都很头痛，想要的人招不到，而不符合要求的简历一大堆。

职业院校尤其是本科院校的课程设置重理论知识而轻实践能力培养，大多数职业院校教师对市场需求敏感度不高，教学缺乏应用性，对学生实践能力的培养不够，使大学毕业生难以较快适应社会需求，这进一步加剧了职业院校人才培养与社会需求的脱节。

(2) 校企合作缺乏长效利益均衡机制

职业院校是人才培养的摇篮，而企业是人才需求的主体，对人才需求类型、特征与层次最敏感。但当前职业院校与企业还没有形成长期稳定的合作机制，一方面，许多企业尚未建立现代企业制度，缺乏科学的中长期发展规划，往往只见局部不见整体，只顾短期不顾长远，不愿意为大学生提供实践机会和实习平台。另一方面，职业院校绩效考评机制不合理，绩效考评及职称职务晋升大多重科研而轻教学、重理论而轻实践，使职业院校缺乏推动校企合作的内在动力，导致校企合作流于形式，缺乏长期、稳定、系统的机制保障。

（3）领导绩效评价体系不合理

“领导绩效评价体系”是人才开发的指挥棒。人才培养与引进是否到位，关键取决于领导是否把人才开发提升到自身发展、企业发展和社会发展的高度。但当前领导绩效评价的核心指标仍然是GDP，导致很多企业对人才开发尤其是人才培养不够重视，使政府层面的很多有利政策在企业层面不能得到有效落实，大大降低了人才开发的整体效率。

3. 人才培养目标层次定位不清

首先，对于高职技能型人才的认识存在误区。高职技能型人才是一个高层次的员工，对于专业文化知识以及专业技能的掌握都非常的到位。此外，高职技能型人才与高职院校培养的学生是不能等同的。后者仅仅是高学历，缺乏专业的技能与实践能力。要有效地避免这种现象的出现，就要加大对高等职业院校的改革制度，探索一条促进人才培养的最佳模式。更有一些高职院校没有对人才培养目标进行定位，认为高职院校的目标主要是“专升本”，在这种情况下，由于高职院校人才培养目标层次定位不清从而导致教育资源的不合理利用。

不仅如此，学校的人才培养计划与企业的人才需求还没有有效对接。在学校，学生一般只要获得两证就可以轻松的毕业，去用人单位面试、工作。但是，其所具有的能力远远不及用人单位的需求。企业是为了追求利益的最大化，在用人上讲究的是技术与实力，他们对于学位证并不太在意。

现在我们以旅游管理这一专业进行分析，在这个专业领域中，学生不管受到的是高等的职业教育还是一般的中等职业教育，他们都需要考取相关的证件才能就业。但是，这些证件的发放标准没有一定的区分性，而且当学生考得全国导游资格证后，这些证件往往不能够区分出他们应有的受教育水平。这就体现出在我国的一些证件发放过程中，缺乏相应的标准体系。同样的，在我国新出现的相关职业技能中，缺乏一套能够鉴定他们技能水平高低的职业技能鉴别体系。

4. 人文素质教育重视不足

德国哲学家雅斯贝尔斯曾经这样说：“教育是人的灵魂的教育，而非理智知识和认识的堆积。”这就要求我们在进行高等教育的过程中重视对学生灵魂的教育。然而在现实中，一些高职院校却忽略了这一点，他们往往过分强调职业技能的教育。种种现象往往给就业过程中的学生带来一些严重问题，比如说在一个团队中，许多人缺乏团队意识，自私自利，没有上进心等问题。更加严重的是有些人会造成性格上的畸形。很显然，这些人是无法适应社会发展的，不能够满足职业对他们的素质要求。同时，学校所进行的人文素质方面的教育往往是许多教学内容的基础，只有做到良好的人文教育才能够进行更好的专业技术培训。其次是培养的人才质量偏低。特别是在现阶段科学技术快速发展的情况下，许多企业的生产技术不断提高，产品更新换代越来越快，企业对高职技能型人才提出了新的更高的要求，具有较高综合素质、丰富的专业知识和熟练的操作技能的人才更易受到用人单位的青睐。然而，很多职业学校培养出来的人才却不具备职业技能，不能直接上岗。高职院校的学生往往缺乏相应的知识，如果他们又缺少一定的职业技能，就会导致他们在就业中面临许多困难。也有部分职校毕业生具备专业对口的知识和技能，但却缺乏职业素质、心理素质等，而不能胜任职业岗位。如果我们以劳动和社会保障部出示的相关数据，可以清晰地看出，在我国湖南的劳动人口中，能够获得国家所颁发的职业技能证书的群体是很小的，该群体在总的劳动人口中占 33％。而在这些拥有职业资格证书的人群中，那些高级技师或技工只有一千八百多万人，这些在整个拥有职业资格证书的人中拥有 21％的比例。最后的高级技师或技师更是少得可怜。这与发达国家高职技能型人才占从业人员 40％、高技工占高职技能型人才 35％的比例存在较大差距。而且在技术工人中，学历层次偏低，技能单一，缺乏创新意识和能力，大部分高级技工只有初级文化，专科以上文化的较少。我国的劳动人才往往存在素质偏低的现象，在一定程度上导致了许多重要人才的流失。

5. 培养人才的结构失衡

在我国的相关行业结构的不均匀性导致了我国在很长一段时间内职业技能人才分布的不均匀。面对这一问题，国务院特别制定了第十一个五年计划，在这一计划中，政府会加快湖南的产业结构不平衡性这一问题。而在产业结构不断转型的过程中就要求社会上具有更多的新型职业技师，这与我国许多高职院校主要培养传统产业人才的事实很不相符，因此导致了许多新兴产业严重缺乏人才的问题。另一方面，在我国的许多高级技能人才中还存在这样一个问题，就是人才结构分布不合理的现象：在一些主要的职业技师中，初级技师比中高级技师多很多，而且存在技师人群老龄化的问题，他们往往只拥有单一的技能，缺少多才多技能的技师，同时，传统技师的人数要往往多于新兴的技师人数。更主要的是，在我国的技师人群中有传统的对职业技能要求较低的技工人数较多，而那些需要具备一定的专业素质以及专业能力才能够完成的行业技工人才较少，当然，那些要求对计算机等高科技设备熟练运用和操作的技工更是少之又少。

第五节　国内外战略性新兴产业人才开发经验

一、发达国家战略性新兴产业人才开发经验

1. 发达国家高层次创新型人才开发经验

（1）美国：将高层次创新型人才开发上升为国家战略。大力吸引高层次创新型人才。从 1990 年开始，美国实施 H-1B 签证计划，这是一种有效期为 6 年的临时工作签证，允许有学士及以上学位的外国人到美国工作。美国还把“杰出人才绿卡”作为吸引高端人才的一项重要政策，授予非美国国籍专业工作人士在美永久居留权，并允许其带家人一起生活，达到留住高端人才的目的；提供充足的科研经费。留住高层次创新型人才。美国 100 家最大的工业企业用于科技人才更新、拓宽知

识、深化专业知识的经费年均增长25%，其中国际商用机器、通用汽车、麦道飞机、杜邦化工、福特汽车等公司在这方面的开支年均增长40%左右。这些企业为科研人员配备世界一流的实验室，并提供充足的科研经费与后勤保障。

（2）英国：放权与营造环境。把判别高层次人才的权力交给用人单位。以前，英国仅仅将硕士研究生及以上学历作为判别高层次人才的标准，现在将判断人才标准的权力下放给用人单位，用人单位还有签发工作许可证的特殊权力，这是英国人才制度的重大突破；营造良好环境。为了吸引人才，英国不断优化环境，特别重视环境保护，在城市的舒适化、便捷化、多样化方面给予了大量投入。

（3）韩国：制定人才回流政策，实施高层次人才培养项目。人才回流政策。韩国积极创造吸引人才回归的良好环境，并制定严格标准，少而精地引进高层次人才。在20世纪50—70年代，韩国是典型的人才外流国，90%左右的留学生学成不归；80年代以后，其外流人才纷纷回国，特别是90年代以来，人才回流迅速增多，回归率高达63%。多举措培养高层次创新型人才。韩国的高层次人才培养项目很多，如：优秀研究中心项目、21世纪韩国智囊团（Brain Korea21）项目和产学研合作项目等。

2. 发达国家高层次技能型人才开发经验

（1）美国：社会本位开发

美国的高技能人才教育培养完全取决于市场需求，市场不仅决定了学校培养人才的规格、类型、课程、学制与专业设置等，而且促使学校关注市场需求变化，及时调整教学内容。①法律保障。美国十分重视职业教育，针对各种职业教育和成人教育进行立法。如1994年颁布的《从学校到工作机会法案》倡导将学习科学知识、职业实践与职业培训有机结合，将以课堂为基础的学习和以工作为基础的学习有机融合；②经费保障。美国的职业教育办学以政府为主，学校不以营利为目的。其经费来源主要由当地财产税、州政府拨款、联邦政府资助及学费组成，还有少量来自企业和私人赞助及学校有关产业的收入。

（2）德国：双元制开发

德国传统文化重视职业技能培养，能工巧匠颇受尊崇。“双元制”职业教育：“双元制”教育强调理论与实践密切结合，接受培训的学员具有双重身份，学生既是企业的学徒，又是职业学校的学生。学员每周有1～2天在学校上课，其余时间在企业实习。德国法律规定“凡初中毕业不再升学的学生，就业前必须接受二年半至三年的双元制职业培训，企业不得接收未经培训的员工”；完备的法律体系：规范德国职业教育的基本法律有3个——《联邦职业教育法》《联邦职业教育促进法》和《手工业条例》。在操作上，按照德国职业教育法的规定，严格把守“就业者必须先接受正规职业教育”这一关，使职业教育有法可依、依法治教、违法必究。

第一，双元制和德国企业制度的相互依赖。

企业培训是双元制的核心环节，没有相应的企业组织结构作支撑，双元制是很难取得成功的，双元制和德国的企业组织结构是一种共生关系。双元制虽然在一定程度上巩固和促进了德国企业组织结构的转变，但同时德国企业组织结构也为双元制的顺利实施奠定了基础。劳耐尔教授将企业组织结构分为功能性的组织结构和业务过程导向的组织结构。所谓功能性组织结构就是权威性领导直接创造新价值的工作，通过控制来领导企业，其主要特征是：功能性导向的用工制度；鲜明的等级制度；低水平和不完整的技能资格；执行性工作和通过控制确保质量。所谓业务过程导向的组织结构就是参与性领导直接创造新价值的工作，通过参与来领导企业，其主要特征是：业务过程导向的用工制度；扁平的等级制度；设计能力；积极性和责任感；质量意识。劳耐尔教授认为是双元制有效促成了德国企业从功能性的组织结构转变为业务过程导向的组织结构①。但是，我们也不妨这样认为，以业务过程为导向的企业组织结构是德国双元制职业教育发展的基础和重要条件。

① 劳耐尔. 双元制职业教育：德国经济竞争力的提升动力［J］. 职业技术教育，2011（12）：69.

美国学者马歇尔、塔克在《教育与国家财富：思考生存》一书中指出，泰勒科学原理指导下的流水作业的企业制度（相当于劳耐尔教授所说的功能性组织结构），是美国职业教育水平低下的根源所在。原因是流水作业的企业制度具有这样两个特征：一是一线劳动力素质技能较低。大部分劳动力无须什么素质和技能，只要能够简单地沟通，按照操作手册上简单的要求，进行操作就可以，不需要对整个流水线环节有整体的认识，更不需要去了解操作的科学原理，也无须创造和发明，只要服从和遵守纪律。“普通工人应该按指令去做要做的事情。为此，他们必须能领会简单的书面或口头指示——泰勒的体系包括编制无数细致入微地描写如何完成各项工作的手册——以及进行简单的运算。不过，总而言之，这一体系需要服从和纪律。”[①] 二是员工两极分化，造成对立。笼统而言，企业人员分成两个部分，一部分是产品研发的科学家、工程师和管理人员。他们处于企业金字塔的顶端，拿着高工资，享受着企业的特权和福利，主要负责企业产品的研发和革新，这些人一般占企业人数的1/4，被解雇的可能性不大[②]。另一部分是一线工人，“无论他们经验多么丰富，知识多么渊博，能力多么高强，也都面临被解雇的危险”。他们要按照指令操作，处于生产过程末端和整个行政系统底层，企业产品革新与他们毫无关系。即使他们对设计和产品研发有重要的看法，也没有机会参与设计和研发的过程中。这两部分人员，出身不同，互不流动。科学家、工程师和管理人员学历较高，一线工人则学历较低。一线工人上升到研发和管理阶层的机会很小[③]。在这样的企业制度下，若要按照双元制模式，学生到企业从事一线生产实践学习，也只能从事其中某一环节的工作，无法参与整个生产的全过程，更谈不上有机会参与设

---

① 马歇尔，塔克. 教育与国家财富：思考生存［M］. 顾建新，译. 北京：教育科学出版社，2003：14.

② 马歇尔，塔克. 教育与国家财富：思考生存［M］. 顾建新，译. 北京：教育科学出版社，2003：19-20.

③ 马歇尔，塔克. 教育与国家财富：思考生存［M］. 顾建新，译. 北京：教育科学出版社，2003：19.

计和研发，个人发展的前途也相当渺茫，除非通过深造跳入管理阶层。反之，即使有人花大量成本，通过有效的生产实践，掌握了高超的技能，但若依然只能从事流水线的普通工作，他们高超的实践技能，也很可能没有用武之地。

马歇尔和塔克据此认为，要提升美国职业教育水平最迫切的不是加强学校教育，而是首先要改革企业组织结构。理想的企业组织结构应当是“高技能、高收入和高绩效”的。这种企业组织结构的主要特征有两个：一是精简管理人员和辅助人员，降低成本，激发一线员工的工作积极性，让他们具有决策和管理权。二是缩短生产周期，丰富产品种类，提高产品质量，增强灵活性，满足消费者多样化需求。

由此观之，以业务过程导向的企业组织结构和双元制是双向的共生关系，并非单向的促进关系。双元制有益于以业务过程为导向的企业组织结构的形成发展，同样，该企业组织结构也是双元制得以顺利展开的重要条件。如果一个国家的企业结构基本是功能性组织结构，则仅靠单方面推广双元制职业教育，通过双元制促进企业组织结构的改变，不但会碰到重重障碍，双元制的实施效果可能也会大打折扣[①]。

第二，双元制的职业资格不仅仅是操作技能。

在外界看来，德国双元制成功培养了一批具有较高操作技能的一线技术工人，但是德国双元制教给学生的绝不仅仅是操作技能。首先，德国人对技能有着特别的理解。在德国，向来注重技能的理论知识掌握，技能要求宽泛，包括整个行业的所有环节。不像英美和澳大利亚等国狭义地将技能理解为完成特定任务和工作的身体和操作技能，和理论关联不大。劳耐尔教授将德国、瑞士和奥地利等国推行双元制的职业教育称为“为职业而教育（Berufliche Bildung）”，而将英美等国的职业教育则称为“为个人就业而教育”。“为职业而教育”的国家，把职业教育纳入学校体系，根据整个职业领域的要求来设计所要达到的职业教育目

① 马歇尔，塔克. 教育与国家财富：思考生存［M］. 顾建新，译. 北京：教育科学出版社，2003：19.

标。职业资格的课程通过行业社会组织、工会、企业主和政府协商而定，强调把理论知识和实践学习很好地结合在一起。“为个人就业而教育”的国家，职业资格只是增加就业机会的能力证明，这些能力甚至可以不通过系统教学，而从工作经验中获得，不一定要有理论作基础，遵循相应规则，带有极强的功能主义和行为主义色彩①。因而，和英美国家相比，德国更注重职业技能的理论知识。劳耐尔教授在广州的演讲时强调，在德国“职业知识分三个层次，一是引导行动的知识，二是解释行动的知识，三是反思性知识”②。这三个层次的职业知识绝非简单地用完成某项操作任务的实践技能所涵盖，需要以坚实的理论素养为基础。

如德国的木工和电工等专业人员，不仅要具备整体的行业知识（包括企业的组织和架构方面的知识），还要求具备数学和物理等相关理论知识，并且知道如何将理论应用于实践之中。学习者要熟悉该操作技能的历史、当前的形态，以及未来的发展；行业内部其他相关职业的知识；关于责任、就业和劳动法相关的法律知识；关于成本核算的经济学知识；以及有关服务意识、健康和安全、环境保护等方面的普通知识。这显然包含了大量的理论知识学习。其次，德国的双元制还非常注重公民素质的培养，关注学生个人的发展。通过职业教育发展个人的公民素质，在德国有着深厚的历史积淀。德国教育学之父赫尔巴特曾明确提出：“而在这里，我得即刻承认，不存在‘无教学的教育’这个概念，正如在相反方面，我不承认有任何‘无教育的教学’……”③ 在赫尔巴特看来，在教学过程中，没有进行道德教育，就称不上是真正的教学。无论职业教学还是普通教学，只要是教学，必然要进行道德教育。德国

① Rauner F. Berufliche Bildung-dieeuropäsche Perspekive [C] //in PGrollmann, GSpttle, FRauner (Eds). Eupropisierung Beruflicher Bildung-eine Gestaltungsaufgabe, Hamburg, LitVerlag, 2006, 127-153.

② 劳耐尔. 职业教育是促进人的发展 [EB/OL]. (2011-04-07)[2015-06-11]. http://jnb.gdps.net/2011/477/2011-701.html.

③ 赫尔巴特. 普通教育学·教育学讲授纲要 [M]. 李其龙，译. 杭州：浙江教育出版社，2002.

著名教育家洪堡认为，教育系统就是要确保公民能够全面参与社会，职业教育是普通教育的延续，是品格养成过程，要教育学生“学会学习”，培养他们在今后生活中获取知识的核心能力。德国另一著名教育家凯因斯坦纳进一步认为，只有在完全或者相似的具体环境中，才能有效地培养学生的管理素质和公民素质，职业教育是培养公民素质的重要手段①。这样的教育理念和思想，被深深根植于德国双元制职业教育之中。德国的双元制职业教育培养目标包含了三个层面的内容②：①个体发展目标。职业教育和培训旨在发展个体工作和生活所需的技能。职业教育和培训必须为塑造人生提供机会，激发个体潜能，提升个人自我效能和学习动机。②社会发展目标。社会发展目标旨在公司和社会生活中，以职业教育和培训作为促成青年一代团结的方法。职业教育和培训体系必须要防止使社会群体边缘化，能够让青年顺利地接受培训和就业。③经济发展目标。职业教育和培训要保证企业和个体有较高的经济收入。职业教育和培训关注人力资源开发，确保有足够的技术工人，提升人力资源的数量和技术水平。企业能够找到优秀的工人，确保个人能够被雇用，获得生存资本。能够使职业教育和培训经济投入得到有效的回报。

德国职业学校的具体目标也包含了以下三个层面的内容③：专业素质：以专业的理论知识和实践技能为基础的素质和能力，能够自主地运用正确的方法，有目的地完成任务，解决问题。个人素质：能够清楚地了解来自家庭、职业和公众所能提供的发展平台及存在的要求和限制，激发自己潜力，编制好自己的人生规划。发展诸如自主、反思、自信、

---

① 转引自 Linda Clarke，Christopher Winch. A European skills framework? —but what are Skills? Anglo-axon Versus German Concepts [J]. Journal of Education and Work，2006，19 (3).

② DIETER EULER. Germany's dual vocational training system: a model for other countries? [EB/OL]. (2014-08-12)[2015-08]. http:// www. kaizenpe. com/kies2014/pdf/knowledge-base/study-german-vet-system. pdf.

③ 转引自 Linda Clarke，Christopher Winch. A European skills framework? —but what are Skills? Anglo-Saxon Versus German Concepts [J]. Journal of Education and Work，2006，19 (3)：265.

可靠、有责任感、形成自己的道德观念，有自己的道德认同感。社会素质：有能力创造良好的社会关系，能够认识和理解彼此的差异和矛盾，能够理性地、有责任地和他人沟通，形成社会责任感和建立友谊。总之，德国双元制的确培养了具有熟练操作能力的产业工人，但是，其操作能力不仅仅是完成某项特定任务的能力，而是通晓整个产业所有环节的综合能力；在职业教育中，包含了大量的理论知识的系统学习；职业教育的过程和目标，关注学生个体的发展和公民素质的培养。将双元制简化为完成某项特定任务的具体操作能力的培养则是一种严重的误解。

第三，德国企业参与双元制是自觉自愿的。

有学者提出，德国职业教育的双元制模式是一种行政命令模式（mandatory），英美国家的职业教育则是自愿模式（voluntary）。因为德国对于企业参与职业培训有着明确的法律规定，而英美则没有①。德国的《联邦职业教育法》和《职业教育条例》的确规定了企业有实施职业教育、配合企业外职业教育以及提供工作和报酬的义务，而英美国家秉承自由主义的经济传统，对企业参与职业教育的规定很少。但是，深一层次分析，我们发现这样的观点是有问题的。首先，行政命令的形成和执行，是需要以自愿为基础的。如果没有企业的自愿参与，不但不大有可能将企业责任写进法律，形成行政命令，而且即使有行政命令，大家也可能是阳奉阴违，不切实实行。在韩国，也曾借鉴德国的双元制，发展企业内部培训，韩国政府规定，超过300个员工的企业，如果没能提供双元制培训岗位的公司，将被征收高额的企业培训税。这样，在短时间企业提供学徒培训的岗位迅猛增长。可是，当培训税降低的时候，双元制便一落千丈②。原因就在于，参加企业培训，根本不是自愿的选

---

① RYAN P. Apprenticeship in Britain: tradition and innovation [C] //In Deissinger T (Ed.), Berufliche bidung zwischen nationaler tradition und globaler entwicklung. Nomos, Baden-Baden, 2001: 133-157.

② DIETER EULER. Germany's dual vocational training system: a model for other countries? [EB/OL]. (2014-08-12)[2015-08-22]. http://www.kaizenpe.com/kies2014/pdf/knowledge-base/study-german-vet-system.pdf.

择，而是短期利益的驱使。因此，从根本上说，德国企业参与双元制的教育和培训倒是自愿的，而像韩国企业参加职业培训，明显是奔着短期经济利益而去的，不一定是自觉自愿的。

第四，德国企业有着自觉、自愿参与培训的传统。

在德国，习惯将企业看成是培训的主要责任者，政府处于辅助的位置①。2012 年德国的教育培训费用报告显示：职业教育费用中，57.2%来自公共单位的支出，其中联邦支出占 18.5%，州支出占 27.6%，地区支出占 11.2%，企事业单位的支出占 42.8%②。20 世纪 70 年代，由于当时经济衰退，引发了关于企业要不要出资培训的争论。争论的结果是决定建立地区和全国性的培训费用征收体系。但是最后没有实施，主要原因是企业主反对。他们认为，培训费用一旦落入政府之手，劳动力市场需求就失去了作用，而政府的行政体制通常是效率低下的，企业参与培训的自主性将会因此受到空前的限制③。总之，德国企业参与双元制企业培训，的确是企业自觉自愿的选择，而不能说是迫于税收或者政府的行政压力④。

（3）韩国：职业高中教育和技能竞赛。职业高中教育：韩国的职业教育是从初中毕业后开始的，初中毕业生进入高中时一般有普通高中和职业高中两个选择，普通高中以提高国民基本素质和考大学为主要目的，而职业高中以考入职业高等专科学校和就业为目的；技能竞赛：韩国的技能竞赛分 3 个层次，即地方职业技能竞赛大会、全国职业技能竞赛大会、奥林匹克技能竞赛大会。这类技能竞赛的特点为：可靠的法律

---

① KATHLEEN THELEN. Contemporary challenges to the german vocational training system [J]. Regulation & Governance，2007 (1)：249-250.

② DIETER EULER. Germany's dual vocational training system: a model for other countries? [EB/OL]. (2014-08-12)[2015-08-22]. http:// www. kaizenpe. com/kies2014/pdf/knowledge-base/study-german-vet-system. pdf.

③ DIETER EULER. Germany's dual vocational training system: a model for other countries? [EB/OL]. (2014-08-12)[2015-08-22]. http:// www. kaizenpe. com/kies2014/pdf/knowledge-base/study-german-vet-system. pdf.

④ 陈德泉. 德国双元制职业教育的重新审视 [J]. 中国高教研究，2008 (22)：92-96.

保证、充足的经费来源、优惠的激励政策。

二、外省市战略性新兴产业人才开发经验

1. 浙江省：战略性新兴产业重点创新团队人才工程

（1）加快培养造就高技能人才

围绕浙江制造2025发展战略，传承弘扬工匠精神，深入实施国家技能人才振兴计划，培育和造就一批高技能人才。大力推进高技能人才培养体系建设，积极推进“百校千企”和“千企千师”培养工程，普遍开展校企联合招生、校企合作培训。全面推进现代学徒制，优化工学结合、半工半读等技能人才培养模式。积极探索中专与高等职业教育一体化培养高技能人才途径，完善“3+2”、五年一贯制培养模式，逐步扩大应用型本科院校直接面向中职学校的本科招生计划。健全职业技能竞赛体系，加强企业岗位练兵，以技能竞赛带动技能人才素质提升。大力推进技工院校、高技能人才公共实训基地和技能大师工作室建设，健全面向全体劳动者的终身职业培训制度。积极探索建立职业训练院，大幅度提高职业培训质量和效益。积极开展首席技师和特级技师的选拔管理工作。进一步提高技能人才的经济待遇和社会地位，鼓励企业建立高技能人才职务津贴和特殊岗位津贴制度。“十三五”期间，每年新增高技能人才20万人，新建省级技能大师工作室200个，培养省级技能大师1000名。

（2）支持和培养一批青年人才

加大各类人才计划对青年人才的支持力度，提高青年人才入选比例，鼓励设立青年人才专项。继续实施“钱江人才”“新苗人才”“新松计划”“之江青年社科学者”等青年人才培养项目。完善博士后制度，更好发挥博士后工作站（流动站）作用。支持有条件的单位实施长聘教职制度，延长青年人才考核周期。加强青年创业人才队伍建设，充分发挥高校系、海归系、阿里系、浙商系4支创业创新人才队伍的作用，重点扶持一大批拥有核心技术或自主知识产权的青年人才创办科技型企业。积极支持大学生创业，多形式设立创业学院，组建大学生创业导师团队。深入实施新生代浙商培养工程，加强新生代出资人培训。到

2020年，在创业创新重点领域培养100名35岁以下、具有较高研发水平和组织管理能力的复合型青年人才。

（3）更大力度推进农村实用人才队伍建设

以“千万农民素质提升工程”为载体，以百万农村创业创新实用人才培训计划为抓手，开展新型职业农民培育。完善教育培训、认定管理、政策扶持“三位一体”的培育制度体系，开展“农民大学生”“农民中专生”培养项目，启动“浙江农民大学”建设工程，遴选高层次农村实用人才到职业院所、国（境）外进行高端培养。提高农村实用人才培育阵地基础建设水平。加强农村电商人才队伍建设，深化电子商务进万村工程，将电子商务纳入农民知识和技能培训范围，培育一批农村电子商务创业带头人。鼓励返乡大学毕业生、大学生村官、返乡创业青年和退伍军人参与电子商务发展，鼓励具有实践经验的电子商务从业者回乡创业。选树一批新型职业农民典型。“十三五”期间，全省共培训农村实用人才50万人、专业化农村电子商务人才10万人。到2020年，全省新型职业农民达到15万人以上①。

2008年以来，浙江省委办公厅浙江省人民政府办公厅出台《关于加快推进创新团队建设的意见》和《关于在推进经济转型升级中充分发挥人才保障和支撑作用的意见》，在全省遴选和建设一批瞄准国际技术研发前沿，拥有著名自主品牌和自主知识产权的核心技术，并能与国际一流同行开展竞争的省重点企业技术创新团队，提出用3年时间，在全省经济社会发展的重点领域打造300个省级重点创新团队。各级政府要主动发挥作用，积极引导和激励企业创新团队开展技术创新，分别按照瞄准国际技术研发前沿、具有国内同行先进水平、国内技术研发前沿的团队建设目标，加快构建省、市、县（区）三级企业技术创新团队建设体系。

省重点企业技术创新团队管理重在建设，团队所在企业要充分发挥

① 浙江省人民政府办公厅关于印发浙江省人才发展“十三五”规划的通知［Z］. 2016-09-10.

主体作用，坚持以提升与世界一流同行开展竞争的核心技术持续开发能力为目标，在创新人才集聚、创新机制建立、创新条件改善、创新环境优化等方面为团队建设提供有力支持。省重点企业技术创新团队及其所在单位与省人力社保厅签订《浙江省重点企业技术创新团队建设任务书》，并以此作为支持和管理考核的依据。团队建设和管理的周期为3年。对3年建设期满的创新团队，将通过一定形式对其目标任务完成情况进行考核验收，并做好总结通报工作。

省财政给予每个创新团队每年20万元的专项资助（宁波市所属创新团队的资助经费由宁波市落实），资助期限为3年。管理办将根据考核评估情况，分年度下拨专项资助经费。团队所在地政府视财力可能给予适当的经费支持；省、部属企业创新团队由主管单位酌情予以配套。专项资助资金主要用于创新团队人员的引进、培养等团队建设方面的开支。团队所在单位应严格执行财务管理的有关规定，对资助经费要单独建账，专款专用。资助经费由团队带头人统一支配，其他任何单位、个人不得克扣和挪用。受资助创新团队及其所在单位要接受上级相关部门的审计和检查。

根据创新成果贡献，创新团队带头人优先推荐为省特级专家、省级劳动模范等候选人。符合国家“千人计划”和“省海外高层次人才计划”基本条件的，给予优先推荐。团队骨干成员可优先列入各地人才培养工程，成绩突出的优先推荐为省“151人才”培养工程候选人。在推荐国家认定企业技术中心和工程技术研究中心时，在同等条件下，优先考虑省重点企业技术创新团队所在企业技术中心。

2. 安徽省：战略性新兴产业“111”人才聚集工程

安徽省委、省政府提出重点发展电子信息、节能环保、新材料、生物、新能源、高端装备制造、新能源汽车、公共安全等八大战略性新兴产业，计划到2015年，培育扶持100个“技术领先、机制灵活、产出高效”的战略性新兴产业创新创业团队；引进培养1000名国际或国内一流水平、在战略性新兴产业领域有重大突破或重要科技成果转化产生较大经济效益、引领作用显著的技术领军人才；培养10000名战略性新兴产业高技能人才的奋斗目标，并为此出台了一系列措施。

设立“战略性新兴产业‘111’人才聚集工程专项资金”，用于引进、培养和奖励三大项目。对建设的100个战略性新兴产业创新创业团队，每个团队给予一定的专项资助经费，同级政府或用人单位同时给予适当的经费配套；对引进培养的1000名战略性新兴产业技术领军人才，每人给予一定专项资助经费，用人单位对引进培养的领军人才按照不少于1∶1的比例给予配套项目经费支持；对企业或技师学院培养的10000名高技能人才，按照不同层次，每培养一人给予培养单位一定的资金补贴。

支持领军人才承担国家和省重大建设、产业攻关、国际交流与合作等项目。省科技重大专项在同等条件下对领军人才优先安排。领军人才、高技能人才申报的各类科技项目、产业化项目和技改工程项目，在同等条件下予以优先立项。对领军人才所在企业研发的产品符合政府采购要求的，纳入采购目录，优先推荐使用。对领军人才所在的企业，各级政府创业投资资金给予重点支持安排；符合上市融资、债券融资等条件的，有关部门优先列入计划。

根据战略性新兴产业发展需求，每年选派一批领军人才到省内外人才培训基地参加高级管理人才或高级科技人才培训；每年选派一批领军人才到国（境）外著名研究机构、职业院校、企业研修、培训；每年组织部分领军人才疗养、休假；每年组织一批优秀高技能人才到省外、境外学习考察。

按照国家、省有关政策措施，积极为引进培养的战略性新兴产业技术领军人才提供入户、子女入学、医疗保健等方面的服务。鼓励地方在引进人才相对集中的地区统一建设人才周转公寓。鼓励企事业单位采取多种渠道解决引进领军人才的住房问题。引进外国籍领军人才在出入境、居留手续等方面参照国家有关规定执行。

事业单位引进战略性新兴产业技术领军人才，因相应等级专业技术岗位暂无空缺的，可按有关规定申请特设岗位予以聘用。鼓励企业推行首席专家、首席技师制度，并设立更优厚的科研经费、工资待遇保障，以吸引新兴产业领军人才和高技能人才加盟。

加强知识产权服务与保护。对战略性新兴产业技术领军人才、创新创业团队申请专利予以积极支持，提供有关政策和信息的咨询与服务。鼓励知识产权和科技成果作价入股，成果持有单位可从技术转让（入股）所得的净收入（股权）中提取一定比例奖励给科技成果完成人。

优先推荐领军人才参加省学术技术带头人、“合芜蚌自主创新综合试验区创新人才奖”“新世纪百千万人才工程”国家级人选评选；优先推荐领军人才和优秀的高技能人才申报国务院、省政府特殊津贴；优先推荐高技能人才参加安徽省技能大奖、安徽省技术能手评选表彰。

3. 江苏无锡：“530 计划”

江苏省创新人才队伍建设的主要特点是以各类人才工程或计划为抓手，以项目和经费资助为杠杆，培育本土高层次人才、吸引海外高层次人才回归，从量的扩张转到质的提高上。其中最具特色的是无锡市。

“530 计划”的核心是给予海归创业人才扶持政策：一次性给予 100 万元创业启动资金，提供不少于 100 平方米工作场所和不少于 100 平方米住房公寓，三年内免收租金；从事科技开发项目的，经论证、审批，根据其项目的投资需求，市科技风险投资资金给予不低于 300 万元的创业投资；对有市场需求的高新技术产品，产业化生产过程中流动资金不足的，可给予不低于 300 万元的资金担保；以技术成果入股投资的，经评估，其技术成果可按注册资本不少于 30%作价入股。

在“软环境”方而建立了全程化服务体系：无锡各级政府制定了一系列政策，提出“高层次创新创业人才只管创业，其他事情政府来做”的服务理念，为高层次创新创业人才提供了“成立之初当保姆、发展之中当导师、成功之后当保安”的全程服务①。

① 刘仁色. 湖南省战略性新兴产业人才开发问题研究［D］. 长沙：湖南师范大学，2013.

本章小结

本章节通过对湖南战略性新兴产业紧缺人才需求预测情况的分析，在湖南战略性新兴产业发展所需紧缺人才相关现状梳理的基础上，从总体预测、分类预测、紧缺度预测三方面完成对湖南战略性新兴产业紧缺人才需求进行预测，提出了湖南战略性新兴产业发展中人才方面存在的主要问题、并针对其存在的问题提出了关键措施。

首先，从发展动力、发展目标、发展模式、发展主体、发展格局对战略性新兴产业发展趋势进行分析并预测。其次，通过对人才需求总体现状的分析，可预见到 2020 年我国技能劳动者需求将大幅增长，并且高技能人才在总量上将会存在很大缺口。684 个高端、紧缺人才需求中，掌握核心技术、科研能力经验丰富的高级专业技术类人才的缺口最大；总监级管理人才招聘难现象突出。高级专业技术类人才的结构性缺乏以及地域、薪资吸引力不足，是人才紧缺的主要原因。通过对湖南省新兴产业高层次人才缺口、供给情况及其招聘难度进行分析，探究出人才理念落后，人才培养模式不合理、人才培养目标层次定位不清、人文素质教育重视不足、培养人才的结构失衡等主要存在问题。最后通过汲取发达国家及外省市战略性新兴产业人才开发的成功经验，根据湖南省新兴产业人才现状提出有针对性的、系统化的对策建议。

第四章　职业院校对接湖南战略性新兴产业现状

"新"是战略性新兴产业的显著特点。随着产业的发展升级、工艺的推陈出新、新技术的广泛运用、产品的更新迭代，必将产生大量与新兴产业对应的新型职业岗位群，其对技术技能型人才的需求也在不断发生变化。因此就需要对湖南职业院校发展现状及特点，湖南战略性新兴产业发展对职业院校的影响，湖南职业院校战略性新兴产业现状，湖南职业院校服务新兴产业存在的问题进行研究，以便培养适合战略性新兴产业的人才。

第一节　湖南职业院校发展现状及特点

本节分别从高等职业学校和中等职业学校的布局结构、专业设置、招生规模、就业质量四个方面对湖南职业院校发展现状进行描述，从而概括出湖南职业院校的发展特点。

一、湖南职业院校发展现状

1. 湖南职业院校布局结构

按照湖南省经济区域分布，将全省划分为了环长株潭城市群（长沙、株洲、湘潭、常德、岳阳、娄底、益阳），大湘南地区（衡阳、永州、郴州），大湘西地区（张家界、怀化、邵阳、湘西）这三个部分，以此对职业院校进行布局结构的分析。

（1）湖南省高等职业学校布局

在教育部 2017 年 6 月公布的全国高等学校名单中，湖南普通高等学校共 124 所（含独立学院 15 所），其中，本科学校 51 所，专科学校（高等职业院校与高等专科学校）73 所。民办大学共 31 所，其中，民办本科学校 20 所，民办高等职业院校 11 所。2017 年全省 73 所高等职业院校按经济区域分布的数量与占比分别是，环长株潭城市群（长沙、株洲、湘潭、常德、岳阳、娄底、益阳）60 所（82.19%），大湘南地区（衡阳、永州、郴州）8 所（10.96%），大湘西地区（张家界、怀化、邵阳、湘西）5 所（6.85%）。2017 年全省 73 所高等职业院校按 14 个市州分布的数量与占比分别是，长沙 34 所（46.58%）、株洲 8 所（10.96%）、湘潭 7 所（9.59%）、衡阳 4 所（5.48%）、邵阳 2 所（2.74%）、岳阳 3 所（4.11%）、常德 3 所（4.11%）、张家界 1 所（1.37%）、益阳 3 所（4.11%）、郴州 2 所（2.74%）、永州 2 所（2.74%）、怀化 1 所（1.37%）、娄底 2 所（2.74%）、湘西 1 所（1.37%）。从以下图 4-1 可以看出，近 7 成分布在长株潭，呈现向长株潭高度聚集的特点。

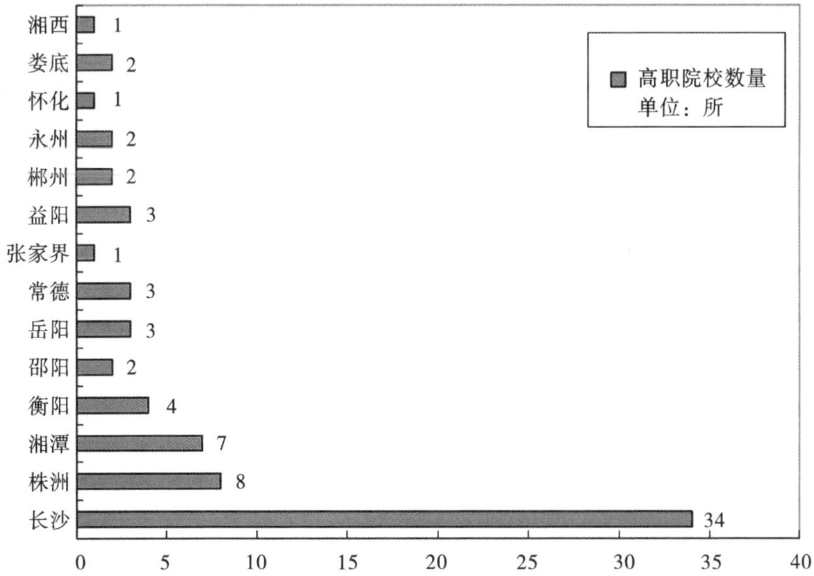

图 4-1 2017 年湖南高等职业院校各市州分布数量

（2）湖南省中等职业院校布局

2017 年全省 737 所中等职业院校按经济区域分布的数量与占比分别是，环长株潭城市群（长沙、株洲、湘潭、常德、岳阳、娄底、益阳）431 所（58.48%），大湘南地区（衡阳、永州、郴州）157 所（21.30%），大湘西地区（张家界、怀化、邵阳、湘西）149 所（20.21%）。2017 年全省 737 所中等职业院校按 14 个市州分布的数量与占比分别是，长沙 107 所（14.52%）、株洲 38 所（5.16%）、湘潭 47 所（6.38%）、衡阳 67 所（9.09%）、邵阳 47 所（6.38%）、岳阳 70 所（9.50%）、常德 82 所（11.13%）、张家界 18 所（2.44%）、益阳 45 所（6.11%）、郴州 45 所（6.11%）、永州 45 所（6.11%）、怀化 47 所（6.38%）、娄底 42 所（5.70%）、湘西 37 所（5.02%）。从如下图 4-2 可知，位于中心城市的长沙中职学校数量远超于其他城市，与偏西部的城市数量相差更是较大。

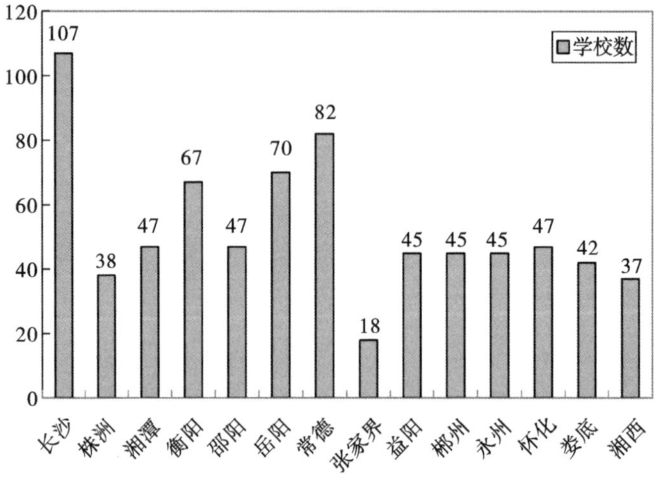

图 4-2　2017 年湖南中等职业院校各市州分布数量

2. 湖南省职业院校专业设置

（1）湖南省高等职业院校专业设置

在教育部 2017 年 1 月公布的 2017 年普通高等学校高等职业教育专

业设置备案和审批结果中，湖南经省级教育行政部门备案的高等职业教育涵盖19个专业大类和89个专业类，专业共413个，专业点共2131个（含本科院校设置的专科专业），专业大类、专业类和专业同比覆盖《普通高等学校高等职业教育（专科）专业目录（2015年）》的比率分别为100.00%、89.90%和55.21%，专业点数与专业数平均比值为5.16。其中，73所高等职业院校（含高等专科学校）备案的高等职业教育专业411个，专业点1966个，涵盖19个专业大类和89个专业类；17所普通本科高校备案的高等职业教育专业79个，专业点165个，涵盖14个专业大类和39个专业类。其中，45所高等职业院校举办的5年制高等职业教育专业共148个，专业点共356个，涵盖18个专业大类和53个专业类。2017年湖南普通高等学校高等职业教育专业设置备案的各市州专业布局统计分析如表4-1所示①。

表4-1　2017年湖南普通高等学校高等职业教育专业设置备案的各市州专业布局统计分析（含举办专科教育的本科院校及其设置的专科专业）

省市州名称	举办高职教育的院校总数量	专业大类		专业类		专业		专业点	
		专业大类布局数量	覆盖专业大类比例	专业类布局数量	覆盖专业类比例	专业布局数量	覆盖专业比例	专业点布局数量	覆盖专业点比例
湖南省	87	19	100.00%	89	89.90%	413	55.21%	2131	5.16
长沙市	41	19	100.00%	77	77.78%	323	43.18%	1010	3.13
株洲市	7	14	73.68%	38	38.38%	98	13.10%	163	1.66
湘潭市	8	13	68.42%	41	41.41%	94	12.57%	147	1.56
衡阳市	5	14	73.68%	40	40.40%	94	12.57%	147	1.56
邵阳市	3	10	52.63%	23	23.23%	32	4.28%	47	1.47

① 郭广军，赵雄辉，等. 优化湖南高等职业教育结构供给研究与思考［J］. 中国职业技术教育，2018（3）：21-31.

续表

省市州名称	举办高职教育的院校总数量	专业大类		专业类		专业		专业点	
		专业大类布局数量	覆盖专业大类比例	专业类布局数量	覆盖专业类比例	专业布局数量	覆盖专业比例	专业点布局数量	覆盖专业点比例
岳阳市	3	13	68.42%	32	32.32%	59	7.89%	103	1.75
常德市	4	14	73.68%	35	35.35%	63	8.42%	89	1.41
张家界市	1	6	31.58%	14	14.14%	33	4.41%	50	1.52
益阳市	3	8	42.11%	22	22.22%	53	7.09%	64	1.21
郴州市	3	9	47.37%	15	15.15%	33	4.41%	56	1.70
永州市	2	10	52.63%	23	23.23%	41	5.48%	65	1.59
怀化市	2	10	52.63%	23	23.23%	37	4.95%	50	1.35
娄底市	3	10	52.63%	27	27.27%	46	6.15%	73	1.59
湘西土家族苗族自治州	2	11	57.89%	20	20.20%	39	5.21%	67	1.72

2017 年湖南普通高等学校高等职业教育专业布点数居首位的会计，专业布点数为 76 个，占高职教育院校的 87.36%，紧随其后的其他前 15 位专业的专业点数均在 30 个以上。其中，机电一体化技术 48 个点（55.17%）、市场营销 45 个点（51.72%）、电子商务 44 个点（50.57%）、旅游管理 43 个点（49.43%）、计算机应用技术 42 个点（48.28%）、软件技术 37 个点（42.53%）、数控技术 36 个点（41.38%）、计算机网络技术 36 个点（41.38%）、模具设计与制造 35 个点（40.23%）、工业机器人技术 35 个点（40.23%）、建筑工程技术 33 个点（37.93%）、商务英语 33 个点（37.93%）、汽车检测与维修技术 31 个点（35.63%）、酒店管理 30 个点（34.48%）。从表 4-2 可以看出，我省高等职业院校开设最多的专业是会计、机电一体化技术、市场营销、电子商务、旅游管理，以第三产业为主。

表 4-2　2017 年湖南普通高等学校高等职业教育专业布点 10 个以上的专业情况

专业代码	专业名称	专业布点数	占高职院校比例
630302	会计	76	87.36%
560301	机电一体化技术	48	55.17%
630701	市场营销	45	51.72%
630801	电子商务	44	50.57%
640101	旅游管理	43	49.43%
610201	计算机应用技术	42	48.28%
610205	软件技术	37	42.53%
560103	数控技术	36	41.38%
610202	计算机网络技术	36	41.38%
560113	模具设计与制造	35	40.23%
560309	工业机器人技术	35	40.23%
540301	建筑工程技术	33	37.93%
670202	商务英语	33	37.93%
560702	汽车检测与维修技术	31	35.63%
640105	酒店管理	30	34.48%
620201	护理	29	33.33%
630903	物流管理	27	31.03%
540502	工程造价	25	28.74%
620301	药学	25	28.74%
600405	空中乘务	24	27.59%
630702	汽车营销与服务	23	26.44%
560302	电气自动化技术	21	24.14%
610102	应用电子技术	21	24.14%
560102	机械制造与自动化	20	22.99%

续表

专业代码	专业名称	专业布点数	占高职院校比例
650111	环境艺术设计	20	22.99%
610101	电子信息工程技术	19	21.84%
620202	助产	18	20.69%
560703	汽车电子技术	17	19.54%
610115	移动互联应用技术	16	18.39%
610207	动漫制作技术	16	18.39%
650103	广告设计与制作	16	18.39%
630502	国际经济与贸易	15	17.24%
630601	工商企业管理	15	17.24%
650101	艺术设计	15	17.24%
560110	焊接技术与自动化	14	16.09%
610210	数字媒体应用技术	14	16.09%
650108	服装与服饰设计	14	16.09%
560101	机械设计与制造	13	14.94%
600209	汽车运用与维修技术	13	14.94%
630201	金融管理	13	14.94%
630301	财务管理	13	14.94%
670102K	学前教育	13	14.94%
510301	畜牧兽医	12	13.79%
540104	建筑室内设计	12	13.79%
540501	建设工程管理	12	13.79%
560707	新能源汽车技术	12	13.79%
590301	药品经营与管理	12	13.79%
620401	医学检验技术	12	13.79%

续表

专业代码	专业名称	专业布点数	占高职院校比例
670203	应用英语	12	13.79%
690202	人力资源管理	12	13.79%
510202	园林技术	11	12.64%
560701	汽车制造与装配技术	11	12.64%
600112	高速铁路客运乘务	11	12.64%
610119	物联网应用技术	11	12.64%
670301	文秘	11	12.64%
610212	移动应用开发	10	11.49%
620302	中药学	10	11.49%
620501	康复治疗技术	10	11.49%
650104	数字媒体艺术设计	10	11.49%
620101K	临床医学	10	11.49%

2016年湖南高等职业教育19个专业大类点共435个，专业大类点在35个以上的8个大类分别是财经商贸大类点57个、电子信息大类点50个、装备制造大类点45个、土木建筑大类点41个、旅游大类点39个、交通运输大类点36个、教育与体育大类点36个、文化艺术大类点35个。

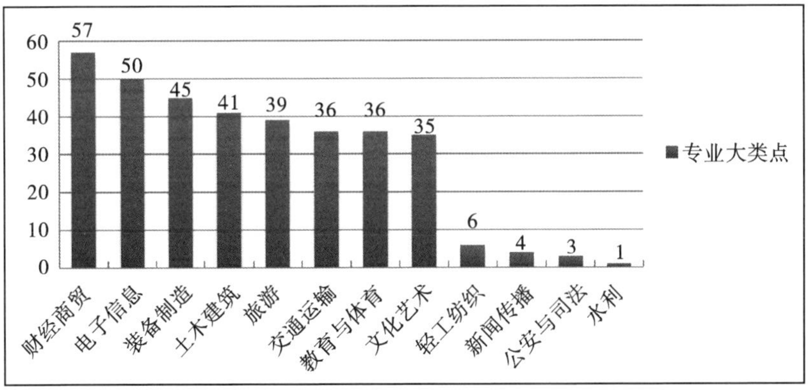

图4-3　2016年湖南高等职业教育专业大类点在35个以上的8个大类

从图 4-3 可见，专业大类点在 10 个以下的 4 个大类分别是轻工纺织大类点 6 个、新闻传播大类点 4 个、公安与司法大类点 3 个、水利大类点 1 个。

（2）湖南省中职学校专业设置

根据教育部 2010 年修订的中等职业学校专业目录，统计分析被随机调查的 26 所湖南省国家级重点中等职业学校的招生计划表，其具体情况如下（见表 4-3）。

首先，专业设置情况。2010 年修订的中等职业学校专业目录共有 19 个专业类别、321 个专业、920 个专业技能方向。被调查的 26 所国家级重点中等职业学校中，除了资源环境类、能源与新能源类、石油化工类与司法服务类外，其他类别都有涉及。从专业数（含专业技能方向）来看，土木水利类、体育健身类、轻纺食品类专业开设数较少，分别为 2、1、5。从专业覆盖率来看，土木水利类、轻纺食品类、交通运输类、医药卫生类较少，分别为 5.56%、6.67%、13.33%、14.29%。然而，在“中国制造 2025”规划中提及的十大重点发展领域相关的资源环境类、能源与新能源类、石油化工类专业却并没有学校开设。

此外，从下列表 4-3 可看出加工制造类、信息技术类、旅游服务类专业设置数明显高于其他专业类别，分别为 71、70、56，所占比例分别为 20.11%、19.83%、15.86%。从专业设置差幅来看，加工制造类、信息技术类、旅游服务类的差幅也是最大的，分别是 61、65、51，由此可见，这三类的专业设置口径较窄，专业针对性更强。与此相反的是，此外，从下列表 4-3 可看出教育类专业的覆盖率为 100%，这是因为此类别专业总数仅为 1 个，可见这个专业设置口径更广，适应性更强。

表 4-3　湖南省 26 所国家级重点中职学校专业设置具体情况表

专业大类名称	专业数（专业技能方向）	比例	专业数	专业总数	差幅	专业覆盖率
1 农林牧渔类	12	3.4%	6	32	6	18.75%
2 资源环境类	0	0	0	23	0	0

续表

专业大类名称	专业数（专业技能方向）	比例	专业数	专业总数	差幅	专业覆盖率
3 能源与新能源类	0	0	0	19	0	0
4 土木水利类	2	0.57%	1	18	1	5.56%
5 加工制造类	71	20.11%	10	34	61	29.41%
6 石油化工类	0	0	0	13	0	0
7 轻纺食品类	5	1.42%	1	15	4	6.67%
8 交通运输类	8	2.27%	4	30	4	13.33%
9 信息技术类	70	19.83%	5	18	65	27.78%
10 医药卫生类	11	3.12%	4	28	7	14.29%
11 休闲保健类	8	2.27%	2	4	6	50%
12 财经商贸类	46	13.03%	8	21	38	38.1%
13 旅游服务类	56	15.86%	5	9	51	55.56%
14 文化艺术类	45	12.75%	14	35	31	40%
15 体育健身类	1	0.28%	1	3	0	33.33%
16 教育类	9	2.55%	1	1	8	100%
17 司法服务类	0	0	0	3	0	0
18 公共管理与服务类	9	2.55%	3	15	6	20%
19 其他	0	0	0	0	0	0

其次，专业布点数分析。下页表 4-4 列举了专业布点数排在前 12 位的专业情况，其中，专业布点数最多的是酒店服务与管理、旅游服务与管理专业，都有 15 个学校开设，都属于旅游管理类专业。其次是机电技术应用、计算机应用专业，都有 13 个学校开设，汽车制造与检修专业有 12 个布点数。

表 4-4　湖南省 26 所国家级重点中职学校专业布点数排名前 12 位情况表

专业名称	专业数
酒店服务与管理	15
旅游服务与管理	15
机电技术应用	13
计算机应用	13
汽车制造与检修	12
电子商务	11
模具制造技术	10
电子技术应用	9
会计	8
会计电算化	7
学前教育	7
汽车运用与维修	6

由此可见，旅游服务类与信息技术类专业是湖南省被调查的 26 所国家级重点中等职业学校中最受欢迎的专业类别。在前 10 位的专业布点数排名中，旅游服务类占了 2 个，信息技术类占了 3 个，加工制造类占了 4 个，财经商贸类占了 2 个，教育类占了 1 个①。

3. 湖南省职业院校招生规模结构

（1）湖南省高等职业院校招生情况

从全国来看，2013 年至 2016 年湖南专科招生数占比普遍高于全国专科招生数占比，平均高出 3.06 个百分点，最多高出 4.59 个百分点，且呈现历年增长趋势。2013 年至 2016 年湖南本专科招生总数分

① 阳益君. 湖南省中等职业学校专业设置现状及调整对策 [J]. 职业教育研究，2017（3）：27-31.

别是 313650 人、326627 人、336341 人、349431 人，其中，本科招生数分别是 163936 人、165350 人、167748 人、173177 人，专科招生数分别是 149714 人、161277 人、168593 人、176254 人。2013 年至 2016 年湖南专科招生数占当年全省本专科招生总数的比例分别是 47.73%、49.38%、50.13%、50.44%。2013 年至 2016 年全国专科招生数占当年全国本专科招生总数的比例分别是 45.50%、46.85%、47.22%、45.85%。

表 4-5　2013—2016 年湖南与全国专科招生数占当年本专科招生总数的比例变化趋势

年份	湖南专科招生数（万人）	全省本专科招生总数的比例	全国本专科招生总数的比例
2013 年	14.97	47.73%	45.50%
2014 年	16.13	49.38%	46.85%
2015 年	16.86	50.13%	47.22%
2016 年	17.63	50.44%	45.85%

从表 4-5 可以看出，2013 年至 2016 年湖南专科招生数占比分别高于全国专科招生数占比值为 2.23%、2.53%、2.90%、4.59%，平均高出 3.06 个百分点，最多高出 4.59 个百分点，并且呈现历年增长趋势。

（2）湖南省中等职业院校招生情况

自 2005 年国家倡导大力发展职业教育的理念后，各地职业教育状况有所改善。近几年，湖南省坚持面向市场，积极开展以学生就业和社会需求为导向的招生原则。从湖南省教育统计公报所呈现的数据看，2014—2016 年，中等职业学校招生数分别为 22.71 万人、23.78 万人，25.13 万人，每年的招生人数呈平均 1.5 万到 2 万的增长趋势。但在初中毕业生人数中，选择接受普通高中教育的人数所占比例还是比接受中等教育人数高出约 30%。湖南中等职业院校 2014—2016 年的毕业生人数分别为 20.51 万、20.41 万、19.96 万，就其招生人数和毕业生人数计算出其在校学生流失率分别为 9.69、14.17%、20.57%。

表 4-6　2014—2016 年中职与普高人数及其流失比重

年份	初中学校毕业人数（万人）	中等职业教育（万人）			普通高中（万人）		
		招生人数	毕业生数	学生流失率（%）	招生人数	毕业生数	学生流失率（%）
2014 年	65.24	22.71	20.51	9.69	36.55	32.04	12.33
2015 年	69.98	23.78	20.41	14.17	38.03	33.50	11.91
2016 年	73.99	25.13	19.96	20.57	39.39	34.20	13.17

从表 4-6 可见湖南职业院校的学生流失率还是较高的，特别是相较于普通高中学生 2014—2016 年的流失率 12.33%、11.91%、13.17%。虽然湖南职业院校的招生人数在随年增加，但流失率亦是伴随着上升的。

4. 湖南省职业院校就业质量

(1) 湖南省高等职业院校就业质量

从 2014—2017 届，高职院校毕业生就业率分别为 87.29%、89.93%、91.38%、92.91%。2014 届，其毕业生就业率更是超过了本科院校毕业生就业率，2015 届高职就业率与之平齐，2016 届虽稍稍低于本科就业率，但 2017 届高职毕业生更是有追赶的趋势，两者只相差 0.18 个百分比，说明高职院校毕业生有较强的就业竞争能力（见图 4-4）。

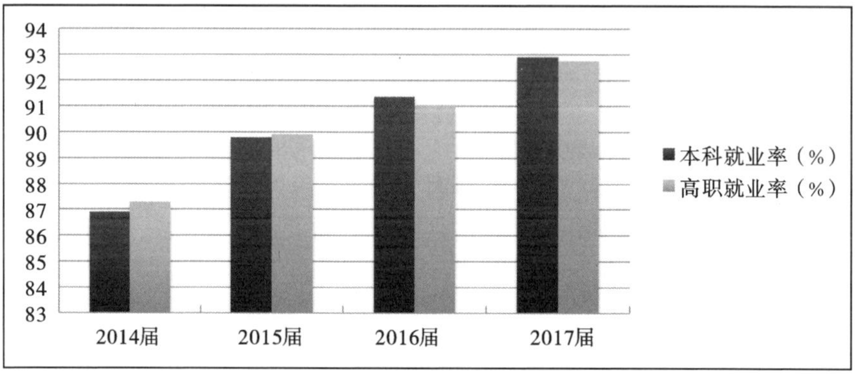

图 4-4　2014—2017 届高职院校与本科院校毕业生就业率比较

数据来源：湖南省大中专学校学生信息咨询与就业指导中心。

从图 4-5 可见，2014 届、2015 届、2016 届、2017 届毕业生对口就业率分别为 80.86%、75.92%、79.78%、83.14%。高职院校毕业生对口就业率继续保持高位水平，

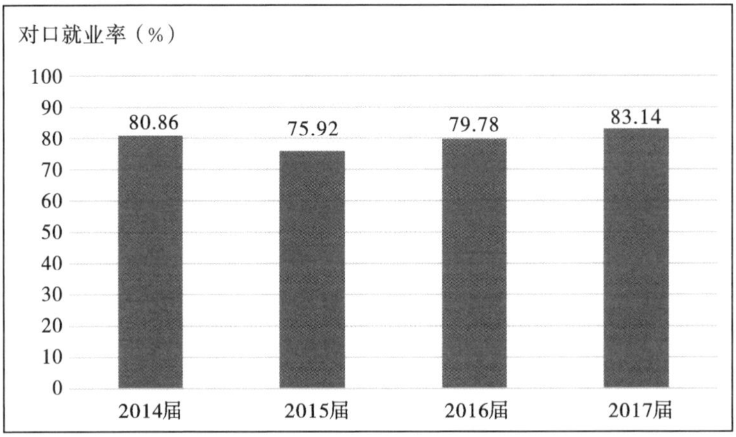

图 4-5　2014—2017 届毕业生对口就业率

数据来源：高等职业院校人才培养工作状态数据采集与管理系统。

毕业生对母校满意度 2014 届到 2017 届分别为 92.93%、92.84%、93.26%、93.90%，有小幅度变化。雇主满意度 2014 届到 2017 届分别为 94.27%、94.18%、95.37%、96.95%，持续保持上升态势。2016 届到 2017 届，无论是雇主还是母校满意度的上升幅度是比较大的（见图 4-6）。

（2）湖南省中等职业院校就业质量

从全国中职毕业生的总体规模来看，2006—2014 年全国中职毕业生总人数为 4348.6 万，就业学生总人数为 4190.58 万。湖南中等职业学校在 2007—2014 年 8 年的毕业生总人数和就业生总人数均超过 100 万人，湖南中职毕业生总人数、就业生总人数与当年的全国中职毕业生总人数、就业生总人数进行比较，所占比重均高于 5%。湖南省许多中职学校、中专学校、技工学校毕业生平均就业率高达 98%左右。其中湖南中职学校毕业生持“双证”就业率达 93.5%。在学校考取了职业

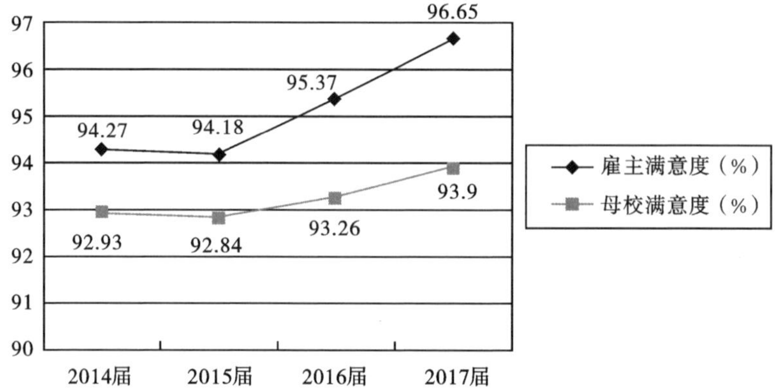

图 4-6　2014—2017 届毕业生就业满意度

数据来源：根据高等职业教育质量年度报告院校年报统计。

资格证的学生，据雇主反映其技术水平高、专业素质过硬且吃苦耐劳，上岗后很快就能进入角色，应变能力和责任感都很强。

二、湖南职业院校发展特点

1. 湖南省职业院校布局结构特点①

湖南职业院校布局具有明显的城市聚集现象，尤其是中心城市，成了我省职业院校的主要集中地，表现为非均衡分布的特点。职业教育资源集中分布于中心城市，这是我省职业教育区域布局结构的基本特征之一；与之相反，非中心城市职业教育资源相对匮乏。职业教育资源分布不均衡的背景下，职业院校成为部分非中心城市最主要的职业教育机构，但职业院校的中心城市聚集现象依然比较明显。

我省位于中心城市的职业院校数量来看，各市州间差距比较大。位于中心的环长株潭城市群，在总共 73 所的高职院校数中拥有 60 所，高达 82.19%，总共 737 所的中职院校中有 431 所位于环长株潭城市，高达 58.48%；其中，位于湘西的张家界、邵阳、湘西，高职院校只有一

① 李小娃. 我国高职院校区域布局结构特点及改进策略［J］. 职业技术教育，2016，37(1)：18-23.

两所，中职院校与中心城市院校数相差较远。从湖南省职业院校布局数量看，近 7 成分布在环长株潭城市群，呈现向中心城市高度聚集，其余城市分散分布的特点。

职业院校区域布局结构不均衡是职业教育发展面临的现实困局之一。职业院校区域布局结构不均衡反映了其外部生态环境的不均衡性：一方面反映了我省社会经济发展的不均衡，职业院校主要聚集地分布于环长株潭城市群，如经济较发达的长沙、株洲、湘潭、常德等城市，职业院校数较多，而我省经济欠发达的西部地区职业院校数则较少，职业院校布局分化比较严重；另一方面也反映了区域职业教育发展的不均衡，高职院校的区域布局结构与普通高校区域布局结构有关。

总体来看，我国职业院校的布局结构存在比较明显的区域不均衡、非均衡分布的特点。

2. 湖南省职业院校专业设置特点

（1）湖南省职业院校专业分布不均衡

湖南职业院校的专业点布局不均衡，存在聚集特征，高职院校专业大类点在 35 个以上的 8 个大类分别是财经商贸大类、电子信息大类、装备制造大类、土木建筑大类、旅游大类、交通运输大类、教育与体育大类、文化艺术大类。中职院校而言，加工制造类、信息技术类、旅游服务类专业设置数明显高于其他专业类别，分别为 71、70、56。由此看出，湖南职业院校的专业大类主要聚集于信息类、旅游类、制造类。在“中国制造 2025”规划中提及的十大重点发展领域相关的资源环境类、能源与新能源类、石油化工类专业开设专业数较少。因此，湖南职业院校的专业分布是不均衡的。

（2）湖南省职业院校专业点设置重复率高

职业院校专业设置重复主要表现在相关技能的拓展上未能够有效地相互区分专业特色，界定专业内涵。各职业院校之间在专业设置上存在着激烈竞争，湖南各市职业院校在专业设置上都普遍存在覆盖范围广，开设专业全等特点。各学校条件设施参差不齐，相同专业争抢有限的学生资源，造成各学校生源力量不足，学校专业特色不够鲜明。从上述高职中职院校的专业设置中不难发现，教育类、旅游服务类、信息技术类、财经商贸类等热门大类专业都有广泛开设，这就会导致职业院校专业生源未能够得到高质量的有效提升，造成专业设置的相对重复，同时也难以集中优秀的师资力量①。

（3）湖南省职业院校专业结构以第三产业为主体

在湖南普通高等学校高等职业教育专业布点前五的专业分别是会计、机电一体化技术、市场营销、电子商务和旅游管理，除了机电一体化技术，其余四大非常高的专业布点数的专业都属于第三产业。而在湖南中职学校专业目录中，属于第三产业的信息技术类、旅游服务类、财经商贸类、文化艺术类专业开设数最多，都超过 45 个专业点，远高于其他专业类别。所以第三产业人才已成为湖南省职业院校的主要培养对象。根据统计数据，2015 年，湖南省第一产业增加值 3331.6 亿元，增长 3.6%；第二产业增加值 12955.4 亿元，增长 7.4%；第三产业增加值 12760.2 亿元，增长 11.2%。其中，第三产业贡献较大，占 GDP 比重为 43.9%，同比提高 1.7 个百分点。因此，多数中等职业学校专业设置适应了湖南省第三产业发展情况，为湖南经济发展培养了大量优秀人才②。

3. 湖南省职业学校招生特点

（1）招生规模不断扩大

从全国来看，2013 年至 2016 年湖南专科招生数占比大于全国 31 省市当年专科招生数占比，平均排名为 11 位，且呈历年相对扩大趋势；从全省高职专科招生规模看，2013 年至 2016 年湖南专科招生数占比分别高于全国专科招生数占比值为 2.24%、2.53%、2.90%、4.59%，平均高出 3.06 个百分点，最多高出 4.59 个百分点，并且呈现历年增长趋势。从中职招生的规模来讲，初中毕业生是各州市中职生源的重要来

① 李光. 邢台市中等职业学校专业设置现状与对策［D］. 石家庄：河北师范大学，2016.

② 阳益君. 湖南省中等职业学校专业设置现状及调整对策［J］. 职业教育研究，2017（3）：27-31.

源，在政策引导加之生活水平逐渐提高的背景下，目前湖南各州市职业中等专业学校在2014—2016年，每年的招生人数呈平均1.5万到2万的增长趋势，招生规模稳步上升。综上所述，湖南省职业院校正处于办学规模积极扩张阶段，应该要逐步转入探索优化提升办学层次和提高人才培养质量的内涵式发展轨道上来[①]。

（2）职业院校之间的竞争愈发激烈

目前职业院校基本上可分为三个层次，国家示范性职业院校、省级示范性高职院校、一般性职业院校。其中国家和省级示范职业院校、部厅级直属院校和部分企业直属院校会受到国家、地方政策或企业的扶持，一般性职业院校缺乏国家或地方的政策和财政支持，对生源的依赖性表现更加地突出，而政策、财政支持不足又会导致师资力量较弱，设备资源不足，基本设施不全，又很难吸引考生报考，从而会导致其办学规模和专业设置不断萎缩，生存和发展艰难。随着生源的不断萎缩，职业院校的竞争必定愈来愈激烈，“马太效应”已经显现[②]。

（3）生源质量参差不齐

我省2018年从高考成绩来看，高考总分为750分，高职院校最低控制文理科分数线均为200分，相较于普通本科三本来说，其最低控制文理科分数线分别为486分、409分，分数相差200～280分，相差较大，从图4-7可以看出。中职院校为了贯彻《国家中长期教育改革和发展规划纲要（征求意见稿）》中“今后一个时期总体保持普通高中和中等职业学校招生规模大体相当”，所以初中毕业生一部分走向普通高中，一部分走向中等职业学校，因此中等职业学校也就没有划分分数线。就普遍情况而言，中职的生源会较差于普高。职业院校的录取分数线偏低，代表着录取学生综合素质的降低，引起整个高职教育的质量以及学生的就业，反过来又会加剧高职教育招生的困难。同时，生源质量的下

① 郭广军，赵雄辉，等. 优化湖南高等职业教育结构供给研究与思考［J］. 中国职业技术教育，2018（3）：21-31.

② 李彦勤. 关于高职高专生源质量降低的思考及对策［J］. 亚太教育，2015（28）：251.

降和参差不齐给教学工作带来了巨大的挑战，教与学的矛盾非常突出，教学质量无法保证①。

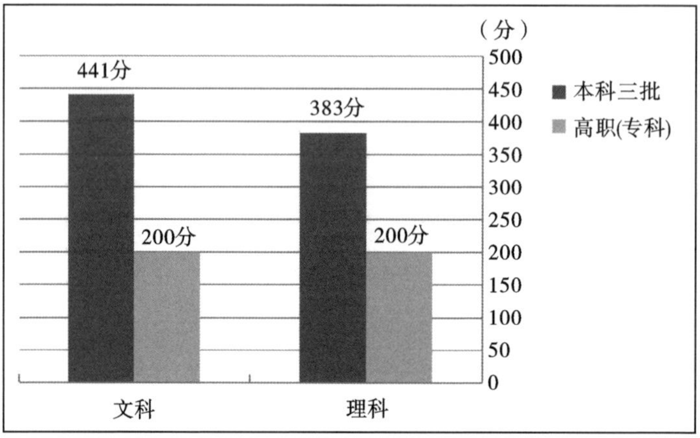

图 4-7　2018 年湖南三本与高职院校文理科最低控制线

(4) 招生成本居高不下

职业院校招生成本一直是居高不下，在招生方面几乎所有的院校都要花大量的人力、物力、财力。职业院校一个学年中起码有一半的时间要为招生忙碌，专业的申请、招生政策的出台、招生宣传的设计与招生计划的实施，招生的每一个环节都会产生相应的招生成本。从开始的招生政策的设计及宣传，支付给媒体的设计及宣传费用，到招生政策的落实及招生计划的实施，更少不了各种开支。其间的交通费、住宿费、招待费、招生补贴及奖金等又是一笔不小的开支。有些学校甚至反映，新生的第一年的学费主要用来弥补招生时的各种开支。

无序竞争导致为抢生源大打“生源大战”，同时再进行“价格大战”，使各校的净收入每况愈下。过高的招生成本，过低的招生收益，使许多学校陷于尴尬境地，不少学校债台高筑，严重阻碍了职业教育的健康发展。

---

① 袁其谦. 湖南地方性高职院校招生困境及其对策［J］. 当代教育论坛（管理研究），2011（10）：89-91.

4. 湖南省职业院校就业质量特点

(1) 毕业生就业率持续上升

湖南高职院校毕业生就业率持续小幅上升，2017 届较上届提高了 1.71 个百分点，较 2014 届上升了 5.47 个百分点；从 2014 届起高职就业率超过全国本科平均就业率或与之持平。湖南省大多职业院校毕业生平均就业率高达 98%左右，说明湖南职业院校的毕业生有较强的就业竞争能力。

(2) 战略新兴产业专业就业率高

表 4-7 为对接湖南战略性新兴产业专业毕业生的就业率情况，可看出毕业生就业率较高的专业与湖南战略性新兴产业人才需求高度吻合，反映出湖南高等职业教育服务地方产业的重点专业人才培养质量大幅提升。

表 4-7　对接湖南战略性新兴产业专业毕业生的就业率情况

专业名称	对接产业	就业率（%）
工程机械运用技术	工程机械	100.00
休闲农业	现代农业	100.00
移动互联应用技术	电子信息	98.82
影视动画	文化创意	98.77
环境工程技术	环保	97.14
物联网应用技术	智能制造	96.83
铁道工程技术	轨道交通	96.52
铁道通信与信息化技术	轨道交通	96.12
新能源汽车技术	汽车	95.92
航空发动机装试技术	航空	94.19

数据来源：湖南省大中专学校学生信息咨询与就业指导中心。

表 4-8　对口就业率较高的专业与湖南相关产业对接情况

专业名称	对接产业	对口就业率（%）
高速铁道工程技术	轨道交通	100.00
城市轨道交通通信信号技术	轨道交通	100.00
建筑材料工程技术	建筑	100.00
农业生物技术	现代农业	100.00
铁道信号自动控制	轨道交通	99.80
工程机械运用技术	工程机械	98.41
移动互联应用技术	电子技术	91.60
新能源汽车技术	汽车	84.25
环境工程技术	环保	84.21
通用航空器维修	航空	84.16

数据来源：高等职业院校人才培养工作状态数据采集与管理系统。

对口就业率排位靠前且培养规模较大的专业为高速铁道工程技术、建筑材料工程技术、工程机械运用技术等（见表 4-8），并与湖南战略性新兴产业发展正相关，说明湖南高职人才培养与产业需求对接度进一步提高。

第二节　湖南战略性新兴产业发展对职业院校的影响

湖南省高度重视通过发展战略性新兴产业来推动产业结构转型，对于快速发展战略性新兴产业布置了中长期计划，湖南职业院校更是受到了战略性新兴产业的影响。

一、战略性新兴产业对职业教育的影响

1. 新兴产业对职业教育人才培养要求提升

新兴产业的不断兴盛和发展对整个社会都带来了一定的影响，尤其

是在新兴产业发展的势头下，产业结构不断调整升级，对其所需人才的职业素养、知识技能、技术水平、专业知识水平等都提出了更高的要求。以发达国家的发展经验为例，一般人均 GDP 在 1000 美元以下时，企业需要员工对产品进行初加工，因为这一阶段是农业向工业化转变的初级阶段；人均 GDP 在 1000 美元～2000 美元时，企业需要员工对产品进行中级加工，因为这一阶段已经摆脱农业化，处于工业化初级阶段；而人均 GDP 大于 3000 美元时，企业将需要越来越多的高技术人才，这一阶段主要处于工业化中期到后期阶段，工业化即将正式成型。依据这样的发展惯例，低收入工作岗位要求的是初级人才，但随着我省新兴产业的不断升级发展，工作岗位技术含量也不断提高，其岗位要求的将是具备较高技能水平的高级人才。因此，产业结构的不断调整升级，会促使技能型人才结构的升级，这为职业教育的发展带来了新的机遇。我国职业教育发展的时间不长，整个职业教育的理念和教育结构尚处于摸索与调整阶段，国家推动新兴产业发展的决策为湖南省调整职业教育结构提供了一个良好契机，可以促进我省职业教育摆脱原有的单纯以学历教育为主的状况，使之回归到为产业服务的正确道路上来。作为培养实用技术人才的生力军，职业院校应以新兴产业的人才需求为导向，创新职业教育人才培养模式，利用其人才高地的优势为新兴产业提供高端人才服务。但是，传统职业教育制订的人才培养方案和开设的培训课程已经难以跟上新兴产业发展的步伐，就目前的情况而言，传统职业教育迫切需要改革，以培养符合社会需求的新的技术型人才。

2. 新兴产业发展促使职业教育进行调整

由于职业院校的历史较短，发展的时间较晚，直到 20 世纪 90 年代初才建立导向型模式的职业教育体系，而随着市场经济体制的变化，这种模式越来越不适应市场发展的需求。加上产业结构也在不断地变化调整，由原来的单纯的人力劳动型逐渐升级为现在的技术型以及知识型。这就需要具有技术、知识、管理、经营、生产等方面能力的劳动者。职业学校的办学目的就是为新兴产业培养集技能、知识、能力为一体的应用型、全能型人才，以满足各个行业的不同需求[①]。

职业教育往往隶属于教育体系管理，这就使得职业教育的各个主体不能够很好地和企业的实际情况相衔接，导致职业院校不能及时了解新兴产业发展对人才的需求状况。新兴产业都是一些高科技密集型产业，对从业人员的素质有较高的要求，我省职业教育只有不断调整和改革，具备更高层次的教育水平，才能满足新兴产业的发展需求。

3. 新兴产业的转移促进职业教育的全方位发展

区域经济的发展，促使某些战略性新兴产业发生转移，如东部地区大力发展高新技术产业和重工业，促使劳动密集型产业向西部转移，而西部欠发达地区将逐步承接劳动密集型产业。这种产业的转移导致部分产业转出的工人失业，而产业转入的岗位又缺乏合格的技术型工人。劳动者选择的就业岗位必须与自身的能力相匹配，产业转移导致大量劳动者产生岗位培训的需求，这给湖南省职业教育带来了发展机遇。职业教育可以结合区域发展和产业特点，制订相关的培训方案，培养符合产业需求的技术型人才。

二、战略性新兴产业对职业教育人才培养模式的影响

1. 利于加强课程体系建设

湖南省很多职业院校在过去很长时间依然采用传统的教学模式，很多教师照本宣科，学生没有学习的兴趣，教师没有讲课的激情，典型的填鸭式教育。很多职业学院已经意识到了老的教学模式，培养出来的学生显然不能胜任新兴产业的岗位需求。信息技术在生产、管理、流通及运营过程中不断应用，数据化、智能化也大大提高，这就迫使职业院校需要根据新兴产业岗位需求，来设计课程，突出职业能力，使职业院校的课程内容与相关岗位能力要求相一致。

---

① 张俊. 职业学校与新兴产业对接分析［J］. 内蒙古师范大学学报（教育科学版），2013，26（6）：16-18.

2. 有利于加强教学改革，提升学生动手操作能力

新兴产业发展要求职业院校毕业的学生具备较强的动手操作能力和分析解决实际问题能力。新兴产业迫使职业院校进行教学改革，使得职业院校必须把“教、学、做”融为一体，积极探索“顶岗实习”“工学交替”“任务驱动”等教学模式，来提升学生动手操作能力。

3. 有利于加强师资队伍建设

现如今，湖南省职业院校的很多教师是在极为传统教育模式下培养出来的，很少从事新兴产业相关领域的实际工作，对新兴产业领域的实际情况了解较少，解决实际问题的能力非常弱，严重影响职业院校培养目标的实现。职业院校要想培养出符合新兴产业需要的人才，就必须有一支质量合格、结构合理的师资队伍。新兴产业的发展倒逼了职业院校师资队伍素质的提高。要求职业院校构建对接战略性新兴产业发展的双师教师队伍，以校企合作平台为抓手，以企业实践、技术服务和社会培训为纽带，多渠道充实和提高教师队伍素质。组织教师到战略性新兴产业相关企业生产第一线顶岗实习，参与企业科研项目，增加实践经验，着重提高教师的专业能力和实践环节的教学能力，当然，也可以从企业聘请具有丰富实践经验的技术骨干担任实践教学指导教师或者专业理论课教师，充实教学一线，与专任教师优势互补。

加速“双师型”队伍建设，提高教师队伍整体素质。高素质的“双师型”教师是培养技能型人才的重要基础和保障。加强对高职教师的专业化培养，选送专业课教师到相关研究院所、企事业单位进行实习实训。同时选取企业及社会中具有较高学术水平或丰富实践经验的名师专家、二级技术人员担任实训老师，强化高职教育的实践教学环节，实现工学结合人才培养模式，这是培养高素质高技能型人才的有力保证[①]。

4. 有利于加强实训基地建设

湖南省的职业院校要想培养出一批符合区域经济发展的战略新兴产

---

① 王泳涛. 战略新兴产业对高职院校教育教学改革的影响 [J]. 人才资源开发，2016(10)：213.

业人才，一方面，要根据战略性新兴产业发展，建一些技术先进，紧跟战略性新兴产业发展且能仿真一线工作环境的校内实训基地，另一方面，选择一些社会信誉好的战略性新兴产业相关企业建立合作关系，让学生参与生产和工作实践，了解真实的生产流程[①]。

三、战略性新兴产业对职业院校的专业设置的影响

职业院校在专业设置方面有一定的随意性和盲目性，专业设置并没有及时顺应市场需求，贴近企业发展，与区域接轨不密切。湖南省职业学院也不例外，部分专业设置不合理。随着战略新兴产业的崛起，创建战略性新兴产业相关专业势在必行[②]。

一方面，区域产业结构决定职业院校的专业设置。当前，我国职业教育进入了一个快速发展的时期，无论是院校数量，还是在校生规模都取得了历史性突破。随着院校数量增加，势必会造成职业院校在生源上存在激烈的竞争。在市场经济条件下，生源的优劣直接影响了职业院校的人才培养质量，而毕业生的质量又在一定程度上决定了一所院校的生存与发展。可见，职业院校只有培养出适合区域经济发展的人才，才能在激烈的教育格局竞争中占得先机，而使毕业生实现“毕业即就业”的关键要素则是院校的专业设置。因此，职业院校的专业设置、结构调整等都直接取决于当地战略性新兴产业结构调整与升级对人才数量和种类的实际需求。如果职业院校的专业设置与区域经济发展“脱节”，就容易造成人才结构性差异[③]。

职业院校的专业设置要以新兴产业的产生、调整、取消等变化需要为基础，开设新专业、调整已有专业、取消相对滞后的专业，即产业的

---

① 周文山. 安徽省战略性新兴产业崛起与职业教育发展研究［J］. 亚太教育，2015（5）：51-52.

② 周文山. 安徽省战略性新兴产业崛起与职业教育发展研究［J］. 亚太教育，2015（5）：51-52.

③ 劳甄妮. 职业院校的专业设置与产业结构适配性的供给侧分析［J］. 教育与职业，2018（6）：39-42.

动态发展作为引导力量，专业设置要以此为依据和方向。古代学徒制催生了中国职业教育的产生，即在真实的职业活动中，以具体的工作内容、项目为载体，通过共同参与，徒弟跟随师傅习得相关职业知识和技能。现代大工业的产生和发展进一步促进了职业教育的现代化。由此可见，职业教育与经济社会、劳动力市场的联系相对其他教育类型更为紧密，专业设置作为职业教育的重要组成部分更是无法在脱离区域经济环境的前提下进行分析。经济是基础，起到决定性的作用。因此，高职院校必须基于区域产业发展，以市场需求为导向设置专业。

另一方面，职业院校的专业设置影响区域产业结构发展。为了紧跟时代发展潮流，区域产业要进行经济结构转型升级，而产业结构转型升级的最核心要素就是人才。如果缺少数量充足、能力全面、创新意识和进取意识较强的高素质人才，那么产业结构升级不仅难以为继，而且连维持现状也会成为一种奢望。简言之，人才兴，产业兴。从这一层面上分析，职业院校的专业设置和人才培养的质量、数量在一定程度上决定了某一区域的经济发展，更影响着区域产业结构的进一步转型升级和提质增效①。

第三节　湖南职业院校对接战略性新兴产业现状

随着我国生态环境以及能源问题的日益突出，一批战略性的新兴产业应运而生，新兴产业的发展对教育提出了新的要求，促使职业院校不断调整与更新内部结构，从而更好地满足战略性新兴产业的发展需求。当前，我省职业院校服务战略性新兴产业现状还有待改善。

一、专业设置与产业结构匹配情况

当前多数湖南职业院校不是建立在战略性新兴产业的特征及发展趋

① 劳甄妮．职业院校的专业设置与产业结构适配性的供给侧分析［J］．教育与职业，2018（6）：39-42．

势的基础之上设立专业，大都仍停留在学校自身的传统专业扩招基础上。据统计，如图 4-8 所示，湖南省职业院校主要设置的专业大类为制造类、信息类、旅游类、财经商贸类、文化艺术类，主要还是以第三产业传统的服务产业为主。而图 4-9 所示的七大战略性新兴产业——节能环保、新兴信息产业、生物产业、新能源、新能源汽车、高端装备制造业和新材料，大部分职业院校与新兴产业对应的专业设置欠缺，战略性新兴产业的大部分产业缺乏足够相关的专业点支撑，如关于节能环保、生物产业、新能源这几个产业，很少有职业院校设置对接的专业。部分职业院校虽然先行一步，开设了与七大战略性新兴产业中部分产业对接的专业，但大多规模较小且受诸多因素影响，其实际专业设置效果难以到达预定目标。可见，湖南省职业院校专业设置与战略性新兴产业结构匹配程度。

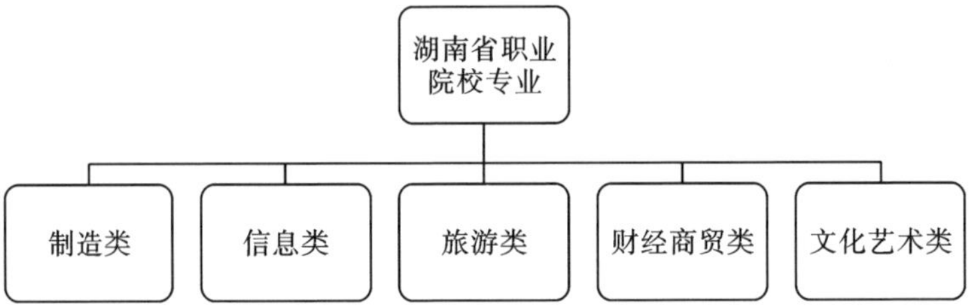

图 4-8　高职与中职院校主要设置的专业大类

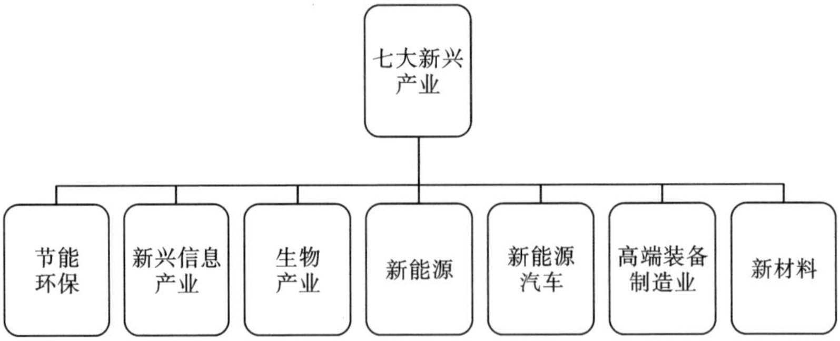

图 4-9　我国七大战略性新兴产业

二、相关专业课程体系建设情况

职业教育课程的最终目标，就是使学生具有解决实际工作中问题的综合能力。使学生掌握技术、知识，去完成某种指定的工作活动[①]。

以湖南电气职业技术学院风能工程学院电气自动化技术专业为例，从下列图表中可以看出，湖南电气职业技术学院二级风能工程学院中的电气自动化技术专业，主要培养的是从事企业单位生产第一线的关于电的各方面的控制、管理、维护等技术人才，其中设计的主干课程有电工电路设计与制作、电子线路的安装与调试、变频驱动装置调试与应用等，职业技术课程有数电、模电、CAD、电机与拖动、电力电子技术等，职业技能课程有 PLC 应用技术、变频技术及应用、电子技术等。从风能工程学院电气自动化专业课程体系的构建情况来看，学校并没有立足当前社会发展的实际，没有重视课程本身所具有的创新价值，课程构建的目标还是停留在传统的电气控制理论层面的基础上。因此在这种目标导向下培养出来的学生不符合社会发展的需要，也不符合科技创新对于电气自动化人才的需求（见表 4-9）。

表 4-9 湖南电气职业技术学院二级风能工程学院中的电气自动化技术专业课程体系

电气自动化技术专业	
培养目标	主要在企事业单位生产第一线从事供电、自动控制设备及系统的安装、调试及维护工作，以及自动化生产线、生产设备的电气管理、安装、调试、维修；电器元件和电气设备的营销及售后服务等技术工作，也可以在其他部门从事相关的电气和管理工作
就业方向	主要面向工业企业，从事电气自动化设备的控制、使用、安装调试、技术管理与维护；工厂供配电系统的简单设计、运用管理与维护；工厂电气设备的维修；电气产品及电气控制方面的辅助设计；电气类产品的营销和售后技术服务，并具有较快适应第一线岗位需要的能力

① 李超宇，孙欣．高职院校课程改革建设探析：以新兴产业发展对人才的需求为视角［J］．北方经贸，2014（1）：127.

续表

电气自动化技术专业	
主干课程	电工电路设计与制作、电子线路的安装与调试、变频驱动装置调试与应用、供配电系统安装与维护、电机拖动控制系统运行与维护、机床电气故障检修、可编程控制技术的应用、单片机原理及应用、自动化生产线安装与调试
职业技术课程	数电、模电、CAD、电机与拖动、电力电子技术、自动控制原理、C语言程序设计、单片机原理及应用、传感器与检测技术、工厂供电、专业英语、自动化生产线、现代企业管理、顶岗实习、毕业设计
职业技能课程	PLC应用技术、变频技术及应用、电子技术、安全用电与电工基本操作、机床电气控制、钳工基本操作

三、相关专业师资队伍建设情况

职业教育主要目标就是培养出技术应用型的人才，其发展依托的就是“双师型”的师资队伍。“双师型”教师应该是职业院校的师资主力军①。根据《2017湖南省高等职业教育质量年度报告》的描述，我省的高职院校双师素质教师数量在不断地增加，比例由上年度的64.49%提高到64.97%；但是，“‘双师型’教师数量不足、专任教师生产实践经验欠缺，仍然是制约高职院校人才培养质量提升的瓶颈之一”。

我们随机选取了湖南三所职业院校进行师资问题的调查。其中，全日制国有公办普通高等院校常德职业技术学院，全日制专科在校生13000余人，开设了机电工程和农林工程两个新兴产业系部。在全院400余名专任教师中，“双师型”教师149名，占专任教师总人数的

① 宁静. 民办高职院校双师型师资队伍建设研究 [D]. 石家庄：河北师范大学，2017.

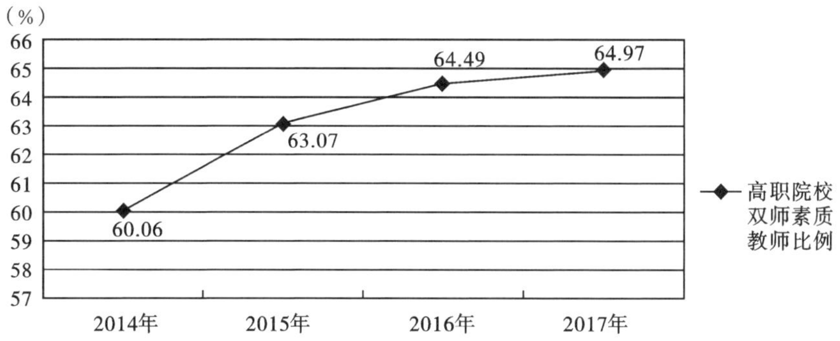

图 4-10　2014—2017 年高职院校双师素质教师比例变化情况

数据来源：高等职业院校人才培养工作状态数据采集与管理系统。

37.25%，而非双师型教师有 251 人，占到 62.75%。位于湖南省岳阳市的湖南民族职业学院，是一所公办全日制普通高等学省级示范学校，在校学生 13000 多人，开设了旅游航空、通信、工程技术三个新兴产业系部。整个学院专任教师 607 人，但双师型教师也只有 127 人，占专任教师总人数的 20.92%，而非双师型教师占到 79.08%。祁阳县职业中等专业学校，开设的新兴产业有电气技术应用、现代农艺、电子与信息等新兴产业专业。在校学生 5978 人，有教职员工 508 人，专任教师 386 人，有“双师型”教师 244 人，占到专任教师总人数的 63.21%，非双师型教师 142 人，占到专任教师总人数的 36.79%（见图 4-10）。

教育部高职高专评估文件和中等职业学校人才培养工作水平评估指标等级标准及内涵中明确规定，专业基础课和专业课教师中“双师型”教师所占比例应至少达到 50%，达到 70%为优秀①②。从表 4-10 和图 4-11 可以看出，常德职业技术学院和湖南民族职业学院双师型占比太低，均低于 50%，没有达到教育部规定的标准。虽然祁阳县职业中等专业学校双师型教师占到了专任教师总人数的 63.21%，仅算合格，没有达到优秀。

① 教育部高职高专评估文件。

② 中等职业学校人才培养工作水平评估指标等级标准及内涵。

表 4-10　三所学校“双师型”教师类型比较统计表

学校	专任教师数（人）	双师型数（人）	比例（%）	非双师型数（人）	比例（%）
常德职业技术学院	400	149	37.25	251	62.75
湖南民族职业学院	607	127	20.92	480	79.08
祁阳县职业中等专业学校	386	244	63.21	142	36.79

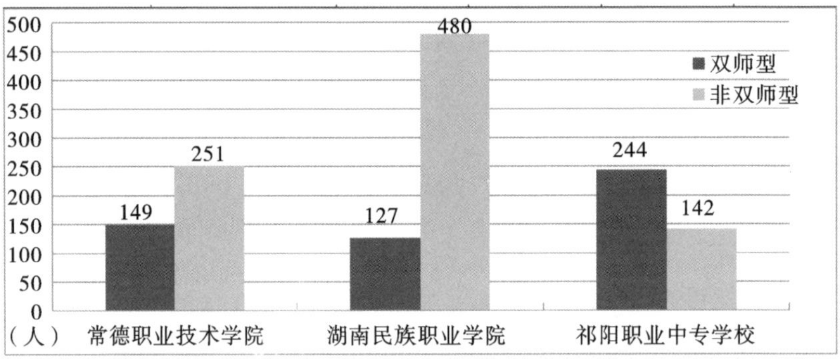

图 4-11　三所学校“双师型”教师类型比较统计图

四、相关专业实训设施建设情况

职业教育最突出的特点在于专业性、技能性、实践性和职业性。实训室或者实训基地是职业教育中对学生实施职业技能训练和职业素质培养的必备条件。也是职业教育办出特色、提高质量的基础性建设。

位于长沙市岳麓区的湖南工业职业技术学院为国家示范性高等职业院校，也是湖南省首批省级示范性高等职业院校。其下辖的二级学院汽车工程学院建总共 18 个专业实训室，其中关于汽车的有 5 个实训室，可见下图 4-12，分别是汽车维护与保养实训室汽车检测实训室，汽车拆装实训室，新能源汽车结构实训室，新能源汽车实训中心，其中所设立的关于战略性新兴产业的新能源汽车技术专业，只有两个实训室，为新能源汽车结构和新能源汽车实训中心。

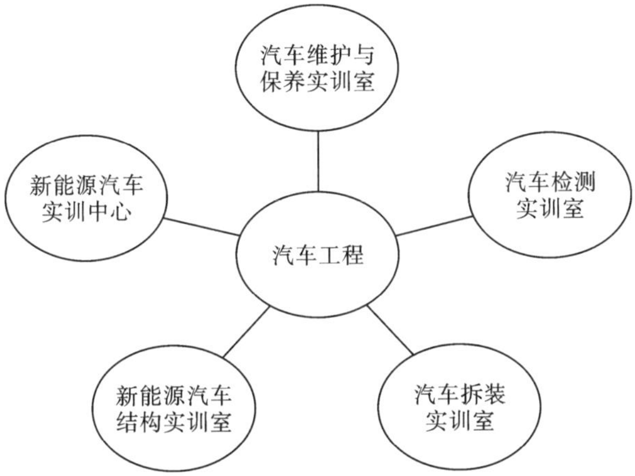

图 4-12　湖南工业职业技术学院汽车工程学院专业实训室

湖南电气职业技术学院是湖南省人民政府批准的全日制公办高等职业院校，是湖南省示范性（骨干）高职院校。其下二级学院汽车工程学院拥有汽车发动机拆装、发动机运行、底盘传动系统、底盘制动行驶转向系统、汽车电器、安全舒适系统等 6 个专业实训室，但其中新能源汽车技术专业最为突出的也只有一个纯电动汽车技术专业实训室。

对比表 4-11，2014 年教育部颁布的关于高等职业学校新能源汽车专业实训室配置方案，可见我省现在的职业学校所开办的新兴产业专业的实训条件与教育部规定标准之间的差距。

表 4-11　2014 年教育部新能源汽车实训室配置方案（高职）

序号	实训室名称	规格型号
1	油电混合动力汽车-整车综合实训平台	FXB-X03101
2	油电混合动力汽车-动力系统实训台	丰田普锐斯 1.5L
3	油电混合动力汽车-动力系统解剖演示台	FXB-X03301

续表

序号	实训室名称	规格型号
4	纯电动汽车-整车综合实训平台	FXB-X04101
5	纯电动汽车-驱动系统实训台	FXB-X04201
6	纯电动汽车-驱动电机解剖模型	FXB-X04401
7	纯电动汽车-电池管理系统（BMS）实训台	FXB-X04202
8	新能源汽车电池成组及电池管理系统安装实训台	FXB-X07101
9	新能源汽车高压安全实训台	FXB-X07102
10	新能源汽车电动空调实训台	FXB-X07103
11	新能源汽车电动助力转向系统实训台	FXB-X07104
12	新能源汽车电动水冷系统实训台	FXB-X07105
13	新能源汽车电动真空助力制动系统实训台	FXB-X07106
14	新能源汽车 CAN 总线网络实训台	FXB-X07107

第四节　湖南职业院校对接战略性新兴产业存在的问题

经过三十多年的发展，中国经济总量已超过日本，成为世界第二大经济体。当此之时，中央提出转变经济发展方式，大力发展战略性新兴产业，并把发展战略性新兴产业作为新一轮经济增长的引擎。职业院校作为技能型人才培养和输出院校，为战略性新兴产业的发展提供了大量人才和优质服务，如通过主动调整现有专业结构，开发教材，课程建设，根据企业新技术及时更新教学内容，新建实训基地等方法提高人才培养质量，但随着新兴产业的进一步发展，我省职业院校服务战略性新兴产业也凸显出一些问题，具体表现在以下几个方面①。

① 刘秀琼. 高职院校服务战略性新兴产业存在的问题及对策［J］. 广州化工，2014，42（7）：164-165.

一、专业设置问题

由于政府对职业院校的宏观调控还存在一定程度的乏力，再加上学校办学自主权的扩大以及职业院校设立的主体背景，时间的不同，职业院校在专业设置方面还存在一些比较严重的问题。

1. 专业结构方面存在的问题

专业结构方面存在的问题主要表现为专业结构不合理。职业教育的专业结构受到方方面面的影响和制约，但最主要的是受产业结构的制约。可以说，产业结构直接决定职业教育专业结构的调整与改革的方向。有些地方性职业院校的专业结构，服务类专业的数量明显高战略性新兴产业类专业，其中会计、市场营销、旅游管理等专业偏多，究其原因，服务类产业投入少，见效快，调整也比较容易，生源较好，由于办学成本低，所以这类专业普遍设置较多。而发展速度较快的战略性新兴产业的专业，如新材料类、能源类、生物制药类等，由于办学成本较高，即使市场需求大也没有得到应有的开设。有些地方职业院校的专业基本上是传统的文科类专业独领风骚，少量工科类新兴专业充当绿叶陪衬的局面。相对单一的专业设置，一方面不利于地方经济的发展，另一方面也增加了未来学生的就业风险和职业院校的发展风险。例如，诸多院校开设了商务外语（英语、日语、韩语）文秘、电子商务、计算机应用、经济管理、旅游管理、会计等专业，形成了学校间争夺生源的竞争局面，而不顾及专业结构的合理性、学校办学条件和社会需求，导致专业设置“一边倒”，雷同现象严重。另外，职业院校专业方面缺少战略性新兴产业专业设置，是因为存在专业设置超前力度不足、专业设置重复性较高等结构性问题

2. 专业规划方面存在的问题

有些学校对专业发展的整体规划不够完善，关于战略性新兴产业专业设置短期行为明显，只求一时的适应，急功近利。在专业设置的过程中，主观化倾向严重，在未对专业特色、课程体系、就业前景问题进行认真分析研究的情况下，仅凭感性认识判断哪个专业的市场前景好、哪

个专业走俏，就盲目地设置该专业，缺乏广泛的调查和严密科学的论证，因而带有很大的随意性，缺乏科学性。

（1）追求“大而全”

随着经济的发展，市场将需要各种各样的专门人才，如果哪些专业“热门”就设置哪些专业，这势必会形成职业院校的专业设置“无所不包”的局面。例如某职业技术学院在成立之初设置有 6 个专业，仅仅 3 年的发展时间，就增加到 26 个专业，其中包括新兴产业专业的增加，形成了“大而全”的专业设置。人们不禁怀疑：学校的师资以及教学软、硬件设施是否能达到新兴产业专业的标准，是否能满学校规模快速扩张的需要？一个学校是不可能全面发展的，尤其是在短时间内成为全能型的学校。快速扩展的“大而全”专业设置不仅难以吸引适当的生源以及保证人才培养的质量，而且为学校的进一步发展带来了很多难题。

（2）专业设置规模过大，专业内涵建设相对滞后

各职业院校纷纷抢抓机遇，根据社会发展和院校建设需要，逐年申报增加新专业，使专业设置数量不断攀升，招生规模不断扩大。规模的扩大，带来了专业课教师严重不足、实验实训室建设压力加大、特色专业和精品专业建设投入不足等问题，使专业内涵建设跟不上专业规模扩张的步伐，影响了人才培养质量的稳步提高。有些院校不能及时根据战略新兴产业结构的调整和科技发展的需要对老专业进行改造和调整。很多院校的办学经验表明，专业不仅要推陈出新，而且要对原有专业进行发掘改造，拓展内涵，力求使老专业重新焕发青春。

一些院校把新兴产业专业设置仅仅理解为设置新的专业或更换专业名称，没有全面了解目前新兴产业发展的内容以及所需新兴人才标准，更是没有深刻理解职业教育专业设置与改革的内涵，缺乏专业的更新意识。专业更新的本质就是建立新的课程体系。不少院校在课程体系与教学内容的改革中，不能根据现在新兴产业职业岗位群的实际需要来确定人才的知识、能力和素质结构，没有把新兴人才的知识、能力，素质结构与教学计划相融合并落实在只体的理论和实践教学之中。产学研相结合是专业进行自主更新的有效途径之一，一些院校虽然对产学研相结合

有一定的理解，但还没有形成一套有效的运行机制，影响了专业内涵建设。

（3）专业变化频繁，缺乏骨干、特色专业

有的院校新专业开办数量增长过快，专业变化频繁。新专业还没有毕业生，便撤掉停招，又更换新专业，缺少长远专业、品牌专业建设的考虑；缺乏专业设置和建设的相对稳定性；缺乏相对稳定的特色专业、骨干专业。有的院校专业设置门类齐全，专业的设置和管理与产业的联系不够紧密，带有粗放性。

专业设置没有明显的特色主要表现在三个方面：一是缺乏时代特色。职业院校的生存和发展与时代息息相关，不同时代有不同时代的职业教育要求，市场经济时代赋予职业教育的新内涵，就是为社会培养具有职业型技能型的战略新兴产业人才，以满足市场经济发展的需要。二是缺乏明显的地方特色。职业院校应该是为地方经济和社会发展服务的，因而必须了解地方的新兴产业、文化和历史，地方经济发展需要什么样的人才，职业院校就设置什么专业。脱离地方新兴产业发展的职业院校的专业设置，不仅难以培养适应当地经济发展的人才，而且由于缺乏地方特色而难以突显专业与学校特色，从而影响职业院校的长期发展。三是缺乏职业院校本身的特色。没有结合各职业院校本身的历史传统、现实条件和未来发展来进行专业设置。

3. 不考虑人才市场需求，缺乏针对性

有的院校在新兴专业设置过程中，对社会潜在的人才需求缺乏应有的、充分的市场调研，而是仅仅根据现有师资来考虑“安置”教师，“充分利用”现有师资，所设置的战略新兴产业专业人才不符合当下人才需要标准，缺乏吸引力，导致毕业生囤积，专业越办越窄，成为“昙花专业”。有的院校什么“热门”就上什么，不考虑该专业的自身师资力量和教学条件是否具备，不论证当地人才市场和产业发展是否需要，盲目“赶时髦”。

（1）专业设置难以适应战略性新兴产业的行业要求

职业院校在办学过程中各专业存在着只关注学科知识和学术本身的

发展，较为强调理论知识传承的系统性和完整性，注重学术知识本身的价值和意义，而相对忽视社会的需要和企业的需求，更无视受教育者实践能力和职业素质的训练与养成，即这种学科导向的专业及课程设置体系，更多关注的是“进口”而不是“出口”，忽略了社会的现实需求，从而不可避免地导致人才培养与社会现实和就业市场的严重脱节。不少职业院校的专业设置和课程设置与战略性新兴产业结合不够紧密，内容体系较为陈旧。学生的实践能力和创新能力不强，直接导致实用型人才培养不足。因此，现阶段职业院校要调整、改革和优化学科专业，特别是重点建设一批与战略性新兴产业对接的专业，满足重点产业的建设需要，在专业设置和调整工作中，要将战略性新兴产业人才培养工作落到实处，设置新的专业，扶持相关专业的发展并加强建设①。

（2）专业划分过细、覆盖面狭窄

与产业结构的多样性、综合性和效益性不相适应，没有充分考虑到职业学生的特点与个性、综合技术能力的提高和人文素质的培养，制约了学生潜能的发挥以及知识、能力和素质的协调发展。

（3）专业发展不平衡，人才培养与市场需求之间的矛盾凸显

受人才市场供求关系变化和院校办学经济效益的双重影响，职业院校在专业设置上普遍追捧制造、电子信息、财经、土建等领域的热门专业，导致热门专业重复布点率偏高、毕业生数量激增，供过于求的矛盾凸显，而忽视了战略新兴产业专业的建设。

4. 中高职衔接不够

当前职业教育仍然是教育事业的薄弱环节，中等和高等职业教育在专业、课程与教材体系、教学与考试评价等方面仍然存在脱节、断层或重复现象，职业教育整体吸引力不强，与加强技能型人才系统培养的要求尚有较大差距。《国家中长期教育改革和发展规划纲要（2010—2020年）》明确将中等和高等职业教育协调发展作为建设现代职业教育体系

---

① 舒醒. 论高职院校实用型人才培养与战略性新兴产业的对接：以江西省为例［J］. 职教论坛，2013（27）：31-34.

的重要任务，这是构建现代职业教育体系、增强职业教育支撑产业发展的能力、实现职业教育科学发展的关键所在。为此，迫切需要更新观念、明确定位、突出特色、提高水平，促进中等和高等职业教育协调发展。构建中职教育与高职教育、职业教育与普通教育、职业教育与成人教育相衔接与沟通的人才成长“立交桥”，是深化我国职业教育教学改革、提高职业教育的质量和效益、形成学习化社会和终身教育体系的重要举措。尽管这一改革主张已提出多年，也取得了一定的成效，但还存在许多问题，在专业设置方面表现为中高职衔接不够。一些中职设有的专业高职却没有，导致某些专业的学生不能升入对口专业继续深造。中高职衔接有利于提高职业教育的质量和效益，促进学习型社会和终身教育体系的建立。目前我国中高职的衔接还仅仅停留在以招生为纽带的浅层次结合上，还没有诸如招生考试、课程设置、教学内容等方面的深层次结合。

5. 缺乏企业参与

企业参与是职业教育发展的薄弱环节。尽管在实践环节中，职业院校都强调“实训”，注重新兴产业实训基地的建设，在新兴产业专业设置时，大部分院校注重行业、企业的参与，但目前的现实情况是：学校对校企合作很渴望且积极性很高，但企业由于生产、安全、保险等多方面的原因，短期内看不到其给自己带来的效益，同时我国在校企合作方面还没有法律法规来约束，因此企业参与职业院校专业建设的主动性不高，参与力度不大。

二、课程设置问题

1. 课程体系开发不合理

目前，湖南各职业院校的课程体系大多依照项目化、基于工作过程的范式进行开发。项目化课程体系，整个课程体系由一个或几个一级综合性的项目构成，一门课程由一个或多个二级的小项目构成。项目可以是产品、服务、决策，是课程教学的载体和案例，如湖南信息科学职业学院的项目化课程体系等。基于工作过程导向课程体系源于德国职业教育模式，根据职场工作过程的核心要素，包括工作组织、工作内容、工作对象、工作手段及工作产品，以及职场为完成工作任务所进行的完整的工作程序构建课程内容、设计课程教学方法。如铁道职业技术学院的基于工作过程导向的课程体系。

当前，湖南省职业院校在运用这两种范式进行课程开发的过程中，还存在着以下三个方面的问题。第一，课程体系开发的逻辑起点缺乏翔实、真实的职场调研数据基础。战略新兴产业课程的开发必须建立在扎实的前期调研基础上，大多数职业院校课程体系开发前期的调研企业分布不合理、岗位数量偏少、岗位代表性不强。第二，战略性新兴产业课程体系中知识、技能和人文素质等要素分离，这些要素的重构内在逻辑缺乏，部分职业院校由于理念支持的欠缺，采用的仍然是学科型、学术型课程构建模式。第三，课程体系中实践教学设计不合理。涉及新兴产业专业的实践性教学与理论教学未能有机地融合，理论和实践分离的现象仍然明显，如有些院校将大部分实践性教学时间集中安排在毕业前顶岗实习阶段①。

2. 课程体系设计不合理

(1) 缺乏实践特色

课程创新缓慢，缺乏实践特色，是职业教育新兴产业课程开发存在的重大问题。一些职业院校在设施陈旧、课程开发环境恶劣、实训基地缺乏的情况下，开发新兴产业专业，这并不符合职业教育的一般规律，很难产生实质性的效果，最终培养出来的人才质量也会受到质疑。职业教育课程体系受传统通识教育影响较大，课程特色不明显，在以理论知识为核心的课程体系中，关于战略性新兴产业的技能操作和工作实训等环节常常不受重视，或者课程占比很低，难以满足职业培养的需求。许多职业院校的课程设计缺乏特色，与普通高等教育课程体系相比没有太大的区别。其结果是，职业院校的理论教育水平比不上普通高校，技能教育水平也达不到社会需求，一些内容繁杂、任务较多的职业教育课程

① 常婷. 湖南省高职院校高技能人才培养模式研究［D］. 长沙：湖南大学，2014.

既脱离实际，又浪费时间，成为学生们的负担。

（2）缺少对外交流合作

制约战略性新兴产业职业教育课程另外一个因素是职业院校缺少对外交流合作，没有充分利用外部教学资源，社会各界对新兴产业职业教育课程开发的参与力度不大。而校企合作水平较低、政府财政支持力度有限等，都制约了职业院校新兴产业课程开发的创新突破。职业院校自身实力较弱，在学生数量、科研经费、课程开发制度等方面均存在短板，如果没有外部力量的参与和配合前沿的发展较快的新兴产业课程开发，则很难增加其基础投入，相关开发计划也难以落实，教学效果自然难言满意，教学质量也可想而知①。

3．课程组织管理水平较低

职业教育战略性新兴产业课程开发还存在评价机制不完善、管理水平不高的问题。目前，关于新兴产业的课程质量尚未形成统一标准，课程开发标准不统一、内容不丰富、管理不严格。许多职业院校尚未建立专门研究课程开发的部门，相应的课程质量评价机制不完善，特别是针对战略新兴产业领域的课程。加上行政主导力量较强，教师课程创新的空间非常有限，难以借助教师个人的力量促进教学课程创新，提升课程开发水平。按照目前的教学管理制度，职业院校内部的所有课程必须以教育部大纲要求的内容为主，各项教学活动都有原则性的指导文件，自主创新的余地不大。加上各级主管部门对职业教育的重视程度不够，以致职业院校课程开发缓慢，阻碍了新兴产业领域的长期高水平发展。

三、实训基地问题

战略新兴产业职业教育的培养目标是为国家和地方经济发展培养适应生产第一线需要的高技能高素质专门人才。职业教育与普通教育在类型和培养目标上是不同的，它是职业性、技能性、应用类的教育，技能培养是它最核心的内容，脱离了这个核心内容，它就不能被称为职业教

① 杜桂萍．职业教育课程开发存在的问题及应对策略［J］．教育与职业，2018（3）：96-99.

育。新兴产业人才强调的是能力的综合与实用，而学生能力的提高主要是在实训基地中完成的。我省职业教育特别是高职教育体制仍然依赖于原有的体制路径，没有实现学历教育到技能的根本转变，尚未形成较完善的实践教学体系，战略性新兴产业实训基地无论软硬件建设都还欠缺。从职业教育发展的全局看，与新兴产业相关的专业实训基地建设落后于职业院校数量的扩张和生的扩招，使得学生在教育教学过程中不能进行有效的实训，其实际操作技能难以得到提高。实训基地无论是在数量上还是在质量上都不能满足职业教育发展的需要，主要问题表现在实训基地建设总体条件不足，实训基地建设是我省发展战略性新兴产业职业教育中的薄弱环节。

（1）实训空间小，面积不足

当前，很多高职院校的实训基地建设存在一种“盖房子、增设备”的倾向，特别是示范性高职院校，把面积大、仪器数量多作为学校发展的硬性指标。尽管有扩房子的倾向，但一些院校的实训基地面积仍不能满足国家规定的建筑面积在800平方米以上的要求。由于职业院校扩招和社会发展，学校每年都会开设一些新专业，但学校用房大多变成了教室、学生宿舍、餐厅等。从调研情况看，一些学校为节省实训面积，而没有设置理论教学面积、教师休息室、储物空间等，造成实训中遇到的问题没办法讨论、实训材料随意堆积、教学秩序混乱等情况；部分学校由于建设资金不足，把多个不相关专业的实训集中在同一个地方进行，一个实训基地被划分成几个不同的区域；有些学校虽然建筑面积符合国家规定的要求，但由于学生人数过多，在实训过程中出现只能一人操作，其余人等待或多人占用一张桌子的现象。也有些学校因为实训空间不足，课程安排推后，使一些班级的学生至学期末都没有真正地去实训基地操作练习。同时，由于空间小，学生、设备材料数量多，造成实训基地环境差，材料乱放，缺乏相应的安全管理措施和规章制度，没有给学生营造一个仿真的实训环境，造成学生的职业意识薄弱，认为实训课是活动课，多数学生在实训课上走马观花，只是听老师讲解或者聚在一起聊天。职业院校实训基地由于空间不足，而造成的材料堆积和随意摆放的现象[①]。

（2）实验实训设备闲置，利用率低下

一些职业院校为了应付人才培养工作水平评估，在较短时间内盲目投入大量资金，成批购置先进前沿的战略新兴产业设备，提高设备生均值，而实际上由于缺乏实践指导教师导致没有条件充分利用这些设备，一些设备从未用过或使用率很低，设备闲置半年甚至一年以上的都有；政府招标采购的设备没有考虑学校个性需求与批量产品之间的差异，引进来的设备无人会用，花了十个功能的钱只有五个功能有用，严重浪费了设备资源，很多“实验实训”资源异化为“观摩对象”，成为上级领导、兄弟院校参观考察的摆设。极其荒谬的是，“设备闲置”与“设备不足”两个相对立的问题却经常在同一所院校同时存在，这几乎成为职业教育实训基地建设中的一个悖论。出现上述实训设备闲置、利用率低下的主要原因在于：没有领会到强化学生专业基本技能、提高学生职业实操技能是加强实训基地建设的目的所在，而投入资金购买设备与软件只是改善实践教学条件的一个方面，不能视为达到目的的唯一途径。

（3）设备的安全与维护等管理工作跟不上

实训设备缺少维护保养专用经费，同时也缺乏专业的关于新兴产业仪器设备维护人员，由于受“实践教学是理论教学的辅助，重知识传授、轻技能训练”观念的影响，实训基地管理人员进修学习、参加培训和学术会议的机会较少，关于最新的战略性新兴产业专业知识得不到更新，能力得不到提高，再加上工作环境和待遇等原因，工作积极性得不到充分调动，缺乏责任心。设备检查、维修时间间隔长，有些设备使用完就需要检查，有些需要定期检查，但由于缺乏相应的管理监督机制，实训设备的检查、维修等保养工作都没有充分落实，增加了师生的安全风险和事故的发生率，同时也降低了实训设备的使用效率。在这些管理人员中，普遍存在学历层次比较低、专业不对口、人员构成比较繁杂等现象，甚至一些实验实训管理岗位成为“关系户、照顾户”赋闲静养之地。

---

① 马秋艳．高职院校校内实训基地建设问题与对策研究［D］．济南：山东师范大学，2016.

(4) 陈旧实训教材单一，实训内容陈旧

职业院校属于“教学、服务”类院校，战略性新兴人才培养的特点是培养训练学生的职业技能为企业生产建设服务提供高端适用人才。当今社会的新兴产业发展速度之快，迫切需要职业教育课程能及时传授关于与新兴产业相关的新知识、新技术、新工艺和新方法，为培养各种类型和层次的岗位人才提供充分的课程选择。而目前许多学校使用的实训教材大多过于陈旧，并与不少理论教材内容相重复，符合学生实际且具职教特色的实训教材匮乏，实训内容也是理论教学的验证，实训教材随意性较强，很难用于指导实训教学，实训质量难以保证，培养不出具有较强实践动手能力的人才。

优秀的实训教师和真正跟上时代发展要求、具有创新性且能够满足企业要求的教材是实训基地建设必不可少的部分。长久以来由于校企合作效果不理想，学校教学管理人员忙于各类教学任务，实训教材的编写一直未能很好地落实，不但与企业一起编写教材的想法落空，而且由于创新意识不强，校本实训教材的编写也一直处于更改、迟迟不收尾的状况。在我们的调查中，50.6%的学校目前实训使用的教材为国家统一教科书，即专业课教材。毫无疑问，这种教学方式学生学到的知识不仅是缺乏灵活性、变通性和创新性，而且还会造成知识与社会发展脱节，从而导致学生在就业时面临知识陈旧、企业不需要的窘状。

上述问题已经成为制约实训基地作用发挥和职业教育特色形成的瓶颈，严制约着职业院校对战略新兴产业高端技能人才的培养。因此，只有加强实训基地的建设，拥有管理先进、技能领先的实验实训条件，才能保证实验实训教学活动的顺利进行，才能切实提高实验实训的教学质量，全面提升学生的综合职业能力。

四、产教融合问题

1. 合作的认识和理念上存在问题

(1) 职业院校在合作的认识和理念上存在偏差

职业院校对新兴产业人才培养过程中的“产教融合”认识和重视不

够。很多教师受美国等其他国家“生涯教育”“关键能力”等职业教育理念影响，认为职业教育以“人”的发展为出发点，培养具有“发展后劲”的职业人才。教师全身心地投入校企合作和“产教”工作中，不利于学校的教学和科研，是不务正业的表现，企业参与学校的“产学研”合作会扰乱人心，会导致教育管理无序，是“狼来了”，会抢占在职教师课时等等认识上的问题。

此外，职业院校“工学结合”在新兴产业人才培养中的重要性认识不够，简单地认为所谓“工学结合”就是“顶岗实习”，就是根据提前制定好的人才培养计划，在某个学期将学生推向社会进行实习就完成了事，至于实践从事的新兴产业工作岗位与学生战略新兴产业专业能力是否匹配、是否出现“以学代工”等情况不是应该关心的问题，而完成好课堂教学是教育的本位价值，其他的都可以忽略。这种对“产教融合”和“工学结合”错误的认识有传统办学模式惯性影响的因素，也有部分院校应付上级教育机构评估检查和完成数据平台填报等错误思想作祟。在校企合作已经经历了多个阶段后，理论和实践研究较为成熟的今天，不研究、不学习、不实践、满足眼前等惰性思想，严重影响了部分职业院校校企合作的发展①。

（2）企业在合作的认识和理念上尚有欠缺

企业认为培养人才是学校办学的根本任务，企业参与校企合作办学似乎与自己企业的发展离得很远，这种认识其实可以理解但有很大的局限性。21 世纪各行业竞争的核心是人才的竞争的观点广被认可，因此人才与企业发展息息相关，企业惰性参与校企合作的思想观念需要转变。多数企业特别是中小型企业认为各个职业院校的人才培养与自己用人无直接关联，就是参与了校企合作学生毕业时也未必到企业就业，企业最实际的就是学生毕业时到学校上门招聘即可，认为校企合作不是企业应该考虑是事情，不必费心费力地参与校企合作，特别是当前人才市场“供大于求”，毕业生就业数量年年创新高，企业选材的空间广泛等

① 张安. 高职院校校企合作问题及对策研究［D］. 石家庄：河北师范大学，2017.

等。这种短视的认识是企业缺乏战略定位和长远考虑的重要表现，精英人才的培养和储备是企业可持续发展的重要因素，企业不愿参与校企合作，要么“费力不讨好”，要么“只愿摘桃子”的想法具有很强的代表性①。

2. 校企自身参与合作的能力有待提高

单一企业参与合作的能力不足。在提高职业院校校企合作能力的同时，横向提高企业自身合作能力水平也至关重要。职业院校战略新兴产业专业的人才培养，其实并不是针对某一区域的某几个企业，而是适应更大范围的更多相关企业用人单位。企业从发展的程度和规模等可划分大、中、小三个层级，在实际中，大型企业往往由于资金实力、福利待遇等方面较为优越，更容易吸引优质的毕业生前往就业，且企业内部设立的人力资源部门一定会通过岗位能手对新晋员工开展自己企业新兴产业与之相关的专业技术培训，甚至形成新老员工“传帮带”学徒机制，他们对真正意义的校企联合人才培养其实存在很多无奈和不愿意。

中、小型企业却往往是最需要通过校企合作等方式解决人才短缺问题和人员技能培训，但他们最大的问题是单一企业参与校企合作的能力不足，这些企业用人单位存在技术力量不足、理念不先进、用人数量少等问题，职业院校很难提起深度校企合作的兴趣。关于主打培养战略性新兴人才的职业院校更愿意开展高层次的“联合人才培养”或“合作办学”，他们对企业的选择和要求是严格的，除了考察企业的发展规模和发展水平，企业自身的资金实力、科研技术人员水平状况、企业水平在行业中的排名等都直接影响到职业院校选择参与校企合作的深度和水平。这种“高不成、低不就”的局面很大程度影响了校企合作的顺利开展②。

五、师资队伍问题

由于师资队伍建设是“质量工程”的一项重内容，各职业院校都积

---

① 张安．高职院校校企合作问题及对策研究［D］．石家庄：河北师范大学，2017.

② 张安．高职院校校企合作问题及对策研究［D］．石家庄：河北师范大学，2017.

报开展师资队伍的建设，纵观当前数量庞大的师资队伍，很多团队的建设在理论与实践方面都取得了一定的成果，推动了职业教育的改革与发展。但湖南职业院校在组建师资队伍的过程中存在一些问题亟待解决。

1. 双师型师资力量缺乏

新兴产业的发展要求职业院校积极培养双师型教师，加强对学生实训锻炼和学生实践的指导，重点培养学生的实践能力和创新能力。但是，现阶段，很多职业院校的双师型教师数量较少，无法满足教学需求。很多职业院校的教师都是长期处于校园环境之中，缺乏对新兴产业和经济社会的了解，无法指导学生的企业实践活动，严重影响学生动手操作能力的培养。另外，很多职业教师缺乏新兴产业操作技能，只会向学生讲解书本上的理论知识，职业人才培养无法满足新兴产业发展的要求①。

职业技术教育的技能性和实训基地的实践性要求在实训基地工作的教师既要有理论学术水平，又要有一定的实践经验。从资格上来讲，他们既是讲师，又是工程师或设计师、检测师、经济师等。从教师队伍的结构上来讲，建立“双师型”队伍必须大大提高工程师或设计师、检测员，经济师的比例，以及能工巧匠等具有高技能水平的兼职教师在教师队伍中的比例。

首先，目前在大部分职业院校中，年轻教师占有较大比例，这些教师大都是“从学校到学校”，没有在战略性新兴产业相关的企业一线的具体工作经验，实际动手能力普遍较低。而由这些教师为主组成的职业师资力量在实训教学方面必然基础薄弱，其理论教学常常与实际相脱节。

其次，一些职业院校仍然按照一般普通高校的人事管理制度，将教师分为理论教师和实践指导教师，将从事实践教学的教师作为教辅人员对待，导致这部分人员在职称评定上的条件不如理论课教师，待遇比较

① 刘宇. 新兴产业发展影响下的高职人才培养模式创新改革研究［J］. 产业与科技论坛，2017，16（10）：242-243.

低，正常的培训学习、进修的机会比较少。另外，由于实训教学存在工作环境差、时间长、强度大、上下班无规律等因素，所以一般教师不愿从事实验实训教学，致使实训教学的教师队伍数量不足、学历层次不高、人员不稳定。由于实验实训教学指导教师在质和量上的缺乏，一些理论课教师勉为其难承担这一任务，往往造成实训教学内容理论性太强，与学生的基础不相适应等。

再次，实训教学教师中兼职教师数量过少。近年来，为促进学校与生产企业的紧密联系和保持教师队伍的弹性，也为增加办学效益，国际上的职业学校都请了相当比例的兼职教师，而且这一比例呈上升趋势。以美国为例，20 世纪 90 年代以来，兼职教师的比例基本上稳定在 40%左右，在职业类学校这一比例更高，而我国职业院校兼职教师占学校专任教师的比例仅为 10.3%，可知我省比例较小，与社会的需求不相符。聘请大量兼职教师是职业学校与社会其他机构共享人力资源的一种趋势，可以节省大量费用。此外，要保持与新兴产业第一线的技术发展同步，最好的办法就是从战略性新兴产业园的现职技术人员中聘请师资，他们带来的信息和方法以及他们对职业的体验往往是职业学校现任教师所难以掌握的。因此，兼职教师数量过少，不利于实验实训教学做到“三个贴近”（贴近生产、贴近技术，贴近工艺）。现有兼职教师也存在教学、指导技能欠缺，责任心不够强等问题，实训基地还需进一步加强对兼职教师的管理。

2. 师资队伍成员合作意识不强

受传统教学方式的影响，教师教学的工作方式还没有完全摆脱孤立、封闭的状态，团队成员对团队目标的意识不强。教师在教学的过程中基本上仍以单打独斗的方式进行，交流与合作并不多，甚至相互防范。团队精神重要的一点就是相互协作，师资队伍成员之间缺少合作，使师资队伍的作用打了很大的折扣。师资队伍成员合作意识不足的原因，一方面是教师受传统教学方式的影响，另一方面，团队树立的目标与信念并没有深入成员内心，还有一点也不能忽视，就是团队中缺少众望所归的带头人，有的师资队伍带头人作为学校行政领导，以行政管理的方式领导师资队伍，很难达到凝聚人心的效果。

3. 师资队伍建设政策不完善

师资队伍能否成为一个结合紧密、运行有序的群体，除了教师自己内在需求的因素之外，制定一套有利于师资队伍发展的外部环境和制度也是必不可少的。师资队伍的设置往往源于项目的申报，依附项目而存在，这样的师资队伍对学校来说也是一个尴尬的事物，它既不像教研室那样是一个教学单位，也不同于一般的群体组织，在运行及管理上也只是以项目检查的形式存在，没有从学校专业建设、教学改革的高度对其建章立制。建立起的师资队伍在学校的显现性并不强，校内外开展的活动很少以师资队伍的名义参与。职业院校对师资队伍的考评体系尚未健全，评优评先等通常只针对个人成绩进行，师资队伍在过程管理、物质待遇、绩效荣誉等方面被忽视，师资队伍的评价也只针对团队带头人。团队的经济支持来源仅有项目经费这个单一且有限的渠道，师资队伍建设是一个长远的工程，仅依靠项目经费生存是不能长久的，这些因素在很大程度上降低了团队的凝聚力和成员的工作积极性。

4. 师资队伍建设不注重团队文化因素

团队文化包含团队的价值观、信念、目标、领导、沟通、冲突等，文化因素体现在物质层面、行为层面和精神层面上。目前职业学校的师资队伍建设基本上处于物质层面，还没有达到精神层面。团队文化的作用在于让团队成员的行为变规章制度的被动约束为主动接受，能增强成员对团队的认同感，增加团队的凝聚力与团队合作的精神，从而带动团队成员互相学习与合作。

5. 企业参与师资队伍建设的积极性不高

现在师资队伍的建设几乎都是由学校主导，企业参与的积极性不高，来自企业的兼职教师多数是其个人行为，或是团队组建者为了平衡专、兼职教师的比例而邀请企业人员参加，企业兼职教师往往很少参加教学之外的活动，团队的背后更难看到企业的影子。企业对师资队伍建设的热情不高，主要原因是师资队伍并没有给企业带来实质的帮助或利益。但是实际上，师资队伍不仅服务于学校的教学，服务于企业也是师资队伍的功能之一，而这一功能却往往被忽视，不仅丧失了师资队伍的部分功能，也导致企业对师资队伍的参与度不高。

第五节　湖南职业院校对接战略性新兴产业归因分析

一、专业问题分析

1. 专业开设成本制约

即使有部分院校根据国家经济政策导向和市场需求，发现了战略性新兴产业专业的设置空间，但是由于缺少必要的资金、教学设备以及师资力量，而不具有开设的能力。如战略性新兴产业高端装备制造业重点发展以干支线飞机和通用飞机为主的航空装备，是做大做强航空产业的关键。然而湖南长沙也仅有一所院校——长沙航空职业技术学院专门开设了与新兴产业相关的航空专业。而其他院校关于航空发动机维修技术、无人机应用技术、通用航空器维修等专业几乎很少涉及，因为高额的开设成本只能让院校望而却步。设置趋同的专业很大一部分是开设成本比较低，所需的投入比较少。例如专业点数达到 76 个的会计、48 个点数的机电一体化技术和专业点数 45 个的市场营销之类的专业类型，并不需要投入太多的资金即可设立，所需教师的专业性也没有太高的限制，无论从物力还是人力来看都不会造成太大的设置障碍。专业开设成本的差异是造成专业开设情况冷热不均的一个重要因素。

2. 路径依赖效应

路径依赖对专业设置的影响一方面表现在经济上，另一方面表现在决策制定上。经济方面主要是一个专业一旦开设，院校就会不断地投入人力、物力和财力，即使后来发现该专业不适应区域战略性新兴产业产业结构和院校专业结构的整体优化，职业院校也不会轻易撤销该专业，因为一旦撤销，则意味着对该专业的巨大投入变得一文不值。例如专业点数达到 48 个的机电一体化技术和专业点数 45 个的计算机应用技术这类专业的设置需要专用教学设备，而这些设备的造价成本并不低，一旦开设则很难再撤销，因为撤销后对这些设备的投入就会全部变成沉没成本。决策制定方面主要表现为思维惯性，由于专业设置参与者的认知能力所决定的主观选择模型，致使其继续认同旧的专业设置方案，在决策过程中出现自我强化现象，因此旧思路在新决策中得以延续。这种对原有决策方案的依赖性，会对专业设置产生“锁定效应”，表现为专业设置缺乏灵活性和前瞻性，滞后于区域战略性新兴产业经济发展的需要。

3. 数据信息的缺乏

学生是从需求方影响专业设置，院校是从供给方影响专业设置。职业院校进行专业设置需要从多方面考量，需要大数据的支撑，而相关数据信息的缺乏会导致专业设置对战略性新兴产业结构的适应情况较差。虽然湖南省出台多项政策文件对区域产业经济的发展提出规划，但是没有专门的机构对区域内战略性新兴产业经济发展所需的人才需求类型、数量进行统计和分析。此外，行业、企业单位数据开放不够，职业院校之间缺乏协同和信息沟通机制。人才需求信息、行业发展数据、各职业院校专业的设置情况都是增强专业设置对战略性新兴产业结构适应性的必要考量因素。院校对于战略性新兴产业专业设置的信息缺乏共享和公开，就会影响专业结构体系的构建，导致人才培养与区域战略性新兴产业经济发展需求错位的问题[①]。

二、课程问题分析

1. 产业结构优化升级的影响

随着知识经济、信息化时代的到来，社会经济结构、区域战略性新兴产业结构不断优化升级，行业领域的职业技能、职业知识不断发生变化。产业结构的调整已使得现有的职业结构和劳动岗位内容发生了相应

① 陈慧. 山东省高职院校专业设置对区域产业结构的适应性研究［D］. 南充：西华师范大学，2017.

的变化，而且这种变化是随着社会的发展不断更新调整，具有不确定性。这就使得人才培养与社会劳动力所需产生矛盾，特别是以培养高技能型人才为目标的高等职业教育，给其课程设置带来新的挑战。面对职业岗位和技能的变化，职业课程内容应作出新的调整，来适应职业岗位能力要求。

科技的发展推动社会生产力改革，促进产业结构优化升级。产业结构的变化直接影响职业教育的发展，影响劳动力层次结构，社会职业领域不断发生变化调整。新兴的职业逐渐替代传统职业类型，原先的职业院校的学科专业设置已不能适应当今市场经济的发展，专业课程设置没能体现新兴产业技术的发展要求及新职业类型、职业标准的要求。总之，面对大时代的发展，职业院校应根据产业结构的升级不断调整课程目标和专业课程内容，与企业工作岗位的职业标准对接。

2. 行业企业所需的人才需求变化

竞争激烈的当下社会，新兴企业所需的是可以直接上岗的人才，不经过长时间的培训就可以“零距离上岗”。这就在无形中强化了职业院校人才培养的实践性和应用性，给职业院校带来了不可避免的挑战。为了实现“零距离上岗”，职业院校就要以工作过程知识为核心，注重提高学生的职业能力，改革课程内容，培养社会所需的战略性新兴产业所需的高端人才，使职业教育与企业岗位之间相互适应。加强职业院校与相关企业的合作，企业的最新发展动态能为职业院校课程设置的调整提供方向。借助企业办学，能获得劳动力市场的需求信息，对专业课程内容做出相应调整，适应职业岗位要求。职业院校专业课程内容建设应满足当前社会战略性新兴产业发展及企业要求，课程内容的选择应以职业标准为依据。将企业纳入课程开发的主体，找准市场定位，才能有效实现课程内容与职业标准对接。专业课程必须深入实践，淡化理论，突出企业实践地位。当今行业企业对战略性新兴人才提出了新的要求，也向职业教育课程内容建设提出了新的挑战。但从目前情况来看，职业院校专业课程的实际情况不能达到企业岗位战略性新兴人才的要求，也就对职业课程内容与职业标准对接的实现产生影响。

3. 校企合作缺乏动力

（1）企业参与校企合作的内驱力不足。企业作为营利组织，其根本目的是获取经济利益。而职业院校的根本目的是培养高技能型应用人才。这种根本目的的差异性从本质上决定企业参与校企合作的动力不足。有的企业虽然参与校企合作，但在与职业院校合作中并没有产生经济效益，没有促进企业的经济发展，企业认为参不参与校企合作都没有什么影响，这种情况下参与职业院校的合作觉得没有必要。企业并没有把培养技术人才作为重点，企业注重的是用人，而不是育人，育人是职业院校的事情。企业认为内部已有的技术人员就能给企业带来经济利益，校企合作只是为企业提供技术人才，致使企业的合作兴趣不高。企业合作意识淡薄，参与职业院校培养技术人才的责任感不够，合作关系的建立多照顾情面。现有的合作管理制度不健全，在人才培养目标、课程设置、实训场所的建立等方面处于被动，没有明确合作规范，合作只在于表面。

（2）学校不能满足企业对人才的能力需求。职业院校的战略性新兴产业人才培养目标、课程设置、评价标准等方面不能满足企业的要求，与企业发展不相适应，没有建立健全校企合作机制。由于职业院校自身水平的限制，研发能力和技术创新能力不强，既不能为企业带来效益，也不能为企业发展注入活力，难以吸引企业参与合作。高职院校培养的人才不能适应企业能力要求，难以进入企业实习。高职院校与企业合作只是让学生有个实习的地方，并没有真正地和企业一同确定人才培养目标、课程内容、评价体系和实习基地等方面，只是表面的合作，没有深入发展，缺乏连贯性①。

三、基地问题分析

1. 政府缺乏引导，建设资金投入不足

职业教育实训基地的建设需要政府的进一步引导，其存在的问题主

① 李慧丽. 我国高职院校课程内容与职业标准对接的研究［D］. 南昌：东华理工大学，2016.

要表现在如下几个方面：

一是政府在宏观上进行调控、引导和规划不够，没有建立权威、完整的职业教育实训基地，特别是新兴产业专业的准则和指导措施。

二是政策扶持不够。发展较好的新兴产业企业接收职业院校学生参加实训，必然会挤占企业的生产资源，消耗一定的原材料，并需要提供相应的生活、管理、安全保障等方面的配套条件，在一定程度上影响企业的正常生产和经济效益，这需要政府在税收减免政策、基地建设专项补贴等方面给予必要的补偿，但目前我省在这方面的政策扶持力度不够。

三是政府没有建立专门的校外实训基地建设合作的协调机构，负责设计、监督、考核和推行校企合作工作。很多项目很难获得企业主管单位、劳动部门、教育部门的支持。

四是职业教育管理体制仍需进一步完善，现行的教育体制滞后，弹性学制有待建立，制约了实训的开展，影响了实训基地建设。

经费投入少是职业院校实训基地建设的又一大瓶颈。据有关部门统计和估算，职业院校的生均培养经费投入应是普通高校的 2.5～2.7 倍。然而，在实际办学的过程中，各级政府的决策和教育投入往往偏向于普通教育，这样就造成绝大多数职业院校普遍感到经费严重短缺，缺乏必要的符合职业环境和氛围的教学设备和实训设施。由于国家财政对职业教育支持资金相对较少，投入不足，新兴产业专业分配到实训基地建设方面的投入就更少了，从而导致新兴产业专业实训设备匮乏落后。

2. 学校自身因素

(1) 实训基地建设定位不准

职业院校的新兴产业专业教学目标是为生产建设第一线培养“下得去、留得住、用得上”的高端技能专门人才，实践教学是实现这一目标的重要保证。然而，湖南许多职业院校受普通高校学科本位主义的思想影响，再加上自身办学水平和认识能力所限，实训基地的建设目标出现了偏差，没有完全按职业技能培养目标设置技能培训项目，其建设也只是为了配合理论课教学。有的甚至纯粹只为了“支撑新兴门面”，根本发挥不了实调基地应有的作用，学生缺乏真正意义上的“实践经验”，满足不了社会的需求。

(2) 实训基地结构缺乏合理性和整体性

大部分职业院校由于受学校办学资金制约，缺乏资源，实训条件较差，甚至没有建立实训基地，造成校内实训占实践教学的比例偏低。虽然生产型企业能够提供较多的实习岗位，但能够引进的企业毕竟少。和实训基地合作的企业大部分为规模较小、实力较弱的中小型企业，这些企业所能提供给学生的实习岗位往往都比较少，不能满足大量的学生实训需要和专业培养目标的需要。同时，许多职业院校实训基地的建设缺乏统一规划，各校及各系围绕自己专业建设实习基地，缺乏校企联合、校校联合。造成同一地区各类学校重复建设同一类实训基地的现象比较突出。甚至同一学校各专业也是各自为战，以专业为单位，自成一家，资金重复投入，缺乏资源整合，存在着设备利用率低，硬件兼容性差等问题。其原因之一是实训基地建设统筹规划不力，造成有限的资源浪费。

(3) 校内外实训基地效用不高，效果欠佳

目前我省职业院校与新兴产业毕业生就业率很高，但通过跟踪分析发现，其中很多人的就业质量并不高，稳定率也不高。据一项调查显示，用人单位给上“三险”的不足50%，毕业生签一年以下合同的高达70%。之所以出现这种状况，是因为职业院校教学设施及实习实训设备的水平不高，导致学生关于战略新兴产业市场需要的专业技能没有得到较好的培训，毕业生能力与岗位实际存在较大距离，毕业生对企业没有吸引力等是重要原因。至于校外实训基地，现在很多与学校合作的企业尚未形成成熟的合作教育思想，多数企业只求满足急功近利的人才需求而忽视对教育的配合，大部分企业在参与教育的程度上还只是局限于提供实习基地、允许提供部分技术资料、提供技术课程或设备等。企业只是选择人才，而不参与或很少参与人才的培养，把培养人才的主要责任推给了学校。

3. 企业因素

（1）实训基地建设缺乏企业参与

企业参与人才培养的机制还远不够健全。企业参与职业教育人才培养涉及学校、企业和学生，三方分别是一个利益主体，追求“自身利益最大化”，而且是不同性质的利益，从而难免出现利益不一致、不协调的问题，尤其校企合作时学校和企业之间利益不对称，有时甚至会相当突出，从而校企之间建立互惠互利的利益机制和相互沟通、彼此协调的运作机制就成为至关重要的问题，目前以生产任务和经济为目的战略新兴产业生产企业难以做到以学生为主的专业技能训练。一方面，对校企合作缺乏整体推进，没有从系统的观点通盘考虑，统筹运作，使企业运行与办学诸要素之间有机结合、相互作用，构战一个具有特定功能的整体，最优化地实现办学目标和预期效果。另一方面，微观的运行制度不够成熟和完善，特别是当与学校现行制发生碰撞时，显得无能为力。学校运作机制和企业运作机制、校园文化与企业文化存在较大差异，还没有真正融合，使校企之间的深度合作以及受教育者从“学员、职业人到社会人”的角色转变受到一定的制约。

（2）校企合作表面化，缺乏积极性和主动性

企业是校内实训基地建设的重要支柱，企业先进的设施设备、优秀的管理人员和操作人员、庞大的资金支持以及环境真实的实训空间，都是学校迫切需要也是当前制约实训基地健康发展的重要因素。如果学校能够与企业建立良好的合作关系，对学校而言，不但可以节省资金，降低成本投入，增加自身的造血功能，包括设备、人力等方面，而且在一定程度上还能解决制约职业院校实训基地建设的条件问题。但通过实际走访了解到，有些企业希望与职业院校合作，提供相关的实训条件，实施订单培养，共同培养学生，帮助解决部分学生的就业问题，但部分职业院校却缺乏与企业合作的热情，积极性不高，使企业丧失合作的诚意。校内实训基地空间不足、实训设备落后、双师型教师薄弱的状况，在某种程度上也可以解释为导致校内实训基地没有正式完全投入使用的原因。

四、产教问题分析

湖南职业院校对接战略性新兴产业产教融合存在诸多问题的原因主要是人才培养与产业发展机制缺失、典型发展的合作模式尚未建立、校企合作缺乏长效利益均衡机制等几个方面。

1. 人才培养与产业发展机制缺失

战略性新兴产业体现当今世界知识经济、循环经济、低碳经济发展潮流，代表未来科技和产业发展新方向，随着全球经济一体化，新兴产业结构不断向更深层次推进，市场对新兴产业人才要求也越来越高。教育部16号文提出“合作办学、合作育人、合作就业、合作发展”的办学方针和理念，但部分职业院校与企业的校企合作长效机制仍然没有建立。校企合作中以校企双赢或者学校、行业企业多方共赢为目标的人才培养与产业发展机制缺失，职业院校、科研机构与政府、企业之间还没有实现科学有效地互动，政产学研合作关系松散，缺乏深度合作，而战略性新兴产业一线急需的是掌握高新技术的高素质技术技能人才，企业和职业院校必须同时紧密跟踪市场前沿和技术前沿，但目前绝大部分的职业院校人才培养机制与教学内容相对滞后，这引发的后果是造成大量毕业生结构性失业，同时新兴企业的人力资源需求大却又招不到完全符合其要求的众多人才。职业教育的人才培养模式和内容必须快速调整，才能适应新兴产业发展的需要。培养的人才能够真正服务于新兴产业。不仅如此，职业教育还存在着的产业人才培养比例不均衡问题，对于社会需要易培养的“热门”专业，往往职业院校“一哄而上”，也导致许多专业存在着重叠度过大问题①。

2. 典型发展的合作模式尚未建立

在合作模式方面，具有特色的校企合作模式尚未真正形成，不同发展时期出现的校企合作模式多为零散的借鉴。合作本身就是一个复杂的事情，关于人才培养方面的合作就难上加难，除合作校企方面的因素

① 杨燕. 基于战略性新兴产业的高端技术技能人才培养方式调整探析 [J]. 职教论坛，2016 (21)：54-57.

外，社会、家长、学生、政府、政策等方方面面都会出现问题。现有的校企合作，多为短期的学生实习，深层次的“双方自愿，风险共担、优势互补、利益共享”合作较少。较为普遍的仍然是“合作就业”或“合作培养”层面的“订单式联合人才培养”。“订单培养”对职业院校而言，更实际的意义在于作为扩大招生宣传、稳定学校的办学规模，至于企业参与人才培养过程的程度和范围、具体的权利和义务规定等内容放在了其次。仅靠企业派出专业技术人员深度参与学校人才培养或安排学生大量时间进入企业参与培训或实践这一重要的合作内容来说，都可能因为影响了学校有关课程教师的授课工作量和减少了教师的实际课时收入而受到限制。究其原因，院校主要领导要面对上级主管部门的考核，需要群众的集中投票拥护，深度校企合作势必在初期或一定程度上影响本校教师的实际利益，领导者过多顾忌教师对其的评价在很大程度上影响校企合作中企业力量的发挥①。

3. 校企合作缺乏长效利益均衡机制

职业院校是人才培养的摇篮，而发展较好的战略新兴产业企业是人才需求的主体，对人才需求类型、特征与要求最敏感。但当前职业院校与企业还没有形成长期稳定的合作机制，一方面，许多企业尚未建立现代企业制度，缺乏科学的中长期发展规划，往往只见局部不见整体，只顾短期不顾长远，不愿意为职业学生提供实践机会和实习平台。另一方面，职业学校绩效考评机制不合理，绩效考评及职称职务晋升大多重科研而轻教学、重理论而轻实践，使职业学校缺乏推动校企合作的内在动力，导致校企合作流于形式，缺乏长期、稳定、系统的机制保障②。

五、师资问题分析

1. 社会地位差强人意

社会地位一般多与社会职业联系在一起，是指一个群体在社会中所

---

① 张安. 高职院校校企合作问题及对策研究［D］. 石家庄：河北师范大学，2017.

② 阳立高，贺正楚，韩峰. 战略性新兴产业人才开发问题与对策：以湖南省为例［J］. 科技进步与对策，2013，30（19）：143-147.

界定的社会位置，或者是在一个社会等级体系或分层线系统中的等级位置。联合国组织认为，教师的社会地位是指社会按照教师任务的重要性和对教师能力的评价而给予社会地位或敬意，以及所给予的工资、报酬及其他物质条件，其中，收入的高低常常被人们视为衡量社会地位高低的标准。

然而，就“双师型”教师的实际收入情况，并不尽如人意。一方面，与普通高等教育教师相比，“双师型”教师的收入水平不高。虽然，高等职业教育与普通高等教育同属高等教育领域，但“双师型”教师的工资水平远低于普通高等教育教师的工资水平，且这一差距显著。另一方面，与职业院校的非“双师型”教师相比，“双师型”教师的收入待遇并没有更高。收入水平的偏低、教学负担的过重昭示着“双师型”教师的付出不仅得不到应有的回报，其工作中的发展性和创造性也得不到应有的发挥和肯定。

试问，倘若职业教师们社会地位低、收入低，尚且处于生存状态，他们怎么甘愿去做“孺子牛”，怎么有能力去追求专业发展？面对一些金融、计算机、机械等热门行业的企事业单位前来“高薪挖角”“蓄意招贤”，我们的“双师型”专业师资队伍又怎么可能稳定、和谐？

2. 教师考核制度缺失

职业院校“双师型”教师考核制度缺失。“双师型”教师考核制度是指职业院校对于“双师型”教师专业道德、工作能力、工作业绩、个人发展水平等进行的考量、核算。科学、有效的“双师型”教师考核制度不仅是教师个人“自我成长”的动力，而且是职业院校拥有高素质的“双师型”教师队伍的基本保障。

我省尚未建立起完善的、符合职业院校“双师型”教师专业成长的“双师型”教师资格考核制度。政策的导向造成教师对实践教学的轻视，因为实践教学工作量由于时间长、地点不固定等原因不好量化与核算。

但是实践教学往往是职业教育的本质所在。

政策的导向造成职业院校“双师型”教师缺乏对应用性技巧的兴趣和热情。在滞后的职业院校“双师型”教师考核制度导向作用下，职业院校对教师进行学术性的基础研究相当重视，应用性的科研成果的关注度普遍缺乏。理论上说职业教师的科研工作应当侧重应用研究及开发新工艺，积极为企业开发新技术，解决技术难题。但由于与企业合作的横向项目的价值认定不如纵向项目的认定操作简单易行，而且横向项目与科研管理单位现行统计科研成果的口径也不对称，有些职业院校对“双师型”教师从事横向课题的研究并不持鼓励态度，有些成果甚至不能列入晋升职称的范围。

政策的导向造成教师不想将精力与时间投入到为社区、群众提供社会服务上。政策的导向造成教师在接受继续教育方面也是为满足评职称的需要。职业院校应当基于职业教育的基本特征，采用职业教育教师“独立考核制度”，分别赋予“双师型”教师的“学术巧”与“实践性”以合适的权重，才能比较恰当地体现和衡量“双师型”教师专业素质的基本内涵，体现高职教育的特色①。

3. 校企合作力度不够

校企合作一直是职业院校鲜明的特色之一，无论是专业建设、就业导向，还是教师培养、品牌立校，校企合作途径在职业教育中都是重要的。我国的高等职业教育中行业、企业参与办学的力量较国外严重不足，尤其是师资队伍建设方面。

首先是“双师型”教师培养。企业对培养高等职业院校“双师型”教师的积极性不高，主要有几个原因：一是市场竞争日益激烈，企业自身发展压力较大，没有精力投入大量的时间、物力、人力等培养高等职院校专业教师的实践能力；二是产品质量是企业的生命线，在无法确定顶岗实践教师的操作水平高低的前提下，不愿冒着产品质量不稳定的风险为高等职业院校教师提供实践岗位；三是在社会整体对发展高等职业

① 左彦鹏. 高职院校“双师型”教师专业素质研究［D］. 大连：辽宁师范大学，2016.

教育重要性认识不足的大背景下，企业对高等职业院校人才培养工作的社会责任认识不够。

其次是兼职教师队伍建设。职业院校兼职教师基本来自相关行业企业。但目前企业的专家或高级技术人才到职业院校任教的积极性不高，主要原因是：一是企业技术人员本职工作压力较大，很难投入额外时间在学校常规教学时间到学校进行实践教学；二是部分行业的企业专家虽在生产岗位上技术过硬，但并不具备教师的基本素质，对把握教学的能力没有自信而不愿参与教学；三是我国目前还未建立成熟的高等职业院校兼职教师资格培养体系，企业专家或高技术人才无法得到系统的教师资格培训，专职教师数量始终得不到补充①。

本章小结

本章主要对湖南职业院校发展现状及特点，湖南战略性新兴产业发展对职业院校的影响，湖南职业院校服务战略性新兴产业现状及其存在的问题进行了阐述。

首先，分别从湖南高等职业学校和湖南中等职业学校的布局结构、专业设置、招生规模、就业质量四个方面对湖南职业院校发展现状进行了描述，从而概括出湖南职业院校的发展特点，即湖南职业院校布局具有明显的城市聚集现象，表现为非均衡分布的特点；专业设置不均衡、设置重复率高、以第三产业为主体的特点；招生规模扩大、职业院校竞争激烈、生源质量参差不齐、招生成本居高不下的特点；就业率持续上升、战略新兴产业专业就业率高的特点。

其次，从职业教育、职业教育人才培养、专业设置三个方面论述了湖南战略性新兴产业发展对其的影响。湖南战略性新兴产业对职业教育人才培养要求不断提升，这也就促使职业教育进行调整，促进其全方位发展。湖南战略性新兴产业也有利于课程、教学、师资队伍、实训基地

① 刘娟. 高等职业院校师资队伍建设问题研究［D］. 秦皇岛：燕山大学，2012.

的建设。同时，职业院校的专业设置与区域产业结构相互影响。

最后，对湖南职业院校服务战略性新兴产业的专业设置、课程体系、师资队伍、实训条件的现状进行了阐述，从而找出存在的相应问题。专业方面，存在其结构不合理，对专业发展缺乏整体规划，专业设置过于随意，不考虑人才市场需求，缺乏针对性等问题。课程方面，课程体系开发、设计不合理，课程组织管理水平较低。实训基地方面，政府缺乏引导，建设资金投入不足，学校自身及企业因素，实训基地建设总体条件不足。产教融合方面则存在人才培养与产业发展机制缺失，校企合作缺乏长效利益均衡机制等问题。师资方面，最大的问题则是双师型师资力量缺乏。就其问题进行归因分析，为后面的湖南职业院校服务战略性新兴产业路径奠定基础。

第五章　湖南职业院校专业设置与战略性新兴产业适应性

第一节　湖南职业院校战略性新兴产业专业设置情况

从全省支柱性产业与新兴产业来看，湖南省有工程机械、装备制造、电子信息、文化旅游、汽车制造、商贸服务等优势支柱产业，有节能环保、信息技术、生物医药、高端装备制造、新能源、新材料、新能源汽车与文化创意等战略性新兴产业，而交通运输、财经、装备制造大类专业布点的过多新增，材料与能源、生化与药品等大类新增专业布点较少，难以满足产业发展需求。

一是专业门类比较齐全，覆盖面较广。至 2018 年，湖南高职教育覆盖了专业目录中所有的 19 个大类，78 个二级目录中覆盖 69 个，专业覆盖率为 88.5%；专业种数 302 个，覆盖率为 56.8%。电子信息、土建、制造、医药卫生、生化与药品、艺术设计传媒、财经、旅游、文化教育、公共事业、法律、材料与能源等 12 个二级类专业覆盖率都在 52.1%以上，由于湖南文化媒体事业发达，其中艺术设计传媒类达到 90.4%。

二是新兴专业发展迅速，电子信息类专业开设率高。在湖南开设最多的 15 个专业有：计算机应用技术（48 个）、计算机网络技术（47 个）、商务英语（47 个）、电子商务（44 个）、物流管理（39 个）、数控技术（36 个）、模具设计与制造（36 个）、机电一体化技术（35 个）、软件技术（34 个）、应用电子技术（31 个）、会计电算化（31 个），其中电子信息类专业占 33.3%，特别计算机应用与网络技术在高职院校的开设率高达 63%。

三是区域分布相对合理，有利于经济社会发展。在教育部 2017 年 6 月公布的全国高等学校名单中，湖南普通高等学校共 124 所（含独立学院 15 所），其中，本科学校 51 所，专科学校（高等职业院校与高等专科学校）73 所。民办大学共 31 所，其中，民办本科学校 20 所，民办高等职业院校 11 所。

从湖南省高等职业院校布局数量看，近 7 成分布在长株潭，呈现向长株潭高度聚集的特点。2017 年全省 73 所高等职业院校按经济区域分布的数量与占比分别是，长株潭地区 49 所（67.12%），大湘南地区 8 所（10.96%），大湘西地区 7 所（9.59%），洞庭湖地区 9 所（12.33%）。2017 年全省 73 所高等职业院校按 14 个市州分布的数量与占比分别是，长沙 34 所（46.58%）、株洲 8 所（10.96%）、湘潭 7 所（9.59%）、衡阳 4 所（5.48%）、邵阳 2 所（2.74%）、岳阳 3 所（4.11%）、常德 3 所、张家界 1 所（1.37%）、益阳 3 所（4.11%）、郴州 2 所（2.74%）、永州 2 所（2.74%）、怀化 1 所（1.37%）、娄底 2 所（2.74%）、湘西 1 所（1.37%）。

一、长沙市职业院校专业设置情况

长沙航空职业技术学院是地处长沙隶属空军装备部领导，全军唯一一所国民教育性质的普通高校，国家首批现代学徒制试点单位。2018 年长沙航空职业技术学院共设置 23 个专业，涵盖 4 个专业大类，其中设有与战略性新兴产业相关专业共 18 个，占比学院专业数 78%，占比全市专业数 5%。学院计划招生 3400 人，战略性新兴产业招收人数 2880 人，占比 85%（见表 5-1）。

表 5-1　长沙航空职业技术学院 2018 年战略性新兴产业相关专业设置情况

院系类别	战略性新兴产业相关专业	招生人数
航空机电设备维修学院	飞行器维修技术（飞机修理）	80
	航空发动机维修技术	80
	无人机应用技术	50
	通用航空器维修	50
	复合材料工程技术（航空复合材料加工与应用技术）	55
	理化测试与质检技术（检测技术及应用）	15
航空机械制造学院	飞行器制造技术	90
	航空发动机制造技术	50
	工业机器人技术	30
	机电一体化技术	80
	焊接技术与自动化	30
	数控技术	80
航空电子设备维修学院	飞机电子设备维修	40
	导弹维修	40
	应用电子技术	40
	电气自动化技术	40
	民航通信技术	40
士官学院	飞行器维修技术（飞机维修）陆航	160
	飞机电子设备维修（陆航）	80
	通用航空器维修（陆航）	280
	飞行器制造技术（海军）	80
	飞机电子设备维修（海军）	80
	导弹维修（海军）	80
	飞行器维修技术（飞机维修）（空军）	200

续表

院系类别	战略性新兴产业相关专业	招生人数
士官学院	飞机电子设备维修（空军）	50
	导弹维修（火箭军）	100
	导弹维修（空军）	150
	机电一体化技术（火箭军）	50
	电气自动化技术（火箭军）	50
	应用电子技术（火箭军）	80
	飞行器维修技术（飞机维修）（武警）	50
	无人机应用技术（武警）	100
单招	飞行器维修技术（中外合作办学）	50
	飞行器维修技术（飞机修理）	50
	复合材料工程技术（航空复合材料加工与应用技术）	45
	理化测试与质检技术（检测技术及应用）	40
	飞行器制造技术	25
	机电一体化技术	50
	工业机器人技术	25
	焊接技术与自动化	30
	数控技术	25
	应用电子技术	60
	合计	2880

航空装备维修工程学院设有飞机维修、发动机维修、飞机控制设备与仪表、无人机应用技术、通用航空器维修等十二个专业及方向。飞机维修和飞机控制设备与仪表专业为中央财政支持的国家重点建设专业，湖南省示范性特色专业建设项目，飞机维修实训中心是湖南省重点实习实训基地。

二、株洲市职业院校专业设置情况

湖南汽车工程职业学院是地处株洲的国有公办全日制高等职业技术学院。2018 年湖南汽车工程职业学院共设置 41 个专业，涵盖 7 个专业大类，其中设有与战略性新兴产业相关专业共 24 个，占比学院专业数 59%，占比全市专业数 24%。学院计划招生 2314 人，战略性新兴产业招收人数 1230 人，占比 53%（见表 5-2）。

表 5-2　湖南汽车工程职业学院 2018 年战略性新兴产业相关专业设置情况

院系类别	战略性新兴产业相关专业	招生人数
士官教育学院	机械制造与自动化（火箭军士官）	40
	汽车检测与维修技术（火箭军士官）	100
	计算机网络技术（火箭军士官）	70
	计算机网络技术（女，火箭军士官）	10
	机械制造与自动化（战略支援部队士官）	25
	汽车检测与维修技术（战略支援部队士官）	35
	计算机网络技术（战略支援部队士官）	65
	计算机网络技术（女，战略支援部队士官）	5
车辆工程学院	汽车电子技术	115
	汽车智能技术	25
	新能源汽车技术	110
	智能交通技术运用	20
机电工程学院	工业机器人技术	45
	航空发动机制造技术	30
	机电一体化技术	125
	机械制造与自动化	45
	模具设计与制造	65
	数控技术	45
	应用电子技术	65

续表

院系类别	战略性新兴产业相关专业	招生人数
信息工程学院	大数据技术与应用	25
	计算机网络技术	45
	软件技术	55
	信息安全与管理	20
	移动互联应用技术	45
总计		1230

三、湘潭市职业院校专业设置情况

湖南理工职业技术学院是经省人民政府批准、教育部备案设立的全日制公办普通高等院校。2018 年湖南理工职业技术学院共设置 19 个专业，涵盖 3 个专业大类，其中设有与战略性新兴产业相关专业共 11 个，占比学院专业数 58%，占比全市专业数 12%。学院计划招生 2273 人，战略性新兴产业招收人数 1269 人，占比 56%（见表 5-3）。

表 5-3　湖南理工职业技术学院 2018 年战略性新兴产业相关专业设置情况

院系类别	战略性新兴产业相关专业	招生人数
新能源学院	太阳能光热技术及应用专业	114
	光伏发电技术与应用	257
	光伏材料制备技术专业	120
	分布式发电与微电网技术	86
	工业节能技术	40
智能制造学院	风电系统运行与维护	40
	工业机器人技术	154
	机械设计与制造	179
	电气自动化技术	117
	工程测量技术	80
	风力发电工程技术	82
总计		1269

四、湘西民族职业技术学院专业设置情况

湘西民族职业技术学院是湖南省湘西土家族苗族自治州人民政府主办，湖南省教育厅主管的湘西自治州唯一一所省属公办高等职业院校，为副厅级高校。2016 年湘西民族职业技术学院共设置 26 个专业，涵盖 8 个专业大类，其中设有与战略性新兴产业相关专业共 13 个，占比学院专业数 50%，占比全市专业数 33.3%。学院计划招生人数 1250 人，战略性新兴产业招生人数 630 人，占比 50.4%（见表 5-4）。

表 5-4　湘西民族职业技术学院

院系类别	战略性新兴产业相关专业	招生人数
经济贸易系	电子商务	50
	会计电算化	50
计算机系	计算机应用技术	40
	计算机网络技术	30
	计算机应用技术（软件）	110
机电工程系	机械设计与制造	40
	数控技术	80
	模具设计与制造	40
	焊接技术及自动化	30
	电力系统自动化技术	50
	电子信息工程技术	40
	工业机器人技术	40
民族艺术系	广告设计与制作	30

第二节　湖南职业院校战略性新兴产业专业设置特点

根据上述湖南省高等职业学校布局结构和专业设置数量描述，可以显现出湖南省高等职业学校战略性新兴产业专业设置正在日益发展，基

本上形成了多门类、多学科、较为完整的专业。湖南省高等职业学校在注重社会需求、专业种类日益增多、专业更新与调整加快、专业设置管理工作逐渐规范的同时，在一定程度上满足了湖南省战略性新兴产业发展对各类专门人才的需求。合理的专业设置是湖南省高职院校发展的目标，也是社会发展的要求，但是由于诸多原因，目前湖南省高等职业教育的专业设置呈现出以下特点。

一、主要集中在长株潭城市群

1. 战略性新兴产业发展集中于长株潭城市群

从整体布局结构来看，湖南省战略性新兴产业是以长沙为中心，呈现点轴布局模式，北向岳阳，南向郴州发展[①]。战略性新兴产业地区分布严重不均衡，长株潭城市群的示范拉动作用尚未突显。从经济总量来看，长沙是全省经济“龙头”，同样也是战略性新兴产业的“领航者”。根据权威数据显示，2017 年，长沙市战略性新兴产业增加值 1129.15 亿元，占全省战略性新兴产业增加值的比重达 36.6%。株洲市战略性新兴产业增加值 356.86 亿元，占全省战略性新兴产业增加值的比重 11.6%，湘潭市战略性新兴产业增加值 302.41 亿元，占全省战略性新兴产业增加值的比重 9.8%，就长株潭城市群的战略性新兴产业增加值占了全省比重为 57.9%。其他 11 个市州比例还不到一半。从结构上来看，“龙头”城市本身产业不大，示范拉动力不强，兄弟城市更是弱小，发展空间仍然巨大（见表 5-5）。

表 5-5　2017 年湖南战略性新兴产业的增加值及比重

市州	增加值（亿元）	占全省比重（%）
长沙市	1129.15	36.6
株洲市	356.86	11.6

① 王欢芳，熊思琦. 湖南省战略性新兴产业空间布局优化研究［J］. 湖南工业大学学报（社会科学版），2016，21（1）：38-43.

续表

市州	增加值（亿元）	占全省比重（%）
湘潭市	302.41	9.8
衡阳市	245.03	7.9
邵阳市	82.41	2.7
岳阳市	274.41	8.9
常德市	83.92	2.7
张家界市	6.43	0.2
益阳市	127.99	4.1
郴州市	303.38	9.8
永州市	44.12	1.4
怀化市	43.21	1.4
娄底市	81.55	2.6
湘西州	16.09	0.5
全省合计	3088.39	100.0

按照湖南省经济区域分布，将全省划分为了长株潭城市群、环长株潭城市群、大湘南地区、大湘西地区、洞庭湖生态经济区这五大经济区。环长株潭城市群是全省战略性新兴产业发展的主要集聚区，2017年实现战略性新兴产业营业收入 8664.07 亿元，占全省的 85.1%；实现利润总额 364.35 亿元，占全省的 84.5%；实现增加值 2601.33 亿元，占全省的 84.2%。其中，长株潭城市群实现营业收入、利润总额和增加值分别为 5672.75 亿元、259.26 亿元和 177.42 亿元，占全省比重均超过 55%，是战略性新兴产业发展的核心引领区。湘南地区和洞庭湖生态经济区产业营业规模基本相当，其战略性新兴产业营业收入分别为 1880.60 亿元和 1801.96 亿元；大湘西地区规模最小，营业收入为 821.94 亿元。从盈利能力看，长株潭城市群战略性新兴产业营业收入利润率最高，为 4.57%；环长株潭城市群为 4.21%，大湘西地区为

4.07%，洞庭湖生态经济区为3.80%，湘南地区为3.71%。从盈利角度看，长株潭城市群排名第一，环长株潭城市群排名第二，大湘西地区排名第三，洞庭湖生态经济区排名第四，湘南地区排名第五。从城市角度及经济区域角度发分析，长株潭城市群是全省战略性新兴产业发展的主聚集地，战略性新兴产业发展的核心引导地区。

2. 职业院校布局集中于长株潭城市群

湖南职业院校布局具有明显的城市聚集现象，尤其是中心城市，成为我省职业院校的主要集中地，表现为非均衡分布的特点。职业教育资源集中分布于中心城市，这是我省职业教育区域布局结构的基本特征之一；与之相反，非中心城市职业教育资源相对匮乏。职业教育资源分布不均衡的背景下，职业院校成为部分非中心城市最主要的职业教育机构，但职业院校的中心城市聚集现象依然比较明显。

我省位于中心城市的职业院校数量来看，各市州间差距比较大。就高职院校来说，根据下图显现，最明显的一个问题就是湖南省14个地级市中，73所高职院校有34所（46.58%）在长沙市，8所（10.96%）在株洲市，7所（9.59%）在湘潭市，位于中心的长株潭城市群就占据了67.12%的比例。总体上，高职院校的数量还是呈现出向长株潭城市群高度聚集，其余城市分散分布的特点，由此可见，湖南的职业院校布局也高度集中于长株潭城市群（见图5-1）。

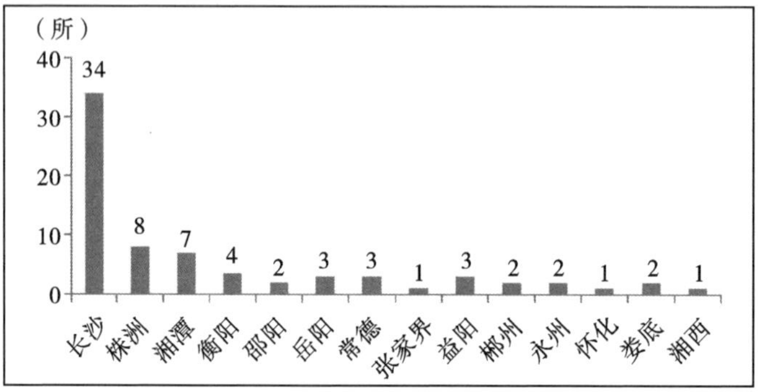

图5-1 2017年湖南省高职院校布局

3. 专业分布不均衡，专业布点集中于中心城市

在教育部 2017 年 1 月公布的 2017 年普通高等学校高等职业教育专业设置备案和审批结果中，湖南经省级教育行政部门备案的高等职业教育涵盖 19 个专业大类和 89 个专业类，专业共 413 个，专业点共 2131 个（含本科院校设置的专科专业），根据表 5-6 数据显示，在高等职业教育设置的 2131 个专业布点中有 1010 个布点在长沙市各院校中分布，163 个布点在株洲市，147 个在湘潭市，61.94%的专业布点聚集在长株潭城市群。从专业大类、专业类及专业覆盖比例上分析，很明显湖南高职院校的专业布点布局不均衡，存在聚集特征，大都集中在了长株潭城市群。

表 5-6　2017 年湖南省专业点覆盖情况

省市州名称	覆盖专业大类比例	覆盖专业类比例	覆盖专业比例	专业点布局数量	专业点布局比例
湖南省	100.00%	89.90%	55.21%	2131	100.00%
长沙市	100.00%	77.78%	43.18%	1010	47.40%
株洲市	73.68%	38.38%	13.10%	163	7.65%
湘潭市	68.42%	41.41%	12.57%	147	6.90%
衡阳市	73.68%	40.40%	12.57%	147	6.90%
邵阳市	52.63%	23.23%	4.28%	47	2.21%
岳阳市	68.42%	32.32%	7.89%	103	4.83%
常德市	73.68%	35.35%	8.42%	89	4.18%
张家界市	31.58%	14.14%	4.41%	50	2.35%
益阳市	42.11%	22.22%	7.09%	64	3.00%
郴州市	47.37%	15.15%	4.41%	56	2.63%
永州市	52.63%	23.23%	5.48%	65	3.05%
怀化市	52.63%	23.23%	4.95%	50	2.35%
娄底市	52.63%	27.27%	6.15%	73	3.43%
湘西土家族苗族自治州	57.89%	20.20%	5.21%	67	3.14%

总之，无论是战略性新兴产业、职业院校还是职业院校专业布点的布局上，湖南在区域上都是分布不均的，大都集中在长株潭城市群，这不利于湖南经济的平衡发展。从前文的数据中可以看到，湖南的职业教育资源绝大多数集中于长株潭城市群，战略性新兴产业也集中于此，而这也是促成长株潭城市群经济发展状况要优于湖南省内其他地区的原因之一。职业教育资源以及产业资源的过度集中，进一步拉大了长株潭城市群与省内其他地区的差距，使得湖南省经济发展态势出现了更加不平衡发展的现状。在前文论述中提到，经济发展态势良好的区域经济可以给予地方职业院校多方面的支持，这样的实情也吸引了各地方职业院校为了求得更好的发展，纷纷向长、株、潭城市群内聚集。这就加剧了湖南的职业教育在区域上的分布不均。这种职业教育资源不均衡状态造成湖南经济的不平衡发展，不利于湖南经济发展水平整体提高①。

二、专业设置重复率较高

湖南省高职院校专业结构在一定程度上存在专业重复设置的现象。各高职院校对办学成本低、社会需求多的专业易扎堆设点，如财经类专业、计算机类专业、工商管理类专业、机械制造类专业开设院校多，专业布点数明显超过其他类专业。其中专业布点数最多的是会计专业，多达 48 个，一半以上的高职院校开设了此专业，市场营销、电子商务、机电一体、计算机网络技术专业的布点数也超过了 30 个。专业布点数超过 20 个的专业也多达 17 个，具体如表 5-7 所示②。

表 5-7 湖南省高职院校布点数最多的 12 个专业情况表

序号	专业名称	布点数	重复率
1	会计	48	73.85%
2	市场营销	34	52.31%

① 刘琴．湖南地方高校与区域经济互动发展研究［D］．长沙：中南大学，2007.

② 阳益君．提高湖南省高职专业结构与产业结构吻合度的路径探析［J］．职业教育研究，2016（12）：21-25.

续表

序号	专业名称	布点数	重复率
3	电子商务	33	50.77%
4	机电一体	32	49.23%
5	计算机网络技术	30	46.15%
6	旅游管理	29	44.62%
7	数控技术、软件技术	27	41.54%
8	模具设计与制造、计算机应用技术、商务英语	25	38.46%
9	物理管理	24	36.92%
10	酒店管理	22	33.85%
11	建筑工程技术、工程造价、工业机器	21	32.31%
12	汽车营销与服务	20	30.77%

值得指出的是，相当多重复设置的专业，不同的院校并没有根据自身的特点和当地社会市场需要进行科学定位，形成各自的特色。专业设置中的一个极端现象是大部分专业集中在少数院校，这种“小而全”的专业设置，不仅分散了教育资源，而且也无法提升专业的水平。因高职院校的专业设置同时受到地区经济结构、劳动力市场人才需求，学生购买需求及学校办学条件等诸多因素的影响，是诸因素综合作用的结果。按照高职教育的基本办学指导思想，有一定程度上的专业趋同现象是正常的。开办热门专业，短期内有学生可招，能在一定程度上提高学生入学率，开办其他学校已经开办的专业，不仅能有效降低办学风险，又能在教学计划的制定方面有较多可以借鉴的地方。但同一专业在不同院校不停地重复开办，必然会引起各高职院校之间的生源大战，教育资源的浪费，并导致学校办学失去特色，学习质量下降①。

① 欧小炼. 湖南省高职院校专业设置的研究［D］. 长沙：湖南农业大学，2009.

三、中高职专业衔接不紧密

构建中等职业教育与高等职业教育，职业教育与普通教育、成人教育相衔接与沟通的人才成长“立交桥”，是深化我国职业教育教学改革，提高职业教育的质量和效益，形成学习化社会和终身教育体系的重要举措。尽管这一改革主张已提出多年，也取得了一定的成果，但还存在许多问题，在专业设置方面我省还表现为中高职衔接不够。一些中职设有的专业在高职却没有，导致某些专业的学生不能升入对口专业学习，具体表现在以下几个方面①。

1. 课程体系脱节

高等职业技术教育要注意和中等职业技术教育相衔接，首先要在课程上实现紧密衔接。这一点在我省当前的政策制定上还未作出明确规定，因此出现很多不应出现的问题，包括文化知识与实践脱节、课程开设重复等。我省虽然提倡大力发展职业教育，但是没有在政策上做出统一规定。如中等职业院校和高等职业院校都有汽车运用于维修技术这个专业，在没有统一规定的情况下，中等职业学校和高等职业学校可能会选择到相同的教材，造成了课程重复，很多以前学过的课程在学生接受高等职业教育期间仍然学以前学过的内容。

高等职业教育在教育理念上应与中等职业教育有所区别。很多中等职业教育重视应用课程，对基础文化课程给予足够的重视远远不够，基础文化课程在总课时中占到的比率远不及普通高中。因此，很多中等职业学校的学生在上高等职业技术学校的时候对基础文化的学习感到非常的吃力②。

根据职业教育法，中高职应该分属于职业教育的不同层次，专业课和实操课的培养应该遵循由低到高、由浅入深的教学过程。只有这样才能实行更好地衔接。但在现实中，中高职却缺乏与之相应的有效的沟

① 谢勇旗. 高等职业教育专业设置研究［D］. 天津：天津大学，2004.

② 陈燕. 中高职业教育衔接的制约因素及发展对策［D］. 长沙：湖南师范大学，2017.

通，也没有重点考虑它们之间的递进关系，没有制定统一的中、高职、应用型本科课程体系与不同层次职业教育课程标准，导致中高职课程衔接不畅，造成教学资源的极大浪费，不利于教学过程中高质量人才的培养[①]。

2. 专业课程内容有重复

中高职院校各自构建课程体系，确定课程教学内容与实践教学安排上彼此缺乏沟通，造成了在某些专业课程内容上的重复。可能会出现学生抱怨，上大学期间的课程包括理论课和实操课与中职所学有重叠之处。这样不仅造成了教育资源的浪费，也造成了学生学习时间的浪费，而且严重影响了学生的学习兴趣与积极性。

3. 中高职专业衔接不充分

目前，中高职教育之间依然存在着专业设置衔接上脱节的现象。中高职专业设置尚未形成统一的专业目录，中职与高职在相同或相近专业的设置上口径宽窄不一，专业接口容易脱节。近几年，中等职业教育面临着生源危机，很多学校为了保证招生数量，开设了各种热门专业；还有一些学校只是从学校自身的办学条件、师资类型等方面去设置专业，缺乏对劳动力市场需求变化的宏观分析。而高等职业教育由于受到办学条件、资金投入、师资力量等问题的限制，其专业设置范围相对较窄。一些地方的职业院校在专业设置的过程中缺乏规范性和统一性，中高职专业的名称、分类、范围、要求等也不匹配，存在同名专业异质或异名专业类似等现象，导致许多中职学生由于在高职难以找到对口或者相近的专业而改报其他专业，使得中职学生进入高职深造的愿望没有得到满足[②]。

在人才培养目标、培养方案、培养过程、评价等方面缺乏衔接，缺乏人才分段培养标准。高职院校，没有设置针对对口入学的中职毕业生编制专门的人才培养标准。由于中职学生入学时有一定的专业基础，但

① 黄桂美. 关于中职、高职、应用型本科层次专业衔接的探究［J］. 宿州教育学院学报，2017，20（5）：100-103.

② 邢清华. 中高职教育衔接问题及对策研究［J］. 辽宁农业职业技术学院学报，2014，16（1）：34-37.

文化课基础薄弱，接受新的知识方面的能力相对于普考的学生较弱，所以学生的学习压力大。针对中职学生在专业课与技能课中有一定的基础的情况，制定相应的专业课程，并加强文化课设置和学习。要有一套针对对口升学的评价、培养体系，使升入高职及本科后的中职生不要产生厌学情绪，影响了学习热情。

总之，缺乏一套科学而完整的课程体系，造成了中高职专业设置衔接不畅，也极大地影响了职业教育的发展[①]。

四、专业建设普遍比较薄弱

1. 专业整合不够合理，缺乏科学性

通常，专业群是以专业技术基础相同或相关、具有共同的专业技术基础课程和基本的技术能力要求的若干个专业整合而成。但实际上很多专业群的专业划分不够科学合理，很牵强地把一些不相关的专业划分到同一个专业群里，或大都仍限于现有学院或系部的内部，较少有跨院、系的专业群合作。这样，相关资源没有得到共享，同时还限制了该专业的发展。

另外，由于高职专业设置的研究薄弱，各高职院校缺乏高职专业设置的基本理论知识，不了解专业划分的基本方法、专业设置的基本原则、专业设置的依据和专业设置的基本程序，也不了解如何进行专业设置的评估。许多高职院校，没有专业设置委员会，即使有专业设置委员会，人员构成不合理，基本上无法开展专业设置方面的研究工作，不能正常发挥其作用，难以起到参谋、咨询和服务的作用，形同虚设。在专业设置之前，一些院校不是进行调查、分析、听取各行业、企业技术专家的意见，而是效仿别人，开办其他学校办得较好的专业，有的甚至是全盘照搬，根本不考虑自身条件及外部因素的影响[②]。

---

① 黄桂美. 关于中职、高职、应用型本科层次专业衔接的探究［J］. 宿州教育学院学报，2017，20（5）：100-103.

② 邵建平，傅家旺，胡立和. 湖南高职教育专业布局现状调查与分析［J］. 产业与科技论坛，2010，9（11）：128-131.

2. 专业群共生发展意识不强，专业建设滞后

专业群建设是一个群内各专业互动、整体不断创新发展的过程。专业群的形成与发展依赖于专业群内的相互交流、内部资源的有机整合。但目前这种聚集更多的是“形聚”，而未在师资、教学资源等方面形成真正意义上的集聚体，即没有真正实现资源的共享。专业群内各个专业或专业方向之间联系不够紧密，群内专业沟通与交流不足，教师的合作意识不是很强，不能充分发挥专业群教师队伍团队优势，制约了专业群发展。

由于近年来的扩招，学校规范扩大迅速，专业增长较快，师资队伍建设、专业建设相对滞后。一些学校不顾自身实际，开设投入少、经济效益好的通用专业，一些院校片面追求大而全，一味扩大专业规模，导致学校间专业设置趋同，学校原有的行业背景、专业特色削弱，毕业生就业竞争加剧。

随着办学规模的不断扩大，部分院校特别是新建院校，为了应对院校评估的要求，申请增设新专业超过 6 个。造成办学投入不足，相应的建设措施不能跟上，缺乏必要的实验实训条件，教学效果较差。专任教师数量不足，兼职教师数量比例较大，专业建设仅靠相关专业领域的教师支撑，往往忙于应付教学任务的完成，难以保证教学质量[①]。

3. 专业群的管理运行机制不够完善，缺乏有效的专业群评价体系

部分职业院校构建特色专业群时，仍然停留在传统的专业建设的思路上，对专业群的组织架构、人事安排、待遇薪酬等专业群的管理与运行方面考虑欠缺。以行政管理部门系或教研室作为专业群建设主体，倾向于沿袭院系现有的规章制度，院系的规章制度与专业群建设发展的适配性束缚了专业群的协同创新；专业群内各建设主体间的责任划分不清，专业群建设的工作机制不够完善；从专业建设长远发展看，专业群建设缺乏整体规划，如有的院校在没有对新增专业进行调研论证的前提

① 郭蓉菊，张华. 产业转型升级背景下湖南高职院校的专业设置 [J]. 文学教育（下），2016（7）：90-91.

下，盲目随意增设专业。

专业群建设评价指标体系是专业群建设的检验标准，任何形式的教学改革，其内涵必定是提升人才培养水平。从专业群的建设上来说，评价体系就是要量化专业群建设教学成果。建立健全一整套与专业群建设相符的科学合理的专业群评价指标体系是专业群建设工作的核心之一。评价体系的缺失造成了很多高职院校虽然有“专业群”的外在形式，但在专业申报和建设工作上，仍在走规模、数量为指导的老路。

五、专业设置缺乏前瞻性

根据市场变化所反映的短期性人才需求与高职院校固定的周期性人才培养模式是相互矛盾的，要求高职院校专业设置需要适度超前。根据区域经济发展的特点，通过精确的市场调研与评估，对市场所需求的技能人才可以进行有目标的培养，在湖南的高职院校中，信息、节能环保等相关产业的专业设置比较齐全，但是在一些前景性的、战略性的新兴专业还是比较缺乏考虑，特别是“中国制造 2025”要求的专业种类设置相当有限，这就证明湖南很多高职院校在专业设置上缺乏预判性，考虑不够前沿，对国家的战略发展方向、区域产业结构没有做出精准的分析判断。

影响和制约高职院校专业结构的因素比较复杂，区域经济结构和国家重大政策对它的影响比较关键，也是现今高职院校专业设置与调整的根据。目前湖南（特别是长株潭地区）将第二、三产业作为区域发展重心，可是在湖南很多高职院校与这两个产业相关的专业设置不够，就读人数过少，无法满足区域经济发展的速度，而且“中国制造 2025”观念引领下五大工程、十大领域所涉及的专业十分稀缺。比如机电类专业、传统制造类专业、传统维修类专业设置较为丰富，学生人数较多，但是复合型专业的设置还是空白①。

---

① 王峰．“中国制造 2025”背景下高职院校专业设置与湖南区域经济适应性研究［J］．湖南税务高等专科学校学报，2017，30（1）：60-62．

第三节　湖南职业院校专业设置与区域产业适应性分析

一、从战略性产业发展看湖南省职业院校专业设置适应性问题

2014 年，湖南全省地区生产总值达到 27048.5 亿元，同比增长 9.5%，连续四个季度稳定在 9%以上。其中七大战略性新兴产业增加值 3088.39 亿元，占比 11.42%。营业收入总值 10177.24 亿元。其中先进装备制造业营业收入 3165.77 亿元，占总营业收入值的 31.11%。新材料产业 2837.87 亿元，占比 27.89%，节能环保产业 1441.79 亿元，占比 14.17%，信息产业 1329.91 亿元，占比 13.07%，生物产业 671.5 亿元，占比 6.6%，新能源产业 580.37 亿元，占比 5.7%，文化创意产业 312.65 亿元，占比 3.07%（见图 5-2）。

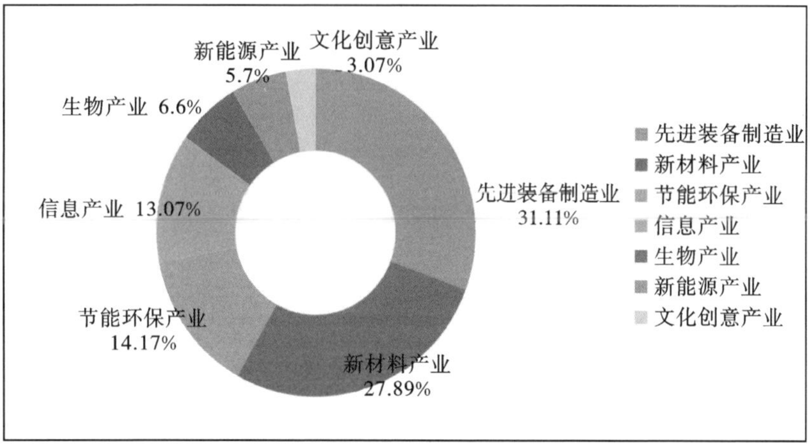

图 5-2　2014 年湖南战略性新兴产业占比分布图

数据来源：2014 年湖南战略性新兴产业发展报告。

2014 年，中高端工程机械装备及关键零部件行业实现营业收入 1739.57 亿元，占先进装备制造业的 54.9%；新能源汽车等整车新品及

关键部件行业营业收入 598.33 亿元，占 18.9%；高端电力牵引轨道交通装备及关键部件行业营业收入 487.37 亿元，占 15.4%。从盈利能力看，高端电力牵引轨道交通装备及关键部件、高技术船舶及海洋工程装备等行业盈利能力居前，三个行业营业收入利润率分别为 9.31%、9.11%和 5.92%；新能源汽车等整车新品及关键部件行业和大型冶金矿山设备行业盈利能力偏低，仅分别为 1.29%和 2.24%（见图 5-3）。

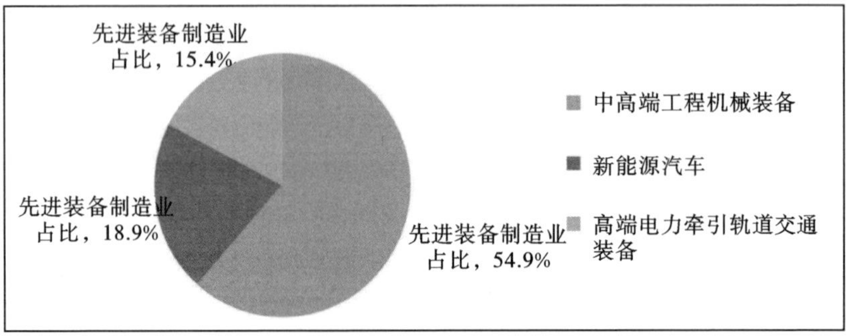

图 5-3　2014 年湖南先进装备制造业营业收入占比分布图

数据来源：2014 年湖南战略性新兴产业发展报告。

2014 年，金属新材料产业实现营业收入 1493.95 亿元，占新材料产业的 52.6%；化工新材料产业营业收入 789.65 亿元，占 27.7%；先进储能材料营业收入 242.69 亿元，占 8.6%，先进复合材料营业收入 216.78 亿元，占 7.6%，先进硬质材料营业收入 93.77 亿元，占 3.3%，其他新材料 4.02 亿元，占 0.1%（见图 5-4）。

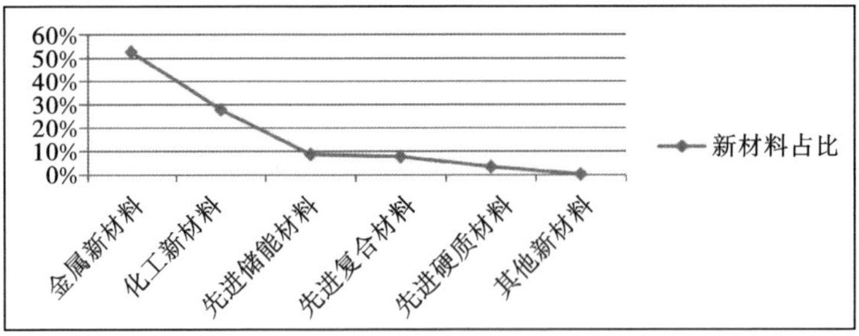

图 5-4　2014 年湖南新材料营业收入占比分布图

数据来源：2014 年湖南战略性新兴产业发展报告。

资源循环利用产业和节能产业是节能环保产业主要发展领域。2014年，资源循环利用产业实现营业收入703.57亿元，占节能环保产业的48.8%；节能产业营业收入703.57亿元，占41.3%；环境治理产业营业收入143.37亿元，占9.9%（见图5-5）。

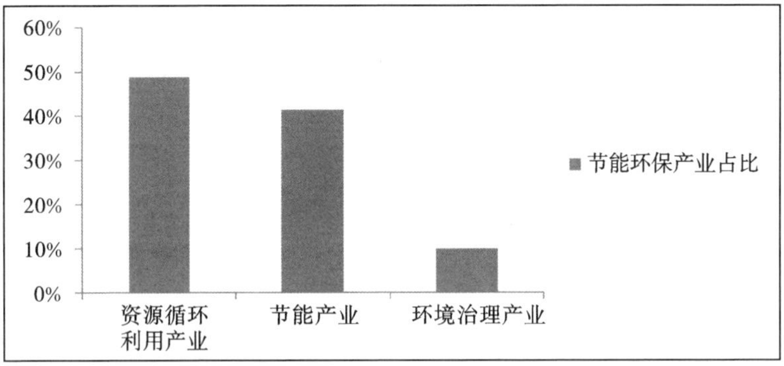

图5-5　2014年湖南节能环保营业收入占比分布图

数据来源：2014年湖南战略性新兴产业发展报告。

数字化整机和新型元器件是信息产业主要发展领域。2014年，数字化整机和新型元器件行业营业收入1158.67亿元，占信息产业的

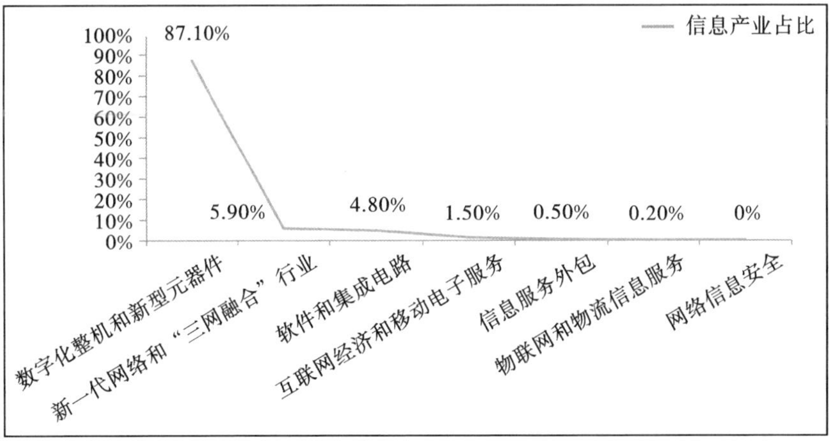

图5-6　2014年湖南信息产业营业收入占比分布图

数据来源：2014年湖南战略性新兴产业发展报告。

87.1%；新一代网络和“三网融合”行业营业收入78亿元，占比5.9%。除数字化整机和新型元器件行业营业利润率（3.07%）低于产业平均水平外，其他行业利润率都比较高（见图5-6）。

现代中药、化学药、粮油作物育种是该产业的主要发展领域。2014年，现代中药行业营业收入为208.64亿元，占生物产业的31.1%；化学药行业营业收入166.01亿元，占24.7%；粮油作物育种营业收入90.29亿元，占13.4%。其中畜禽水产育种、医疗器械及制药设备、特色品种育种、经济作物、绿色农用生物产品、生物制品比值均低于百分之十（见图5-7）。

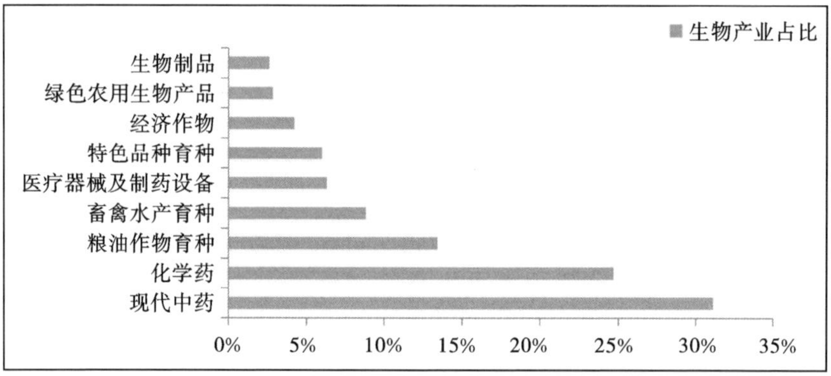

图5-7　2014年湖南生物产业营业收入占比分布图

数据来源：2014年湖南战略性新兴产业发展报告。

智能电网及关键装备、风电装备制造及应用和太阳能综合利用为主要发展领域，分别实现营业收入215.78亿元、144.05亿元和108.75亿元，合计占新能源产业的80.7%。核能发电及辅助装备制造、生物质能源装备、地热能及其他新能源占比也比较高（见图5-8）。

创意设计、数字媒体和数字出版是该产业的主要发展领域。2014年，创意设计行业实现营业收入158.12亿元，占文化创意产业的50.6%；数字媒体和数字出版行业营业收入分别为81.96亿元和71亿元，占文化创意产业的比重分别为26.2%和22.7%，动漫游戏占比最低只有0.5%（见图5-9）。

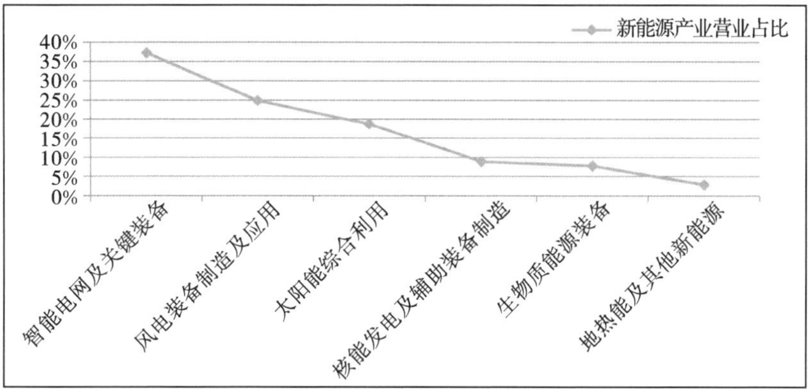

图 5-8　2014 年湖南新能源产业营业收入占比分布图

数据来源：2014 年湖南战略性新兴产业发展报告。

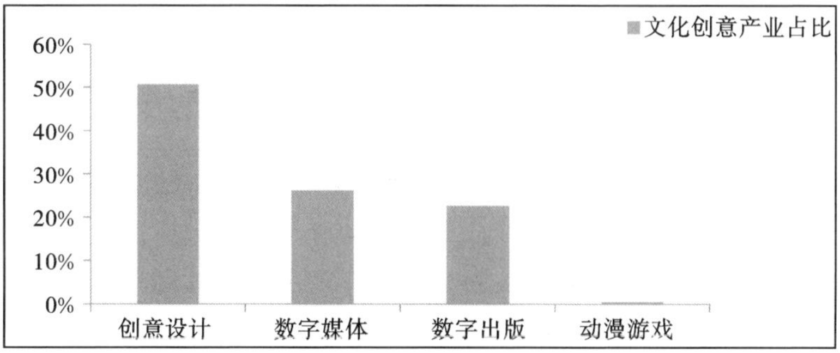

图 5-9　文化创意产业占比

二、从地市发展看湖南省职业院校专业设置适应性问题

1. 长沙市职业学校专业设置适应情况

2014 年，全省七大战略性新兴产业共实现营业收入 10177.24 亿元，同比增长 11.1%。其中，长沙市战略性新兴产业营业收入 3804.37 亿元，占全省的 37.4%。新兴产业持续走强，2015 年较 2014 年，生物医药、电子信息、新材料产业增加值分别增长 16.5%、14.5% 和 12.6%。

长沙航空职业技术学院是一所国民教育性质的普通高校，国家首批现代学徒制试点单位。整个学院所设专业数共为 37 个，设有与战略新兴产业相关专业 32 个，占比学院专业数 86%，占比全市专业数 10%。学院招生人数为 3400 人，其中战略性新兴产业招生人数 2880 人，占比 85%。就业人数为 2983 人，战略性新兴产业就业人数为 1828 人，占比 61.28%（见图 5-10）。

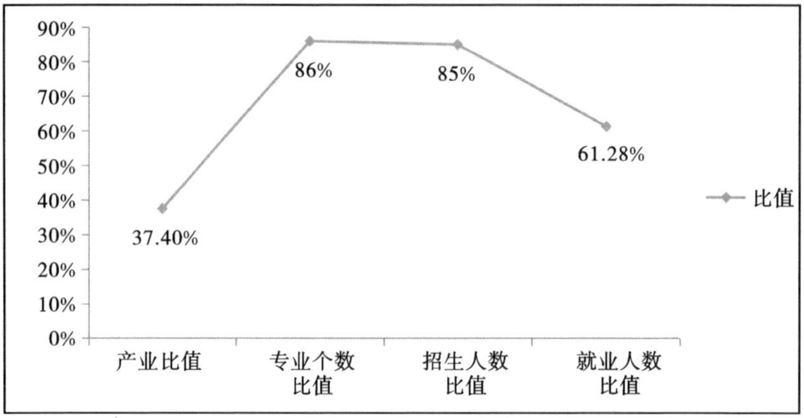

图 5-10　长沙市职业院校专业设置与产业结构适应图

长沙航空职业技术学院专业个数比值和招生人数比值只有百分之一的差距，基本持平，但战略性新兴产业专业个数与计划招生人数远远超过新兴产业所占比值和当前就业人数比值，说明战略性新兴产业专业在长沙航空职业技术学院有较好的发展，但与长沙市新兴产业人才结构存在一定的出入，与其发展不适应。

2. 株洲市职业学校专业设置适应情况

2014 年，全市七大战略性新兴产业企业实现增加值 356.86 亿元，比上年增加 62.86 亿元，是 2011 年的 1.28 倍；占地区生产总值的比重为 16.5%，比上年提高 1.4 个百分点，比 2011 年下降 1.3 个百分点。截至 2014 年底，全市共有战略性新兴产业企业 304 家，比上年增加 9 家，比 2011 年底增加 7 家。涉及战略性新兴产业的规模工业企业 244 家，占全部战略性新兴产业企业的 80.3%，比 2011 年下降 1.2 个百分点；限额以上服务业企业 60 家，占比为 19.7%，比 2011 年提高 1.2 个百分点。2014 年，先进装备制造业实现增加值 213.21 亿元，增长 18.2%，占七大战略性新兴产业的比重为 59.7%；新材料产业实现增加值 70.61 亿元，增长 9.7%，占七大战略性新兴产业的比重为 19.8%。其他五个行业占比不足 10%（见图 5-11）。

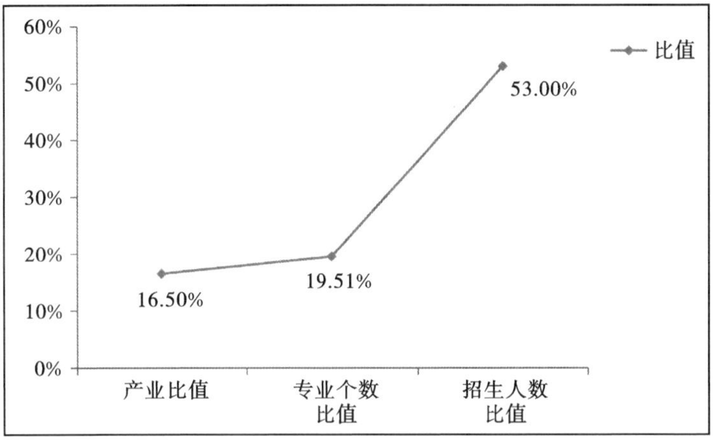

图 5-11　株洲市职业院校专业设置与产业结构适应图

全省七大战略性新兴产业增加值 3088.39 亿元，全市七大战略性新兴产业企业实现增加值 356.86 亿元，占地区生产总值的比重为 16.5%。株洲市职业学校为湖南汽车工程职业学院，是株洲市国有公办全日制高等职业技术学院，所设专业数共为 41 个，设有与战略新兴产业相关专业 8 个，占比学院专业数 19.51%，占比全市专业数 8.16%。学院招生人数为 2314 人，其中战略性新兴产业招生人数 1230 人，占比 53%。

湖南汽车工程职业学院的专业个数比值与株洲市整个战略性新兴产业比值非常相近，说明其专业设置在一定程度上很好地适应了新兴产业的结构。但湖南汽车工程职业学的专业个数和招生人数上一定程度上超于产业产值，特别是招生人数比值，反映湖南汽车工程职业学院在战略性新兴产业的专业设置上具有一定的超前意识，但与株洲市目前产业发展未能适应。

3. 湘潭市职业学校专业设置适应情况

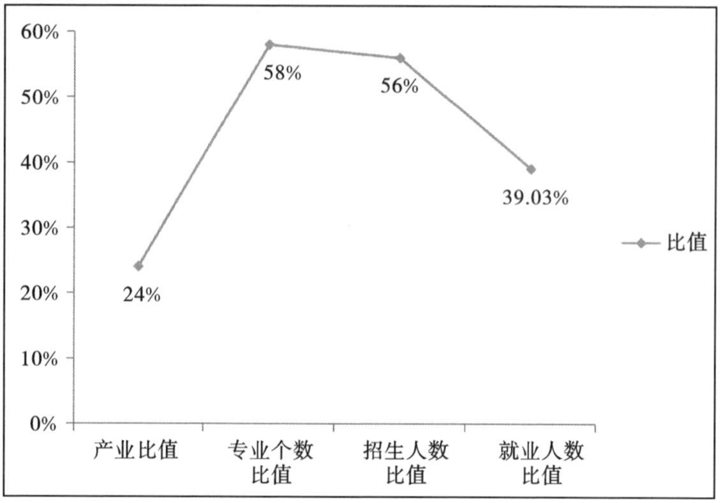

图 5-12 湘潭市职业院校专业设置与产业结构适应图

2010 年，全市六大战略性新兴产业完成总产值 350 亿元，占全市规模工业总产值的比重达 24%。同年先进装备制造产业企业完成工业总产值 120.83 亿元，占全市规模工业的 8.11%。全市新材料产业企业共完成工业总产值 96.2 亿元，同比增长 26.2%。全市新能源实现规模工业增加值 32.56 亿元，同比增长 19.6%，完成工业总产值达 72.86 亿元。节能（装备和回收能）产业完成工业总产值 48.92 亿元，同比增长 38.8%；环保（装备）产业完成工业总产值 47.01 亿元，比上年增长了 39.7%。战略性新兴电子信息企业（含软件企业）达 12 家（新统计口径），2010 年完成总产值 11.34 亿元，占全市规模工业的 0.81%。全市生物医药产业完成工业总产值 7.2 亿元，预计 2011 年完成工业总产值 8.6 亿元，同比增长 19.4%（见图 5-12）。

湖南理工职业技术学院是经省人民政府批准、教育部备案设立的全日制公办普通高等院校。湖南理工职业技术学院共设置 19 个专业，涵盖 3 个专业大类，其中设有与战略性新兴产业相关专业共 11 个，占比学院专业数 58%，占比全市专业数 12%。学院计划招生 2273 人，战略性新兴产业专业招收人数 1269 人，占比 56%。学院就业人数为 1253 人，其中与战略性新兴产业相关的专业就业人数为 489 人，占比 39.03%。

湖南理工职业技术学院关于战略性新兴产业的专业设置和招生人数比例平衡，但其比例包括就业人数比例都高于产业比值，说明湖南理工职业技术学院在专业设置上远超当前湘潭市战略性新兴产业的发展，与其发展不适应，也说明湘潭市需要加快新兴产业的发展。

4. 湘西民族职业技术学院专业设置适应情况

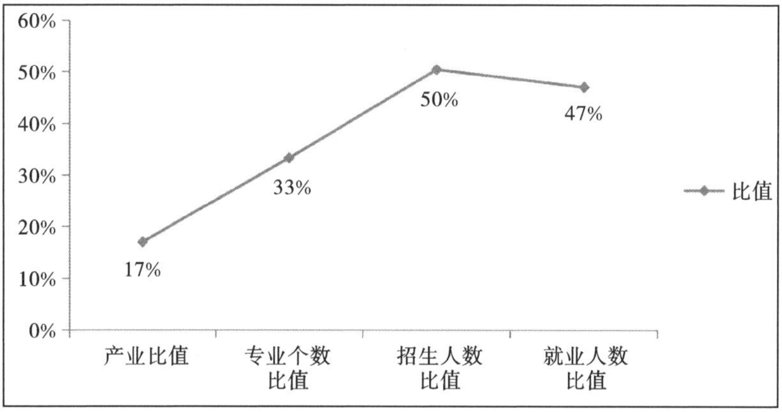

图 5-13　湘西民族职业技术学院专业设置与产业结构适应图

截至 2017 年，战略性新兴产业企业数量和规模不断扩大，竞争优势逐步增强。全省工业领域战略性新兴产业超过 2500 家，企业平均产值达 5.03 亿元。骨干企业对战略性新兴产业支撑作用明显，产值过亿元企业超过 1110 家，增加值和利税额占全部战略性新兴产业企业比重均为 97%左右；过 10 亿元企业达 73 家，增加值和利税额占比均达 60%以上。其中，三一集团、中联重科、中车株机等发展成为世界级装备制造企业，隆平高科、博云新材、长城信息、杉杉新材等成长为行业领军企业，湘电集团、时代新材、蓝思科技、中南传媒、永清环保、力合科技等成为行业龙头（见图 5-13）。

环长株潭城市群作为主要集聚区，占全省战略性新兴产业增加值比重超过84%，其中长株潭城市群核心区的营业收入、利润总额和增加值占全省的比重均超过55%。株洲市轨道交通装备产业集群产值突破千亿，打造了从整机、核心零部件到配套设施和运维服务的完整产业链。长沙市智能成套装备产业集群形成了关键零部件和控制系统、智能建筑机械成套装备和智能车间与自动化生产线产业体系。株洲市、湘潭市风电装备制造业构建了从控制系统、风力发电机组、叶片到整机系统集成的产业体系。以广电、出版、动漫、娱乐、创意为核心内容的文化湘军品牌集群稳步崛起，在全国具有较大的影响。湘南地区和洞庭湖生态经济区战略性新兴产业营业收入占全省比重均为21%左右，逐渐形成了生物育种、生物制造、新材料、电子信息等新兴产业特色集群。

湘西民族职业技术学院是湖南省湘西土家族苗族自治州人民政府主办，湖南省教育厅主管的湘西自治州唯一一所省属公办高等职业院校，为副厅级高校。2016年湘西民族职业技术学院共设置26个专业，涵盖8个专业大类，其中设有与战略性新兴产业相关专业共13个，占比学院专业数50%，占比全市专业数33.3%。学院计划招生人数1250人，战略性新兴产业招生人数630人，占比50.4%。湘西民族职业技术学院2015年总体就业率为85.11%，其中与战略性新兴产业相关的专业就业人数占比47%。

湘西民族职业技术学院的专业设置比值与招生人数比值几乎持平，但无论是全市的产业产值比值，还是学院的专业设置和招生比值相差幅度都较大。反映湘西民族职业技术学院未能适应战略性新兴产业的发展，在专业设置上还不能较好地适应其产业结构，招生人数和就业人数比值上未能满足新兴产业的人才需求。

综上所述，长沙、株洲、湘潭、湘西职业院校专业设置与战略性新兴产业适应性大体趋势与湖南总体趋势相同，职业学院专业个数比值和招生人数比值非常贴近，基本持平，说明职业院校专业和招生人数的设置结构均衡。但普遍战略性新兴产业专业个数与计划招生人数都远远超过新兴产业所占比值和当前就业人数比值，说明与湖南战略性新兴产业人才结构存在一定的出入，与其发展不适应。

三、湖南省职业院校专业设置与区域产业适应性其他问题

通过对湖南省七大战略性新兴产业的分析，未来几年湖南在先进装备制造业、信息产业、新能源产业、生物产业、新材料产业和文化创意及节能环保业等七大战略性新兴产业方面对人才需求较大，而湖南省高职院校除了在生物、信息和节能环保三大产业方面专业设置较为齐全外，其余所涉与战略性新兴产业相关的专业甚少，甚至在文化创意和新能源方面没有设置与之相关的专业。这充分说明湖南省高职院校在专业设置上缺乏超前性的原则，设置专业时没有考虑区域产业结构特点和未来重点产业的发展趋势，专业设置不尽合理，最终导致当前所设专业和战略性新兴产业不相适应①。

1. 专业设置与产业发展方向不一致

根据《湖南省新型工业化“十三五”发展规划》，“十三五”时期，湖南省加快建设制造强省，重点发展先进轨道交通装备、工程机械、新材料、航空航天装备、新能源汽车等产业。作为低空开放试点省份，湖南省出台了《湖南省通用航空产业 2013—2020 年发展规划》，明确指出：到 2020 年，全省航空产业实现主营业务收入达 1500 亿元左右；以长株潭地区为核心，逐步建成国内有重要影响力的通航产品研发制造基地、维修保障基地、中南地区通用航空基地和专属服务区。而在湖南 65 所高职院校中，仅有 2 所高职院校开设有航空类专业，开设有航空类专业的高职院校明显不足。此外，《湖南省新型工业化“十三五”发展规划》确立了“一核三极四带多点”发展格局。其中，依托洞庭湖生态经济区，大力发展临江、临港产业，建设长江中游区域性航运物流中心，打造岳阳新增长极，但分析岳阳市三所高职院校专业布点情况，仅有 1 所高职院校开设了 1 个临港专业。《规划》确立了郴州、永州为主体的湘南承接产业转移示范区，重点发展稀贵金属冶炼及加工等产业。

---

① 张科. 湖南省高职教育服务区域经济存在的问题及对策研究［D］. 南昌：江西科技师范大学，2014.

但统计发现位于产业转移区的 2 所高职院校，均没有开设与之对应的材料与能源专业，该专业人才培养空缺。可见，湖南省高职院校专业设置和产业发展方向产生不一致。

2. 专业定位与产业结构转型不对接

经济新常态要求加快转变经济发展方式、推动经济结构战略性调整，产业结构的调整和生产方式的变革又使社会职业岗位发生了很大变化，加大了对专业技术人才、经营管理人才、技能人才的需求。特别是节能环保、信息技术、新能源、新材料等新兴产业的兴起，对高层次应用型人才的需求日益迫切。高职院校专业定位本应适应产业结构的转型，但现实是高职院校专业定位与产业结构转型的要求之间存在一定的偏差。湖南省高职院校专业超过 35 种的达 6 所，且所覆盖的专业大类均在 6 个以上，3 所高职院校所覆盖的专业大类甚至超过 10 个。部分高职院校在设置专业时，忽视学校原有行业背景及专业结构合理性等，片面追求大而全，设置的专业多且跨度太大，专业间缺乏联系，集聚度不高，同质化现象严重，专业特色缺乏[①]。

当前多数湖南高职院校的办学定位并不是建立在战略性新兴产业的特征及发展趋势的基础之上，大都仍停留在学校自身的传统专业扩招基础上。据统计，湖南省高职院校开办最多的 20 个专业全是传统专业。从专业结构来看，大部分职业院校开设的专业仍是以服务传统产业为主。例如，文科以工商管理、商务英语、市场营销为主，理科以机械、电气、模具为主。而战略性新兴产业的大部分产业缺乏足够相关的专业点支撑。部分高职院校虽然先行一步，开设了与七大战略性新兴产业中部分产业对接的专业，但大多规模较小且受师资队伍、教育经费等因素影响，其实际办学效果难以到达预定目标。高职院校普遍存在办学定位不明确、办学特色不鲜明等问题，其培养的人才在数量上和质量上均达不到战略性新兴产业对员工的要求。

---

① 朱厚望，刘阳，龚添妙. 湖南高职院校专业与产业对接机理及路径研究 [J]. 高等职业教育（天津职业大学学报），2016，25（5）：3-6.

3. 专业设置无法适应地方战略性新兴产业发展

地方战略性新兴产业一定是高职院校专业设置的倾向，并以此为中心辐射多个专业，打造品牌专业群，通过此种方式形成的专业群对教学组织、实训实践场地和相关设备的利用、教师潜力的展现、学生的学习热情激发都将有重大作用。根据湖南省“十三五”规划的安排，要求推动生产方式向柔性、智能、精细转变。重点在先进轨道交通装备、工程机械、新材料、新一代信息技术产业、航空航天装备、新能源汽车、电力装备、生物医药及高性能医疗器械、节能环保、高档数控机床和机器人等专业种类上发力，在“湖南‘十三五’”和“中国制造 2025”双重发展背景下，湖南区域经济的发展不仅对技能人才数量有新要求，人才专业的结构也需要做出改变，高职院校应主动对接产业，服务区域经济建设，培养支柱产业所需求的专业技能人才①。

此外，在湖南，尽管绝大多数高职院校的专业设置已经面向市场，但很多高职院校的专业发展仍然缺少规划，重文轻理、重传统专业轻新兴专业，传统理工专业和经管类专业依旧是各高职院校建设的重点，其原因也很好理解，对于战略性新兴产业所急需的相关专业，一是战略性新兴产业相关专业面临的多为全新领域，对高端技术技能人才需求的标准处于不断探索阶段，人才培养目标、人才培养规格、人才培养模式的选择等模糊不清。二是高职院校师资储备不到位，师资转型和实训设备投入本身就是个问题。三是专业建设、课程建设和教学内容以及教材建设也存在着重构问题。因此，投入到与新兴产业技术相关的专业上的精力和资金明显不足，社会发展急需的新兴专业和边缘专业没有得到应有的重视，学生所学的专业与社会需求不对称，课程内容与新兴产业发展不协调，造成学生结构性失业②。部分高职院校的服务功能单一，很大程度上只从人才培养角度出发，难以满足新兴产业对技术服务、技术培

---

① 王峰. “中国制造 2025”背景下高职院校专业设置与湖南区域经济适应性研究 [J]. 湖南税务高等专科学校学报，2017，30 (1)：60-62.

② 杨燕. 基于战略性新兴产业的高端技术技能人才培养方式调整探析 [J]. 职教论坛，2016 (21)：54-57.

训、技术推广等多方面的需求[①]。

本章小节

本章主要对湖南职业院校专业设置与战略性新兴产业适应情况做分析，分别阐述了湖南省职业院校战略性新兴产业专业设置情况、专业设置特点、专业设置与区域产业适应性三个方面。

首先，对长沙、株洲、湘潭、常德四个城市的高职院校的专业设置情况依据数据进行了分析。其次，依据数据对湖南省职业院校战略性新兴产业专业设置特点作出了如下分析：主要集中在长株潭城市群，专业设置重复率较高，中高职专业普遍比较薄弱，专业设置缺乏前瞻性、合理性。最后，从战略性产业发展、地市发展两个方面对湖南职业院校专业设置与区域产业适应性的相关问题作出了阐述。

① 黄建华，段文杰. 湖南高职院校服务战略性新兴产业现状及对策研究 [J]. 中小企业管理与科技（下），2016（1）：172-174.

第六章　职业院校服务区域战略性新兴产业的实现路径

顺应国家经济发展的脚步，湖南省根据自身所处的地理环境优势，转变经济增长的方式，调整现有的产业结构，来促进湖南省战略性新兴产业升级。湖南省处于东部沿海地区和中部中南地区、长江中游、洞庭湖以南，处于经济发展的黄金地带，具有绝对的地理条件进行战略性新兴产业发展。抢占未来产业的最高点，重视创新创造，来实施发展战略已经成为人们的共识。新兴产业创新要拥有创造性人才，新兴产业进步的关键是技术性人才，而人才的基础是就是教育。但如今职业院校的整体规划布局仍然不能满足战略性新兴产业对人才的需求，跟不上湖南经济发展的趋势，主要表现在专业结构、课程、实训基地、教学形式、教师队伍五个方面。因此职业院校必须迅速调整专业结构，开发一系列与战略性新兴产业相关的课程，建设与之相适应的实训基地，培养一支优秀的双师型教师队伍，运用新的教学思路，使职业教育更好地服务战略性新兴产业。

第一节　依托战略性新兴产业的企业，推动产教融合

为了我国战略性新兴产业在未来国际竞争中占据有利地位，国务院于 2010 年 10 月 10 日颁布《关于加快培育和发展战略性新兴产业的决定》(国发〔2010〕32 号)，《决定》指出：战略性新兴产业是以重大技

术突破和重大发展需求为基础，对经济社会全局和长远发展具有重大引领带动作用，知识技术密集、物质资源消耗少、成长潜力大、综合效益好的产业①。2014 年 5 月，为加快我国现代职业教育的发展，国务院颁发了《关于加快发展现代职业教育的决定》。《决定》要求：加快构建现代职业教育体系，巩固提高中等职业教育发展水平，创新发展高等职业教育②。2017 年 1 月，国务院颁发《国家教育事业发展“十三五”规划》指出：推行产教融合的职业教育模式。推行校企一体化育人，推进“订单式”培养、工学交替培养，积极推动校企联合招生、联合培养的现代学徒制③。2017 年 12 月，国务院办公厅下发《关于深化产教融合的若干意见》（下文简称《意见》），将职业教育产教融合发展提到新的高度。产教融合是以提升行业企业参与办学程度，健全多元办学体制，全面推动校企协同育人为目标，构建教育和产业统筹融合、良性互动的发展格局④。无论是各级政府部门的导向、社会经济发展的模式转变，还是战略性新兴产业的发展与调整，这都不得不逆转职业院校的发展形势。职业院校与企业需要通过“产教融合”这一途径共同培养出新时代的高素质技能型人才，才能达成双赢互利的效果，使学校有根本性的转变，企业有更好的发展。

促进校企合作，实现产教融合不仅能够促进职业院校的自我发展，也能更好地服务于战略性新兴产业，为企业输送符合其需求的技能型人才。因此，针对以上所分析出的在“产教融合”这一方面的问题，我们亟须采取一系列的措施扫除其障碍。

一、更新校企观念，强化双方意识

第一，学校转变观念，强化服务意识。学校作为实施教育的主体，

---

① 国务院关于加快培育和发展战略性新兴产业的决定［EB/OL］.（2015-03-10）［2015-11-02］.

② 国务院关于加快发展现代职业教育的决定（国发〔2014〕19 号）［Z］. 2014-5-2.

③ 国务院关于印发国家教育事业发展“十三五”规划（国发〔2017〕4 号）［Z］. 2017-1-19.

④ 国务院办公厅关于深化产教融合的若干意见（国办发〔2017〕95 号）［Z］. 2017-12-19.

其首要任务及核心目标就是人才培养，对于职业院校而言，则是为社会、企业培养满足其需求的技能型、应用型、专业型的新兴人才。首先学校及教师需改变自身观念，更新封闭、落后、传统的教育教学理念，汲取历史的经验和教训，切不可走清朝“闭关锁国”之路，沉浸在自己搭建的“象牙塔”内。学校应意识到自身在“校企合作、产教融合”中发挥的主导作用，应以一种积极开发的心态，主动联系企业，与企业沟通合作，把为企业服务视为己任。教师应从长远利益出发，充分认识到加强校企合作将会给学校及自身带来突破性的发展，积极协助学校，加强校企合作，而不是目光短浅地认为校企合作将影响自身的利益而排斥合作。其次，学校应采取一系列的措施，加强人才培养，强化为战略性新兴产业的服务意识。“校企合作、产教融合”既是职业院校特色办学的一大理念，同时也是职业院校提升人才培养质量、服务战略性新兴产业的关键路径。因此，学校应实事求是，积极探索，选择适合本校情况的“产教融合”模式培养人才，更好的服务于战略性新兴产业企业。

第二，企业更新观念，强化责任意识。企业作为一个主体存在于这个社会，不只是有其发展、追求利益的权利，同时还要履行其一定的义务，承担一定的责任。有社会责任感的企业往往能够实现其核心目标，达到利益的最大化，有长远的发展。另外，“人往高处走，水往低处流”这句话并不是没有其存在的理由。虽然湖南是经济大省，也许不缺高端设备，但高素质高技能的人才不一定会屈尊留在此地，因此省内众多企业都面临着人才困难问题，往往很难招聘到自己需要的人才。校企合作、产教融合、订单式培养恰好解决了这一问题，企业可以参与到人才培养过程中，针对企业人力资源的漏洞，与学校共同培养人才弥补漏洞。促进校企合作，实现产教融合不仅能够为企业解决人力资源问题，同时也是企业承担社会责任的一种表现或途径。企业应该承担起人才培养的责任，为学校提供先进设备、场所、应用型老师，与学校共同开发课程、编写教材，为学生提供实训的机会。这种“十年树木，百年树人”的思想不仅仅适用于家庭、学校，企业也同样适用。通过这样人才培养的过程，企业才能够选择出自己满意的优秀人才，才能够为企业带来长远的利益，促进企业长远的发展。

二、完善政府政策，引导产教融合

校企合作、产教融合这一过程涉及多方主体，无论这种人才培养模式如何变化，政府都是作为此过程的中介者，以引导者、管理者、监督者的身份存在。政府应以统领全局的姿态采取一系列的行动充分发挥出政府导向作用、管理作用以及监督作用。政府应当把推进校企合作、推动产教融合纳入社会经济发展的规划中，将自己定位于中间人，充分发挥政府在此过程中所起到的牵线搭桥的作用。

第一，制定配套法律法规。由于产教融合涉及多方主体，其合作机制的构建应兼顾职业院校的人才培养、战略性新兴产业的发展以及社会组织的参与。因此，政府在制定“校企合作、产教融合”的相关政策时，应从职业院校、战略性新兴产业企业、社会经济发展的需求及利益出发，建立实施校企合作这一模式的系列法律法规，明确规定“政、校、企、社”四者在产教融合过程中的权利与义务。首先，以互惠互利、公平公正的原则，通过政策倾斜，鼓励引导相关企业进入学校，与学校达成合作，并对积极参与校企合作，推进产教融合的企业给予奖励或优惠，激励企业或一些社会组织的参与性。另外，制定一系列相应的法律法规规范、监督这一过程。政府、学校、企业三方主体共同参与，共同商讨校企合作的可行可推广的人才培养机制，使校企合作、产教融合成为人才培养的主要途径，促进战略性新兴产业企业和职业教育的可持续发展，推进校企双方的互利共赢。

第二，转变职业院校治理方式。目前，我们能够明显感觉到经济发展滞后的省市，其职业教育的管理模式仍旧处于高度集权的状态，或者处于封闭式的管理。因此，职业院校的转型是其发展的必然选择，这样不仅能够适应社会环境的变迁，并且能够谋求自身最大的发展，在发展中不断完善其管理及办学制度。转变职业院校的治理方式，政府将在其中发挥不可忽视的作用。作为顶层设计者的政府，需要厘清与职业院校的关系，明确其行使权利的范围，转变其角色定位，由传统的管理者逐步转向引导者、服务者及监督者。尤其在职业院校的招生、教学方面，政府要以服务者及监督者的身份学会尝试放手，逐步释放学校活力，充分赋予学校的办学自主权，强化其办学主体地位。

第三，构建转型导向机制。一是以分类管理的方式，通过给职业院校分类设置、分类拨款、分类评估，建立和完善职业院校管理机制，并建立与职业院校相适应的评价体系，促进其转型发展。二是在产教融合的机制下，加大双师型教师的培养力度，健全人才培养机制，双师型师资队伍建设是职业院校转型发展的主导力量。因此，政府须结合职业院校、行业企业及社会组织多方主体，共同参与到双师型师资培养的队伍中来。基于新兴产业与职业教育共同参与建构和分享的师资平台及人才培养平台，使职业院校人才培养供给与新兴产业人才需求相适应。三是充分发挥职业院校的本位价值，培养高素质高技能的新兴人才，并提供相应的生源渠道，建立政府财政支持机制，以完善职业教育制度，提升职业院校的社会认可度。

三、促进校企融合，实现互利共赢

第一，加强“订单式”人才培养模式。学校与企业加强沟通，紧密联系，展开深入的合作。在人才培养模式上，学校与企业仔细商榷，联合制定符合战略性新兴产业需求的人才培养计划。学校以对口企业的岗位对专业进行具体划分，并根据其岗位的具体工作任务进行分析，开发设置课程。为了使学生对自己未来所处岗位有一个全面的了解，更好地适应以后的工作，做到毕业就能上岗工作，企业则以岗位需求为主导的人才培养标准，按照培养未来员工的方式对学生进行教育和培养。同时，在课程设置上，要注意学生理论与实践的结合，加大学生校内外实践课程的比例，使学生能够做到以理论为指导，在实践中学习与工作相关的知识技能，提高学生的动手操作和实践能力。

第二，大力推广“校企融合”模式。学校和企业大力推广“校企融合”模式，融合企业产业和学校教学，将学生带入实际的企业环境，以车间为教学环境，在企业车间内展开课堂教学。学校可以以项目为中心的教学方法实施人才培养，主动联系企业，积极引进企业项目，在项目开发与研究中展开更深入更广泛的合作。这样既可提升教师与学生的技能水平，也可将学生在企业的实践由负担转为带动力，提高企业的利润增加值，加强企业的市场竞争力。例如，数控专业可以根据企业的新产品，与企业的专业人员共同开发新的数控程序。学校也可对学生进行模块化教学，从工作原理，到工作方法，到模拟训练，再到真实情景的演练，将学生的学习分为四个模块、四个阶段进行教学，在每一阶段后对学生进行严格考核，确保每一位学生的合格率。

第三，建立职教联盟。所谓职教联盟，即“一个或若干个发展较好的职业院校，联合相关的政府主管部门、行业协会和优质企业，以扩大办学规模、提高教育质量和实现双赢、共同发展为主要目的，以资产连接或契约合同为纽带，以集团章程为共同行为规范而构建的多法人联合体”①。职业院校可以通过职教联盟这一平台，主动了解当前战略性新兴产业的发展动态及相关企业的需求，更好地服务于战略性新兴产业或者相关企业。在职教联盟的推动下，职业院校主动与企业联系，积极与其他学校沟通，建立良好可行的长效人才培养机制，合力办学，实现机制共建、资源共享，保障职业教育的教学效果，促进职业教育的发展。

第四，打造产业服务平台。职业院校通过整合当地有效的科研或社会资源，以人力资源为载体，为战略性新兴产业的发展提供多方面的服务。通过这一平台，职业院校能够主动参与产业发展，支持产业发展，更好地服务于战略性新兴产业。可以说，产业服务平台是一种较高层次的产教融合形式，它改变了传统的校企合作中职业院校参与产业的合作模式。

四、整合有效资源，实现科学管理

目前湖南省正在大力发展以装备制造业为首的三大产业，各职业院

① 海南，杨春，孔庆仪．“校政企行”职教联盟的构建及运行机制研究［J］．北京政法职业学院学报，2015（1）：119-122.

校应抓住这一难得机遇，积极与相关企业展开合作充实自己教育资源、发展自己优势学科，在职业院校建设中争取领先地位。我省设备制造企业众多，职业院校采取将工厂搬进学校的合作策略，纷纷与企业合作建设校内实训基地，校中厂的格局已经初步形成。目前职业院校培养模式一般都遵循理论实践或者认识理论实践的步骤，其培养效率较低，理论知识不能与实践技能进行很好地结合。而我省职业院校可以利用便利的校内实践基地这一优势，将教室搬进车间，实行融合课程，一边教授理论知识，一边进行生产实践，理实结合，充分发挥双师型教师和兼职教师的资源优势，更好地提高毕业生的职业素养及专业技能①。

随着科学技术的发展，专业之间的界线越来越不明显，各学科专业之间往往相互渗透、相互影响。学校在进行专业建设过程中也应该对这个问题予以足够的重视，专业之间协同发展、共享资源，避免相同重复建设。比如一些基本的理论、实践课程，各专业可以协调甚至共同进行。对于培养基础能力或者使用技能相关的校企共建实训基地，各专业间应该建立互利共享机制，将培养高素质的毕业生作为首要任务。再比如，现在许多技术问题都是跨学科、跨领域的，并非单一专业能解决，这样相关专业之间可以作为一个协同的整体与企业方面展开项目合作，让学生在一个更广的层面上得到锻炼，提高学生的综合素质和解决实际问题的能力，这样既能更快更好地帮助企业解决实际难题，也有利于提高优势专业的知名度更好地与企业展开合作，同时还能带动相关联专业的发展。

此外，还需进一步推进职业教育集团化办学，新组建一批职业教育集团，促进校企良性互动和共同发展。我省制造行业发达，但行业内企业并非单纯的竞争关系，各企业及职业院校应该将眼光放长远，力争在中部甚至全国范围内，取得有利的竞争地位，为我省的发展做出贡献。据此，企业与职业院校之间开展多边合作，按照平等互利、资源共享的原则，提出建立职教集团。目前，职教集团还只是初具规模，集团内各

---

① 何海艳. 职业院校校企合作本土化的研究［D］. 长沙：湖南师范大学，2012.

方应本着开放互惠的态度加强合作，发挥各自优势，完善合作平台，实行集团内部人才和资源共享。随着集团的发展，可以探索建立区域性、行业性的合作联盟，加快校企一体化办学进程，推动校企合作由松散型向紧密型、双边型向多边型、浅层次向深层次、单向合作向双向合作、短暂合作向长远合作的转变。

第二节　对接战略性新兴产业，调整现有专业结构

湖南战略性新兴产业的发展需要职业院校培养的新兴技术人才作支撑，那么要使职业院校与新兴产业紧密对接，更好地为战略性新兴产业服务，需要多方面的因素参与，调整湖南省现存的专业结构。

一、经济发展为导向，调整专业结构

湖南省职业院校培养的人才直接促进产业结构与区域经济的发展，那么湖南省有关专业的开设和调整都必须符合战略性新兴产业的结构，促进湖南省产业结构与区域经济的进一步升级。职业学校的专业结构与战略性新兴产业结构形成双向互动，不能一方发展过快或过慢。战略性新兴产业的相关专业设置的发展程度与战略性新兴产业并齐，这就需要政府相关部门制定职业院校专业调整的制度和研究体系，职业学校自身以经济、市场对人才的需求为导向，完善学校内部机制，加强中高职的衔接，政府与职业学校双方参与，构建专业结构调整的共同体，优化专业结构，增加或减少某些专业的开设，实现二者的对接。湖南省战略性新兴产业布局对湖南地区做出了“两圈三带”的划分，而这个划分也正是湖南省专业结构规划的依据。大湘西生态自然文化旅游经济圈应该形成以旅游专业为核心，以造纸、食品加工、有色金属、生物医药、建材、装备制造新材料、化工等专业为整个生态圈内的主干专业。“3+7”长株潭城市群落经济圈应该形成以汽车及零部件、装备制造、生物医药、新型材料、电子信息、钢铁、食品加工、有色金属、造纸、石油化

工等专业为这一经济圈的主干专业。湖南京广铁路贯穿的经济带应该以高新技术、先进装备制造、新材料、能源电力、生物医药、化工、造纸食品加工等专业为这一经济带的主干专业。湖南长江沿岸经济带应该形成以造船、化工、食品、医药、电力、服装、轻纺、光电、冶金、信息、建材等专业为这一经济带的主干专业。沪昆铁路贯穿的经济带应该以装备制造、食品加工、有色金属、化工、建材、生物医药等专业为这一经济带为专干专业。

二、完善学校内部机制，优化专业结构

优化职业院校专业结构，还需要考虑的方面就是学校自身的内部机制。包括对职业能力的分析、对受教育者和教育者以及学校的软硬办学设备条件进行综合的考虑，分析自己学校的优弱势专业，迅速进行调整。创办与战略性新兴产业有关的专业课程，及时地进行优化调整，及时与其他职业院校的相同或类似专业进行比较，发挥自己学校的专业特色。同时可以开设定向班、订单式培养班，直接为战略性新兴产业输出适合的人才。才能更好地加强学校的办学能力。这样职业学校不仅可以扩宽学生的就业选择的方向，同时也提高了学校的办学效益。

1. 对职业要求进行分析

职业学校专业结构调整中，首先要考虑到战略性新兴产业岗位的相关职业要求，对职业教育专业结构做出规划，具体是要培养哪一方面的人才，要求培养的学生具有何种的素质及能力。那么这就需要学校的教育者走出校园，参与到社会当中、参与到企业当中。以新能源汽车产业为例，湖南的长株潭地区出现了很多的新能源汽车企业，例如长沙比亚迪汽车有限公司、湖南南车时代电动股份有限公司、众泰新能源汽车有限公司长沙分公司等。那么学校在开设新能源汽车专业的时候，教师要深入企业，了解新能源汽车的基本情况。向企业的新兴产业技术人员进行请教和沟通，直接与企业的技术专家、企业管理者共同进行行业分析，职业院校也可以请战略性新兴企业的技术人员来到学校对学生进行职业生涯指导，或者直接参与到实训课程中对学生进行指导。

2. 对受教育者的需求进行分析

职业院校的专业结构需要结合学生的需求，为学生着想，了解学生对工作的性质、条件、环境、待遇、发展可能的期望值，尽可能满足他们的多种合理要求。在专业结构调整的过程中，增加多一点的实训专业版块，建设校内实训基地，由实践经验丰富的教师来教学生，“做中教，做中学”，帮助学生巩固理论知识，提高动手操作能力。学校也可以组织学生参观战略性新兴企业工厂，由企业的员工为他们进行实训讲解，为学生提供最直观的感受。

3. 对教学的软硬件条件进行分析

学校教学的软硬件条件是专业结构进行调整的基础，教育软件条件包括课程的开发人员、师资情况还有学生水平及规章制度。专业结构调整需要一批优秀的课程开发人员，想要在原有的课程结构基础上转变成与战略性新兴产业相关的专业结构，或者是开发新的专业结构以适应战略性新兴产业，师资条件是进行教学的必要基础；学生水平的规章制度是用来衡量学生水平的标准，学生的入学水平是确定专业设计和专业调整的必要条件；教学硬件包括专业结构调整所需的课程标准、教材、教学参考资料、实验实习场所、实验设备等，这些都在一定程度上影响着课程结构，课程标准决定了专业结构调整的方向。专业结构调整中还要对学校的教材进行分析，了解教材是否符合专业结构调整后对人才培养的需要，以便及时更新教材。实验场所和实验设备也是同样要考虑的方面，以便随时在现有实验设备的基础上提出建造和预算、更新设备，明确各类软硬件的规格要求。

4. 师资队伍建设，提高专业建设的整体水平

教师的知识能力水平和素质高低直接影响专业结构的改造，根据湖南战略性新兴产业的需求，对职业院校专业结构进行改造的同时急需一大批优秀的教师参与到专业结构改造的过程当中来，而不是仅仅依靠学校管理者单方面的决策。职业院校应该多创造机会，帮助教师从多渠道中去丰富自己的知识层面，为学校的专业结构调整出谋划策，紧跟专业结构发展的趋势。

（1）提高教师对专业结构调整的参与度。专业结构调整不能单单只听从学院上层的意见，要鼓励教师都参与其中，提出自己的意见，杜绝教师“事不关己，高高挂起”的心理。以院系为一个单位，参用调研的方式，提高教师的参与度，为职业学校专业结构调整提出自己的见解。

（2）培养专业结构调整的带头人。专业结构调整的带头人是专业结构调整的主要决策者，起着带头的作用。所以专业结构的带头人必须具有清醒的意识，能够看清湖南省战略性新兴产业的发展趋势，及时地把握行业的发展情况，规定课程改革的整体思路和流程；是战略性新兴产业某一领域有权威代表性的人物或者在某一专业领域有代表性的人物；具有优秀的沟通能力和领导能力，与企业的管理者共同商讨如何调整专业结构，能够善于整合学校、社会各种资源；最重要的一点是能够根据学校的实际条件，制定符合学校、学生、教师的切实可行的专业发展计划，实现专业结构的可持续发展。

（3）打造“双师型”队伍。专业结构必备的硬件是合适的实训基地和先进的设备，那么专业设置和专业结构调整的关键则是理论能力与实践能力并存的“双师型”教师队伍。这样才能适应职业院校服务战略性新兴产业的需求，但同时对学生也提出了很高的要求，学生不仅仅是具备理论教学能力，更多的是强调实践技能。那么教师在提升自己的理论知识同时也要注意实践能力的提升，实现两者的综合。职业学校要注重提高“双师型”教师的比例，在暑假、寒假等假期安排学校的教师去企业进行实践学习，积累足够的工作经验，丰富教师的阅历，更好地进行教学。职业学院里一支数量充足、完全能够胜任专业结构调整工作需要的“双师型”队伍是十分必要的。

（4）提高教师的教育理念和教学水平。教师的教育理念应该随着时代的进步而进步，职业学校应该让教师了解和掌握战略性新兴产业下职业教育的思想，帮助教师树立新的职业教育观。培养为战略性新兴产业服务的人才，不断改进教育教学的方法，提高教育教学的质量，优化专业结构。

三、加强中高职衔接，形成专业一体化结构

中高职业衔接有利于提高职业教育的质量与效益，为战略性新兴产业培养更具有丰富知识的技术人才，构建学习型社会和专门化人才的培养。以祁阳县职业中专为例，根据湖南省教育厅《关于开展中高职衔接试点工作的通知》（湘教通〔2014〕144号）的文件精神，祁阳县职业中专被省教育厅确定为首批中高职衔接人才培养项目学校，即由祁阳县职业中专分别对接湖南大众传媒职业技术学院、湖南工业职业技术学院两所省内一流高职学院，分别开办了计算机网络技术、模具设计与制造两个战略性新兴产业大专班，实行中高职“3＋3”模式培养（三年中职＋三年高职），中职毕业发放全日制中职毕业证，高职毕业发放全日制大专毕业证。自2014年9月开始招收第一届大专班学生，目前已成功开办4届。

1. 中高职衔接大专班课程

学习中高职衔接大专班由对接的高职学院牵头，建立了“中高职衔接”课程体系，整合了中职、高职两个阶段的教学内容。前三年在中职主要学习语数英及专业的基础课，重点培养学生文化课知识及专业基础实践能力，后三年在对接的高职学院学习专业核心课，并在第六学年由对接的高职学院安排到国内外大型战略性新兴企业顶岗实习。

2. 中高职衔接大专班录取方式

中高职衔接大专班学生在完成三年中职阶段学习，并且每个学期考试成绩合格后，通过“单招”渠道进入对接的高职院校。“单招”是指经教育部批准，由高职院校“单独确定入学标准、单独组织入学测试、单独实施招生录取”的一种招生录取方式。我校对接的两所高职院校的“单招”考试内容为“笔试（文化课）＋面试”。对接高职院校根据学生在中职三年学习阶段的综合成绩及“单招”考试成绩，实行单独划线录取，录取率比较高。

四、制度和研究体系为导向，优化专业结构

1. 建立职业院校专业结构调整制度

制度先行已成为众多国家和地区专业结构调整的普遍特征。制度制定实现了对政府和职业院校的制约，同时也为职业院校的专业设置调整工作提供制度保障，让此项工作的顺利开展有法可依。职业院校的专业调整体现了地区政府在某个时期产业调整的规划和目标，此时政府必须采取一系列政府调控手段，而这种手段应该从过去单一的行政命令过渡为法律、经济等多手段并存的方式。此时不论是经济手段还是行政手段，都必须以法律为约束。如果缺乏法律约束，那么人为的某些因素就会影响政府调控的根本方向。因此应该建立合理的制度并且借助于法律的规范和权威性保障调整的作用得以发挥。在此基础上，依法执行行政要求、规范调整计划、范围、对象和程度。并根据制度规定，对行政干预的后果承担必要的责任。为了解决整个专业调整过程中职业院校专业设置主体利益不分、职责不清等问题，制度应该明确政府与职业院校的责任、义务，促使两者形成一种契约关系。

2. 建立职业院校专业调整的研究体系

研究体系的建立有利于明确双方责任，并形成制度约束。职业院校专业调整是一个系统工程，研究职业专业的调整问题，可以为保证职业院校专业结构调整的针对性、科学性和前瞻性，并为职业院校的专业调整提供理论指导。制定职业院校专业调整研究体系能有效避免职业教育无序发展，促进湖南省职业院校的协调发展，并优化院校结构。湖南省政府、湖南省教育厅、各相关职业院校、行业协会及第三方组织在体系研究中承担的角色和分配的任务各有不同，每个部分都是不可替代的，缺一不可。

首先，湖南省政府和省教育厅是职业院校专业调整的顶层设计者，主要研究湖南战略性新兴产业对应用型人才的需求变化，从而整体规划职业院校布局和调整方向。其次，职业院校作为院校层面的研究主体，其主要职责是结合省政府和省教育厅的指导政策，结合自身结构特点制订并实施具体的专业调整计划。再者，要发挥行业协会和第三方组织的研究作用。行业协会在职业教育发展中发挥了主导作用，贯穿专业结构调整过程甚至于整个职业教育的各个环节，这恰是我国职业教育发展过程中的薄弱环节，要求政府加快转变管理职能，将权力重心下移到行业协会，实现行业协会独立性，同时要进一步完善行业协会立法工作，赋予行业协会应有的法律地位，明确在职业教育领域，行业协会担负的具体责任、权利、义务。

第三节 依据战略性新兴产业对人才的需求，开发课程内容

新兴产业相关专业课程开发建设是职业院校人才培养工作的基础，也是职业教育人才培养工作的重点。担负着为战略性新兴产业提供优秀人才的重任。课程开发建设是一项系统工程，不是从某一个方面或几个方面突进就能实现，而是需要各方面的紧密配合，协力合作才能实现。在新兴产业课程开发建设过程中，并不是毫无章法的，要以专业建设的原则、目标等为指导，从多方面来进行综合分析。提出职业院校课程建设的途径，更好地促进专业和有关战略性新兴产业的发展，为战略性新兴产业培养合适的人才。

一、准确定位：课程建设的基本前提

1. 行业需求分析

2017 年湖南省发布了“十三五”战略性新兴产业的发展规划。规划中指出，“十三五”期间，湖南重点发展高端装备、新材料、生物、新一代信息技术、绿色低碳、数字创意六大产业领域。战略性新兴产业代表新一轮科技革命和产业变革的方向，是构建现代产业体系，培育新经济的关键。旨在加快发展壮大湖南省战略性新兴产业，培育经济新动能，推动产业迈向中高端水平。“十二五”以来，湖南省先进装备制造、新材料、文化创意、生物、电子信息、节能环保、新能源等战略性新兴产业呈现出规模化、高端化、集聚化的发展态势，增加值年均增长 17.4%，2015 年实现增加值 3335.31 亿元，占 GDP 比重达到 11.5%，成为支撑湖南省经济转型升级，保持经济中高速增长的核心力量。战略

性新兴产业发展迅速的同时，对技术人才的需求量也愈发加大，同时职业院校也需要开设战略性新兴产业相关的专业以适应战略性新兴产业的发展。

湖南战略性新兴产业需要大量高技能技术人才，专业人才需求凸显。通过深入行业与企业调研，我们发现：第一，战略性新兴产业行业对人才需求量很大；第二，目前的从业人员整体水平低，不能满足产业高端发展的需要；第三，刚毕业的学生在短期之内不能胜任具体的岗位工作。职业学校人才培养应该紧密结合目前存在的问题和城市发展契机，在课程建设上拓宽思路、创新思路，为湖南战略性新兴产业的发展需要服务，为湖南战略性新兴产业的人才培养建设提供必要的教育支撑。在湖南战略性新兴产业发展的进程中，提升湖南职业教育课程建设水平。因此针对湖南战略性新兴产业需求大、流动大的相关职业岗位，我们运用“干中学”的教学理念建设基于工作过程、以能力培养为目标、以就业为导向、落实职业能力培养的课程开发体系，具有重要现实意义。

2. 职业院校对于办学条件的自我认知

战略性新兴产业的相关课程开发建设的落脚点在一个“新”字，也就是说具有一定的超前性。因此，当职业院校在进行课程建设时，既要结合社会需求，又要切合自身实际，严格控制发展的规模，否则一味地追求短暂的经济利益或者与其他学校的盲目攀比将带来严重的后果，不但使学校背负沉重的负担，也会造成教学质量的严重下降。想要开发一个好的课程内容，需要职业院校基于自身的办学条件进行科学的规划设计，要形成完备的教学体系和师资力量，还要有配套的设备支持①。而由于战略性新兴产业相关课程建设所具备的一些特点对这些条件也就提出了更高的要求。在这些办学条件中，缺少任何一点都会直接造成课程建设质量的下降。因此，职业院校在考虑这些课程开发建设的时候，需

---

① 张翠芬. 高校新专业建设中存在的问题与对策［J］. 郑州航空工业管理学院学报（社会科学版），2009（1）：166-169.

要根据自身潜力，从实际出发，实事求是，依托职业院校本身所具备的传统优势专业，做到稳步发展，才能扬长避短，才能创造自身的特色。

3. 职业院校对于课程内容的准确定位

所谓的定位，主要包括人才培养目标的定位，学校办学定位，对职业院校专业课程布局方面的把握及相关课程的建设规划几方面的内容①。在这其中，对于人才培养目标的定位，主要是定位两个方面：一是需要培养的人才是哪种类型及层级；二是所培养的人才将来会从事怎样的工作，服务何方。对于这方面的准确定位将直接影响教学方法的选择及运用，师资方面的建设，课程体系的设置及培养模式的构建，对于学校办学定位和课程结构局面方面的掌握，则是学校和专业办学的指导思想的体现，它不仅会影响到课程建设规划的落实，而且对于学校今后发展的整体规划也会有一定程度的影响。而对于相关课程的建设规划主要是关系到对于课程发展目标的计划及专业建设工作应当如何展开的引导。一个精准的专业定位，需要对以上几个方面有一个正确及全面的把握，才能更好地进行课程开发。而战略性新兴产业相关专业开设课程的时间都较短，因此没有过多的课程建设经验可以借鉴，职业院校在准备对这些专业进行课程建设时，首先就需要对自身、产业及社会做出多方面调研，根据调研结果对这些新专业的发展、办学及人才培养做出规划及界定，从而对课程内容进行准确定位，为课程设置的专业指明发展方向。

二、宏观调控：相关专业课程建设的基本保障

战略性新兴产业是以重大技术突破和重大发展需求为基础，对经济社会全局和长远发展具有重大引领带动作用，知识技术密集、物质资源消耗少、成长潜力大、综合效益好的产业，对国民经济有较大影响。而对于产业的发展，人才方面的资源储备及培养非常重要，政府在其中应

① 林江漂，吴素梅，宋彩萍. 专业定位与专业建设：以上海高校为例 [J]. 高校发展与评估，2012 (7)：102-107.

该充分发挥好协调引导作用。

1. 制定课程建设经费投入政策

由于战略性新兴产业的相关课程建设需要高科技的实验设备、先进的实验室、同时师资队伍建设方面也需要投入巨额费用，因此，战略性新兴产业相关专业的课程建设需要巨大费用。可若是将这一笔费用完全由职业院校解决，职业院校恐怕难以承担。因此，政府作为职业院校相关课程建设中的引导者，在职业院校面临经费困境的时候，需要伸出援助之手。对于这种巨额经费援助，可以采取设立专项资金的办法，比如设立人才培养、人才引进、科学研究等方面的专项资金，通过制度来确保资金使用上的规范性。还可以通过出台相关政策争取相关企业或职业院校等合作单位的帮助，通过多个方面的合力，实现战略性新兴产业相关课程的开发建设。在具体实施过程当中，可以采取减免费用、提供政策扶持、加强合作平台建设等方式，加大支持力度。协调高新技术类企业，加强产学研合作力度，提供场所，为师生到企业调研、实习提供便利。

2. 完善校企合作关系的政策及制度

西方发达国家的校企合作之所以能有效展开，关键是他们有一套健全、指导性强的教育立法体系。有了明确规定，有利于合作各方明确在合作中的角色和地位，履行各自的职能，规范其合作行为，维护各自利益。可是，在我国虽然也出台过相关政策、法规来推动校企之间的合作，但是这些政策、法规大多还处于宏观层面，不够具体及完善，导致双方参与课程开发建设实际操作上指导性和约束性都不够强。因此在我国，校企合作的关系非常脆弱，合作的过程非常繁琐，合作的效率也就自然低下了。因此，政府需要尽快完善约束及保障校企合作关系的相关政策及制度，这样既能增强校企合作的内部驱动力，也能对外部条件予以保障，从而改善我国校企合作的合作环境。

3. 建立政府主导的协调机构

在进行战略性新兴产业相关专业课程开发建设过程中，我们一直都强调校企合作，但是由于职业院校与企业在相关专业的人才培养方面的利益诉求有所偏差，从而也就会造成一些问题，因此需要一个第三方来进行协调。而政府所具备的权力、号召力、对产业发展的迫切愿望注定其最为适合担当第三方这个角色。因此这时，我们就需要政府出面，成立一个由政府出面的专门的协调机构来负责协调校企合作的关系，统筹安排校企合作培养的相关事宜。

首先，政府可以成立校企合作教育决策委员会。校企合作教育决策委员会人员的构成具有多层次，一般由行政分管领导牵头，联合教育、科技、财政、发改委等部门，专门成立校企合作领导小组。校企合作教育决策委员会主要通过调查研究，履行决策职能，确定规划目标，协调多方资源和利益，制定政策并进行落实、引导，推进教育合作工作开展。在需要的情况下，可以进一步扩大校企合作决策委员会的组成人员范围，选择性地增加企业、学校等机构的代表。

其次，政府还可以成立校企合作教育执行委员会。通过政府职能部门牵头组成，必要的情况下可以邀请第三方服务机构提供技术支持。校企合作教育执行委员会的职能上划分，属于规划执行机构。可以采取研讨会、洽谈会等工作形式，加强与相关职业院校、企业、行业协会及第三方机构的交流合作，目的是通过执行已经确定的课程合作开发项目，实现双赢。

三、校企合作：相关专业课程人才培养的基本途径

1. 健全校企合作的组织实施体系

在战略性新兴产业相关专业课程开发建设过程中，我们一直强调校企合作，然而校企合作事宜的顺利开展不能全部依靠前面所提到的政府协调，更需要职业院校和企业双方能够建立相应的组织机构，从而保障课程开发工作的具体落实，并且需要注意的是虽然这些组织机构的建立是为了更好地进行校企合作的交流及课程开发合作，但是也应以契约的方式，厘清关系、明确责任。

第一，职业院校可以建立校企合作协调机构。

首先，职业院校可以增设专门的校企合作领导和管理机构，负责人

由职业院校指派领导去担任。这个机构的主要任务是对于职业院校与企业的合作课程开发建设事项进行一定程度上的指导及规划，实现资源配置上的优化，面对合作过程中所出现的问题，需要该机构进行统一协调。其次，职业院校可以增设校企合作办公室。这个办公室的作用主要体现在负责对外联络，包括课程开发。做好与外界的洽谈，对接工作，寻找合适的合作项目，跟踪校企合作并提供相应的服务，力争全面做好校企合作的相关工作。再者，职业院校可以组建校企合作教育项目的实施组织。而院系层面可以配合学校的这个实施组织展开具体的操作，在这个方面主要由职业院校和企业的具体业务部门负责，由项目实际负责人主持。最后，职业院校可以建立校企合作教育委员会。这个校企合作教育委员会的基本功能是起到纽带作用，实现职业院校、社会及企业之间的对于课程开发建设沟通和联系。通过委员会体制建立大学和企业高层定期会商制度和结成战略联盟，以促进校企合作中课程开发的深入开展。

第二，企业可以建立校企合作协调机构。

于企业而言，在开展校企合作进行课程开发时，也可以根据自己的实际需求成立教育处（科）具体负责与职业院校的联络，接纳及指导学生的实习以及教师的实践。此外，企业也可以推荐及鼓励企业内部有经验的优秀职工去职业院校做辅助实训教师，充分利用职业院校的人才，信息等资源优势，与职业院校共同进行课程内容的选择与开发，并且结合企业的生产需求，通过校企间的深度合作，进行相应的课程建设，与学校共同培养企业急需的人才。

2. 建立多元化联合培养机制

战略性新兴产业以高新技术为载体，但是技术越高新，其更新速度就越快，而随着技术发生变化，掌握及创新技术的人才需求也会随着发生变化，作为用人单位的主体—企业，对于产业所需人才需求上的把握会更加准确，因此，企业应该参与到课程建设的各个环节中来，让职业院校所培养出的人才能够与企业的岗位顺利对接。然而目前我国职业院校与企业之间的合作形式较为单一，时间也比较短，所以合作效果都不理想。因此，职业院校与企业之间需要建立“多元化”的联合培养机制[①]。

第一，校企可以共同制定人才培养方案。人才培养方案中由于涉及了人才培养的目标与规格，过程与环节，因此通常起到了指导性作用。而企业作为用人单位非常了解人才的需求，职业院校作为人才培养方非常熟悉人才培养的规律与过程，因此，在制定具有针对性的人才培养方案时，应该将两者结合起来。

第二，校企可以共同开发课程。通过展开校企合作，校方可以更加全面地剖析岗位所需人才需要具备怎样的知识、能力、素质结构，从而制作具有针对性的“能力菜单”，然后通过菜单设置具有针对性的课程。由于是校企共同开发相关课程，因此，在教学内容及教材的编写方面，可以加入前沿的科研成果、优秀企业的运营模式、企业文化等，从而增强学生在企业工作的适应性，同时校企可以共同建设师资队伍。在进行战略性新兴产业相关专业师资队伍的建设过程中，我们需要通过学校教师与企业中有经验且业绩优秀的员工之间的交流与合作来扩充现在职业院校在战略性新兴产业人才培养中贫瘠的师资队伍。

第三，校企可以共同实施分段教学。目前，很多职业院校普遍采取分阶段教学的方式，并且经过实践证明其具有一定的合理性。在分段教学的人才培养过程中，需要遵守职业院校教学的正常律，将基础与专业、理论与实践相结合，并且更好地贯穿整个过程中。然而，如果是校企共同实施分段教学，还需注重将学校的课堂教学与到企业实地考察学习相结合，通过让学生到企业实习，从而对课堂上学到的知识进行验证和提高。针对战略性新兴产业的人才培养，采取分阶段教学必须在保证教学效果的前提下，注重教学形式的灵活性，努力培养出理论基础扎实、创新能力较强的新人才。

第四，校企共建实验室。校企共建的实验室不仅承担着培养企业合

① 钟儒刚，俞佳君．战略性新兴产业计划人才培养的几点思考［J］．咸宁学院学报，2011（8）：1-2.

适人才的作用，同时也要做好在校生的培养工作，作为课程内容中的实训场地，积极地为社会提供相应的服务。校企共建实验室的实验对象和试验内容不尽相同，据此可以进行四个层次的划分。第一个层次主要是针对低年级学生的，属于基础常规实验平台，在此平台上开设的课程是基本试验理论知识，教学的方式也是基本实验教学方法，学生可以通过此项训练掌握基本实验技能。第二个层次是针对二年级以上的学生。可以通过此项训练掌握基本实验技能。第三个层次是针对二年级以上的学生，目的是通过综合应用实验平台，培养学生的综合应用能力，具体措施是开设些开放性、创新性实验项目及各种课程设计。第四个层次是针对学习有余力的学生，通过创新设计及和科学研究提供的实验研究实验平台提供开放的实验环境及完备的实验设备，从而激发学生发明创造的潜能。

3. 建立企业工程师与职业院校教师的交流机制

新兴产业的发展对人才提出了更高的要求，特别是强调产业所需人才在创造能力、研发能力及实践能力方面需要较一般人才有所提高。因此，针对这些高的培养要去，建设一支理论丰富、善于实践的双师型教师队伍也就尤为重要。新兴产业相关专业的教师，一定要有扎实的理论功底、较强的实践操作技能，对产业的发展动向也需要及时繁握。因此，面对这些要求，教师需要经常进入企业。在科研方面，教师可以将科研的课题放到企业的生产实践中去研究，从而使研究成果更加实用且全面。在教学方面，教师可以将在企业了解到的前沿技术、企业商业模式、企业文化等进行自我消化及整合，然而在将其带到课堂中去，从而使课堂教学更加有实用性及趣味性。企业工程师在企业的创新过程中是一个非常重要的元素，对于企业的发展也非常重要。因此，企业对于这样一支关键人才队伍的选拔与建设也必然投入了许多。而职业院校在进行人才培养的过程中，也可以借用这样一股力量。然而在这个过程中，需要注意的是，企业工程师虽然具备较为突出的实践能力，是由于他们长期都在企业的生产一线中工作，因此对于教育领域方面的知识必然比较陌生。所以，在校企合作的工程中，校方与企业都需要努力搭建平台，从而将教师队伍与企业工程师队伍有效结合①。综上所述，建立职业院校教师与企业工程师的交流机制是非常有必要的。然而如何建立相关机制，我们认为主要需要从以下几个方面考虑：首先要定期举办校企交流沙龙，凭借这种交流沙龙，双方可以通过彼此近段时间的工作状况及成果的介绍，了解彼此的最新需求，在这个过程中，职业院校教师与企业工程师都可以有所收获。并且，在此过程中，双方还可以就人才培养这个问题提一些建议，然后再各做调整。其次，在条件允许的情况下，职业院校与企业的高层应该鼓励教师与工程师去对方单位挂职，通过这种挂职，可以让职业院校教师及企业工程师的体验更加深入，也可以收获更多，从而促进双方队伍建设质量的提高。

四、交叉学科建设：相关专业课程建设的重要支撑

由于战略性新兴产业的发展及重大技术的突破需要多学科的支撑与协同，因此，战略性新兴产业相关专业也都是一些多学科背景下复合型专业，而对于这些专业的课程建设，也就需要从学科综合及交叉的角度对于相关课程进行有机结合及系统设置，因此，相关专业的课程建设需要以不同学科之间的交流、渗透及综合为基础，所以，加强交叉学科建设，打破学科之间的壁垒，是相关专业课程建设的重要支撑，然而，由于我国目前的交叉学科建设方面还处于非常欠缺的阶段，学科壁垒的顽固存在阻碍了不同院系间的交流及合作。因此，通过强化交叉学科建设的办学理念、建立学和科间开放的沟通机制来加强交叉学科的建设非常有必要。

1. 强化交叉学科建设的办学理念

目前我们正处于“后现代时代”，主要特点就是出于大学科融合性，主导价值观中非常注重交叉学科的建设。需要一些特殊技能的人才来将学生、教师、研究学者进行高度融合，也要加强业务技能的培训学习，

---

① 程洁红，周全法，洪燕云，等. 战略性新兴产业应用型人才培养的实践教学改革思路与措施［J］. 江山技术师范学院学报，2012（4）：97-100.

在这个大学科融合的时代，相互之间的界限日益淡化，等级相应地取消。因此，学科交叉是顺应社会分工细化及科学发展的必然结果，具有大学科时代特征。而战略性新兴产业本身也属于交叉性较强的高新技术产业，是多学科、多领域、各个学科技术的综合合成，反映在职业院校专业学科建设上，体现为在建设过程中应强化交叉培养创新人才的理念。然而，这种跨学科的交叉培养又是一项系统工程，它涉及多个部门，这也就需要各个部门首先解放思想，增强改革意识，拥有相关的理念，清醒地认识到交叉学科建设的重要性及必要性，并且还可以制定相关的政策、方针，提供各种便利条件。各个职业院校也可以根据自身的条件，采取系列论坛、讲座、大讨论等多种形式，促进管理层思想观念的转变、推动学术层不同学科之间的沟通和碰撞，为促进交叉学科建设提供强大的思想基础。

2. 建立学科间开放的沟通机制

在对于战略性新兴产业相关专业的建设过程中，我们需要建立职业院校内部各学科之间、院系之间开放的沟通机制，通过增进相互之间的讨论交流，迸发新的智慧。在我们国家，教师领域的划分通常以学科为中心画圈，在这个圈内的人因为有着相似的价值观念、工作认同等原因，走到一起，相互交流该学科方面的知识内容。只要是同一个圈子里的，就不会因为相距远近影响他们的联系，可是若是在不同圈子里的人，纵使在同一个学校也有可能不认识。然而，由于这些圈内的人员本来就是从单一学科的教学模式中培养出来的，所以对于知识局限性这个问题无法避免会出，再加上由于圈子的约束，他们也就难以突破圈子边界与其他学科的教师加强沟通交流，这也就使他们对于交叉学科的理解及研究困难重重，更不要说为相关交叉学科建设做出贡献。因此，在这样的情况之下，我们要加强建立跨学科、跨单位交流平台。此种交流平台可以是以学院、各系组成一维，交叉学科研究中心为横向一维的矩阵式，这样来，各种人力资源、物质资源都可以在不同的院系间自由活动，实现交叉学科的资源共享，促进各个学科的科研人员以及教师之间的交流，形成交叉学科发展的良好契机。同时我们要注重发挥处于联系点上的科研人员和教师的作用，注重发挥他们的激励性，他们处于联系沟通的关键环节，对整个体系起到支撑作用。此外我们需要鼓励像战略性新兴产业跨学科专业的建设、开设交叉学科课程外，还需要鼓励培养跨学科的教学团队，打破各个院系间各自为战的人才培养体系，理顺院系之间的利益关系，建立院系之间协调沟通机制。

第四节 满足战略性新兴产业的需要，建设实训基地

当前，随着湖南省经济发展呈现新的特点，以战略性新兴产业为布局，产业发展出现新的趋势，促进经济增长方式主要依靠技术进步、劳动者素质提高、管理创新转变。为了适应这种发展趋势，必须努力提升职业教育支撑湖南战略性新兴产业升级的能力，因此，实训基地建设应坚持协同创新、科学发展的原则，努力为湖南战略性新兴产业发展培养高素质技术技能人才，服务支撑经济发展方式转变和产业结构调整升级。职业教育实训基地是遵循技术技能人才培养规律，在真实或仿真的职业环境中，以作品或工作项目为载体，以综合职业素养和专门职业技能训练为任务，按照企业实际工作流程组织实训教学。随着我国加快培育和发展节能环保、新一代信息技术、生物、高端装备制造、新能源、新材料、新能源汽车等战略性新兴产业，以及湖南加快培育和发展先进装备制造、新材料、文化创意、生物、新能源、信息和节能环保等战略性新兴产业，对各类专业人才特别是高素质技术技能人才的需求持续增长，因此，加强实训基地建设，促进专业人才培养与战略性新兴产业人才需求对接，增强社会服务能力，是职业院校有效服务战略性新兴产业发展的基本途径。

一、改革校内实训基地的运行机制

实训基地的运行机制决定着实训基地运行效率，管理机制则是实训基地运行的关键，管理模式要先进。职业学院可根据所开发的战略性新

兴产业相关专业领域和行业背景及实际情况来确定管理模式，但最重要的是要加强教学管理、设备管理、工具管理、材料管理以及学生管理，确保实训教学的优质高效和资源的合理利用，避免重复建设。其次是管理制度要健全，要健全和完善实训基地的管理制度，促使实训基地形成良好的运作机制，便于实现科学管理，确保管理效果和提高实训教学质量，同时可使各项工作有章可循，保证实训教学工作的顺利进行。实训基地管理制度一般包括《实训基地管理制度》《实训教师管理办法》《实训教学计划管理制度》《实训成绩考核、评定办法》《安全操作制度》《实训室管理制度》《实训设备、仪器维修保养制度》等；再次是管理责任要明确。建立实训基地管理岗位责任制，合理配备岗位管理人员，使其职责明确，各司其职。其中，管理人员的学历层次、专业结构和技能水平可满足实训设施、设备的管理要求，确保实训基地管理人员既能适应学校实训基地统筹规划的需要，又能适应根据战略性新兴产业开设的专业教学的需要；最后是管理考核要从严。要建立实训基地绩效考核指标体系，从组织绩效和人员绩效两方面考核实训基地的运行质量组织绩效从内在评估、外在评估、经济评估三个维度考核，其指标体系由资源利用与合理配置、安全保障、实训教学设施、设备的维护保养及利用率、职业环境的仿真性、校企合作情况、师资培训、学生实训成绩、成本控制等九方面构成；人员绩效由业绩指标（如工作量饱满程度、完成情况等）、技能指标（如岗位胜任能力、适应发展的能力等）和态度指标（如纪律性、协调性、积极性、责任心等）构成。以上指标，需通过量化、施以权重、合并计算来考核组织绩效和人员绩效。

二、探索校内实训基地的开放机制

一是要建立国家职业技能鉴定所和考核点，承担地方企业职工、农民工、失地农民、下岗工人、在校学生的培训、考核与鉴定工作，服务区域经济与社会发展。伴随着城市化的加快、战略性新兴产业技术革新的加速，培养一批熟练掌握职业技能的产业工人、技术能手成为城市发展的迫切任务，是地方政府解决就业、经济发展的重要渠道，也是企业破解人才瓶颈、实现产业升级的重要渠道。职业院校可以借鉴城市公共图书馆的运营模式，引入政府和企业投资，建设公共培训与技术服务平台；以校企建设的校内实训基地为载体，以卓越技师教育为抓手，加大职业培训投入，提高职业培训水平，扩大职业培训规模，将技师职业资格证书与学历证书相融合。

二是要建立地方技术研发机构，为企业和地方政府解决技术难题，发挥其对外技术服务功能。职业院校可以充分利用设备、技术、人才资源，为企业培养合适的技术人员，实施与企业联合办学的订单式培养；开发新技术、新产品，积极参与企业科研攻关，迅速将科技成果转化为现实生产力，实现职业院校与企业的横向科研合作。校内实训基地还应该为地方政府提供技术咨询和委托项目，尤其行业背景鲜明的职业院校完全可以承担所属政府机构、下属机构、下属企业、科技局、行业协会等的项目研究工作。

三是要引企入校，引科研院所入校，构建互利共赢的合作新模式。这些单位可以帮助职业院校制定实训基地建设规划，论证基地布局设计与设备标准的可行性，协助开发基于职业技能的专项实训项目和实训教材，捐赠教学设备，培训专业课程的实训教师。职业院校要鼓励这些单位进行人才交流，由企业和科研院所的新兴技术人员担任实训教师，职业院校的实训教师到企业挂职或顶岗锻炼。职业院校要引导企业带项目入校，让学生在做项目的过程中感受到服务战略性新兴产业的最新技能要求，完成技能的学习。企业和科研院所可以将校内实训基地作为新产品、战略性新技术的研发基地，将校内实训基地当作优秀技术工人和研发人员的储备基地，不断推进企业的转型升级，实现生产型向研发型转化，使企业摆脱产量、价格、规模、成本等方面的同行业低层次竞争，走向依托科技含量、优秀人才、产品质量的高层次、可持续发展道路。为了扩大社会合作，校企双方应当建立职业教育集团和职业院校董事会或理事会，建立起人才共育、过程共管、成果共享、责任共担的合作机制。当然，在调动企业参与校内实训基地建设较为困难的情况下，兼并、买断中小企业或其车间的方式也是一种大胆的尝试。

三、更新校内实训基地建设观念

在理念上，校内实训基地建设既要紧跟职业教育最新的观念，又要体现一定的创新性和超前性，服务湖南战略性新兴产业。在思路上，第一，应当分析实训基地建设的时代背景和基础；第二，明确建设的指导思想、思路及原则；第三，确立实训基地建设的总体目标和具体目标；第四，制定实训基地建设内容和步骤，并组织实施；第五，提供实训基地建设的保障措施及预期效果、验收要点，建成高效运行和精细化管理的现代化职业教育实训基地。建设实训基地要努力学习教育部职业教育文件，还要有宏阔的视野，了解国外尤其欧美国家的校内实训基地建设经验，使校内实训基地建设成为职业院校改革人才培养模式、展现办学特色、获取生源优势的突破口。在环境上，校内实训基地要发挥实训环境的育人作用，培养师生的创新精神、职业精神。校内实训基地在空间分区、选址、建筑风格、设备布局等方面要体现行业特点和标准。校内实训基地的内部环境要努力营造自身的“企业文化”氛围，借鉴现代企业的管理运作模式，重视职业素质训练，强化学生的质量、安全意识。

在制度上，校内实训基地建设要统筹安排，统一集中管理，实施部门领导负责制。职业院校要建立健全岗位职责，制定严格的基地使用规定、安全制度、设备管理制度和档案资料制度等，建立预约开放制度、有偿服务制度、指导教师管理制度；要有充足而稳定的校内实训基地管理队伍，强化责任意识、安全意识、规范意识和职业意识；要提高校内实训基地和设备的使用率，降低损耗，杜绝安全隐患，严格操作规程，力求取得预期的实训效果。

在教学上，职业院校要改革实践教学体系，强化过程监督、效果考核。职业院校要实施和实践教学目标管理，突出职业性、实践性和现代性，以适应社会对从业人员的新要求；要建立实训教学监控体系，对实训进行过程控制，并对实训效果进行评价；要组织校外专家和专业教师撰写具有较强的针对性、实用性，符合职业院校学生认知结构的实训教材，开发具有工作过程典型性、职业技能核心性的实训项目。

在师资上，职业院校要培育一支专兼结合的校企一体化、多层次的实训基地指导教师团队。职业院校要鼓励教师向生产、实训、研发型教师转变，建立教师到企业现场顶岗实践，企业技术专家、技术能手到职业院校任教的双向交流机制，职业院校实训教师应不低于教师总量的60%。实训教师团队结构应包括项目课程实施教师、项目课程辅助教师、企业专家、基地管理教师四个层次。实训教师应当具有双师素质，持有与实训项目相关的职业资格证书或行业证书，应当具有一线的生产经验。

在组织机构上，校内实训基地可以实施校企联合管理，构建专业骨干为主体的管理梯队。职业院校各教学系与各仿真实训基地（总公司）一一对应，教学系主任和校外企业经理兼仿真实训基地（总公司）经理，各专业教研室主任、专业带头人和企业技术专家兼公司项目工作室主任，以专业设置分公司。

职业院校校内实训基地建设要打破课程之间、专业之间的界线，以岗位群的工作过程为主线创设真实的职业工作环境，提高学生的技术应用能力和职业岗位适应能力。建设高仿真的校内实训基地，要尽可能贴近行业的生产、技术、管理、服务第一线，整合设备资源，组建基于不同工作过程的教师团队，进行模块化设置，以生产流程组织实践教学过程。职业院校校内实训基地应当实现专业基础技能、核心技能、拓展技能的有机结合，实现重点工作任务与完整工作过程的有机结合，实现职业技能、职业道德和职业规范的有机结合。因此，职业院校校内实训基地首先应当模拟企业或者公司的组织形式，完整呈现一个较为真实的工作环境，同时又要建设车间式实训室或工作室，作为学生核心职业技能的训练场地。工作过程的模拟关键在于“完整”，要让学生对这个工作的全过程有一个体系化的认识。在校内实训过程中，教师要按照工作过程来完成相关工作任务。如果说，工作过程是一条线，那么车间式实训室或工作室就是线上璀璨的明珠，它承担了本工作过程中几个最重要的环节。训练学生的核心职业能力，也就是给予学生提高核心竞争力的关键。这部分投入较大，硬件和软件配备要求都较高，尤其要配备一流的实训指导教师，他们应当是来自企业的技术能手、熟练工人和优秀的专业课教师。基于大职业群、专业群和工作过程建设的校内实习基地，具有线性和网络化特征，保证了实践教学体系的完整，又突出了重点，避免了重复建设造成的资金、场地的资源浪费，避免了校内实训基地建设的无序和零散化。

综上所述，科学建设校内实训基地是职业教育质量建设的重要内容。职业院校的校内实训基地要兼具教学、生产、研发、培训的多元功能，要转变建设理念和运行机制，坚持产学研密切互动与融合，适应现代职业教育发展的趋势，促进职业院校和企业优势互补和集约化发展①。

基于呈现真实职业环境，训练学生的实践能力、培养学生的职业素质和教师从事职业技术教育教学的能力，进而提高人才培养质量和教师的“双师”素质，提高职业院校综合实力、社会影响力和服务湖南战略性新兴产业发展的能力。职业院校在建设校外实训基地建设中也产生了多种卓有成效的建设模式。

四、搭建多模式校外实训基地（群）

1. 与政府、行业（协会）组织合作，搭建“平台式”校外实训基地（群）

按照“优势互补、共同发展”思路，与相关企业合作，搭建“1（学校）＋E（企业）”平台，在学院地理环境之外建立集群式校外实训基地。职业学校依托所开设新兴产业相关课程专业为主体的行业企业，在达成广泛共识的基础上，按照“互利互惠、资源共享、共同发展”的原则，可以发起成立产学研合作发展理事会。以章程形式确定主要任务：加强理事会成员单位之间的产学研合作，发挥各自优势，在保

① 王利平．高职院校校内实训基地建设路径探析［J］．教育理论与实践，2013，33（6）：17-19．

障理事会成员单位正常的教学、生产、科研等工作的前提下，资源共享，共同承担人才培养与员工培训、科学研究与技术开发、产品生产与技术服务等方面的工作，不断促进理事会成员单位之间的产学研合作。实训基地承担了大部分学生的生产性实习、顶岗实习和教师进修、培训与实践锻炼，为学生感受企业文化、顶岗实际操作、提高实践能力、养成职业素质乃至今后的就业奠定了坚实的基础；同时，职业学校是合作企业的员工培训基地、科研基地等，企业是职业学校人才培养的校外实训基地、新产品生产和科技成果转化基地等。

2. 与大型企业（集团）合作，建设“合作制”校外实训基地

基于探索中国特色的“教育服务企业、企业支持教育，‘校企合作、共赢发展’”的职业教育办学机制，与大型企业（集团）合作，建设校企“合作制”校外实训基地。根据开设战略性新兴产业相关专业课程的特色，在积极发展与相关战略性新兴行业企业（集团）校企合作关系的基础上，可以先后与多家大型企业（集团）合作，在共享校企双方资源、促进职业教育和行业企业共同发展方面取得显著成效。以战略性新兴产业中的航空技术为例。在航空技术专业实训基地建设中，一是可以由企业牵头，吸纳湖南地区企业的工程技术专家组成专业指导委员会，提供航空机电维修（ME）和电子设备维修（AV）专门人才需求信息，指导开展专业人才培养工作。二是以国航工程技术公司湖南分公司为主体，共建一支专兼结合专业教学与培训团队，根据职业学校人才培养和企业员工培训提高的需要，组织开展理论和实践教学工作，除基本技能训练在学院校内实训基地完成以外，其他的核心实践教学工作可以几乎全部在飞机维修基地现场进行。三是基于人才培养和员工培训的实际需要，与国航工程技术公司湖南分公司联合申请CCAR147培训机构，为学生的飞机维修技能培养，为探索双证书制度，尤其是为航空机电、电子设备维修专业学生的学习、就业和发展创造具有现实和深远意义的核心竞争力条件，将“合作制”校外实训基地建设推向校企全面、全程、深度合作。四是可以大力支持民航企业的快速发展，为企业开展“定制式”“订单式”人才培养。

3. 与中小企业合作，建立“培训企业型”校外实训基地

基于实现专业人才培养目标、课程教学目标、甚至单元教学目标的需要，由学校领导、系主任、专业负责人或任课教师与相关企业进行联系，就特定教学环节、项目教学内容或教学单元，请求企业给予协助和支持，并建立校企协作关系；伴随合作项目、合作内容的不断拓展，校企双方逐渐增加信任和协作，以此为基础，拟定“共建校外实训基地协议”，建立“培训企业型”校外实训基地。

在建筑工程技术类专业人才培养过程中，学校可以利用已有社会资源进行专业人才培养和提高专业人才培养质量，与湖南某教学电厂合作，将该教学电厂作为建筑工程技术类专业校外实训基地，可对学生开展多工种中高级技能训练，为学生毕业后顺利进入建设类行业企业创造了准入条件。这种实训基地面向各级各类院校学生和企业员工开展“工作性”培训，具有建设成本相对较低、实训内容多样、真实感强等多方面的优点，是具有互惠互利、多方共享、“培训企业型”的校外实践教学和实践技能训练基地，在这种基地中，既可以完成对学生、企业员工的培养训练，也是提高教师双师素质的理想场所。

近年来，湖南邮电职业技术学院发挥行业办学优势，注重服务于行业企业和区域经济，对接战略性新兴信息产业发展，以学院与企业一体化建设为载体，建立和完善校企合作新机制，推动移动通信技术共享型实训基地建设，更好地引企入校，共同建设生产性、服务性的实训环境，逐步形成以共享为核心的实训基地运行机制和管理模式，基地不仅使学生在校即可实现到企业的实训实践活动，还能开展行业企业员工培训、通信运营服务、产品开发、应用研究及技术推广活动①。

1. 多方共享、校企一体的实训基地建设模式

学院和湘通服科技培训分公司采取一门两牌的管理体制，并与中兴通讯、大唐移动、中国通信服务、湖南移动等企业建立“企业主导、学

① 杨广金，江涛. 校企合作共建实训基地模式及效率研究 [J]. 职业教育研究，2012（2）：12-13.

院主办，双方共建，利益共享”的校企合作共同体，对接战略性新兴信息产业发展，探索“校企一体”建设模式。

一是建成校企对接、全程全网的移动通信技术实训基地，保持实习实训设施设备与通信企业同步发展并适度超前，具有工位足够、功能完备、技术先进的企业运营环境。二是在运行机制上，依托校企合作共同体，成立校企一体委员会，形成一套完整的“合作育人、协作生产、共同开发”的运行机制，系统设计集教学、培训、认证、生产、研发功能于一体的模块化、层次化实践教学体系，强化教学过程的实践性、开放性和职业性①；推行“双轨联动”实践教学组织模式，以现场教学、案例教学和项目教学为主要手段，实施技能训练和技术活动。三是在管理模式上，成立基地管理委员会，建立基于企业化管理与市场化运作的制度和流程，实施“专业（群）＋基地”的运作模式；创建真实的岗位训练、职场氛围和企业文化，引入通信企业的现场6S管理、全面质量管理等先进管理理念、管理方法与企业职业文化价值观；用现代信息技术改造传统实训管理模式，多方参与搭建多样化学习平台，开放共享优质实训教学资源，开展高技能和新技术培训，提高实训基地的综合效益。

2. 市场导向、协同创新的实训基地发展模式

协同创新就是围绕创新的目标，多主体、多因素共同协助、相互补充、配合协作的创新行为。学院坚持共享型实训基地建设与战略性新兴信息产业发展相适应，增强质量意识和市场观念，吸取现代企业经营理念建设与运营基地，学院与合作企业成为互惠互利、相互依靠的战略伙伴，开拓培训市场，关注效益与成本，发挥实训基地示范作用与辐射功能。一是以提高质量为核心的内涵发展，树立以品牌、特色、文化为导向的质量观，在品牌思维和文化思维的实现过程中，注重文化与基地建设的有机结合；执行企业生产管理体制、安全操作规程、技术维护规

① 霍影. 依托地方优势产业的实训基地建设模式研究［J］. 实验技术与管理，2012（6）：184-188.

程、质量管理标准和行为准则，积极发展创新文化，促进企业文化、技术文化协调发展，营造充满动力及合作精神的实训环境；完善“校企互通、专兼结合”的教师培养、聘用与评价机制，不断从行业企业遴选工程技术人才及现场专家作为兼职教师参与实训基地建设及教学工作，建成一支具有国际视野融高校教师、工程师、培训师“三位一体”的教学团队，通过打造品牌、强化特色、提高质量来促进实训基地内涵发展。二是以提升价值为目标的创新发展，树立以市场、服务、效益为导向的价值观，在经营思维和创新思维的实现过程中，让技术和市场充分交融，使市场需求的拉动力与技术创新的驱动力目标一致、产生合力，协同推进；贴近企业管理模式，建设移动核心网运维中心、移动基站代维认证中心、无线网优支撑中心、移动客户服务运营中心、增值业务产品协同创新中心；建立核心资源数据库，把移动通信产业技术链和应用链连接起来，通过有效运作来共享更多资源，搭建协同创新平台，围绕企业技术升级和技术服务外包，以项目为抓手，开展业务研发、技术革新和技术推广活动，通过社会服务、资源共享、提升价值来促进实训基地创新发展。

以国家和湖南战略性新兴产业发展规划为指引，以市场需求为导向，基于协同创新、校企一体的共享型实训基地建设模式，是在职业院校战略发展视域下，借鉴国内外职业教育实训基地建设的成功经验，引入现代企业经营理念，注重内涵发展和创新发展，形成以共享为核心的实训基地运行机制和管理模式，促进职业专业与产业的深度融合。实训基地以战略性新兴产业建设项目为载体，不仅为学生提供实训教学服务，而且还为社会和行业企业提供技术支持、员工培训、业务咨询等社会服务，最大限度地实现资源共享，使之成为服务社会的窗口、校企合作的载体、产学结合的平台，并通过市场运作增强实训基地自身造血功能，实现其可持续发展[①]。

---

① 蒋青泉. 对接战略性新兴产业的共享型实训基地建设模式研究 [J]. 长沙大学学报，2014，28 (1)：145-147.

第五节 适应战略性新兴产业的要求，培养卓越教师队伍

师资队伍是专业建设的必备条件。一支质量合格、结构合理的师资队伍是保证专业建设质量的关键因素。职业院校对师资的要求有别于其他教育层次，它不仅要求教师具有扎实的专业理论基础而且必须具有一定的专业实践经验，即双师素质。但目前职业院校的大多数教师在传统师范教育模式的培养下很少从事相关领域的实际工作，对专业领域的实际情况了解较少，解决实际问题的能力较弱，严重影响学校培养目标的实现。因此，职业院校应构建对接战略性新兴产业发展的双师型教师培养体系，以校企合作为平台，以企业实践、技术服务和社会培训为纽带，多渠道充实和提高教师队伍的综合素质①。

一、制定政府倾斜政策，加大财政支持力度

首先，提供政策倾斜，利用优质资源②。职业院校要为区域经济社会发展培养应用型和实用性人才，双师型教师匮乏是瓶颈。目前，教育主管部门规定职业院校进人要公开招聘，条件较为苛刻，尤其是要求学历为全日制硕士研究生及以上，年龄小于35周岁，不合理的规定使许多双师型教师难以引入职业院校。教育主管部门要从新建职业院校这一特殊群体实际出发，提供适当降低学历、职称及年龄等方面的政策要求，由学校自主引进双师型教师。学校在没有上级政策支持下，要开动脑筋，采取“不求所有、但求所用”的方式，充分利用社会已有的双师型教师资源，外聘优秀的双师型教师来校任教。对部分外聘教师提供职称评审、学历进修的机会，等条件成熟，再引进学校，解决编制；对不

① 申晓伟. 基于区域战略性新兴产业发展的高职院校专业服务能力建设研究［J］. 广西教育学院学报，2013（4）：44-46.

② 田江. 刍议新建本科院校双师型教师队伍建设［J］. 教育与职业，2014（12）：72-73.

符合引进条件的教师，可长期聘为兼职教师，作为双师型教师培养对象和实践教学基地的指导教师，为学校双师型教师培养提供智力支持和技术支撑。

其次，制定倾斜政策，加大财政支持力度①。当前职业院校所采用的招聘教师的制度规定，其实是限制了双师型教师的任职条件。第一，政府要制定向中高职师范生就业倾斜的政策，如在聘用高职教师的时候，应当优先考虑中高职师范生，对于品学兼优的中高职师范生可以直接录用，跳过考核环节，以此优化师资结构，增加卓越教师培养的人才数量与质量。第二，政府要加大对职业院校培养卓越教师的支持力度，尤其是资金方面的支持力度。要让职业院校有足够的资金建设培训基地与实践教学基地，组织技能培训，全力支持培养卓越教师计划。另外，还要调整职业院校教师职称评审标准，很多职业院校对于教师缺乏吸引力，主要原因是职业院校欠缺相应的教师职称，从而无法提高卓越教师的质量。为了提高卓越教师的培养品质以及增加双师型教师数量，需要将教师职称评审工作纳入职业院校职称评审中，并加入更多的教师编制，激励教师向着双师型方向发展，进而增加职业院校卓越教师的数量。

二、调整教师发展观念，增强自身行动能力

首先，认清形势，自我定位。在新建地方职业院校向技能转型的大背景下，教师要对自我进行重新定位。成为双师型教师是时代发展的必然要求。教师这个专业有它发展的特点。当个体跨入教育领域成为一名教师时，他的学习过程就开始了，在工作的前五年左右，教师处于适应工作，积累经验，形成自我风格的一个阶段，也是成长最为迅速的阶段，因为教师在不断地调试、提升自我。但是在五年之后，由于定势作用，教师成长速度开始明显下降，有墨守成规的倾向，如果不能够及时

① 朱再英. 高职院校卓越教师培养的路径与策略探析［J］. 人才资源开发，2017（18）：114-115.

激励自我，会逐渐与社会现实脱节，变得死板、固化。因此教师必须保持不断学习的心态，注意教育改革的趋势和要求，不断提升自我，适应社会需要。对于双师型教师的建设，绝大多数教师都表示了认同和理解。但是在理解的深度上参差不齐。教师应主动了解学院对于双师型教师队伍建设采取的各项措施和政策，积极学习最新的文件精神。

其次，增强意志，注重实践。在认识到自身专业发展的需求后，教师在思想情感上已经基本不存在问题。实践中是否能真正将双师型教师的内涵用于教学和应用型科研就成为教师转型能否成功的关键。知、情、意、能四个方面缺一不可，最终的行动是衡量认知程度的最有说服力的标准。因此，教师应增强自身的意志，克服自身思维定式，积极进行转型尝试。在迈出行动后，双师型教师的实践之路才真正地开始。成为双师型教师，必须具备实践应用能力，而该种能力只有在实践中才能形成。因此教师需积极参与学院组织的实习、培训，进行自我提升。保障教学工作踏踏实实完成的基础上，教师通过实习、培训，将企业行业知识融入自己的课堂，从自己的本职工作入手，将双师型教师的理念深入落实。

此外，促进课程内容转化，并在此基础上进行应用科学研究。具备实践应用能力的最终目的是将这种能力应用于课程当中，去除陈旧冗杂的知识，了解实际生产生活中的实践知识，将其融入课堂当中，提升学生的学习兴趣，培养学生的思考、动手能力，保证应用型人才的培养。如果想要培养出应用型人才，那么就必须保证学院具备应用型教师，并且是高水平双师型教师。而科研是衡量职业院校水准的一个重要标准。随着职业教育的深度改革和分类发展，新建地方职业院校应从实际出发，重视应用科研的发展，成为多方向多功能的职业学校。科学研究不是孤立的，而应该是产学研相结合，相互促进，共同发展的①。

---

① 靳亚楠. 新建地方本科院校“双师型”教师队伍建设研究［D］. 新乡：河南师范大学，2016.

三、加强教师培养力度，优化教师队伍结构

首先，加强高端人才队伍建设。职业院校卓越教师队伍建设首先要瞄准行业领军人物、学科带头人、专业带头人等高端人才的引进和培育。由前文可知，行业领军人才在职业院校卓越教师队伍建设中具有举足轻重的作用。作为职业院校教师队伍的“领头雁”，领军人才的眼界、水平直接关系到教师队伍整体水平高低。作为职业院校来讲，行业领军人才一般以引进为主，在领军人才的引进中坚持高标准、坚持针对专业发展需要，将视野放宽到整合行业，聘请掌握行业新技术的高端人才。并通过在领衔名师、大师工作室团队建设，以项目为纽带，充分发挥领军人才的引领作用。在学科带头人、专业带头人方面，则可以采取以培为主的方式进行。职业院校应充分发掘教师队伍中的精英人才，通过国外进修、企业挂职、高水平课题、项目研究等，在平台、机会和投入等多个方面给予支持，鼓励院校教师加深专业造诣，培养一批专业过硬、综合能力较强的学科带头人和专业带头人，引领专业发展和教师队伍发展。

其次，加强骨干教师培养力度。骨干教师是教师队伍的生力军、是各专门团队的中坚力量，职业院校应以骨干教师培养为契机，优化教师队伍结构和人才梯队建设。首先，根据教师专业优势和能力专长、结合学校发展需求，明确骨干教师主攻方向，并指派导师。导师的配备应集合职业院校的办学特点，有条件的院校可配备校内和企业各一名经验丰富的高水平人员作为骨干教师的导师。其次，根据主攻方向，分类制定培养方案，并确定培养目标。如：主攻教学的骨干教师培养对象应对主讲课程、教研教改课题与论文、教学技能竞赛等教育教学核心内容进行指标要求，而主攻应用技术研发与服务的骨干教师培养对象则以企业挂职、横向项目等为重点指标。第三，严格考核。在骨干教师的培养中，应遵循人才成长规律，明确培养期限，制定培养计划，根据时间节点实施动态考核[①]。

① 罗源. 论高职院校卓越教师队伍的建设途径［J］. 山东化工，2017，46（10）：168-169.

四、建立教师管理制度，完善教师队伍机制

建设严格的教师准入制度，严把职教师资的入口关，是高素质双师型队伍建设的基础。建立公平、公正、公开的考评机制和激励机制，充分调动教师主动性，是高素质职教师资队伍建设的重要内容和保障[①]。

首先，建立严格的教师准入制度。我国职业院校的教师准入条件比较宽松，没有严格的职业准入制度。我国职教师资培养的现实情况是：职业院校毕业生没有职业资格证书，而企业高技能人才又没有教师资格证书，具有双证书的教师资源十分有限。在职教师资的引入时只能抓住一头（具有扎实的理论功底，或者具有高超的职业技能），只能从应聘者中选择一般职业能力或者特殊职业能力的突出者，再由学校实施新进教师的继续教育；将没有工作经验的新进教师送入企业顶岗实习，尽快提高他们的特殊职业能力；将没有教学经验的新进教师送入师范院校进修教育学课程，或委派具有教学经验的教师亲自指导，让他们参与课程建设和课堂教学，提高他们的教育教学尤其是实践教学技能。只有这样，才能使所有的新进教师成为真正的具有职业资格证、教师资格证的教师。

必须特别指出的是，职业院校应该加大宣传力度，通过各种渠道、现代媒体发布招聘信息，广泛宣传学校的教育理念、办学成就和招聘政策，切实加强与相关高等院校的联系，吸纳更多的职业院校优秀毕业生参加应聘，以利于优中选优。此外，还应该主动加强与行业协会、相关企业的联系，从中选择综合素质高、职业技能强的优秀人才，吸纳技术能手和具有发展潜力的中青年技术骨干的加盟。

其次，建立完善的教师评价体系。建立科学、有效的双师型教师绩效考评制度，充分调动教师的工作热情，激发他们的创作欲望，提高教师的教学效果，获取应得的劳动报酬，是职教师资队伍建设和稳定的重要前提，也是全体职教师资的热切期盼。

---

① 何涓．湖南省职业院校“双师型”师资队伍建设研究［D］．长沙：湖南农业大学，2014．

在双师型教师考评指标设计上，应该包括德、能、勤、绩四大一级指标，设立政治表现、思想品质、职业道德、职称学历、学识水平、岗位能力、工作数量、教学业绩等二级、三级指标，从而形成层次分明、操作性强的考评体系。

在双师型教师考评方法的选择上，必须坚持定量考核与定性相结合，重点考核与全面考核相结合，年度考核与聘期考核相结合，自我评价和组织评价相结合，教师互评与学生评价相结合。鉴于基础课与专业课的差异，专业课教学中的理论课和实践课的差异，以及教师类型、职称、职务等方面的差异，在双师型教师综合考核方法的选择上，应该统筹兼顾，统分结合，区别对待，切不可一刀切。

在双师型教师考评结果的运用上，应当运用于教师的续聘和解聘，作为奖勤罚懒、职称晋升、岗位调整、继续教育的依据，从而激活学校的人才资源。

再次，建立科学的教师激励机制。科学合理的激励机制是改善师资结构、提高师资水平的有效途径。职业院校只有建立符合学校发展需要、得到多数教师认可的激励机制，才能促使教师全力投入教育教学工作，实现教师与学校、学生的多赢。

职业院校的奖励必须制度化、科学化和常态化，应该避免至少应该尽量减少令人生厌的关系奖（因人设奖）、让人失望的情绪奖（因领导高兴而设立）和无所适从的临时奖（朝令夕改）。应该根据学校发展的总体目标，充分听取教职员工的意见建议，建立某一时期的学校奖励制度，明确奖励的项目、额度和方式等，让全体教职员工心中有数，减少不必要的误会和麻烦。

精神激励是一项应用广泛、影响深远的激励方式，是调动员工积极性、主动性和创造性的有效方式。规范的学校、高明的领导都善于甚至精于精神激励，树立先进典型，鼓励和引导教师。学校应当根据教师的实际情况，制订覆盖面广、受益面大的年度工作目标，让全体教师（至少是绝大多数教师）在项目任务中找到工作激情，在目标激励中重新实现自我。

五、搭建校企合作平台，促进教师专业发展

企业以盈利为最终目的，因此从企业角度出发，校企合作需要有共同利益，才可实现互利共赢。合作平台的建立必须保障企业的利益，这也是实现校企合作的关键所在。企业可以为职业院校做什么，又能从职业院校获取哪些利益呢？通过为教师提供实习场所，企业促进了“双师型”教师的培养。新建地方院校的当务之急是培养新型的教师队伍，企业并不需要高成本就可以为学校提供培训教师的平台。相反，“双师型”教师可以为企业提供理论支撑，帮助企业更新技术。在竞争日益激烈的市场中，技术的更新是生存的法宝。当然这对教师的专业理论知识和理论与实践结合的能力有着较高的要求。企业应意识到自己可以通过较低的成本投入获得比较长远的利益。

企业虽然以盈利为目的，但需要具备社会责任感，为培养“双师型”教师做出力所能及的贡献。企业在不断追求利益最大化的同时，也逐步在考虑其可以为社会做哪些贡献，如何回馈社会。这样的企业是具备较高觉悟的。企业发展到一定阶段会考虑到社会效益，如何惠及多方，求得长远发展①。

职业院校的专业都具有行业或企业背景，与职业院校的学科、专业存在着密切的对应关系。职业院校“双师型”教师培养过程中，必须充分发挥行业（或企业）和职业院校两个积极性，搭建职教师资队伍建设和教师职业发展的合作平台。通过职业院校专业课教师参与企业新产品研发和技术改革，企业工程技术人员参与职业院校专业建设和高技能人才的培养，建立职业院校与企业稳定共赢的合作平台，从而达到不断提高职教师资职业岗位技能和技术创新能力，以及从业界精英中选聘有志于职业教育的兼职教师，不断培养高素质的“双师型”教师，不断改善

① 靳亚楠. 新建地方本科院校“双师型”教师队伍建设研究［D］. 新乡：河南师范大学，2016.

职教师资队伍的结构[①]。

本章小节

本章内容主要针对以上章节提出职业院校服务战略性新兴产业在产教融合、专业设置、课程设置、实训基地及师资队伍五个方面所存在的问题提出相应的对策。

第一，依托战略性新兴产业的企业，推动产教融合：更新校企观念，强化双方意识；完善政府政策，引导产教融合；促进校企融合，实现互利共赢；整合有效资源，实现科学管理；拓展继续教育，加强社会服务；发挥本土特色，实施品牌战略。

第二，对接战略新兴产业，调整现有专业结构：以经济发展、市场需求为导向，调整专业结构；完善学校内部机制，以制度和研究体系为导向，优化专业结构；加强中高职衔接，形成专业一体化结构。

第三，依据战略性新兴产业对人才的需求，开发课程内容：准确定位，宏观调控，校企合作，交叉学科建设。

第四，满足战略性新兴产业的需要，建设实训基地：改革校内实训基地的运行机制，探索校内实训基地的开放机制，加强校内实训基地建设概念，搭建多模式校外实训基地群。

第五，适应战略性新兴产业的要求，培养卓越教师队伍：制定政府倾斜政策，加大财政支持力度；调整教师发展观念，增强自身行动力；加强教师培养力度，优化教师队伍结构；建立教师管理制度，完善教师队伍机制；搭建校企合作平台，促进教师专业发展。

① 何涓. 湖南省职业院校“双师型”师资队伍建设研究［D］. 长沙：湖南农业大学，2014.

第七章　职业院校服务区域战略性新兴产业的政策建议

第一节　创新职业院校服务战略性新兴产业体制机制

加快培育发展战略性新兴产业，是党中央、国务院立足当代、着眼长远、放眼世界作出的战略决策。湖南省委、省政府高度重视，制定了《湖南省加快培育和发展战略性新兴产业总体规划纲要》《湖南省加快培育和发展战略性新兴产业专项规划》，提出了大力实施优先发展 7 大重点产业、实施 5 大基础工程、打造 3 大支撑平台的战略性新兴产业发展“753 战略”①。规划实施以来，湖南七大战略性新兴产业经济规模逐年壮大，但湖南职业院校服务战略性新兴产业仍隐含诸多问题，因此，需创新职业院校服务战略性新兴产业深层次的体制机制。

一、建立职业院校服务战略性新兴产业跨界合作机制

“跨界”合作要建立与战略性新兴产业发展同步规划、同步实施关系，整合各方力量，形成多主体、多层次、多形式的支持机制，创新职业院校服务战略性新兴产业体制机制。

---

① 胡拥军. 浅论国家示范性高职院校服务湖南战略性新兴产业［J］. 中国培训，2015（18）：1-4.

1. 建立健全合作新机制

一是政府发挥自身职能。加强合作规划、政策等制定和实施，允许以资本、知识、技术等要素参与办学并享有相应权利，推动职业院校服务战略性新兴产业的发展。二是政府推动行业发挥组织功能。成立战略性新兴产业“跨界”合作或职业教育行业协会，对院校服务战略性新兴产业提供指导、评价和服务。把集团化办学作为“跨界”合作的重要举措，积极组建教育集团。三是政府深化区域合作。政府加强与职业院校合作，把区域经济和战略性新兴产业发展与职业教育发展相结合，建立区域性职业院校服务战略性新兴产业产教融合平台，推进合作深入发展。

2. 做好顶层规划方案

一是系统规划合作工作。对战略性新兴产业“跨界”合作进行系统规划，统筹利用好政府本身、行业、企业以及学校等方面资源，协调好教育、发改、人社等相关部门关系，形成合力。二是做好合作方案。深入调研，了解当地战略性新兴产业的发展，科学论证，合理确定合作单位和合作产业，形成具有操作性的合作项目和合作方案。三是因地制宜开展合作工作。根据规划方案以及地区行业、企业特点和人才培养要求，合理调配资源、安排时间、分配任务，强化举措、完善模式，推进合作顺利实施。

3. 推进资源共建共享

一是共建共享师资资源。政府引领共建数字化资源与信息化平台，推广教学现场与生产现场实时互动教学，发挥各自的优势，实现职业教育资源的无障碍交换与共享，提升有关新兴产业的技能实训效率。二是共建共享实训基地。政府监督职业院校和企业共建共管共享战略性新兴产业实习实训培训基地，把实践教学、职业技能训练等功能集于一体，实现学校与企业、教育与新兴产业对接。三是共建共享合作文化。政府探索企业文化与校园文化有效融合，将优秀新兴企业文化融入职业教育教学全过程，将校园文化引入企业生产和职工培训培养中，互通互融。

4. 创新合作模式

一是创新跨界合作办学体制模式。打破所有制、不同管理主管部门、不同领域的界限，以共同的利益为纽带，形成联合招生、联合培养、一体化育人的长效机制。选择面向生产、建设、服务一线，职业特征明显、技术水平与能力要求高、培养周期长、企业需求量大的专业，实行三方联合单独考核招生，招生录取与招工录用同时进行。二是构建长效运行机制。建立健全合作领导小组，落实责任制。创新考核评价与督察制度，制定以育人为目标的考核评价标准。完善教学管理机制，实行弹性学制或学分制。三是完善合作的法律环境。完善教学管理、招生就业、校企合作、专业设置等制度，建立健全符合合作特色的学习管理制度标准体系，为“跨界”合作提供制度保障[①]。

二、深化职业院校服务战略性新兴产业协调机制

职业院校服务战略性新兴产业协调机制是为了解决政府、学校、企业等多重主体在合作过程中出现的各种冲突和矛盾，充分调动各方各自系统内部的积极性与创造性，促进职业院校更好服务战略性新兴产业。协调机制主要包括政府成立专门的协调机构、政府指导职业院校建立协调机构、政府指导企业建立协调机构。

1. 政府成立专门的协调机构

政府成立专门的职业院校服务战略性新兴产业的协调机构。在发展战略性新兴产业过程中，涉及诸多职能部门，而且这些部门之间又涉及诸多利益问题。由于专门的管理部门并未建立，各个部门的联系和沟通还存在障碍，这使得战略性新兴产业项目的推进存在很大的困难。为了更好地促进战略性新兴产业在职业院校的发展，其中应该发挥主导作用的是政府部门，具体来说涉及教育、科技、企业行业协会等诸多的主体，在其共同协商作用下组建决策与执行委员会。这些组织的作用就是搭建平台，有效地推动职业院校服务战略性新兴产业各方面工作的开展；加强各方主体之间的沟通，实现信息的共享，有效地联系和协调相关主体；开发更多适宜合作的岗位，满足战略性新兴产业项目的具体要

① 杨英. 推进“跨界”合作构建现代职业教育体系 [J]. 亚太教育，2015 (7)：144.

求；监督、考核当前职业院校服务战略性新兴产业的执行与实施过程，并根据考核情况予以奖惩。

2. 政府指导职业院校建立协调机构

职业院校构建协调机构可以通过多个层面，其中不但有领导和管理部门、教育委员会，还可以包括合作办公室、企业单位部门等。建立职业院校服务战略性新兴产业的协调机构组织能够有效地节省各方面的成本；有利于及时收集各方的需求信息，更好地掌握学校战略性新兴产业项目的开展情况，对提升学校服务战略性新兴产业的科学性、有效性有很大帮助；有利于优化资源配置，拓展更为广阔的合作空间，能够更好地建立对战略性新兴产业有促进作用的社会关系网；有利于提高部门工作的专业性，避免部门经常更换对战略性新兴产业的影响，对工作持续性有很大的帮助；有利于配置战略性新兴产业项目的相关资源，实现利益最大化，更好地推动职业院校战略性新兴产业的发展。

3. 政府指导企业建立协调机构

职业院校战略性新兴产业的发展离不开校企合作。为了更好地实现企业的经营管理目标，往往需要建立相应的组织机构，而有关战略性新兴产业校企合作项目的相应工作，企业一般没有专门的负责机构，一般情况下由人力资源部门兼管。因此，校企合作项目的进展，难以依靠组织机构进行稳步推进，项目执行效果不甚理想。为了更好地对校企合作项目进行管理，政府应该给予企业足够的帮扶，使其建立其专门的组织机构，加强对战略性新兴产业校企合作项目的管理。有了专门组织，企业社会责任的履行、教师以及学生的实践、场地设备等的安排等，都可以有序进行。而企业可以依托高校师资、科研等方面的有利条件，加强自身新产品的开发；确定企业战略性新兴产业人才培养目标，利用职业院校的课程、实验室等，培育企业最为紧缺的战略性新兴产业人才。要真正感受到校企合作氛围，提升竞争力，获取更大的收益，企业就要深入校企合作项目认真体会①。

① 植宝. 政府推进公办高职校企合作对策研究［D］. 广州：华南理工大学，2015.

三、理顺职业院校服务战略性新兴产业管理体制

在全面深化改革的形势下，政府要在职业教育管理中理顺职业院校服务战略性新兴产业管理体制，主要就是明确政府为什么管、管什么和怎么管的问题，这既涉及政府管理职能转变的问题，也涉及政府、企业、社会中介组织和市场之间相互关系的调整[①]。

1. 政府职能的重新定位

政府要定位于发展职业院校战略性新兴产业，而不是具体举办和直接管理职业院校。第一，教育行政部门、劳动保障行政部门等政府管理部门要转变职能、转变角色，从具体办学中超脱出来，重点做好政策制定与统筹协调等工作。第二，职业教育的办学主体是多元化的，不能仅仅局限于职业院校。职业教育的办学主体应该包括各级各类高等职业院校、职业培训机构和行业企业，政府必须大力发展和扶持职业培训，把职业培训机构纳入规范管理的视野。同时，积极采取措施，促使行业、企业及社会力量真正成为举办职业教育的主体，引导行业企业实质性参与职业教育，以便更好职业院校服务战略性新兴产业。第三，政府要切实保证职业院校在有关战略性新兴产业方面的专业设置、招生方式、招生规模、课程开发、教师聘用、工资分配等方面的自主权。

2. 政府要发挥在管理区域性职业教育中的作用

职业院校战略性新兴产业的发展对经济社会发展具有重要作用，迫切需要政府加以引导、扶持和协调。政府是职业教育发展的行政管理主体，在职业教育的发展中发挥了重要作用。把职业院校服务战略性新兴产业纳入当地经济发展规划应成为地方政府的首要任务，地方政府应在国家政策指导下，对所管辖地区内的职业院校战略性新兴产业工作进行统筹管理。政府要统筹社会各力量和企业办学，对企事业组织、社会团体及公民个人办学给予必要的支持，统筹教育资源的合理配置。此外，地方政府要依据有关法律的规定，理顺政府与高校的关系，变直接管理

---

① 陈金秀. 民办高等职业教育管理体制研究［D］. 济南：山东师范大学，2014.

为间接调控。

3. 完善政府统筹，教育部门协调，各职能部门各司其职的高职教育宏观管理体系政府主要发挥宏观调控和统筹协调的职能。政府保持各职业院校战略性新兴产业的合理比例，促进教育结构优化发展；统筹职业院校的管理和一体化办学；完善职业院校服务战略性新兴产业发展的各项保障条件，依法对职业院校服务战略性新兴产业的行为加以规范、监督；通过政策、法规、规划等手段，调节教育资源的配置，推动整个职业院校战略性新兴产业事业的健康发展。

理顺各级政府部门的职责，减少多头管理和职能交叉。现行的职业教育管理体制中，各级政府部门中教育、劳动以及行业部门都在管理职业教育，存在着严重的职能交叉和管理重复。必须取消行业部门管理职业院校的职责，行业部门不应代表政府直接管理职业院校。进一步明确教育部门统筹管理职业院校服务战略性新兴产业的责任和义务，强化教育部门宏观调控的责任和权力。

加强教育部门与劳动部门之间的沟通和协调。从总体上说，目前教育部门主要颁发学历证书，劳动部门主要颁发职业资格证书。今后，要使教育部门和劳动部门在技能人才的教育培训中做到既分工明确，又紧密协作，努力为促进学历教育与非学历教育、学历证书与职业资格证书的融通做好准备①。

四、完善职业院校服务战略性新兴产业保障机制

《国务院关于加快培育和发展战略性新兴产业的决定》提出要“积极探索战略性新兴产业发展规律，加大政策扶持力度，深化体制机制改革，推动战略性新兴产业快速健康发展，为促进经济社会可持续发展作出贡献”。因此，完善职业院校服务战略性新兴产业的保障机制，有利于促进战略性新兴产业的发展。

---

① 刘红红. 我国高等职业教育管理体制与运行机制研究［D］. 咸阳：西北农林科技大学，2010.

1. 建立组织运行管理机构

一方面，成立专门的战略性新兴产业运行管理机构。在职业院校服务战略性新兴产业的运行保障上，需要从政府层面设立改革与发展办公室，构建起政府引导、行业主导、企业参与的战略性新兴产业运行机制。这既是一个管理机构，又是一个具有话语权的协调机构，既能够发号施令，又能够保障执行。管理机构包括决策和执行两个部分，决策机构统一调度战略性新兴产业整体工作，沟通利益相关方的利益与矛盾冲突，组织开展职业院校服务战略性新兴产业的理论研究和政策分析，执行机构负责落实决策机构的计划、目标、任务，通过多种形式与职业院校、企业、行业和第三方中介组织确定可实施的项目。

另一方面，整合各市县教育行政部门管理机构。整合各市州县教育行政部门的职成科、产业办、职成教育服务中心等部门职责，统一管理辖市内职业院校服务战略性新兴产业工作，克服因职业院校的办学主体不一造成的战略性新兴产业工作条块分割、各自为政的不利局面。制定学校与行业企业人员交流制度，对职业院校服务战略性新兴产业实行考核，将考核结果与职业院校评先评优、专项资金申请等挂钩。

2. 完善运行保障制度

政府支持是职业院校服务战略性新兴产业的重要保障，没有制度的保障，战略性新兴产业相关专业只会在浅层次徘徊，不可能持续产生社会效益和经济效益。作为决策者和宏观调控者，政府应将地方战略性新兴产业和职业院校的发展进行统一规划，这是职业院校服务战略性新兴产业的逻辑起点，然后才是为其提供制度保障、发展环境及资金支持、评估与监督。职业院校服务战略性新兴产业除了需要法律的保障，其稳定推进还需要采取各种措施来指引利益相关方开展联合创新，通过集团化办学、兴办厂中校和校中厂或前校后厂、联合技术攻关、委托学校开展横向课题研究等各种形式，提高新兴产业与职业院校对接的总体水平。除此之外，还需要完善职业院校内部和战略性新兴产业企业内部关于产教对接的保障制度。

3. 建立监督检查机制

缺少监督与检查，再好的制度也不能发挥效益。政府要建立专门的职业院校服务战略性新兴产业监督检查机构，委托第三方牵头制定科学的评价标准，对战略性新兴产业项目及其实施情况进行监管和评估。监督检查机构在人员构成上应涵盖政府相关职能部门、行业、企业的代表和教育部门的人员，评估结果与企业资源配置挂钩，发挥评估的导向作用和对忽视职业院校服务战略性新兴产业的警示作用，推动监督检查工作的制度化与科学化①。

第二节　构建职业院校服务战略性新兴产业服务体系

一、制定高级人才政策

在战略性新兴产业发展的初级阶段，政府起关键性的作用，虽然我国发展战略性新兴产业的高级人才政策已取得很大进步，但仍然还有一些内容需要重视。

1. 制定人才吸引政策

为了掌握战略性新兴产业发展的原始创新，我省应该加强对相关高级人才的吸引。为此，我省需要成立专门的机构对我省新兴产业的人才现状及所需人才进行实时科学的调研，以确保政府制定的政策能满足新兴产业发展的不同阶段的不同需求。

出台吸引高层次人才的政策措施和专门计划。设立人才专项资金，对高层次人才的引进与培养提供资金支持；对世界一流创新团队、海内外领军人才，分别给予扶持资金、风险投资资金、贷款贴息等不同的资金支持；在高层次人才的科技项目申报、子女入学、配偶就业等方面给予配套政策支持。通过国际科技交流和产学研活动，创新引进国际优秀

① 杨慷慨，邹有奇. 职业教育产教对接制度建设研究［J］. 现代教育管理，2018（7）：89-94.

高层次科技人才的方式。加强高层次创新创业人才特别是产业领军人才的引进和培育，采取项目合作、聘请兼职、人才租赁、科技咨询等方式柔性引进海内外高级专家及其高精尖人才科研团队；采取“专家服务”方式，帮助企业解决生产和技术方面难题。通过建立海外高层次人才创新创业基地、博士生实习基地、产业基地、留学生创业园、企业孵化器、技术中心等，吸引高层次的创新人才①。

2. 营造人才培养环境

由于新兴产业多产生在中小企业中，并且在企业成立初期一般面临着较大的风险，因而，我省应该为想要创业的高级人才营造良好的创业环境。首先，在环境好、交通便利的地区，建设基础设施完善的科技创新园区，对入园企业实行税收、财政上的优惠政策，给予金融政策上的倾斜，从而形成产业集聚区，并且构造信息交流平台，加强企业之间的信息交流。针对我省在发展战略性新兴产业中出现的“假新兴企业”的问题，应尽快完善对战略性新兴产业的定义，工商部门应按照定义对申请的企业进行严格审核，从而将政府有限的专项财政资金真正用在实处。其次，在创业初期，企业一般会面临资金难题，国家需要建立与之配套的金融支持体系，放宽对从事新兴产业的高级人才的信贷条件，实行低信贷政策。最后，引导保险公司为这些创业的高新技术企业制定专门的针对性的保险，帮助这些企业分散风险。

3. 设立专门人才机构

不同地方新兴产业的发展面临的影响因素也不同。为了使高级人才发挥最大的效用，政府应成立专门机构，对各市县区的高级人才政策进行统一规划，在各级地方政府设立相应的分支机构，对所在市县区新兴产业通过详细调研，因地制宜地制定符合新兴产业发展规律的政策措施。

4. 加大政策宣传力度

为了改善人才引进的环境，政府还应加大相关人才政策的宣传力

① 刘飞. 中国高新技术产业园区产业服务体系发展研究 [D]. 武汉：武汉大学，2012.

度，并出台公平扶持政策。建立完善的人才评价体系，真正培养和引进专业能力强且具有良好心理素质的高科技人才。对从事战略性新兴产业的民营企业的扶持政策要尽量公平，提高扶持资金的使用效率，从而鼓励民营企业加入战略性新兴产业中来。此外，还应尽快建立政府与企业的信息互联互通平台，解决信息不对称的问题，让企业更快更好地了解政府出台的各项优惠措施。

二、支持共性技术研发

共性技术能够被产业或行业中的大多数企业通用并提供技术支撑，在引导新兴产业发展过程中发挥关键性作用，具有很强的准公共产品属性和外部性，提供公共物品和服务是政府的主要职能，因此共性技术研发应是政府重点关注的领域[①]。

1. 重视组织制订和实施重大技术专项计划[②]

对于共性技术尤其是关联性强的共性技术，政府应该通过重大技术专项计划的形式，集中有关的研发资源，有目标地推进产业共性技术的研发。这些技术起点高，关联性强，带动作用大，体现产业发展的未来，能够促进经济持续的增长。比如数字电视技术、新能源汽车技术等，这些技术不仅投入巨大，而且涉及面广泛，任何单独的研究机构和企业都不可能具有开展研发所需的全部研发资源。而这些技术的突破，不仅关系电视机产业或汽车产业的技术升级及发展，还关系到众多的与之关联的其他产业技术升级与发展，关系到国家多个产业的竞争能力的提升。因此，政府应牵头成立相应的组织领导机构，通过重大技术专项的形式，直接组织技术攻关。

2. 重视组织研究机构、学校与企业的合作

与企业相比，研究机构、学校的基础研究的能力较强。共性技术一

---

① 朱迎春. 政府在发展战略性新兴产业中的作用［J］. 中国科技论坛，2011（1）：20-24.

② 刘新同，肖立范. 共性技术研发中的市场失灵与政府作用［J］. 河南师范大学学报（哲学社会科学版），2012，39（2）：116-118.

般都具有基础性，因此企业在进行共性技术研发时，加强同研究机构和大学的合作研发显得非常必要。政府应该采取措施鼓励这种合作，甚至直接组织这种合作。政府通过组织产业技术联盟或产业技术研发联合体等，加强企业与研究机构、大学之间的合作，不仅可以使共性技术研发计划项目得到顺利推进实施，保障项目的研发效率，而且可以使企业、研究机构、学校各自的研发资源得到优势互补，使各研发主体的研发水平在合作中得到共同提高。

3. 重视对需要政府资助的共性技术的选择

在一定时期内，为了取得共性技术研发的更好效果，对共性技术做出科学合理的选择，有重点的支持是必要的。政府应根据共性技术的关联性、共享性、外部性的强弱来确定。一是重点支持可能对国家经济具有重大影响、可能具有较高的经济效益、能显著提高产业技术水平、产业关联性强、能多产业共享的共性技术研发项目，二是重点支持与关键技术结合紧密的共性技术研发项目，三是重点支持外部性与不可分割性强的共性技术研发项目。

4. 重视建立促进共性技术转移、扩散机制

政府应当通过完善的机制来促进共性技术的转移和扩散，以利于企业能更快、更便宜地获得共性技术成果。建立共性技术信息发布及推介的网络平台，使企业能够了解行业共性技术的有关信息，有利于共性技术成果供需双方的沟通。政府对共性技术成果的交易应采取税收减免的政策，甚至对亟须推广的共性技术采取补贴的政策，使共性技术更有效地转移和扩散。美国、德国等发达国家的政府都努力建立促进共性技术转移和扩散的机制，成立了不同形式的技术成果转让机构和网络，加快共性技术成果的推广扩散。

三、完善中介服务体系

1. 明确职能定位，培育多样服务机构

政府应该重视培育各类型第三方机构，使其能够深度参与校企合作。一方面，要培育信息管理型第三方机构。例如大力发展人才服务交

流中心、行业企业协会、商会、部分人力资源管理公司等第三方机构，充分发挥其在学校与企业间的各类需求信息的统筹协调与匹配作用。在校企合作全程中这类第三方机构通过需求调研、需求匹配、人才培养、考评考核、生产研发等方面提供大量有效信息，发挥承上启下的交流作用，对接行业企业、学校、学生各方需求，真正实现人才培养与输送的无缝衔接。另一方面，要成立监督管理型元评价机构。元评价机构也是第三方机构，用于评价第三方机构在校企合作中的运行现状。元评价机构在政府主导下成立，制定评估标准，明确第三方机构在校企合作中的目标和任务，打通信息通道，开展信息反馈执行定期督查；结合评估标准体系，制定纠错和改善制度。美国教育部和高等教育质量认证委员会、欧洲高等教育质量保障委员会都是对第三方机构进行元评价的成熟典范。

2. 发挥资源优势，提高多元服务能力

第三方机构在校企合作中要扮演好“中间人”角色，发挥“信息通道”“先机”及“举荐”等内在优势信息的中介作用，实现资源优化配置，提高合作效率，需要提高自身专业化素养，多层次提高服务能力。

相关部门要制定政策鼓励引导第三方机构发挥信息、资源、技术、人资、网络等优势，搭建校企合作的信息共享平台，打开能够高效掌握信息的通道，采集行业企业的用人需求、学校的育人需求、学生的学习需求。第三方机构可以凭借结构洞优势，通过搭建各参与主体之间的信息通道，最便捷地为潜在参与主体提供有价值的信息，为想合作、即将合作和合作中的各类项目主体充当交流中介，推动合作有序开展。

3. 发挥控制优势，规范校企合作行为

第三方机构在校企合作中处于“中间人”的角色，在各方参与主体协调时因其所处特殊位置而具有控制优势。第三方机构既可以在几个学校和企业之间做出选择，也可以选择从谈判中获取利益，还可以增加筹码强化各方主体关系，以便在未来获利。校企合作本身是一种市场行为，第三方机构参与校企合作，特别是营利性组织在合作谈判、合作执行过程中，难免会因为自身偏好、价值利益进行谈判。他们往往立足于自身利益，导致某些重要信息被隐藏。为解决此问题，应该“体制引导、过程激励、精准服务、考核评价”四轮驱动，多管齐下。

在体制引导上，政府要立法明确第三方机构在参与校企合作中的职能，出台校企合作相应优惠政策，主导成立元评价机构，建立校企合作标准，严格规范准入校企合作的第三方机构的资格、经营范围、收费标准等。在过程激励上，学校和企业充分正视第三方机构的长期核心利益，学校要确保所提供实习生的数量与质量，企业要确保所提供的实践指导系统精细，并与第三方签订长期合作协议，为反馈和调整留有时间和机会。在精准服务上，充分发挥控制优势，仔细分析学校与企业各自的需求，提高校企合作对象匹配的质量；在考核评价上，形成以第三方机构为核心，集政府、学校、行业企业为一体的多方联动评估机制，构建一套多方联动校企合作质量考核指标体系，实行动态考核和静态考核、定量考核和定性考核相结合，全程实行过程性评价。

四、加强基础设施建设

1. 解决硬件设施

现代化的基础设施是战略性新兴产业参与国际竞争不可缺少的条件。基础设施建设的重点是通过系统规划和投资建设实现产业基础设施、产业服务体系的配套，为战略性新兴产业发展提供良好的硬件环境。例如，针对电动汽车运行的基础设施不成体系问题，建立一定数量的公用充电站，并配备专用电缆及充电桩。针对太阳能发电和风电发电并网遇到的电网基础设施问题，积极部署配电、输电环节的智能电网研发，规划智能电网在我国的应用[①]。

2. 确保经费投入

经费投入是影响实训资源建设能否顺利开展、持续发展的关键因素，要建立实训资源建设经费的长效保障机制，多方筹措资金。政府应采取财政支持和政策补偿的措施，并以校企双方按照“成本分担、利益

① 朱迎春. 政府在发展战略性新兴产业中的作用［J］. 中国科技论坛，2011（1）：20-24.

均衡”的原则确保基础设施建设资金的投入。一方面，基础设施、硬件环境是学校教学的基础保障，学校要以教学为中心，另一方面，优质的硬件环境也可以为产业企业订单培养、员工培训、产品研发等提供支持。政府作为校企合作的重要一方，要给予基础设施建设大力的资金或设备投入。同时拓宽经费来源，利用实训资源对外开放和服务，获取一定的经济收益，为实训资源建设提供持续的经费支持。

3. 完善配套设施

基础设施建设需要政府切实履行设备供给与建设职能的同时，还应引入完善的配套措施，以辅助其作用能更好地发挥。一是要建立健全保障产业基础设施建设的法律法规，切实解决建设过程中基础设施“有人建、有人用、无人管”的问题。二是要建立科学的政绩考核体系。按照科学发展观的要求，把基础设施建设纳入政绩考核内容之一[①]。落实基础设施建设的目标任务与各方职责，强化责任意识，制订针对承担建设任务的责任主体的相关奖惩制度。通过对建设主体，特别是基础设施建设一线人员的奖惩激励，严控资源建设进度及过程管理，确保资源建设按计划完成[②]。

第三节　优化职业院校服务战略性新兴产业办学模式

一、优化校企一体化办学模式

各级政府对本地区的人才培养具有宏观指导作用，校企合作是重要的人才培养机构，政府部门理应设立相应组织机构，专职统筹协调本地区的校企合作工作。

---

① 李芳. 广西城乡基础设施一体化建设中政府作用研究［D］. 桂林：广西师范大学，2015.

② 于俊. 高职院校产教融合实训资源建设研究［J］. 产业与科技论坛，2018，17（5）：217-218.

1. 新兴产业与职业教育同步规划①

校企合作发展首先必须从规划起步。政府、产业行业、区域园区和教育部门、职业院校等每隔五年都要编制发展规划，在规划编制过程中，产业部门在确定总量、增量、增速计划的同时，要将当地职业教育对产业增长的贡献度、产业特色与专业要求的契合度、职业院校的科研成果对产业的科技支撑力和职业院校毕业生对产业人才的保障力等指标纳入规划的内容。职业院校在编制五年规划时，要根据区域主导产业、新兴产业的发展趋势及人才需求结构变化，以及新兴产业的比例结构来编制学校的发展规划，根据产业内部结构动态变化调整专业结构设置，根据产业发展变化趋势构建课程体系。只有产业与职业教育同步规划，建立职业教育根据社会需求和产业特色及自身定位来主动变化的动态调整机制，才能培养出结构合理、专业对口、企业需求和适销对路的合格劳动力大军，从而全面提高职业院校毕业生的就业率水平和服务区域经济社会的保障能力。

2. 加强校企合作发展的组织领导

在职业教育领导小组的统一领导下，健全校企合作发展组织结构的政策体系，进一步明晰政府、行业、企业和职业院校的分工职责，加强宣传推广。动态跟踪产业发展趋势和企业发展态势，及时协调解决校企合作发展中出现的新矛盾、新问题，全面落实校企合作发展的各项任务和事项。加大产业主管部门与教育主管部门的统筹协调和考核工作力度，制定出台各具特色的校企合作发展政策法规和制度文件，抓好具体工作落实。积极发挥行业组织在建设校企合作实训平台、推广行业先进经验、协调各领域合作等方面的作用。

3. 制定校企合作发展的政策法规

各级地方政府应制定出台鼓励校企合作发展的政策法规体系，落实支持企业培养职业院校学生的财政、税收、金融、土地、价格等政策，积极引导行业企业和职业院校合作育人、协同发展。政府可以设立引导

① 叶立生. 产教融合发展审视策论［J］. 中国职业技术教育，2016（36）：35-38.

资金，鼓励企业主动接收顶岗实习学生。保护在企业实习实训学生的创业设计、技术攻关和发明创造的知识产权，企业允许这些产权作价入股，强化知识产权归属，保障协调各方的利益与权益。

4. 建立合理的经费分配机制①

校企合作经费应以政府投入为主，政府应以稳定增长的财政投入为基础，充分发挥公共财政经费的引导和宏观调控作用。合理设计和规划投入目标，明确政府在经费投入中的责任，如在中央进行财政预算的时候，要专门安排职业教育经费，为缩小地域差异，可考虑重点扶持经济比较困难的县，适当政策倾斜，从而促进落后地区职业教育发展，从而带动经济发展，实现区域均衡发展；政府可根据本地自然和经济条件，逐步加大本级财政对职业教育的支出。总之，校企合作经费来源，政府应逐步扩大投入比例，承担起应有的责任，将职业教育经费纳入各级政府财政预算，并应保持财政拨款持续增长，使经费投入与校企合作的发展相适应。

二、优化职教集团化办学模式②

实现集团化“协同”办学治理机制，需要兼顾各方利益，在不同主体之间构建一个合作共赢的伙伴关系。如此一来，就必须推进职业教育集团化办学治理的路径建构。在职业教育集团化办学多中心治理模式中，政府主要提供法律、政策供给及外部制约机制。因此，从宏观层面上看，政府在职业教育集团化办学模式中，应该发挥统筹组织、宏观指导、协调服务以及激励约束等方面的功能。

1. 运用多元杠杆，发挥统筹组织职能

职教发达国家职业教育集团化办学的共同特点是政府职能部门的主动介入，一般不通过行政指令，而是通过多元杠杆加强统筹组织，如通

① 张春杏. 高职院校校企合作存在的问题与对策研究［D］. 湘潭：湘潭大学，2015.

② 尹华丁. 国外经验对我国政府主导职教集团化办学的启示［J］. 职教论坛，2011（7）：88-91.

过财政拨款、政府购买服务、资源置换担保、投资股份、税收优惠、政策扶持等多种手段，在集团成立初期牵线搭桥，在集团运行过程中协调各方利益、搭建合作平台。

政府主导职教集团的成员主要是职业院校（培训机构）和相关新兴产业企业，在市场经济环境中，各主体的利益诉求有着较大的差距，比如：集团内部的中职、高职及培训机构之间，各新兴产业企业之间也有着各自的利益冲突。以章程、协议或契约为纽带的松散联盟，对各主体难以形成法律意义上的约束力。政府或教育主管部门应在广泛调研征求意见的基础上，发挥好统筹组织职能。首先，政府应在制度建设层面上给予关注和支持，规范集团的组织模式和运行机制，明确政府、学校、企业、行业等在集团中的权利和义务。其次，政府在管理层面上应设立或调整相关职能部门，赋予其协调、管理、指导职能，通过投资、评估、监控等方法引导集团发展。第三，政府在专项支持层面上应通过税收调节、政策优惠、严格就业准入等措施激励校企开展合作，优势互补，平台互用，激发企业参与职业教育办学的积极性。

2. 对接新兴产业，发挥宏观指导职能

近年，在加快调整产业结构，加快转变经济发展方式，促进区域经济协调发展的背景下，湖南省政府应高度重视职业教育对战略性新兴产业经济发展的重要作用。首先，政府在编制地方经济发展规划时，应广泛吸收职教界人士的意见，分析区域内职业教育的资源优势，创新校企合作体制机制，引导职业教育培养面向地方战略性新兴产业、优势产业和重点产业紧缺的高技能人才。其次，职教行政管理部门要以职教集团为平台，收集产业发展的各类信息、预测技能型人才需求、制订有关人才培养规格与标准、组织校企合作共同编写教材、指导各类职业培训、组织职教评估等。第三，根据产业发展需要灵活调整教育服务内容，开办地方特色专业，争取区域内人力资源与供给结构的动态平衡。以校企合作为基础、以资源整合为重点，加强对地方职业教育资源的统筹和协调，提高职业教育办学综合效益。

3. 整合优质资源，发挥协调服务职能

职教发达国家通过行使政府行政职能，既是职业教育的规划者和管理者，又是职业教育的协调者和服务者。政府通过各种措施，协调职教集团内部各成员之间的利益关系，创造和提供各种条件保障职教集团的顺利运行。一是充分利用职教集团的资源平台、制度平台、交流平台、共享平台，实现职业教育的集约化管理和开放式发展。二是通过市场机制和合作机制，调动社会力量参与职业教育的办学，扩大职业教育的优质资源，形成多样化的职业教育服务产业。三是实现师资和专业的优势互补，探索教学改革和学分互认。及时调研分析区域内企业专业人才需求信息，组织对专业设置、专业培养目标、课程改革、质量考核标准等有关人才培养培训的事项进行研讨和交流，探索集团内中高职对接的途径，在招生、就业、教学、科研等方面进行有效合作。四是实现实验室、实习基地、图书馆、学报学刊等短缺资源的共享，共同开展职业资格鉴定，建立新型的共享型校企合作实训基地。五是通过政策扶持和发挥集团桥梁纽带作用，实现学校教育教学资源和企业资源的共享，通过校企共同进行“订单培养”、科技开发与应用推广合作，培养人才、服务社会。

4. 出台政策法规，发挥激励约束职能

《国家中长期教育改革和发展规划纲要（2010—2020）》指出，“政府切实履行发展职业教育的职责。把职业教育纳入经济社会发展和产业发展规划，促使职业教育规模、专业设置与经济社会发展需求相适应。统筹中等职业教育与高等职业教育发展，健全多渠道投入机制，加大职业教育投入”。借鉴国外经验，政府出台政策法规，对职教集团办学中可能涉及的校区合并、资产置换、设施共享、税费减免、风险共担等问题进行明确规范，对集团高效运行进行科学管理。政府通过前期投入、提供风险担保进行支持，对集团办学成果实施政府奖励甚至政府买单，建立政府财政为主，新兴产业、企业、学校和社会共同分担职业教育基础能力建设成本的机制，充分发挥政府的管理激励职能，保障集团可持续发展。

三、优化“双元制”办学模式

1. 发挥政府主导作用①

双元制职业教育模式在发达国家取得成功，其中不乏政府相关职能部门的行政介入，值得相关职业院校学习和借鉴。对此，政府可引导院校成立以新兴产业学院、市劳动保障、教育、人事、财政等部门为领导核心，市工会、共青团、妇联等人民团体参与，并吸收企业人力资源专家和技师学院代表参加的双元制职业教育领导管理体系。该体系需明确职责，强化领导，定期沟通情况，督促检查，并搭建信息平台，为双元制职业教育模式的进一步发展和完善积极创造条件。

2. 重视学校与产业合作

重视与新兴产业行业协会和龙头企业的合作。新兴产业一般集群发展，迫切需要技能人才的支撑。政府应高度重视学校与新兴产业行业协会和龙头企业的合作，已与省市知名光伏、电子、机械等企业进行“专业共建”。通过合作，企业得到了稳定熟练的技能操作人才，带来了更大的经济效益，提高了企业竞争实力学生获得了实践、就业的机会，提高了自身技能水平和工作能力学院的办学质量得到提高，办学规模得到扩大，社会效益和经济效益进一步增加。

3. 重视政策法规建设

借鉴“双元制”模式成功的突破点在校企合作上，校企合作成功的突破点在健全的制度保障上，需要良好的法律和政策环境对企业进行约束和驱动②。首先，要加强立法，高度重视有关法规政策的建设。如出台和完善有利于职业教育发展、战略性新兴产业发展和校企合作的法规政策，进一步明确学校和企业应承担的责任、权利和义务。尤其是对企业在校企合作中应该承担的义务给予明确的规定，从法律的层面上给予

---

① 盛佳. 双元制职业教育模式的实践与探索：以江苏省扬州技师学院为例 [J]. 职业，2014 (5)：38-39.

② 万烨锋. 德国双元制职教模式本土化的实践研究 [D]. 苏州：苏州大学，2008.

规范和约束。其次，要以政策、制度加以导引，强调约束与激励相结合。在明确校企双方责任、义务的同时，可应制定相关的奖惩制度，如为学校建立校外实训基地；给参与校企合作、接受学生实习等的企业给予一定的税收优惠或给予适当的经费补贴，从而调动企业参与和支持校企合作办学的积极性。同时，要奖惩合理结合，对不履行或不有效履行义务的校企合作责任主体采取一定的惩罚措施。最后，政府除了利用法律及行政等手段进行宏观引导外，还应成立专门的职业教育管理协调机构，发挥指导、统筹和协调作用，使校企合作的各项法律、法规、政策等能够逐步细化，多方协调执行①。

四、优化混合所有制办学模式

1. 健全法规政策，完善相关制度

混合所有制职业院校作为一种新的办学模式，其新型办学体制和运作机制目前尚缺少适用性、可操作性的政策法规。一是当前法律不允许学校营利，不得以营利为目的举办学校，这就意味着民间资本投入举办职业教育很难有收益。二是民间资本进入职业教育领域增资扩股和并购投资，缺乏相关制度依据，产权转让流转不够顺畅。三是混合所有制院校的管理体制、运行机制、政治待遇、行政关系、教师身份、人事政策不明晰。四是产权保护机制不完善，通过政府投资所形成的国有资产、公司融资所形成的租赁资产、社会捐资和滚动积累所形成的法人资产，在学校中如何得到有效保护，尚缺乏明晰的法律规定。这些政策空白都有待填补和完善。党的十八届四中全会开启了依法治国的新征程，发展混合所有制职业院校应坚持法治思维。国家要尽快出台鼓励、引导、规范混合所有制职业院校办学的法律法规。为适应混合所有制职业院校发展的需要，现阶段可先出台的基本法律依据包括：混合所有制职业院校的法律地位和机构属性，法人治理及运行管理制度，投入办学的国有资

① 宋晨．从主体角度看德国“双元制”校企合作模式的本土化［J］．长春大学学报，2012，22（12）：1547-1549．

本保值增值和其他所有制资本的权益保护政策，办学增益资产处理和风险防范，公共财政对混合所有制职业院校合理的经费投入，学校法人办学自主权及其监督机制，教职工权益保护等①。

2. 创造环境，构建市场机制

第一，政府应该对宏观层面设计的制度和法律体系内容加以落实，为校企混合所有制新兴产业学院的探索和实践营造良好的制度环境；第二，政府要解放思想、紧跟形势、因地制宜、因势利导，为在职业教育领域进行混合所有制探索创造市场条件；第三，政府应该对积极参与高职校企混合所有制新兴产业学院探索和实践的企业主体给予税收或财政上的扶持；第四，政府应对在校企混合所有制新兴产业学院探索和实践中取得突出成绩的新兴产业学院主体给予扶持，设置专项资金精准定位扶持，并在舆论上加强引导，激发它们积极创新，开创职业教育发展的全新局面②。

3. 鼓励发展校办企业

解决高职院校混合所有制的资金问题仅仅依靠政府财政支持和企业投资等手段并不能维持长久，要彻底解决办学资金的问题，混合所有制的高职院校还得从自身提升软实力入手。应建立自身的“造血”机制，最有效的办法就是建立校办企业和工厂。政府应鼓励发展高职院校可以根据自身的专业优势及校企的深入合作优势，利用校办企业和工厂将自己的科研成果转化为商品。在全民创业万众创新的形势下，政府应做好企业与学校的“红娘”，不仅要为学校招商引资更要将企业项目引进学校，将校办企业的成果推向市场，从而解决混合所有制高职院校的办学资金问题，也可以减少政府的教育投入，使学校真正地达到“产、学、研”一体。校办企业还可以为学校解决学生的实习就业，让学生在校学习期间边学习边实践，真正实现“真实项目引领下的基于工作过程的人

① 阙明坤，潘奇. 发展混合所有制职业院校初探［J］. 职业技术教育，2015，36（4）：40-44.

② 赵东明，赵景晖. 高职校企混合所有制二级产业学院建设研究［J］. 教育探索，2016（6）：42-46.

才培养模式”，只有这样混合所有制的高职院校才能有充足的动力向前发展。

第四节　实施职业院校服务战略性新兴产业质量工程

在新时代经济背景下，职业院校需要通过多方面的途径适应湖南省战略性新兴产业的发展，但是在适应过程中，仅靠职业院校一方面的努力仅仅是不够的，需要政府发挥作用，制定相关的政策帮助职业院校更好的服务湖南省战略性新兴产业①。

一、搭建战略性新兴产业实训基地

在我国现阶段，创新与培育科学而合理的有关战略性新兴产业职业教育实训基地建设资源开发与共享的价值驱动机制是一项系统工程。需要有政策引导驱动机制、经济利益驱动机制、管理制度驱动机制、职业文化驱动机制的协同实施才能建立起有效的价值驱动机制。只有建立与培育合乎职业教育新技能人才实训资源开发与共享的价值驱动机制并保证其功能的正常有效发挥，才能使现实的实训资源的能量与活力得以充分的发挥，使潜在的实训资源得到有效的开发，实现职业教育关于战略性新兴产业实训资源开发的深层次的合作，以及实训资源的全方位共享和高效率利用。职业教育关于战略性新兴产业实训资源开发与利用的根本出路在于校企合作。

1. 推进辖区内职业教育关于新兴产业实训基地校企合作建设

湖南省政府与地方人大应考虑制定相应的法律法规来推进所辖湖南省内职业教育关于战略性新产业实训基地校企合作法律制度建设。对校企合作参与方的责任做出了规范。在制定地方法律法规时要对职业教育

① 南海，龚孟伟. 我国职业教育实训资源开发与共享机制建立的政策建议［J］. 中国职业技术教育，2012（27）：21-23.

实训基地校企合作建设的相关内容进行专门规定，特别要明确相关战略性新兴企业责任。建议立法机关在进行上述立法时，要把有关高技能人才培养职业教育实训基地校企合作建设的现行的有关政策要求（如组织推动机构、企业责任、政府支持保障措施等）和有关内容上升为法律规定，加大推进力度，提高保障制度，使职业教育实训基地校企合作建设真正成为职业教育与培训的基本制度，成为技能人才培养的基本制度，成为企业参与职业教育与培训的基本制度，更好的服务湖南战略性新兴产业发展。

湖南省政府与可以考虑制定湖南省职业教育新型实训基地校企合作建设促进法、企业支持职业教育实训基地建设校企合作条例、职业院校实训基地建设校企合作规程等专门性的法律法规。应从法律层面上明确战略性岗位中顶岗实习的职业院校学生的身份属性，落实意外伤害或工伤责任。从职业院校学生顶岗实习的实践来看，学生与相关企业并未形成劳动关系，但学生可以通过实习提供劳务从企业获得工作补贴。目前，企业对实习生支付的报酬可以有条件地进行税前扣除。

2. 确立湖南省职业教育实训基地校企合作建设工作运行机制

职业教育新型实训基地校企合作建设政策、制度的贯彻落实，需要有效健全的运行机制来维系。建立湖南省职业教育实训基地校企合作建设工作运行机制，可以提高职业教育实训基地校企合作建设校企合作的普遍执行力度和效度。实践证明：职业教育实训基地校企合作建设机制不健全和运行不合理，是制约职业教育实训基地校企合作建设有效、健康和可持续发展的重要原因之一。

职业教育实训基地校企合作建设运行机制主要包括四个方面：①职业教育新型实训基地校企合作建设工作运行管理及组织建设机制；②职业教育实训基地校企合作建设中以战略性新兴行业企业集团或中介机构为主体的工作协调运行机制；③职业教育实训基地校企合作建设中的校企合作开发机制；④职业教育实训基地校企合作建设的评价、咨询和技术支持机制。

3. 引导并鼓励职业教育实训基地股份制建设

所谓职业教育股份制实训基地，是指由两个或两个以上战略性新兴职业院校或企业的利益主体在本着优势互补、互惠互利、共同发展的原则上自愿结合，就某个或某几个职业教育相关战略性新兴专业的实训基地建设共同投资、按股份制运作的实训基地建设模式。在理论上，股份制实训基地能够较好地解决职业学校开设战略性新兴产业时实训设备、资金、师资短缺等难题。这种模式在国内并不多，但探索这种模式对于投资较大的实训基地的建设与维护来说有着十分积极的意义。

4. 建立湖南省职业教育实训基地校企合作建设政策制度体系

为了全面推进湖南省职业教育实训基地校企合作建设的健康发展，提升新兴技能人才培养的质量和效率，应制定合乎湖南省实际的、可操作性强的实训基地建设校企合作的政策和制度，规范实训基地建设校企合作行为。依据《中华人民共和国职业教育法》以及相关法律，从宏观层面上确立职业教育实训基地校企合作建设的政策制度，通过政策制度明确有关方在实施职业教育新兴实训基地校企合作建设的工作中的职责和所应承担的任务，明确校企双方在职业教育实训基地校企合作建设工作中的责、权、利，这是职业教育实训基地校企合作建设工作的根本。

校企合作建设职业教育实训基地是国家发展职业教育培养技能型人才的战略，其中蕴涵着技能型人才成长的规律。湖南省政府与地方人大应根据这一战略要求，制定湖南省与这一战略相配套的政策和制度，确保战略的有效实施。

二、开设战略性新兴产业特色专业

根据战略性新兴产业发展需求，政府需统筹特色专业设置布局。目前湖南省职业学校专业设置存在的特色产业、新兴产业设置不足等原因主要是政府缺乏全面的规划，因此需要政府根据产业需求，统筹特色专业设置规划。

1. 政府建立战略性新兴产业有关专业的审批制度

严格以《职业学校专业设置管理办法（试行）》（教职成厅〔2010〕

9号）为根本依据，对符合条件的战略性新兴产业相关特色专业进行资格审查，符合条件才准予开设。政府通过组建行业、企业代表及教育专家为专业评审队伍，制定战略性新兴产业相关特色专业设置标准，对专业设置的可行性和必要性进行论证，主要从产业发展情况、社会岗位需求、区域经济特点、其他学校专业布局、学校办学基本设施条件、学生的就业率等因素进行综合考虑，避免专业的重复设置及学生就业率低下，规范专业设置的程序。

2. 建立特色专业设置的预警制度

预警机制是通过对某一组织或过程模式的信息和现象的反馈、分析，检测其偏离目标的程度，并对其可能发生的后果发出预先警示，以达到预防、调整或补救效果的系统机制。首先，政府建立职业学校战略性新兴产业相关特色专业与产业结构相适应的预警机构，定期向社会发布相关信息，为职业学校特色专业提供数据信息。其次，政府出台关于构建预警指标体系的相关条例，对职业学校关于战略性新兴产业相关特色专业设置提供评价体系，对处于偏离目标的专业设置给予预警。最后，通过检测专业数据、实地调查等途径，对预警专业采取必要的措施，及时调整战略性新兴产业相关专业的目标体系，政府关于预警制度的建立不仅为职业学校专业设置提供了标准和依据，也起到了职业学校特色专业建设的监督作用。

3. 建立特色专业设置的评估制度

职业学校专业评估是衡量人才培养质量的重要体现，能有效提高特色专业设置的管理水平。目前，湖南省尚未形成完善的专业评估系统，致使很多职校专业服务湖南战略性新兴产业的滞后。教育主管部门应该联合行业、企业及教育专家组成评估小组，对不同层次，不同类型的学校制定相应的特色专业开设后质量评估标准，定期对职校有关特色专业的办学思想、办学特色、与市场需求拟合度等方面进行评估，促使特色专业设置更加规范化、合理化。同时，加强社会的监督力度，授予民间机构或者媒体对学校的办学情况和办学质量进行监督，提高学校特色专业设置的透明度。

4. 搭建专业设置的信息平台

湖南省职业学校和企业之间尚未搭建良好的沟通平台，需要政府协调制定相关的政策鼓励各方面力量促使企业、行业和学校的有效沟通合作。首先，教育主管部门通过数据分析和实地调查等方式调查当地的经济发展情况、战略性新兴产业结构调整情况及社会人才需求情况，明确区域当前及今后发展的趋势，做好人才预测，并将结果以报告的形式进行公布。其次，职业学校要定期公布每年的特色专业招生情况、在校人数、毕业生的就业比率、就业对口率等数据。就业对口率体现了学生所学专业和所从事行业的匹配性，是专业和产业结构适应性水平最直接的体现。再次，政府要及时收集战略性新兴企业对学生就业的满意度信息，帮助学校对战略性新兴产业相关特色专业进行有效调整以提高办学质量。

5. 鼓励战略性新兴行业参与特色专业建设

在西方，有相当多的国家设立行业协会，它们作为连接企业和学校的桥梁，起着举足轻重的作用。就我国的职业教育专业设置体系中，缺乏有效沟通企业和学校的第三方机构，只有个别的商会，组织性不强，处于松散状态，没有实际的权利。因此，想通过这些商会对校企情况进行深入研究或者制定约束及监督机制较为困难。加强战略性新兴行业指导是推进职业教育专业设置的关键环节。地方政府与职业院校应切实地加强组织协调，以尽快成立战略性新兴行业职业教育教学指导委员会。建立行业职业教育特色专业建设指导委员会，可以在院校建立有行业、企业参与的特色专业设置评议和教学指导机构，积极推行校企一体化，院校也可以在行业职业教育教学指导委员会指导下建立健全校企合作的新机制，积极开展一体化办学实践。另外，加强学校与行业的对话协作平台，通过联系国家教育有关部门和社会企业、行业协会的相关机构，围绕国家重点发展产业建立岗位发布平台，明确人才培养需求，实现职业学校战略性新兴产业相关特色专业与行业、企业的对接①。

① 蔡欣桐. 广东省产业结构调整背景下中等职业学校专业设置研究［D］. 广州：广东技术师范学院，2016.

三、培养战略性新兴产业工匠人才

工匠精神是推动国家产业转型升级、实现中国制造 2025、实现民族振兴的精神动力，是湖南省发展战略性新兴产业过程中人才培养必须具备的精神品质，是塑造战略职业人才的道德基石。作为培养制造业所需重要人才的职业院校，湖南省必须制定相关政策保障职业教育中渗透工匠精神，须加强对学生工匠精神的培育和塑造，培养更多具有工匠精神的职业人才，满足制造业转型升级和打造制造强国的迫切需求。

1. 保障“产教融合、校企合作、工学结合”的办学体制

政府要出台校企合作的政策，明确办学中各参与主体的责任。保障学校和战略性新兴产业（企业）在人才培养中的“双主体”地位，实现二者在人才培养过程中的协同、互补和双赢。学校在教学计划制定、专业设置与课程调整、实践训练环节安排等方面要充分尊重、听取和吸纳战略性新兴产业（企业）的意见与建议，充分利用战略性新兴产业（企业）的设施设备、技术、人才优势及职业文化资源，在真正的产学合作中提升学生的综合素质；让学生定期走进企业实习实训，在现实场景中认识和体验工匠精神的实质与价值。积极推行现代学徒制，最大限度发挥校企双方的育人优势。遴选一批资质达标的工匠作为学生的职业导师，与学校专业教师一起组成“双导师”，实施学校和企业交替的育人机制，充分发挥传统学徒制和现代学校教育的优势，促进学生工匠精神的培育，实现提高人才培养质量的目标。

2. 健全创业教育法律制度保障

当前，创业教育已成为教育界的高频热词，在“大众创业、万众创新”的时代，职业院校的创业教育不能平庸化为急功近利的“创业技能教育”。学生创业需要法律层面的保障。法律是明确政府责任的最佳规范，既可以界定责任主体、责任范围，也可以指明责任后果和追责方式。首先，政府应该及时出台相关法律法规，实现依法行政，保证各部门切实履行自身责任，其实，创业就是开创新事业，创新是创业的核心，没有创新，创业根本无从谈起。真正意义上的创业教育，不仅要引

导学生成为一个主动学习者，不断学习创业知识，提升创业能力；还要引导学生成为一个勇于创新者，不断增强创业意识，积极培养创新思维和创新精神，而后者正是工匠精神必不可少的核心要素。可以说，创业教育也是职业院校培育学生工匠精神的有效途径。在开展创业教育的过程中，职业院校要确立符合职业教育规律和本校实际的创业教育理念，着眼全体学生的长远发展需要，在支持创业兴趣浓厚、意愿强烈且条件相对成熟的部分学生自主创业的同时，更着眼于提高全体学生的创业意识和创新精神，为他们毕业后成为“工作岗位上的创业者”打下坚实的基础。还有要完善创业教育激励机制，设立学生创业专项基金，重点建设专业特色鲜明的校内创业基地，将学生创业成果纳入教师考核评价体系，切实调动广大教师指导学生创业实践的积极性和主动性。

3. 制定“双师型”教师培育制度

教师的培育，关系着职业教育是否能够为战略性新兴产业培养合适的人才，“双师型”教师队伍，既是职业院校提升人才培养质量的有力保障，又是学校核心竞争力的关键所在。建设“双师型”，要引进和培养“两条腿”并用。一方面，政府制定和实施灵活有效的人才引进政策，引聘实践经验丰富、行业公认的战略性新兴产业的工艺大师、高级技术专家担任专业负责人或专业教师，指导战略性新兴专业建设和学生实践训练、开设高层次讲座课程；政府提供一定比例的资金支持，充分利用校企合作的便利条件，邀请企业优秀技术人才来校兼职工作，他们既是企业的技术骨干，又是学校的任课教师；既是战略性新兴企业里的能工巧匠，又是学生技能训练和创业项目的指导教师。另一方面，政府建立实践能力导向的教师岗位考核聘任体系，帮助职业院校有计划地选送教师定期到战略性新兴企业接受培训、挂职工作和实践锻炼，通过岗位评聘、职务（职称）晋升、教学评价、绩效考核、薪酬分配等制度改革，增强教师提高实践能力的主动性和积极性。通过引培并举，逐步优化师资队伍结构，用高素质“双师型”师资队伍，为培育工匠精神、提高人才培养质量保驾护航[①]。

四、推进战略性新兴产业互联网平台

1. 政府完善战略性新兴产业互联网平台的区域教育资源共享组织体系[②]

基于战略性新兴产业互联网平台，湖南省要想进一步提升职业教育的水平，实现职业教育相关专业资源共享的目标，必须完善职业教育资源共享组织体系，才能准确有效地实现既定目标。首先，湖南省教育部门必须要成立专门的战略性新兴产业互联网平台教育资源共享建设研究小组，成员应该由政府部门作为主导，职业院校为辅。其次，要明确该项目小组的主要职责，制定出相关的发展措施并监督措施的落实情况。最后，在职业院校构建协调小组，指导小组，监控小组及评估小组，以此来战略性新兴产业互联网平台的职业教育资源共享建设的组织体系能够得到有效的完善，进而推动职业教育资源共享模式的发展进程，实现提升教育综合水平的既定目标。

2. 政府加强行政推动职业教育资源共享建设与管理

第一，政府积极鼓励、引导学校和教师开发上传各类战略性新兴产业资源以及相关专业教育教学资源。职业院校要及时准确地向战略性新兴产业互联网平台的管理者反应本校的教学情况。战略性新兴产业互联网平台的管理者在了解相关职业院校的实际情况之后，对职业院校的教学情况进行系统的分析，根据分析结果将相关教育资源共享给各个学校。第二，政府建立教育资源库并保证资源库的全面性以及使用性，尽可能地扩大战略性新兴产业互联网平台中资源库的覆盖面，并且要保证资源库当中内容具有针对性，才能准确有效地实现职业教育资源共享。第三，为了能够准确地实现职业教育资源共享，必须要定期地革新平台

① 庄群华. 培育工匠精神：高职院校的应为与可为［J］. 南京航空航天大学学报（社会科学版），2016，18（3）：91-95.

② 王静. 基于智慧教育云平台的区域教育资源共享建设研究［J］. 教育现代化，2018，5（22）：119-121.

内的教学内容，使掌握最新战略性新兴技术的教职人员在教学的过程中，即使教学要求发生变化，也能在平台当中寻找到变化后的教学内容。

3. 政府加强战略性新兴产业互联网平台的职业教育资源共享机制建设

职业教育资源共享机制的建设是整个战略性新兴产业互联网平台的职业教育资源共享建设中关键环节，是战略性新兴产业互联网平台获得持续稳定发展的基本要求。政府要在平台的建设中起保障作用，第一，要解决平台的共享问题，目前大多数战略性新兴产业互联网平台无法全面准确地获取到所需的新兴产业有关教育资源，所以相关管理者要打通资源共享壁垒，将实现区域教育资源共享理念奉为首要工作理念。第二，政府做好宣传工作，实现企业行业社会参与。利用网络信息技术将职业教育与平台的职业教育资源共享内容进行最大限度的宣传，使湖南省内掌握战略性新兴技术的教职人员及职业教育都能够参与到其中，定期发布教学视频教学心得以及所遇到的教学问题，同时战略性新兴技术的教职人员也能获取到所需要的教学资源，进而实现了战略性新兴产业互联网平台职业教育资源共建共享的目标。

4. 政府实现经费保障，制度保障以及技术保障

战略性新兴产业互联网平台要想准确有效地将职业教育资源共享模式落实到实际工作当中，必须要实现“三个保障”，即经费保障、制度保障以及技术保障。只有这样战略性新兴产业互联网平台才能够准确有效地实现既定目标，进而推动平台的发展进程，完善区域资源共享建设工作。就经费保障而言，战略性新兴产业互联网平台在建设教育资源共享的过程当中，需要耗费大量的人力、物力，因此就需要大量的研究经费为建设工作提供保障，基于这种情况，政府部门必须要给予其一定的经济支持，使其能够紧跟社会的发展进程，进而实现湖南省内各大战略性新兴产业互联网平台平稳发展，实现湖南省战略性新兴教育资源共享的目标。就制度保障而言，政府要制定互联网平台参与人员的职责规范，明确战略性新兴产业互联网平台的相关管理者的责任，从而将相关

的制度进行完善，才能实现资源共享。第一，建立完善的培训制度，根据相关管理者以及新兴技术教职人员对湖南省教育资源共享的理解程度及外部发展条件，结合共享技术制定出科学合理的培训制度。第二，建立完善的评估制度，由于战略性新兴产业互联网平台的教育资源共享建设的内容较为复杂且环节众多，为此，政府必须要建立相关的评估制度，对各个关节的工作进行评估，只有这样才能准确有效地实现智慧教育云平台的区域教育资源共享。

就技术保障而言，由于战略性新兴产业互联网平台的是一种新型教育资源共享模式，因此对于相关技术的要求极高，为了能够使区域教育资源共享建设工作实现既定目标，首先政府要提高技术人员的准入门槛，聘用有一定的理论基础和管理经验的人员参与到建设工作当中。其二，时刻关注相关技术的最新发展动态，并融入平台区域教育资源共享建设当中。只有这样才能让先进的技术作为保障，才能使其区域教育。

第五节　促进职业院校服务战略性新兴产业走向国际

党的十八大以来，我国已经建成了全世界规模最大的职业教育体系[①]，全国有 1.23 万所职业院校，建成约 1300 个职业教育集团，年招生规模 930 万人，年培训 1 亿人次，年输送 1000 万技术技能人才，现代制造业、现代服务业等战略性新兴产业一线新增人员 70%以上来自职业院校毕业生。发布了 766 个高职专业目录，建立了 640 个教学标准和 70 个专业大类顶岗实习标准，职业教育国家制度标准和体系日趋完善。在教育部 2017 年 6 月公布的全国高等学校名单中，湖南普通高等

① 教育部新闻办公室. 从数据来看党的十八大以来我国教育改革发展的有关情况［EB/OL］.（2017-09-28）［2018-02-02］. http://www.moe.edu.cn/jyb_xwfb/xw_fbh/moe_2069/xwfbh_2017n/xwfb_20170928/201709/t20170928315538.html.

学校共124所（含独立学院15所），其中，本科学校51所，专科学校（高等职业院校与高等专科学校）73所。民办大学共31所，其中，民办本科学校20所，民办高等职业院校11所。我省的高职院校就有73所，所占比为58.9%。当下，我省职业教育须着力构建在“一带一路”背景下的话语体系、标准体系、协同体系与制度体系，逐步提高职业教育品牌影响力、国际认可度、合作交流与服务能力及战略决策与执行能力①。

为尽快启动湖南对接“一带一路”建设工作，湖南省人民政府特制定《湖南省对接“一带一路”战略行动方案》（以下简称《方案》），《方案》指出：“全面贯彻落实党的十八大和十八届二中、三中、四中全会精神，按照‘五通’总体要求，充分利用国家通道、国家平台，将我省经济、人文、资源优势与沿线国家的发展需求结合起来，以长沙为节点城市，以重点区域、重大项目、重点平台、重要机制建设为依托，以提升全面开放水平、拓展经贸合作领域、扩大人文交流为重点，着力实施‘六大行动’（装备产能出海行动、对外贸易提升行动、引资引技升级行动、基础设施联通行动、合作平台构筑行动、人文交流拓展行动），完善‘五大机制’（项目推进机制、金融财税扶持机制、人才保障机制、风险防控机制、工作协调机制），建设80个左右的重大项目，总投资3000多亿元，将湖南打造成‘一带一路’的重要腹地和内陆开放的新高地。”

一、双向并举，确立共享教育理念

理论武装的是头脑，而理念融入的是血液。伟大的实践，需要正确理念的引导和深入人心。为适应现代化建设新形势，结合我省职业教育发展实际，引导职业院校加强战略性支柱产业、战略性新兴产业和优势特色产业相关专业建设，牢固构建起职业教育国际化发展的顶层设计，需要凝练我省树立职业教育服务新兴产业国际化发展的新理念。当今国际形势，职业教育走向世界并融入全球化大潮，迫切需要我们立足本土

① 王荣辉.“一带一路”背景下我国职业教育国际化发展战略与路径［J］. 职业技术教育，2018，39（1）：6-11.

面向全国、面向世界，走国际化发展道路。党的十八大以来，围绕“四个全面”战略布局，推进职业教育参与并服务“一带一路”和湖南战略性新兴产业是职业院校加强国际化发展，提升办学水平，形成比较优势，增强创新能力和竞争实力的现实需要。

1. “平等合作”的理念

国家主权平等是被国际法公认的国与国之间进行交往的基本原则。“一带一路”沿线国家大小不一，但都是国际社会的一分子，国家不分大小、强弱、贫富，都是国际社会平等一员，应相互尊重，平等相待，真诚互助。平等是合作的基础，没有平等的所谓合作，就容易产生强权政治和霸权主义。因此，平等合作是实现我省职业教育服务新兴产业国际化发展的基本前提。

在这个过程中，必须秉持平等合作的发展理念，沿线各城市、各国作为平等参与者都可以参与到协商中来，兼顾各方利益和关切，寻求利益契合点和合作的最大公约数，才能切实凝聚力量、体现各方智慧。平等合作，既要加强与职业教育发达国家的政策对话，又要探索对发展我省职业教育服务新兴产业国际化的途径。同时，积极参与职业教育国际标准与规则的研究制定，开发与我省战略性新兴产业对应的专业标准和课程体系，扩大国际话语权、增强职业院校软实力，从而为我省职业教育服务战略性新兴产业走向国际奠基。我省应履行“一带一路”中节点城市的主要责任，以“政策沟通、设施联通、贸易畅通、资金融通、民心相通”（简称“五通”）为主要内容，重点推进基础设施、经贸、产业投资、能源资源、金融、人文交流、生态环境、海上合作等 8 个方面的务实合作。陆上，依托国际大通道，以沿线中心城市为支撑，共同打造若干经济走廊。海上，依托重点港口城市，以建设通畅安全高效的运输大通道为目标，共同建设一批海上战略支点。用 3—5 年时间，夯实基础，打开局面；用 10 年左右时间，重点突破，实质推进；到 21 世纪中叶，实现“五通”目标。

2. “开放包容”理念

据最新人口普查显示我省常住人口有 6822.8 万人，是个人口大省，之所以能够将人口负担转化为人力优势，正是职业教育发挥了关键性作用。我省职业教育有许多特色的元素，如职业教育的体制机制、工学实践模式、专业建设等，这些都是在具体实践中摸索出来的。随着我国改革开放的进一步深入，我省职业教育目前已经进入到关键的教育理念更新、教学整体改革深化、教育资源优化重组的时期，职业院校不能“闭门造车”，更不能“单打独斗”，要秉持开放包容的发展理念，实现职业教育与新兴产业发展的有效结合。

职业院校服务新兴产业走向国际需要坚持开放包容的理念，既要展现我省的办学特色，又要吸收包容国际职业教育特点与产业特点。开放不仅是国家繁荣发展的必由之路，更是我省长远发展的关键，也是职业教育创新发展的必由之路。职业教育既要加大社会开放度，加强产学融合、协同育人，又要开放大门汇聚国际资源，对国际开放，主动地“请进来”和“走出去”。特别是在“一带一路”建设中，我们的职业教育要以开放的态度与相关城市与国家展开合作，结合当地经济、文化等特点，探索与之相适应的发展模式和办学特色。逐步加大国际合作办学力度和深度，深化人才培养、专业建设和师资队伍等领域合作，培养具有国际视野的技能型人才。在引进国外优质职业教育资源的同时，更要让湖湘文化与中华文化走出去，充分发挥我省职业教育在“一带一路”建设中的技术技能型人才支撑作用及服务我省战略性新兴产业的作用。

我省职业院校走向世界需要包容。职业院校服务我省战略性新兴产业走向国际发展的主要载体是合作办学。在一些学术思维活跃的国家和地区，职业教育需更加注重适应性，不论是教师、学者还是管理人员，都应该具备较高的应变能力，尤其是教师心理要有较高的承受力和容忍度，要有包容的心态。这也反映出国内与国外教学观念的不同，国外教学重在生成性，即学习环境是生成的，知识的教与学也是生成的，学习能力的获得更是生成的。因此，职业院校走向国际，思想观念的碰撞不可避免，如何学会在价值观、教学理念的矛盾交锋中观察、学习、借鉴，是我们应该重视的现实问题。总的来说，需要在包容心态下去采“他山之石”。

3. “创新共享”理念

职业院校服务新兴产业走向国际需要“创新共享”的发展理念。走向国际，绝不是盲目的炫耀，更不是传统的单向取经，应是一种双方“联姻”式的合作交流、资源的共享，这就需要我们秉持“创新共享”的发展理念，使增强双方教育合力。职业教育国际化需要创新交流合作机制、创新教育平台、创新教育培养模式，这些都是职业教育国际化必须解决的问题。

坚持创新共享发展理念，一是要落实职业教育特别是职业院校办学自主权，鼓励探索我省职业教育开展国际合作的形式，注重发挥中资企业的重要作用。二是要加强我省职业教育国际化制度创新，积极探索我省现代职业教育体系建设的实现路径创新。三是支持我省与“一带一路”的重点省份和城市职业院校创新发展，实现国际化能力等方面率先取得突破。四是要注重教学改革，创新课程体系，深化专业内涵建设，使教学内容更加适应我省新兴产业发展、国际合作，推动职业院校通过“走出去”提升办学能力。此外，在这过程中，创新成果还需要共享，不论是国内外职业院校、国内外企业还是国内外政府，交流成果都需要共享。“一带一路”倡议最终的受益者是合作国双方的人民，要让参与职业教育国际化的每一位师生都能够感受到职业教育创新发展的成果①。

我省在资源禀赋、产业基础、科教人文等方面具有鲜明特色，在强化对外开放、产业合作、协作交流等方面具备较强优势。从区位交通看，我省地处中部，承东启西，京广高铁与丝绸之路节点城市相连，沪昆高铁与东盟相通，水路可直达东部沿海港口，与珠三角、北部湾也有便捷通道。一批海关特殊监管区相继获批，一批水、陆、空口岸先后开放，为对接“一带一路”倡议提供了良好的基础条件。从产业互补看，我省拥有工程机械、轨道交通、冶金、有色、建材、能源等传统优势产

① 冯宝晶. “一带一路”视角下我国职业教育国际化发展的理念与路径［J］. 中国职业技术教育，2016（23）：67-71.

业，并在种植、育种、农机等方面拥有国际先进技术，与沿线国家加速推进工业化和基础设施互联互通、加强农业合作开放的意愿和需求十分契合。从合作历史看，近年来，省内一批重点企业远赴海外，在沿线国家建成了一批产业园区，实施了一批重点项目。特别是通过国际工程总承包，带动技术、资金、人才走出去，积累了宝贵经验。从科教人文看，我省是国家重要科教基地之一，综合创新能力位居全国前十，新闻出版、电广传媒等极具国际竞争力，为强化与沿线国家合作交往创造了有利条件。

二、双重保障，强化对外支持系统

政策强则职业教育兴，政策弱则职业教育衰，政策手段能够发挥促进我国职业教育服务产业发展的有效驱动力作用①。

1. 完善职业教育国际化相关政策法规体系的建设

当前，我省职业教育服务产业国际化的政策法规体系建设较为滞后，尚未制定有关推进职业院校人才培养国际化的专项法规、规章，从中外合作办学到海外交换生管理再到国际交流合作进修以及职业资格证书认证等方面都缺少必要的政策指引和规范。加快完善职业教育国际化相关政策法规的体系建设是推动职业教育服务新兴产业国际化平稳快速发展的重要前提。因此，今后一个时期内应该将职业教育国际化政策、法规体系的建设作为推动职业教育国际化发展的重要任务，但具体在政策制定过程中还应该处理好如下两个方面的关系：一是我省与中央的关系，中央政府和地方政府作为职业教育国际化政策出台的主体，应明确两者地位和作用的差异，中央侧重于宏观指引和战略规划，而我省则应该根据区域职业教育发展与我省战略性新兴产业发展的阶段特征和比较优势出台操作性较强的实施细则保证国家战略的实施。二是普遍性与特殊性的关系，以往专门针对职业教育国际化政策的制定较少，绝大多数被纳入整个教育国际化政策制定中，但职业教育作为一种独特类型的教

① 刘杰. 改革开放后国家政策对职业教育的影响与思考［J］. 职教论坛，2015（8）：79-82.

育，其人才培养的对象、方式与其他类型教育机构存在着较为明显的差异性，这必然也会体现在其国际化开展的内容与方式上，这就需要在今后的政策制定中要更多地关照到职业教育自身的特殊性。

2. 加大职业教育国际化经费投入并完善投入机制

充足的经费投入是我省职业教育服务产业走向国际顺利开展的重要前提，也是推动职业教育国际化实现可持续发展的关键，但当前我国各级政府和职业院校在职业教育国际化经费的投入上却不容乐观，2016年，在364所高职院校中，有高达48%的高职院校没有在国际化上投入任何经费，仅有14.7%的被调查高职院校在经费投入上达到了100万元以上。由此可见，当前我国职业教育国际化的经费投入上已经越来越难以满足未来其走向国际的需求，而且存在着明显的不均衡现象。因此，加大对职业教育国际化的经费投入就成了当务之急。首先，应发挥政府在经费投入上的主导作用，政府要发挥好财政投入的杠杆作用，激发我省地方政府在职业教育国际化投入上的主动性与积极性，调整和优化各地方政府公共教育投入中职业教育国际化经费投入的比例，建立职业教育国际化专项经费制度，加大对职业院校引进外籍教师、本校教师海外研修学习、专业教学标准对接、职业资格证书引进等领域的支持力度。其次，应建立并完善多元的经费投入机制，鼓励经费有困难的地区和学校多渠道融资，吸引各类社会资本投入职业教育国际化项目，支持促进各地和学校拓展职业教育国际交流与合作，形成多渠道经费保障机制。

3. 建立多元参与的职业教育国际化质量评估体系

随着我国职业教育进入“后示范”时代，职业院校对质量提升和自我完善的需求越来越强①。当前，针对职业教育国际化办学还尚未建立起科学、有效的质量评估体系，忽视了对职业教育国际化的质量监控和分类指导，而且地方政府在对职业教育国际化的质量评估上往往将其同

---

① 王启龙，石伟平. 欧盟职业教育第三方质量评估模式在中国：成效与建议：基于上海4所高职院校的同行评议结果 [J]. 中国高教研究，2016，(3)：101.

其他类型的教育机构放在一起进行，在评价指标的设计上没有考虑到职业院校办学的特殊性和各个院校发展阶段的差异性，往往用同一把标尺衡量所有被评估院校，造成职业院校在国际化发展上的力不从心以及趋同化。因此，针对当前职业院校服务产业发展的现状，我省应根据职业教育自身的特色建立能够有效推动我省职业教育服务新兴产业走向国际发展的质量评估体系。首先，应明确我省职业教育服务我省新兴产业国际化评估的主要宗旨，评估不是为了分出“三六九等”，而是要在基于“证据”基础上，对被评估院校国际化办学中出现的问题进行“鉴定”“诊断”“开方”，最终目的是促进我省职业院校服务新兴产业国际化的发展。其次，在评估主体的构成上应多元化，要基于利益相关性的大小，确定不同评估主体意见的权重大小，并积极吸纳教师、学生的参与。第三，在评估指标体系的构成上，应根据我省职业教育自身的特色进行构建，而且应该根据职业院校国际化发展的重点和阶段性特征进行灵活性处理。

4. 加强职业教育国际化科研力量并完善平台建设

随着内涵建设的不断深入，科学研究在职业院校发展过程中发挥着越来越重要的作用[①]。以往在推动我国职业教育国际化发展上一直都较为忽视科研的地位和作用，这直接导致对于我国职业教育国际化的发展经验和出现的问题一直都缺乏理性的总结与反思，在一些关键的问题上始终难以找到真正的症结所在，而在缺乏科研引领的情况下，职业院校服务产业走向国际的实践将很难突破现有的窠臼，更有可能导致国际化实践将始终停留在低水平徘徊的状态。因此，我省应从战略上重视职业教育国际化科研的引领作用，加大对职业教育国际化科研的投入，吸引更多的学者加入职业教育国际化的研究，并在不同层级的科研项目规划上重点关注职业教育服务新兴产业的议题，让职业院校服务新兴产业成为职业教育科研领域中的热点问题。同时，我省职业教育国际合作领域

① 石伟平，唐林伟. 我国高职院校科研总体水平偏低［N］. 中国教育报，2015-07-09（09）.

仍然需要更深入的研究，构建起一整套包括文化因素、社会因素、政府因素等内容的体系，指导我省与他省、他国的职业教育合作，提高合作质量和成果转化，使我省职业教育服务战略性新兴产业升级需要，培养更多合格人才①。与此同时，应该在国家层面建立起职业教育国际化数据征集与信息交流平台，其内容应涵盖中高职院校国际化办学的基本数据资料、能够反映中外合作办学运行状态的监测数据，以及不同院校国际化合作办学典型案例的介绍，通过这一平台的搭建不仅能够为职业教育国际化科研提供支撑，也能够为政府机构的决策以及院校之间的相互借鉴与交流提供帮助②。

三、双轨推进，塑造融合师资队伍

新技术、新产业、新经济的快速发展，迫切需求高素质的技术技能人才支撑，对职教师资提出了更高要求。2018 年 1 月，中共中央、国务院《关于全面深化新时代教师队伍建设改革的意见》发布，勾勒了新时代教师队伍建设的总体蓝图。2017 年教师节和 2018 年全国职业教育活动周，李克强总理和孙春兰副总理先后对加强“工匠之师”培养、建设“双师型”职教师资队伍作出了重要指示。面对我国经济转型对高水平职教师资的需求，完善职教师资培养体系、提升职教师资培养质量成为关键。

1. 宏观层面——完善职教师资准入与发展的政策保障体系

在研究制定职业院校教师编制核定办法的过程中，要针对职业教育与普通教育相比，实践性教学环节多、个性化培养要求高、班额规模小、常规管理难度大、技术进步快而导致的培训进修要求多等诸多特点，制定切合我省职业教育发展实际需要的教师编制核定办法。

要进一步加强和重视对职教师资任职资格和培养标准的研究开发，

① 贺艳芳，徐国庆. 职业教育国际合作的文化分析框架及其实证 [J]. 现代教育管理，2016 (5)：85.

② 石伟平. 职业教育国际化水平和国际竞争力提升：战略重点及具体方略 [J]. 现代教育管理，2018 (1)：72-76.

制定政策，尽早确立一套具有我省职业教育特色的职教师资格和质量保障体系。既要重视学历达标，也要重视动手实践提高和教育教学方法养成。不仅使大学毕业生的学历水平成为中等职业学校师资的任职前提条件，也应使企业的工程技术人员、高级技师、技师和高级技工的动手实践水平成为职业院校师资的任职条件，从而突出服务我省战略性新兴产业的职业院校教师的实践性，促进职业教育师资来源渠道的多元化，促进“双师型”教师队伍的建设。

在建立我省职教师资职称评定体系过程中，首先要突出体现我省以就业为导向的职业教育办学指导思想，职业教育要为学生就业服务，就要求职业学校教师为学生的就业，组织和开展各项教学工作，学生就业率和就业岗位质量的高低要成为衡量教育教学质量高低的重要依据之一。其次要突出职业教育服务产业的目的，也就是实践性，将职业院校教育的动手能力高低，量化为职称评定的重要参数。从政策层面、制度层面上，鼓励新教师加强与企业界及其他教师的联系和沟通。注重在岗教师的专业发展。各职业院校必须加强和支持教师的在职进修和继续发展。政府部门在核定职业学校教师编制时要预留一定的编制用于教师进修；学校领导和我省职教行政管理部门要制定出相应的政策或措施，要改变过去认为接受培训和进修是教师个人的事情这种不适应时代发展的观点，制定优惠政策和措施，来鼓励教师采取多种形式、通过多种渠道参加或接受在职进修和专业发展活动。

地方政府要按照中共湖南省委、省人民政府《关于加快发展现代职业教育的决定》（湘发〔2014〕18号）和省编办、省教育厅、省财政厅关于《湖南省高等学校机构编制标准》（湘编办〔2009〕21号）、《湖南省中等职业学校机构编制标准》（湘编办〔2009〕22号）精神，落实职业院校在编制部门核定的编制内，按照编制到校、经费包干、自主聘用、动态管理的要求，合理制定流动教师配备的具体方案。新增教师编制主要用于引进有实践经验的专业教师，到2020年，有实践经验的专兼职教师占专业教师总数的比例达到60％以上。健全教师专业技术职务（职称）评聘办法，探索完善中等在职业学校设置正高级教师职务

（职称），评聘制度，推动职业院校改革人事及分配制度，实现全员聘用和绩效工资制度。

2. 中观层面——完善职教师资培养培训的运行保障体系

（1）设立多元化的职教师资培养培训机构

参照国际经验，我省应进一步加大力度，在职业院校里增设职教师资专业和方向，以利用、发挥其技术和师资优势，鼓励和支持职教师资培养模式的探索，采取职教师资培养的多样化策略，以增强职教师资培养力量，提高我省职教师资培养的整体水平和质量。此外，要进一步发挥大中型企业参与职教师资培养培训的责任和作用，形成大学与企业共同培养职教师资的有效机制，畅通职业院校专业教师到企业进修、提高技能水平的渠道。

（2）加强职教师资培养培训机构的建设

近年来新建的职教师资培养培训基地中教师与教师之间、学校与学校之间存在很大差异，他们当中很多是从普通教育领域转成职教教师的培养人员，他们对于职业教育的认识、理解大都存在着这样或那样的问题，学术水平、研究能力、教学水平和实践能力也不是很高，这对职教师资培养、培训工作造成很多不利。湖南省有关政府部门要对此加以重视和关注，要制定相应的政策和管理措施来提高他们的职教教学和研究水平。

（3）建立健全职教师资研究生培养制度

为了改善专业课教师学历达标率低、实践能力差、骨干教师和专业带头人严重缺乏等问题，作为落实教育部《面向 21 世纪教育振兴计划》的重要措施，教育部职成教司提出了中等职业学校在职教师攻读硕士学位的计划。由于我国职业教育缺少自己的师资培养系统，职业教育专业教师的硕士学位研究生培养工作处于起步阶段。因此对所涉及的培养制度、培养内容和课程设置以及有关的理论问题做深入的探索是十分必要的。同时，随着职教师资硕士研究生培养的规范化、制度化，有必要建立健全相应的培养制度，这就要求职教师资研究生培养在制度上和内容上要有所创新。

3．微观层面——构建科学的职教师资培养与教学体系

（1）尽快制定开发与职教师资培养要求相适应的培养方案和课程内容

我省职教师范院校的培养计划和课程设置中存在着明显的不足，主要表现在以下一些方面：教育类课程偏少，除了职业教育学、教育心理学、教学法外，与教育类相关的课程偏少。国际上的职教师资专业的教育类和职业课程范围大，内容丰富，除了职业教育、教学法、专业教学法、心理学外，还开设了师范实习的准备培训、师范实习后的培训、职业与劳动心理学、教育社会学等课程。这对于职教师资对职业教育和职业方面的认识和了解，特别是对于职业教育教学工作都是必不可少的。

（2）整合开发专业技术和教育课程

我国职教师资培养沿用了普教师资的培养形式，课程内容是采用学科模式，我省亦是如此。在培养过程中，以专业技术教学为主，加入若干教育类课程，多采用简单叠加的形式，即：职业教育课程与专业课程的简单组合就成为职教师资培养专业。事实上，这是不符合职教师资培养内在规律的，使得职教师资培养的质量和水平难以提高。职教的特点决定了职教师资培养过程要更多地反映劳动过程。国际的经验和做法也体现出了这一重要规律。职教师资培养正是运用劳动—技术—教育三者相互关联的理论来贯彻和实施的。因此，我省在职教师资培养过程中，课程学习除了渗透教育教学规律之外，还特别强调了劳动过程规律。另外，在实习方面，教学实习、企业实践和动手操作等方面都偏少。这非常不利于职教教师教学实际的需要。我省职教师资专业培养方案中，需在这些方面给予更多的重视和考虑。

（3）重视和加强专业教学法的开发和教学

专业教学法在职教师资培养中起着重要的作用。它在教育学课程和专业技术课程中间起着桥梁作用，对培养职业师范学生的专业教学能力十分重要。例如：专业课中教什么，如何教；专业工人的能力分析及开发；如何从技术和职业的发展、劳动组织变化和对劳动者素质的要求来

理解和组织职业技术教育和培训；等等。国际上职教发达国家，如德国不仅对专业教学论十分重视、理论研究深入，而对职教师资都有明确的专业教学论要求，专业教学论也是职教师资专业的必修课程。而我省在这方面的研究和教学还很薄弱，很多培养培训机构都没有开设这方面课程。因此，通过对专业教学法的教学和开发来建立专业教学法学科框架，是职教师资培养十分紧迫的问题，我省教育主管部门应在职教师资培养中给予高度重视①。

四、双管齐下，打造全球合作格局

根据联合国教科文组织国际大会联合会给出的概念，教育国际化不是单纯的一个过程，而是由国际化理念、环境、活动、结果等要素构成的综合系统，既是教与学过程的国际化，又是研究、管理与服务的国际化，是各要素之间的相互联动。德国物理学家赫尔曼·哈肯（Haken H.）指出，协同就是信息与知识的交换②，对“一带一路”背景下职业教育国际化发展路径的研究符合协同学一般理论研究范畴。“一带一路”是一个全面系统的倡议，同样职业教育在落实“一带一路”倡议中，也是一个系统工程与协同体系，而且职业教育国际化融入“一带一路”还需要更高层次、更广领域的协同。

其一，“一带一路”背景下职业教育国际化发展，需要职业教育领域的交流与合作，也需要政府、企业等多部门的政策支持与保障，需要职业院校专业设置与沿线国家产业之间的耦合，需要职业院校人才培养与沿线国家人力资源与社会保障预测的技术技能人才需求之间的耦合，需要我国“一带一路”沿线省市、内陆节点城市与沿线国家之间的耦合，需要我国职业院校课程标准、人才培养标准与沿线国家之间技术标

① 同济大学职业技术教育学院课题组. 教育部全国教育科学“十五”规划重点课题“职教师资培养策略体系国际比较研究”总报告 [J]. 中国职业技术教育，2006 (6)：5-9.

② 张慧波，叶伟巍，刘春朝，等. 援非项目下高职教育国际化协同路径研究：以宁波职业技术学院为例 [J]. 高等工程教育研究，2016 (2)：148-152.

准、企业标准之间的耦合，我省作为“一带一路”沿线省市，应坚持深化体制机制改革，统筹发挥好政府和市场的作用，着力构建与现代化要求相适应的办学体制、管理体制和人才培养体制；坚持以立德树人为根本，面向全社会、面向人人，培养多层次、多类型、高素质劳动者和技术技能人才；坚持科学发展，不断完善职业教育体系结构，不断优化空间布局，努力建成具有湖南特色的现代职业教育体系，为湖南全面建成小康社会提供重要的智力支持和人才支撑。因此，必然构成一个协同体系。

其二，我国与东南亚国家的职业教育合作方式，应着眼于经济合作与贸易往来的特征分析，坚持共同的职业教育理念与价值认同，增加东南亚国家来华留学与奖学金名额，探索职业教育学历认证机制，着力于长期的职业教育合作模式与人才流动模式①；我国与非洲国家的职业教育合作方式，应加大基础性教育资源投入与援助，面向非洲国家的实际产能，着力提供多元化职业教育培训项目，加强对职业教育合作中的本土化人才培养。建立协同网络、提升交互速度、拓展协同深度是提高职业教育国际化水平协同发展的有效路径。该学院依托援非项目，充分利用成立的跨文化交流使者工作坊等合作平台，促使援非项目从高级官员培训延伸到职业技术教育全面培训，从教育部门培训拓展到商务部、农村农业部、文化和旅游部、外资部、妇联等有关部委机关；通过培训项目，促使合作领域从教育领域向产业领域延伸，增进中非两国友谊与政治共识，提升了服务贸易质量，促进了“贝宁中国经济贸易发展中心”的建立，构建连通亚非大陆的海上新丝绸之路，成为非洲与我国经济合作的桥梁，形成中非合作的全面协同格局②。

---

① 张媛远，陈晓曦，等. 我国与“一带一路”沿线国家职业教育合作形式研究［J］. 职业教育研究，2016（9）：22-26.

② 张慧波，叶伟巍，刘春朝，等. 援非项目下高职教育国际化协同路径研究：以宁波职业技术学院为例［J］. 高等工程教育研究，2016（2）：148-152，185.

本章小节

本章内容主要以政府的角度从创新体制机制、构建服务体系、优化办学模式、实施质量工程、加大资金投入、促进职业院校走向国际等六个方面提出了职业院校服务战略性新兴产业相关政策建议。

第一，创新职业院校服务战略性新兴产业体制机制：建立跨界机制，深化协调机制，理顺管理机制，完善保障机制。第二，构建职业院校服务战略性新兴产业服务体系：制定高级人才政策，支持共性技术研发，完善中介服务体系，加强基础设施建设。第三，优化职业院校服务战略性新兴产业：优化校企一体化、职教集团化、双元制、混合所有制办学模式。第四，实施职业院校服务战略性新兴产业质量工程：搭建实训基地，开设特色专业，培养工匠人才，推进互联网平台。第五，加大职业院校服务战略性新兴产业资金投入：加强财政宏观调控职能，促进职业教育公平发展；创新财政管理机制，提出职业教育财政资金使用效益；建设湖南省战略性新兴行业企业投资职业教育的激励机制；完善湖南省战略性新兴行业企业投资职业教育税收优惠政策。第六，促进职业院校服务战略性新兴产业走向国际：双向并举，确立共享教育理念；双重保障，强化对外支持系统；双轨推进，塑造融合师资队伍；双管齐下，打造全球合作格局。

第八章　案例：长沙航空职业技术学院

为适应航空产业转型升级和构建现代职教体系需要，发挥学院航空背景深厚的优势，服务湖南战略性新兴产业，促进湖南省经济的发展，从2012年开始，长沙航空职业技术学院在深入调研航空产业、分析职业岗位、剖析原有专业结构的基础上，面向航空制造、维修、服务与管理三大职业岗位群，根据湖南省战略性新兴产业发展的需求，按照“专业基础相通、技术领域相近、职业岗位相关、教学资源共享”的原则，撤销原有8个大类33个专业中与航空产业结合不够紧密的专业22个、新增了与航空产业紧密联系的关于战略性新兴产业的8个专业，以湖南省战略性新兴专业、特色专业和学院重点建设专业为核心，构建了航空机电设备维修、航空电子设备维修、航空机械制造、航空服务与管理四大专业群，形成覆盖航空全产业链的战略性新兴产业相关专业体系（表8-1）。湖南省战略性新兴产业重点集中在航空机电设备维修、航空电子设备维修、航空机械制造3个专业群①（见表8-1）。

表8-1　专业群与专业结构一览表

专业群	序号	群内专业	专业大类	备注
航空机电设备维修	1	飞行器维修技术*	装备制造	
	2	理化测试与质检技术	装备制造	
	3	通用航空器维修	交通运输	
	4	无人机应用技术	装备制造	
	5	复合材料工程技术	能源动力与材料	2015年新增

① 此部分内容主要参考长沙航空职业技术学院的内部资料“职业院校专业群建设理论与实践”。

续表

专业群	序号	群内专业	专业大类	备注
航空电子设备维修	1	飞机电子设备维修*	交通运输	
	2	民航通信技术	交通运输	
	3	导弹维修	装备制造	
	4	应用电子技术	电子信息	
	5	电气自动化技术	装备制造	
航空机械制造	1	飞行器制造技术*	装备制造	
	2	机电一体化技术	装备制造	
	3	数控技术	装备制造	
	4	模具设计与制造	装备制造	
	5	焊接技术与自动化	装备制造	
	6	特种加工技术	装备制造	2017 年
航空服务与管理	1	空中乘务*	交通运输	
	2	民航安全技术管理	交通运输	
	3	民航运输	交通运输	2015 年新增
	4	机场运行	交通运输	2016 年拟新增
	5	通用航空航务技术	交通运输	2016 年拟新增

注：带“*”的专业为所属专业群核心专业。

第一节　航空机电设备维修专业群服务湖南战略性新兴产业分析

一、专业群建设机制

1. 建立健全产教融合校企合作长效机制

进一步完善协同创新中心运行机制，促进学院与企业的交流与合作，定期开展专业建设、产业发展和人才需求研讨，根据航空机电设备维修职业岗位群对高端技术技能人才的需求变化，适时调整群内专业结构与规模；与华星通航共同成立混合制二级学院，促进办学形式多样化、办学主体多元化，增强办学活力，提高办学效益；成立专业群建设指导委员会，聘请空军飞机修理首席技术专家湛建平研究员为企业专业群带头人，确定刘劲松教授为校内专业群带头人，实行专业群双带头人制，联合行业企业专家共同制定人才培养方案，及时将新技术、新工艺、新材料融入新产业课程体系和教学内容。

2. 建立健全专业建设联盟和教学改革成果推广应用机制

联合区域内职业院校以及通用航空企业，成立通用航空器维修专业建设联盟，加强专业在人才培养方案、课程体系与教学内容、教学条件等方面的一体化设计与建设，针对教育教学热点、难点问题集体攻坚克难；依托军队士官职业技术教育协作联席会，定期举办定向培养直招士官交流会，牵头制订各军兵种定向培养直招士官人才培养方案（专业标准）；定期发布专业教学改革和协同创新成果，带动其他专业或联盟成员学校的专业发展，提升联盟成员学校专业服务产业发展能力，形成教学改革成果推广应用机制。

二、人才培养模式

1. 创新并发展“工学六合”人才培养模式

依据教育部批准立项的首批职业教育现代学徒制试点项目，学院与空军5702厂联合开展飞行器维修技术专业现代学徒制试点，对接其维修产品、型号的任职资格要求，共同制定人才培养方案、开发课程体系与标准，共同制定《校企联合招生招工制度》等7项学徒制管理制度，开展招生即招工、工学交替、分段培养，实行学校、企业和空军航空修理系统从业资格认证中心三元制培养与考核模式，探索注册制、弹性学制和准员工制度。

充分发挥学院“姓军为军”优势，在现有飞行器维修技术和通用航空器维修专业士官培养规模的基础上，开办无人机应用技术专业定向培养直招士官，对接合作兵种技术技能、组训能力和军事素质要求，共同开发人才培养方案，按照“2.5＋0.25＋0.25”（学校＋部队承训机构＋部队训练基地）模式，分段实施，联合培养。建设期内军队技术士官人才培养规模达到专业群在校生 1/3 以上。

2. 改革评价模式

按照校内闭环运行、与社会需求沟通衔接的总体要求，改革质量评价体系，构建“二级学院—教研室—师生”三级评价体系。根据现代学徒制和定向培养的特点，开展分段评价；根据合作企业和部队承训机构、部队训练基地的培养要求，实行学校、合作企业、部队等多主体参与，开展人才培养质量综合评价；依托麦可思开展第三方评价，每年召开教学、就业、学生等部门联席会，根据各方评价情况调整人才培养方案、课程教学内容。

3. 开展国际合作办学

与加拿大卡纳多学院开展飞行器维修技术专业联合办学。对接加拿大交通部颁布的航空机电设备维修专业教学标准，按照 1/3 时间在国外学习、引进 1/3 专业核心课程、1/3 学时由外教授课的原则，联合培养 50 人左右航空机电设备维修国际化技能人才。

三、课程体系与课程建设

1. 系统构建“能力进阶”课程体系

与协同创新中心理事单位一线专家共同分析航空机电设备维修岗位群能力要求，根据学生认知规律和职业成长规律，构建中职、高职、应用本科相衔接的“专业基本能力—岗位核心能力—拓展能力—顶岗实习—社会实践”能力进阶课程体系。

将飞机维修文件及手册查询、维修基本技能等专业基本能力课程作为群内共享课程，培养学生的专业基本能力（包括专业基本知识、基本技能和基本规范）；将飞机铆接与装配、航空发动机维修技术等岗位核心能力课程作为群内各专业特色课程，培养学生的岗位核心能力；根据群内专业之间相互支撑、优势互补的原则，新增飞机数字化装配技术、航空发动机新技术等战略性新兴产业有关的拓展课程，强化学生拓展能力培养，为学生个性化学习提供更多选择；加强顶岗实习和社会实践，提高学生适应能力和综合实践能力。德育课程融入军队文化、航空产业文化、湖湘文化特色，培养学生“三敬”职业精神以及“零、无”职业态度。

2. 实践教学体系建设

按照从简单到复杂、从单项到综合的逻辑线索，构建四层次、六模块±的实践教学课程体系（见图 8-1）、专业群核心技能实践课程体系（见图 8-2），专业群基础技能实践课程共建共享，专业方向核心技能实践课程根据各专业特点，以专业技能培养为重点建设。

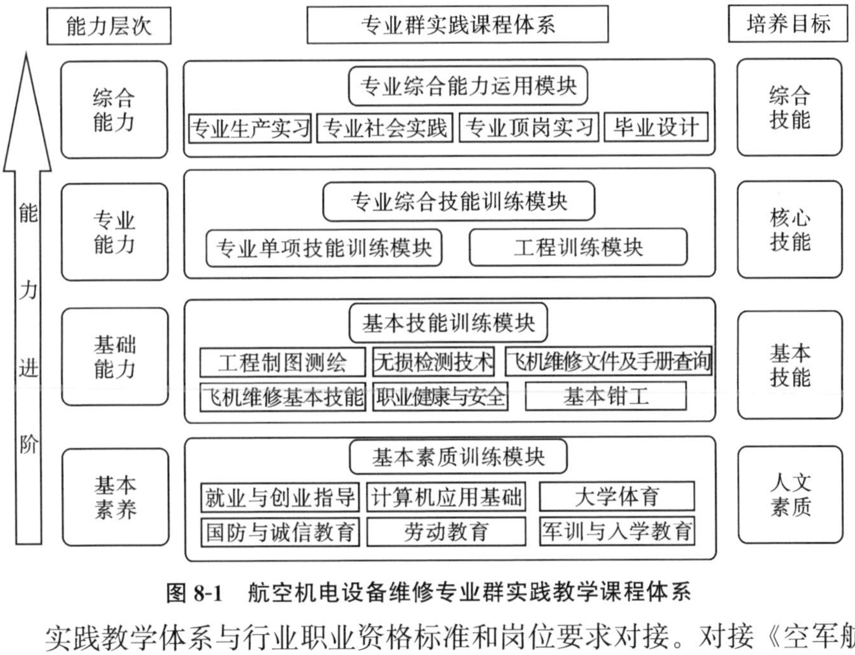

图 8-1　航空机电设备维修专业群实践教学课程体系

实践教学体系与行业职业资格标准和岗位要求对接。对接《空军航空修理系统从业人员任职资格标准》《民用航空器维修人员执照管理规则》（CCAR-66）、“FAA Civil Aircraft Maintenance Personnel License”、《特种设备检测从业标准等行业和职业标准》，做到与典型工作任务对

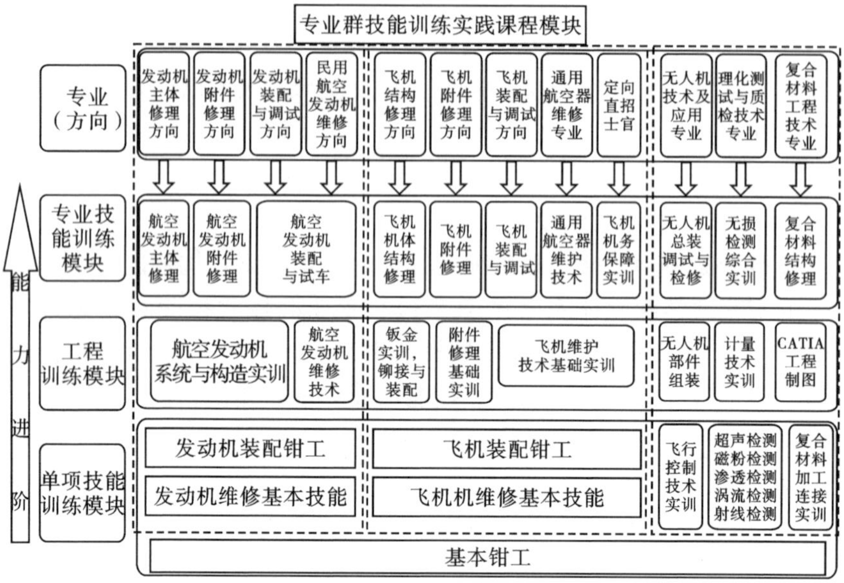

图 8-2　专业群核心技能实践课程体系

接，与工作过程对接。强化实践教学，实践教学时间达专业总课时的 50%以上。以飞机装配与调试专业方向课程为例说明课时安排，如表 8-2 所示。

表 8-2　飞机装配与调试专业方向课程结构与课时安排表

序号	课程类型	课时数	占总课时比例
1	专业通识课程	772	30.5%
2	专业基础课程	742	29.3%
3	专业核心课程	420	16.6%
4	拓展能力课程	596	23.6%
5	实践性教学课时	1418	56.1%
	合计	2530	100%

3. 专业核心课程建设

以数字化维修、虚拟维修及新装备、新材料、新工艺为引领，对接空军航空修理系统从业人员任职资格标准、中国民用航空局《民用航空器维修/部件修理基础培训大纲》（AC-147-02），以项目为载体，以任务为驱动，教学做合一，重点建设维修基本技能等 7 门群内共享课程、飞机结构修理技术等 18 门专业优质核心课程。开发体现航空装备维修新工艺的飞机数字化装配技术、航空装备维修新技术的飞机故障远程诊断技术等 6 门拓展能力课程。

4. 网络学习资源建设及学习方式创新

按照“人人建设、人人共享”的思路，建设微课、MOOC、专业教学资源库等多种形式的网络学习资源。搭建“三层次、七子库”的专业教学资源库构架（见图 8-3），建成集标准、规范、案例、素材于一体的专业基本能力和岗位核心能力课程教学资源库；通识能力课程和拓展课程建成以 MOOC 或微课为主体的网络学习课程，网络学习资源的覆盖面达到 100%。充分利用现代信息技术，发挥自修楼构建的生态学习模式功能，改革教学方法和学习方式，积极探索线上与线下相结合的教学模式，实现教育教学由单向倾听向多向交流转变，课程教学由讲授为主向“自主/探究”学习为主转变，教学评价由终结性评价向全过程评价转变。

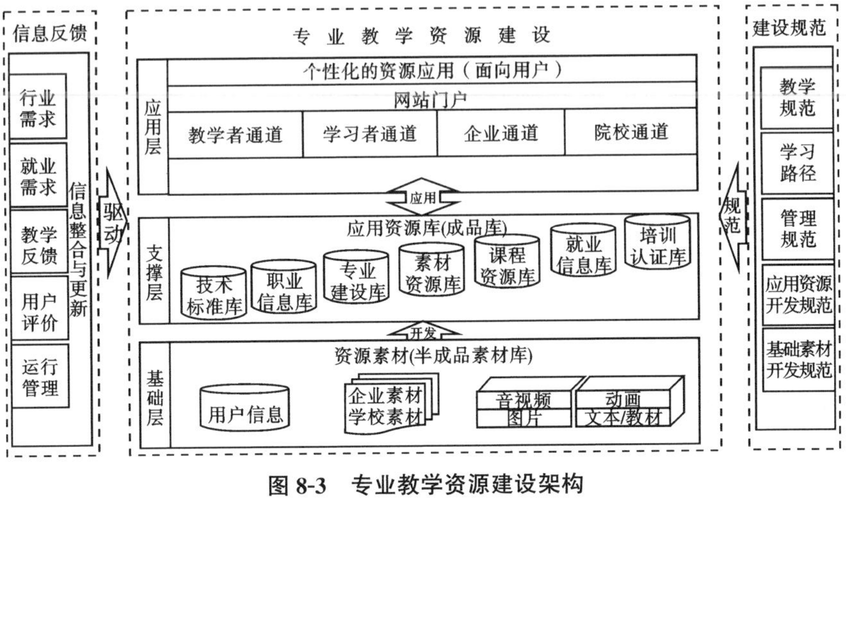

图 8-3　专业教学资源建设架构

5. 国际化教学标准和国际合作课程开发

通过学习美国、加拿大、德国等国家的经验，借鉴国际飞机维修产业的专业教学标准、职业技能证书考核标准，系统设计实施路径和教学支撑体系，进行飞行器维修技术专业国际化专业教学标准开发实践。对接美国 FAA、加拿大 566 部以及欧洲 EASA 等职业标准，与加拿大卡纳多学院合作办学，重点开发工程数学、电工电子技术等 5 门专业群共享课程和航空复合材料修理、应力蒙皮结构修理等 11 门专业核心课程。

四、专业教学团队建设

1. 大师、名师

聘请空军飞机修理首席技术专家湛建平、空军某型发动机维修首席技术专家邹利民、中航工业复合材料一级技术专家万建平和民航维修专家彭朝荣作为专业领军人物，组建 4 个大师、名师工作室团队。针对复合材料加工与修理、激光检测技术、全权数字控制、数字化维修等新技术引领的新材料、新工艺和新方法，带领教学团队开展技术攻关、新技术应用研究，指导专业群建设，开展技术应用推广，引领产业技术升级。

2. 专业带头人、骨干教师

分专业培养或引进 5 名正高职称的双师素质专业带头人（表 8）；每年组织 10 名左右专业教师到美国、加拿大等国外航空特色学校或企业学习培训（表 9），拓展国际视野。具有副高以上专业技术职务、双师素质的骨干教师达 50%，45 岁以下教师具有研究生学历或硕士学位比例达 70%。

3. 双师教师

教师五年一轮到知名企业顶岗实习半年以上，重点学习航空机电设备维修新技术、新工艺、新方法；通过企业实践锻炼、技术服务、参与教学教改项目等途径，提高教师整体专业技能和教学能力，专任专业课双师素质教师达 90%以上；新进青年教师通过实施“135”人才工程计划，由教学经验丰富、教学方法先进的教师一对一带培，达到 1 年成长、3 年胜任、5 年优秀的目标。

4. 兼职教师

聘请8名企业顶级专家为专业群客座教授；制订企业兼职教师遴选标准，建立120人的企业兼职教师库。每年聘请30名左右兼职教师参与专业群建设、课程改革、教学科研活动等，企业兼职教师承担专业核心课程门数比例不低于50%。

5. 教师团队建设

以大师、专业（群）带头人以及骨干教师为主要成员，组建新技术攻关、教学研究、课程建设、国际合作等30个教学团队。

五、实习实训条件建设

1. 校内实训条件建设

（1）校内实训室建设

通过主管部门调拨、企业捐赠与共建、自筹经费等途径，改扩建飞机附件修理实训室等5个实训室（中心），新建航空装备数字化虚拟训练中心，形成以新技术、新工艺为引领、以企业现场装备为主体的校内专业群实训基地。

（2）新技术实训中心建设

根据《民用航空器维修培训机构合格审定规定》（CCAR-147）中关于培训机构设施设备的要求，尽可能贴近航空机电设备维修第一线真实的职业工作环境，重点建设航空复合材料零部件维修实训中心、无人机实训中心建设和检测技术实训中心等三个主要用于提升学生专业技能水平的实训室，同时能为社会提供多方位培训服务。

1）航空复合材料零部件维修实训中心

建设目标：建成完全满足校内实习实训要求，同一项目实训工位不少于60个，可以进行航空复合材料加工、修理、试验和技术研究等的专业实训中心。

①场地建设

根据生产实际需要，实训场地分为普通实训场地与无尘实训室，其中无尘实训室主要用于复合材料的成型和维修项目的培训，建成10000

级无尘实训室，保证温度在18℃～24℃，湿度在40%～60%之间，符合国际与国内标准的航空类复合材料零部件制造企业标准。

②工装设备建设

主要包括制造、维修和试验设施设备、工具、工装等。

③实训项目开发

对接生产一线，实训中心教学通过项目教学模式来实现，教学项目均来源于企业真实案例，全面涵盖实际生产中的基本技能点。

2）无人机实训中心建设

建设目标：建成集无人机组装、调试、操控、维护实训、无人机技术研究、无人机飞行驾驶执照培训于一体的综合性实训中心。申请无人机飞行驾驶员培训基地，具备执照培训与考核资质。

①场地建设

根据培训实际需要，实训场地应当分为无人机操控实训室与无人机综合实训室，其中无人机操控实训室主要用于无人机操控模拟训练项目的培训；无人机综合实训室主要用于无人机构造、无人机总装调试与检修项目的培训。

②硬件开发

硬件开发主要包括无人机操控训练设备、工具等。

③实训项目开发

对接无人机装配、调试、操控和维护一线需要，通过来源于企业真实案例的项目教学，全面涵盖无人机实际应用中基本技能点。

3）检测实训中心建设

建设目标：建成集满足校内学生进行检测专业实习实训、职业资格培训与考证、检测新技术研究与应用于一体的综合性检测实训中心。建成机械工程学会无损检测人员二级培训与考证基地、湖南省特种设备无损检测人员一级和二级培训与考证基地。

①场地建设

根据生产实际需要，实训场地分为超声波检测、渗透检测、射线检测、磁粉检测、涡流检测、目视检测和新技术检测（红外检测、激光检测和声发射检测）实训室。对接民用与军用航空类零部件检测标准、特种设备检测标准，其中超声波检测、渗透检测、射线检测、磁粉检测、涡流检测、主要用于常规无损检测实训；目视检测实训室主要用于飞机和航空发动机及重要航空管道与孔洞类零件检测的实训。新技术检测（红外检测、激光检测和声发射检测）主要用于检测拓展能力训练。

②硬件开发

硬件开发主要包括制造维修设施设备、制造维修工具、原材料等。

③实训项目开发

对接检测人员生产一线，按照无损检测人员一级证和二级证培训与考核要求，设计实训项目，收集企业真实案例，全面涵盖实际生产中的基本技能点。

2. 校内生产性实训基地建设

依托学院民航 CCAR-147 培训机构、通用航空器维修实训中心，与长沙捷联飞机维修工程有限公司，以罗宾逊 R-22、R-44 等直升机机为主体，开展通航飞机维护、通用航空器渐进式检查、100 小时检查、年度检查，建成集实训、维修与装调、技术服务、培训考证“四位一体”的通用航空器维修生产性实训基地。

3. 校外实训基地建设

在原有空军 5721 厂、株洲 331 厂等 15 个校外实训基地的基础上，与华星通航、山河科技等通航企业、湖南博航等无人机企业合作，新增 7 个集学生顶岗实习、专业教师顶岗实践、技术项目开发与应用等功能于一体的校外实习实训基地。

六、服务能力

1. 技术研究

依托航空装备数字化维修技术中心，开展航空装备维修保障远程支援、仿真训练及故障诊断、维修保障等应用研究与技术服务。每年立项 2 项以上航空维修科研项目，进院科研经费 80 万以上；技术服务年收入 80 万元以上，为企业创造经济效益 200 万元以上。获军队科技进步二等奖 1 项以上，取得 1 项以上国家级应用技术研究成果，登记专利 1 项以上；实现 8 项以上成果在合作企业推广应用，实现 6 项以上航空维修企业技术服务项目。

2. 职业培训与终身学习

依托空军航空修理系统教育培训、从业资格认证两个中心以及民航 CCAR-147 培训机构，建成 CCAR-66 部考点，开发军、民航空维修企业技术技能培训包，拓展无线电遥控飞行执照培训、航空复合材料零部件维修培训等，对口帮扶株洲航空高级技工学校，完善企业员工培训与终身学习体系。每年面向社会开展各种职业培训达 3200 人次以上，年到账收入不低于 100 万元。

3. 教育教学研究

紧贴航空产业转型升级，研究航空职业教育发展，校企共同探讨专业群建设模式和人才培养模式，混合制二级学院建设模式研究，探索国际化专业教学标准开发，开展专业课程建设与改革，加强课程标准、教材建设、课程教学资源建设研究等，教师人人参与专业群建设与教育教学研究。在现代学徒制人才培养模式研究、校企协同创新实习实训基地建设模式研究、对接国际航空维修职业标准的课程建设等领域立项 3 项以上省级教育教学研究课题，并获省级教学成果奖 1 项以上。

4. 国际化人才培养

实践国际化专业教学标准，培养航空机电设备维修专业群国际化人才，服务空军军援军贸发展战略。根据 W、T 等受援国飞机维修技术技能人才的需求，与中航工业集团联合开发项目培训包，为援外飞机技术服务提供人才培养与培训服务。为 W 国培训维修人才 50 人以上；为 T 国援建培训中心，培训专业人才 400 人以上。

5. 对口支援与社区服务

通过中高职衔接、网络课程支援，名师空间等项目，对口支持湘西民族职业技术学院、芷江民族职业中专学校、株洲航空高级技工学校，帮助这些学校开展专业建设、进行师资培训、指导实习实训基地建设等工作，提升该校服务当地经济的能力，将建设成果和支援优势向其他学校辐射。主动对接长沙市雨花区、天心区，积极开展咨询服务、企业员工培训和农民工技能与就业培训。

第二节　航空电子设备维修特色专业群服务湖南战略性新兴产业分析

一、专业群建设机制

1. 建立健全产教融合校企合作长效机制

进一步完善协同创新中心运行机制，促进学院与企业的交流与合作，定期开展专业建设、产业发展和人才需求研讨，根据湖南省战略性新兴产业的发展变化以及航空电子设备维修领域技术技能人才需求变化，及时调整群内各专业岗位指向和人才培养规格；成立专业群建设指导委员会，聘请空军航空修理系统航电首席技术专家王元亚教授级高工担任企业专业群带头人，确定刘楚达教授为校内专业群带头人，实行专业群双带头人制，联合行业企业专家共同制定人才培养方案，及时将新技术、新工艺、新材料融入课程体系和教学内容。

2. 建立健全专业联盟和教学成果推广应用机制

联合区域内职业院校成立应用电子技术专业建设联盟，加强专业在人才培养方案、课程体系与教学内容、教学条件等方面的一体化设计与建设，针对教育教学热点、难点问题集体攻坚克难；依托军队士官职业技术教育协作联席会，举办定向培养直招士官培养交流会，牵头制订各军兵种定向培养直招士官人才培养方案（专业标准）；定期发布专业教学改革和协同创新成果，带动其他专业或联盟成员学校的专业发展，提升联盟成员学校专业服务产业发展能力，形成教学改革成果推广应用机制。

二、人才培养模式

1. 创新并发展“工学六合”的人才培养模式

以定向直招士官培养为主，积极探索定向培养、个性化培养和现代学徒制等多样化实现形式。

（1）定向培养

充分发挥学院“姓军为军”的优势，不断扩大士官技能人才培养规模，按照“2.5＋0.25＋0.25”（学校＋部队承训机构＋部队训练基地）分段培养模式，与海军、陆航、空军、二炮等合作兵种共同开发人才培养方案，实施联合培养。建设期内计划招收士官 580 人，在校士官人数达到 1740 人左右，占在校学生规模 70％左右。

（2）个性化培养试点

建设期内选择一个专业实施宽基础活模块的个性化培养计划试点，试行专业（群）大类招生，学生在一、二年级不分专业方向学完必修的公共能力和专业通用能力模块后，在三年级学生可根据自己的兴趣爱好和就业去向，制定适合学生个性化的教学方案，开发学生自主选择的弹性化核心能力课程模块体系，试行弹性学分制，压缩必修课的分量，加大选修课的比例，创设适合学生个性发展的开放性条件和环境，实行分层分类小班化教学，让每一个学生都能自主选择专业、自主选择修业年限、自主选择课程、自主选择教师、自主选择学习时间和学习进度。建设期内个性化人才培养规模为 50 人左右。

（3）现代学徒制试点

依托教育部批准该院立项的首批职业教育现代学徒制试点项目，与空军 5718 厂等企业开展导弹维修专业现代学徒制试点，对接其维修产品、型号的任职资格要求，共同制定人才培养方案、共同开发课程体系与标准，共同制定校企联合招生招工制度等现代学徒制管理制度，开展招生即招工、工学交替、分段培养，实行学校、企业和空军航空修理系统从业资格认证中心三元制培养与考核模式，探索注册制、弹性学分制和准员工制度。

2. 改革评价模式

按照校内闭环运行并与社会需求沟通相衔接的总体要求，改革质量评价体系，构建“二级学院—教研室—师生”三级评价反馈机制，强化评价结果的应用。根据士官定向培养、个性化培养和现代学徒制的特点，开展分段评价，学校、学徒制试点企业、部队等多主体评价；依托空军 5718 厂、厦门航空公司等合作企业以及空军、海军、二炮士官承训和任职训练基地开展人才培养质量综合评价；依托麦可思开展第三方评价，定期发布《长沙航空职业技术学院高等职业教育质量年度报告》，每年召开教学、就业、学生等部门联席会，根据各方评价情况及时调整人才培养方案、教学标准、课程体系、教学模式、教学方法与手段、课程教学内容等。

三、课程体系与课程建设

1. 构建系统化个性化的专业群课程体系

根据人才系统化培养的原则，科学分析军队士官任职要求和航空电子设备维修岗位（群）能力要求，遵循学生的认知规律，逐步适应国际化人才培养的需要，构建“专业通用能力—专业核心能力—拓展能力—士官任职实习或顶岗实习—社会实践（军营体验、社会调查）”的“理实结合、能力本位、横向融合、纵向递进”的专业群课程体系以及中职、高职、应用本科贯通制的系统化课程体系。

将电工技术与应用、电子电路分析与实践、航空电子电气线路标准化施工、单片机技术及应用、维修工艺文件的识读与编制等专业通用能力课程作为专业共享课程，以培养学生的专业基本能力；将无线电台设备维修、飞机电子设备维修、飞机电气设备维修、电子产品设计与制作、通信技术与应用、微波技术与应用、导弹系统维修、飞机仪表设备维修、飞机综合显示技术与应用、飞行控制设备维修、飞机电气设备维修、飞机通信设备维修、PLC 控制系统的分析与制作、电子产品检测与维修、雷达技术与应用、航空电子设备维修等岗位核心能力课程作为专业特色课程，以培养学生的专业核心能力；根据专业群内各专业之间相互支撑、优势互补的原则，新增工业网络控制技术与应用、嵌入式技术与应用、航空总线 & 数字控制技术、航空数字化维修技术、现代航空新技术应用、航空可靠性维修等拓展能力课程，以强化学生拓展能力的培养；加强士官任职实习或顶岗实习、社会实践（军营体验、社会调查），以提高学生岗位适应能力和综合实践能力。

2. 构建“对接岗位、能力递进”的实践教学体系

以岗位职业能力要求和职业资格标准为依据，优化实训内容，强化实训环节。遵循职业能力的形成规律，构建由简单到复杂、由单一到综合、能力逐步递进的“基本技能实训＋专业技能实训＋拓展技能实训＋综合技能实践”实践教学体系（见图 8-4）。引入企业的真实产品和案例，开展生产性实训。实践教学时数达专业总课时的50％以上。

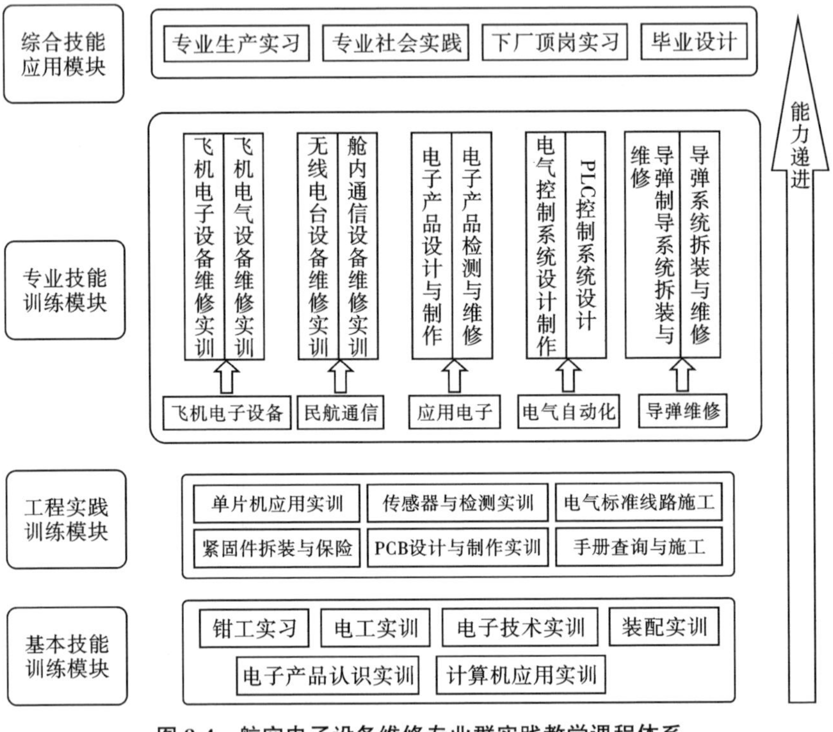

图 8-4　航空电子设备维修专业群实践教学课程体系

3. 专业核心课程和新技术课程建设

依据军队技术士官任职标准、空军航空修理系统从业人员任职资格标准、中国民用航空局《民用航空器维修/部件修理基础培训大纲》(AC-147-02)，参考美国 FAA 和欧洲 EASA 等职业标准，融合湖南省

专业技能抽查标准，按照“互通互用、共建共享”的原则，建成电子电路分析与实践、航空电子电气标准线路施工等 18 门院级工学结合优质核心课程和电工技术与应用、单片机技术及应用等 5 门共享课程；针对企业的新技术升级和新一代信息技术与制造 & 维修产业链的深度融合，重点建设智能航空传感技术与应用、航空物联网技术与应用等 6 门新技术课程。

4. 网络学习资源建设及学习方式创新

按照“人人建设、人人共享”的思路，建设微课、MOOC、专业教学资源库等多种形式的网络学习资源（见图 8-5）。专业通用能力和岗位核心能力课程建成集标准、案例、素材于一体的专业教学资源库；公共能力和拓展能力课程建成以 MOOC 或微课为主体的网络学习课程，网络学习资源的覆盖面达到 100%。充分利用现代信息技术，改革教学

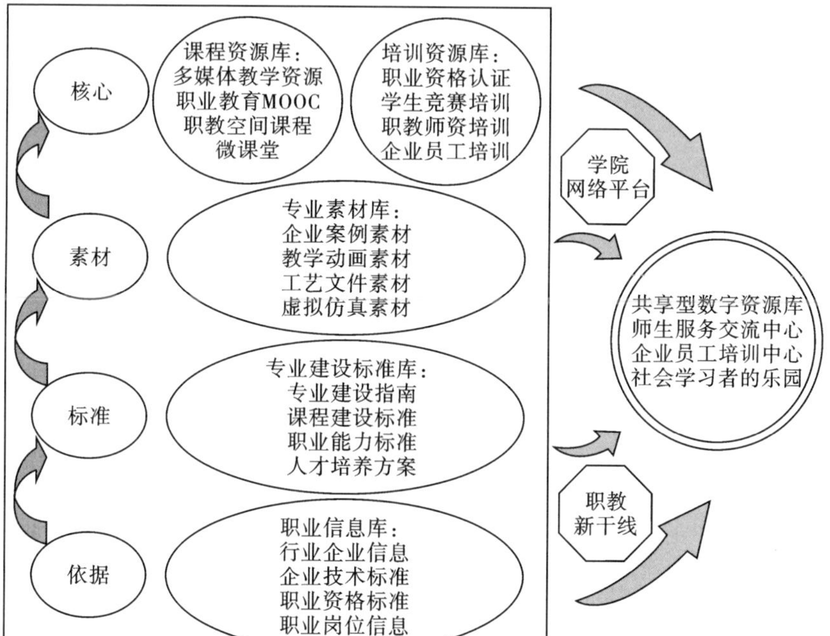

图 8-5　专业教学资源库建设框架

方法和学习方式，积极探索线上与线下相结合的教学模式，实现教育教学由单向倾听向多向交流转变，课程教学由讲授为主向“自主/探究”学习为主转变，教学评价由终结性评价向全过程评价转变。

5. 国际合作课程开发

引进国外航空电子企业先进工艺流程、技术标准和产品标准，与国外专业相关学院联合开发飞机控制设备维修、飞机通信系统设备维修等5门课程，与中航工业长沙5712飞机公司合作开发飞机结构与系统的认知、飞机电气设备维修等4门课程，以满足国际化人才培养的需求。

四、专业教学团队建设

1. 大师、名师

聘请空军航空修理系统空军航电系统首席专家王元亚教授级高工、中航工业长沙5712厂型号总师谢卫华教授级高工，南航湖南分公司胡传武教授级高工等3名航电技术专家作为专业群大师，组建3个大师（名师）工作室及工作站。针对航空综合显示技术、新型总线技术等新技术，带领教学与科研团队开展技术攻关与维修新技术研发，指导专业群建设，开展技术应用推广，引领产业技术升级。

2. 校企双专业带头人

从空军航空修理、中航工业、民航、通航等行业企业聘请谢卫华等5名技术专家为企业专业带头人，聘请空军航空修理系统空军航电系统首席专家王元亚教授级高工为专业群带头人，刘楚达教授、博士为专业群带头人。培养及引进宋烨等5名校内专业群及专业带头人（表25），完善专业带头人培养机制。通过参加国内外学术、专业交流、国内外访问学者进修、国际化企业挂职锻炼，主持或参与各类课题研究，与企业合作完成科研或工程项目等方式，提升专业带头人的专业方向把握能力、课程开发与技术服务能力、专业开发能力、应用技术服务能力。

3. 骨干教师及教学团队培养

通过大师带培、下厂实践、国际交流与培训等方式，培养及引进

35 名校内骨干教师，副教授以上的双师素质骨干教师比例在 50%以上；组建以大师带领的技术研究团队 3 个，重点研究航空显示新技术和数字化维修新技术领域应用与推广；组建由校内专业带头人、骨干教师为主和企业专家组成的课程开发团队 6 个，重点开发 6 门新技术课程。

4. 双师教师

教师五年一轮到知名企业顶岗实习半年以上，重点学习航空电子电气设备维修新技术、新工艺、新方法；通过企业实践锻炼、技术服务、参与教学教改项目等途径，提高教师整体专业技能和教学能力，专任专业课双师素质教师达 90%以上。

5. 兼职教师

以新技术和核心能力岗位技术技能专家与能工巧匠为主，遴选、聘用兼职教师，扩充企业兼职教师库达 100 人以上，并对兼职教师进行教学方法、教学手段等培训，

提升兼职教师的教学水平。每年聘请 20 人次左右来校授课，兼职教师所承担的专业课程授课比例不低于 50%。

五、实习实训条件建设

1. 建成功能完善、技术领先、虚实一体的校内实训基地

适应航空电子电气设备维修产业技术升级，根据能力递进和群内资源共享的原则，调整和优化航空电子基本技能实训中心、航空电气基本技能基本实训中心和航空电子电气设备综合实训中心等 3 个群内共享实训中心；通过企业“技术支持”“设备捐赠”等方式校企共建航空物联网技术实训室、航空电子电气装备故障诊断虚拟仿真实训室等 6 个专业技能实训车间（室）。创新实践教学管理模式，依据人才培养个性化和多样化的需求，开发实训项目，建设数字化工卡实训平台，采用实际操作和模拟仿真虚实结合的形式，实行开放式、预约式教学，全面实施基于 6S 管理的实训现场星级评价标准。

2. 旭昕电子生产性实训基地建设

在现有与深圳旭昕电子集团合作共建生产性实训基地的基础上，采

用股份制合作模式，共建研究中心，由企业提供用户需求，校企共建研发团队，联合开发新技术、新产品、申报专利及课题，推进技术成果转化。以新技术、新工艺应用为重点，开展企业员工培训、中高职师资培训、社会培训、学生校内顶岗实习。建设期内，共同研发2项新技术产品，申报实用新型专利并推广应用，力争使产品加工、销售金额达到20万元以上，技术推广及应用超过80万元，年培训企业员工、师资和其他人员800人次。将基地建成技术研发与推广中心、生产与加工中心、员工教育培训中心、学生技能培训中心。

3. 建成布局合理、新技术引领的校外实训（见习）基地

在原有的南航湖南分公司飞机维修厂、凌云集团等10家专业群校外实训基地的基础上，与中国人民解放军第6908工厂、空军5721厂、湖南华星通航公司等企业合作，新增新技术引领的校外实训（见习）基地7个，形成覆盖军用、民用、通用航空电子电气设备维修与制造产业链的校外实训（见习）基地群，实现学生岗位认识、实习、就业一体，推动企业课堂建设、校企合作技术开发和成果推广。

六、服务能力

1. 应用技术研究与推广

以新技术为依托，在旭昕电子产品生产性实训基地的基础上，联合空军5311厂、中电科14所等企业，重点以综合航电技术、航空物联网技术、数字化维修技术及嵌入式技术等方向，申报技术应用推广及装备预研项目2项以上、市厅级科技应用项目6项、省级课题1项以上，获得具有自主知识产权的专利或新型实用专利1—2项；应用技术课题到账经费20万元以上，技术服务年收入20万元以上，为企业创造经济效益100万元以上。

2. 职业培训与终身学习

依托空军航空修理系统教育培训、从业资格认证两个中心以及民航CCAR-147培训机构，构建企业员工培训和终身学习体系。每年为企业提供新技术培训、技能培训、转岗培训和继续教育培训1500人次以上；

为空军装备修理系统、湖南省航空制造企业新进员工培训600人次以上；为省内外培训中高职师资100人次以上；为农民工转移就业、下岗职工再就业和社区培训300人以上。

3. 教育教学研究

重点开展定向直招士官、现代学徒制、个性化培养等人才培养模式、教学模式和学习模式研究与实践。主持省级教育教学改革课题3项以上，获得省级教学成果1项以上，人均发表教育教学研究论文0.5篇以上。

4. 对口支援与社区服务

通过中高职衔接、网络课程支援，名师空间等项目，对口支持湘西民族职业技术学院、芷江民族职业中专学校、株洲航空高级技工学校，帮助这些学校开展专业建设、进行师资培训、指导实习实训基地建设等工作，提升这些学校服务当地经济的能力，将建设成果和支援优势向其他学校辐射。主动对接长沙市雨花区、天心区，积极开展咨询服务、企业员工培训和农民工技能与就业培训。

第三节　航空机械制造特色专业群服务湖南战略性新兴产业分析

一、专业群建设机制

1. 建立健全产教融合校企合作长效机制

进一步完善协同创新中心运行机制，促进学院与企业的交流与合作，定期开展专业建设、产业发展和人才需求研讨，根据航空制造等行业企业技术技能人才需求变化，适时调整群内专业结构与规模。2017年新增特种加工技术专业，并新增模具设计与制造（飞机钣金成形技术）、机电一体化（工业机器人应用与维护）两个专业方向。成立航空机械制造专业群建设指导委员会，聘请中航工业首席技术专家程璋为企业专业群带头人，培养黄登红教授（湖南省学科带头人培养对象）为校内专业群带头人，实行专业群双带头人制；适应“中国制造 2025”战略要求，以航空制造领域的多轴联动数控精密加工、机器人柔性生产线应用等数字化、智能化制造技术应用为核心，联合行业企业专家共同制定人才培养方案，及时将新技术、新工艺、新材料融入课程体系和教学内容。

2. 建立健全专业建设联盟和教学改革成果推广应用机制

联合区域内职业院校成立机电一体化专业建设联盟，加强专业在人才培养方案、课程体系与教学内容、教学条件等方面的一体化设计与建设，针对教育教学热点、难点问题集体攻坚克难；定期发布专业教学改革和协同创新成果，带动其他专业或联盟成员学校的专业发展，提升联盟成员学校专业服务产业发展能力，形成教学改革成果推广应用机制。

二、人才培养模式

1. 探索卓越技师的校企合作群联合订单培养

重点围绕多轴联动数控精密加工、激光复合焊接、工业机器人应用等高端技术技能人才急需领域，整合专业群资源，与成都飞机工业集团、株洲 331 厂等航空制造企业深化合作，开展卓越技师的校企合作群订单培养。实行校企双导师负责制，利用“技能大师工作室”等平台，通过项目教学、工学交替、分段培养、顶岗实训、竞赛创新、国际交流等多途径实施人才培养。每年选拔组建卓越技师联合订单班 2 个以上，每年为企业输送熟练掌握多轴联动数控精密加工、激光复合焊接、工业机器人应用等新技术应用的卓越技术技能人才达 60 人以上。

2. 推进中高职一体化人才培养模式改革

加快机电一体化专业中高职衔接试点项目建设，对接汨罗职业中专等五所职业中专学校，以专业培养目标、课程建设和教学过程衔接为重点，以专业实训基地、专业课程、师资团队和教学资源共建共享为支撑，进一步完善机电一体化专业“二三分段”的中高职一体化培养体系，为推动中高职协调发展，构建现代职业教育体系提供经验借鉴和示范。中高职一体化人才培养学生规模每年达 80 人以上。

3. 专业群评价模式改革

依据企业岗位能力要求及国家职业资格标准，进一步完善以职业知识、职业技能与职业素养为评价核心，过程考核和结果考核相结合的学生考核评价相关制度；定期深入企业互访交流，并依托麦可思等第三方机构，加强毕业生质量跟踪调查，形成多元化主体的人才培养质量评价体系。

三、课程体系和课程建设

1. 整体构建“专业群基础平台＋专业方向模块＋拓展能力模块＋社会综合实践”专业群课程体系

与企业专家共同分析航空零件精密制造、结构件焊接、钣金成形及工模具制造、部件装调等岗位（群）能力要求，根据学生认知规律和职业成长规律，整体构建与中职、应用本科相衔接的“专业群基础平台＋专业方向模块＋拓展能力模块＋社会综合实践”的能力本位专业群课程体系。

以“基础共享、核心分立、拓展互选”为原则，加宽加厚基础课程平台，强化机械制图、基本钳工等基本技能和素质培养，夯实专业基础；大力推动多轴联动精密加工、激光复合焊接等新技术、新工艺的引入，持续改进专业核心课程教学；增加在线检测、生产现场管理等跨专业的拓展课程，强化学生拓展能力培养，为学生个性化学习提供更多选择；开设顶岗实习和社会实践，提高学生岗位适应能力和综合实践能力。

2. 系统构建机电一体化专业中高职衔接课程体系

以机电一体化专业为试点，研究制定中、高职分目标和最终培养目标，系统构建模块化分层递进、岗·课·证相融通的中高职一体化课程体系，中高职院校共同制定培养计划和课程标准，实现中高职培养目标、教学内容、教学过程紧密对接（见图 8-6），并为下一步中高本衔接奠定基础。

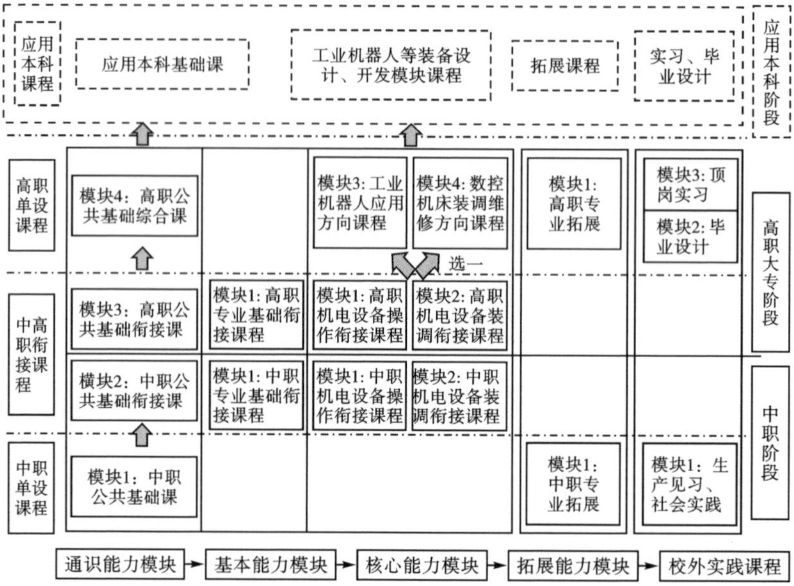

图 8-6 机电一体化专业中高职衔接模块化课程结构

3. 推进专业群“基础技能训练＋专项技能训练＋综合能力训练”的能力

分层递进实践教学体系建设对接航空制造行业企业岗位群典型工作任务和工作过程，融职业技能训练和职业素养养成教育为一体，推进专业群“基础技能训练＋专项技能训练＋综合能力训练”的能力分层递进实践教学体系建设。引入航空制造领域的真实产品和案例，开展生产性实训，积极探索群内跨专业综合实训。结合航空制造精、细、严、实的特点，以岗位能力要求和职业资格标准为依据优化实训内容，抓好实训教学过程管理和实训现场管理，强化过程考核。实践教学时数达专业总课时的50％以上。整合实践教学资源，满足专业群共性需求与专门化需求，实现校内校外资源的高效共享与利用。

4. 专业核心课程建设

引入航空制造行业企业技术标准，新技术、新工艺，推进任务驱动、项目载体、教学做一体化的课程开发。校企合作共建机械制图、智

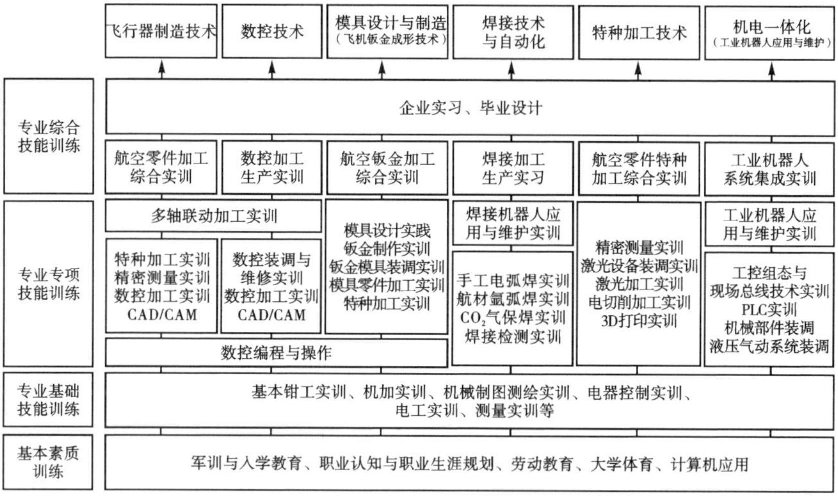

图 8-7　航空机械制造专业群实践教学体系设计

能制造技术基础等 5 门群内共享的专业基础课程和航空零件工艺设计与实施等 16 门体现各专业特色的优质核心课程。建成机械制图与 CAD 等中高职衔接课程 7 门（见图 8-7）。

5. 网络学习资源建设及学习方式创新

依托学院网络平台和职教新干线，搭建专业群网络学习资源平台，建设 MOOC、微课、专业教学资源库等多种形式的网络学习资源，建成教师、企业技术专家、学生、校友交流互动平台。核心课程建成集标准、案例、素材于一体的专业教学资源库，平台课程和拓展课程建成以 MOOC 或微课为主体的网络学习课程，网络学习资源的覆盖面达到 100%。充分利用现代信息技术，改革教学方法和学习方式，积极探索线上与线下相结合的教学模式，实现教育教学由单向倾听向多向交流转变，课程教学由讲授为主向自主/探究学习为主转变，教学评价由终结性评价向全过程评价转变。

6. 国际化专业教学标准和课程开发

学习借鉴国外先进职业教育理念和经验，加强与德国、美国等世界发达国家的学校、国际知名企业合作，以职业能力标准的国际对接为基础，以体现国际发展趋势的专业课程开发为核心，以教学条件的国际化水平建设为保障，以国际权威职业资格证书为引领，开发特种加工技术国际化专业教学标准，重点开发激光焊接技术等课程，在课程理念、职业能力标准、课程模式、教学模式、开发团队等方面体现国际水平，有效促进专业教学与国际先进水平的对接。

四、专业教学团队建设

1. 建立3个大师工作室

制定大师工作室建设规划与管理办法，与株洲331厂等企业合作，在多轴联动精密加工、航空零部件焊接、工业机器人应用等领域建立3个大师工作室，引进或聘请行业企业首席技术专家、首席技能专家来学院带培骨干教师，联合开展技术攻关、工艺革新等。

2. 建设“名师、大师为主体”的校企双专业带头人团队

聘请中航工业数字化加工首席技术专家程璋作为企业专业群带头人，聘请程璋等6名企业大师级专家作为群内各专业带头人；加强校内6名专业带头人培养，将黄登红教授培养成校内专业群带头人。

3. 实施“主攻有方向、带培有大师”的骨干教师培养

以航空制造领域的多轴联动精密加工、激光复合焊接技术等新技术、新工艺应用为主攻方向，以相关领域大师作为带培人，重点培养骨干教师35名，提升团队新技术应用、教学教改和科研服务能力。具有副高以上专业技术职务、双师素质骨干教师比例达50%以上。

4. 双师型教师建设

教师五年一轮到知名企业顶岗实习半年以上，重点学习航空机械制造新技术、新工艺、新方法；通过企业实践锻炼、技术服务、参与教学教改项目等途径，提高教师整体专业技能和教学能力，双师型教师占专任专业教师比例达90%以上。

5. 兼职教师建设

扩充企业兼职教师库达120人以上，遴选专业技术精湛、教学工作认真负责的兼职教师进行教育教学理论、教学方法等培训，提升兼职教

师的教学水平。每年聘请 20 人左右来校授课，兼职教师所承担的专业课程授课比例不低于 50%。

五、实习实训条件建设

1. 校内实训条件建设

（1）新、扩建实训车间（室）

对接航空零部件加工、飞机钣金及工模具加工、飞机构件焊接、特种加工技术、工业机器人应用与维护等航空制造相关核心岗位群，完善航空机械制造专业群校内实训条件建设，打造布局科学、工位足够、技术先进的航空机械制造实训基地。在现有基础上，拟新建航空零件数字化精密测量、机器人自动化生产线、3D 打印技术、激光加工技术等 4 个实训室，扩建五轴数控精密加工车间等 8 个车间（实训室）。

①扩建五轴数控精密加工车间

多轴联动数控精密加工、车铣复合加工等新技术、新工艺在航空制造行业企业应用越来越普遍，为实现教学情境与企业生产情境紧密对接，拟在已有 2 台 DMG 五轴联动铣削中心的基础上，新增 DMG 五轴联动车铣复合中心 1 台、DMG 五轴联动铣削中心 1 台，配置相应的工装夹具、刀具，适当增加设备种类和训练工位，更好满足航空制造行业企业技能人才培养、培训和技术服务需要。

②扩建 DMG 仿真加工实训室

添置 UG 等行业企业主流的五轴编程软件，以及 DMG 五轴联动虚拟机床软件，加强学生多轴联动编程能力和仿真虚拟加工训练。通过合理安排仿真虚拟加工、真实操作等虚实结合教学，弥补价格昂贵的多轴数控设备数量相对不足的问题，并提高设备和人身安全性。

③新建数字化精密测量实训室

当前航空制造业朝着高精度、柔性化、数字化的方向快速发展，数字化测量技术是实现复杂和高精密航空产品制造的重要保障。为与航空先进制造技术相适应，新建数字化精密测量实训室，引进三维坐标测量机 2 台、二维影像测量仪 2 台、万能工具显微镜 1 台、仿真测量教学系统20套，满足学生数字化精密测量实训、承办技能竞赛、承接企业生产项目等需求，同时可为企业培训质量检验技术人员。

④新建激光加工技术实训室

激光加工技术在航空航天领域已经得到广泛应用，如具有代表性的激光焊接技术能够实现多种类型材料的连接，能够连接航空制造中比较难焊的薄板合金材料（如铝合金、钛合金等），并具有构件变形小、接头质量高、重现性好等优点，是航空制造业未来重点发展领域。激光加工技术实训室将建成具备激光焊接、激光切割、激光打孔等先进制造能力的实训教学场所，既可满足学生实践教学需求，也可为航空制造企业开展员工培训、技术支持等服务工作。

⑤新建3D打印实训室

3D打印制造技术已经成为当前最热门的制造技术，在航空领域主要用于复杂零部件制造、薄壁件制造等。3D打印实训室将购置3D扫描仪、3D打印机等设备，可开展三维数字建模、产品创新设计、3D打印实体制造等多种实训教学。

⑥工业机器人自动生产线实训室

航空制造具有多品种小批量或单件生产的特点，采用机器人柔性自动化生产是其未来发展方向。拟添置基于机器人的自动化生产线实训系统3套，及相关配套设备，建设工业机器人自动生产线实训室，满足机电一体化等专业的柔性制造自动化设备安装、调试与维护的综合实训教学、培训和技术服务需要。

⑦扩建测绘实训室

现有测绘模型多为普通零件和教学模型，为与航空制造企业紧密对接，需补充典型航空零件作为测绘教学载体，加强学生对航空零件的认知和了解，加强零件测绘教学，夯实学生专业基本功。

⑧扩建飞机钣金成形车间

原有飞机钣金实训室主要面向航空修理系统教学培训需要，以钣金手工维修训练为主，钣金制造相关机械设备较少。拟添置航空钣金旋压机2台、剪板机2台、弯板机2台，更好满足模具设计与制造（飞机钣金成形技术）实践教学需要。

（2）建设航空先进制造技术工程中心

与株洲 331 厂、成都飞机工业集团公司、国防科大等理事单位深度合作，通过引企入校、引产入校、引智入校等多种模式，引进企业先进设备、技术等优质资源，以股份制模式共建航空先进制造技术工程中心（见图 8-8）。校企在学生实训教学，行业企业员工培训、产品研发试制、新技术新工艺推广等方面开展深度合作，共同将航空先进制造技术工程技术中心打造成高新技术应用研究、推广和高端技术技能人才培养基地。

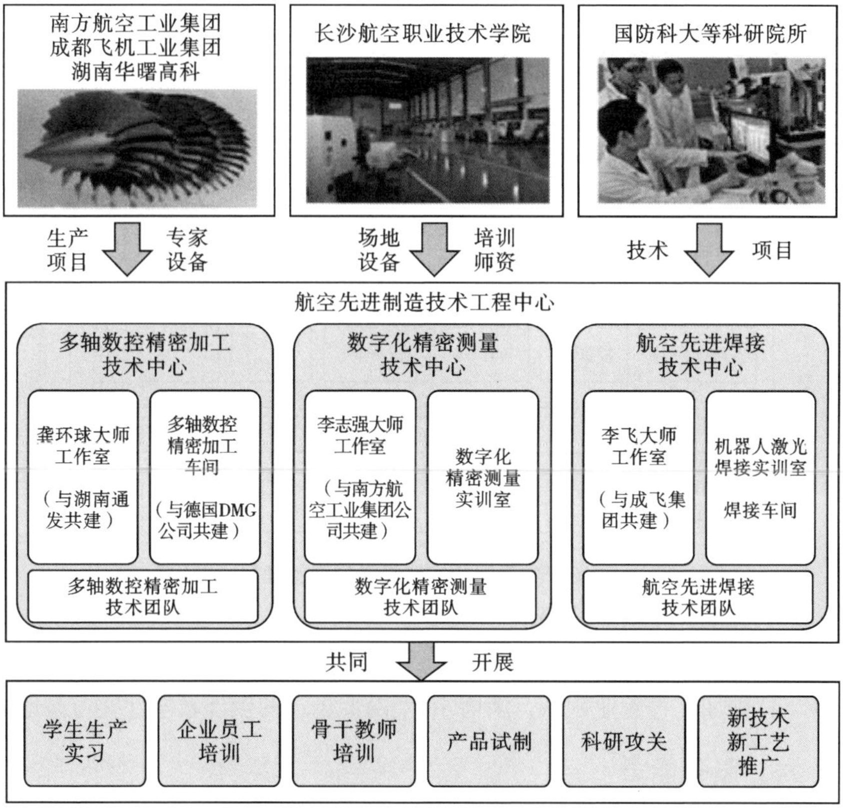

图 8-8　航空先进制造技术工程中心建设方式、组成及功能

(3) 以物联网为基础的实践教学智能化管理系统建设

依托智慧校园工程，以数控加工实训车间为重点，在实训车间和实训设备中安装摄像头、射频识别设备、传感器等感知设备，对设备、计算机等进行联网通信，开发基于物联网的实践教学智能管理系统，打造智慧实训车间，为师生提供一个全面的智能感知实训环境和综合信息服务平台（见图 8-9）。通过智能管理系统，教师可远程监控学生实训设备，对学生实训过程进行监控和统计分析，可以开展远程同步教学，一对一或者一对多地对学生单独演示；学生通过手机或电脑进行设备使用预约，可随时调阅数字化工艺资料、下载学习资源；管理员可通过平台随时随地掌握实训设备实时状态、工具材料数据，能对车间设备、照明远程监控。

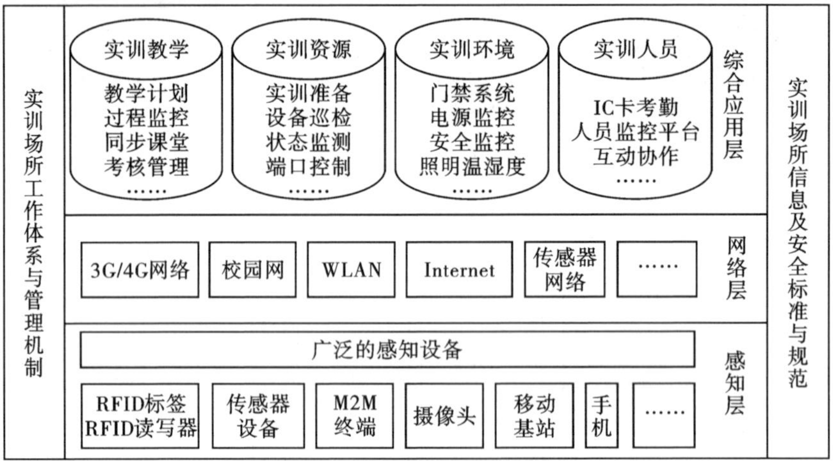

图 8-9　基于物联网的实践教学智能管理层次架构

2. 校外实训基地建设

针对航空零部件制造、柔性制造生产线、飞机钣金制造、飞机结构件焊接、特种加工等专业领域，新增 10 个以上稳定的校外教学性实习基地。

六、服务能力

1. 应用技术研究与推广

围绕高效数控加工技术、激光复合焊接等新技术领域，与湖南通用发动机公司等企业合作开展应用技术研究，每年主持市厅级以上科技课题或与企业合作开展产品开发、工艺革新等2项以上，技术应用课题到账经费不少于30万元。与株洲331厂等企业合作开展多轴联动加工、激光复合焊接等新技术、新工艺推广，技术服务到账经费不少于30万元，为企业创造经济效益200万元以上。

2. 教育教学研究

重点开展中高职一体化人才培养模式、基于物联网技术的实践教学与管理等研究。主持省级教育教学改革课题3项以上，获得省级教学成果1项以上，人均发表教育教学研究论文1篇以上。

3. 职业培训与终身学习

以空军航空修理系统从业人员从业资格认证培训中心、教育培训中心和湖南省航空职教集团为平台，与空军航空修理企业、湖南省航空制造企业合作，构建企业员工培训和终身学习体系。每年为企业员工提供技能培训、转岗培训和继续教育培训2500人次以上，发挥专业群现有中高职数控、焊接骨干教师省级和国家及培训基地作用，每年培训省内外中、高职师资100人次以上。

4. 对口支援与社区服务

通过中高职一体化人才培养项目，加强对汨罗职业技中专学校等湖南省5所中职学校的支持力度。对口支持湘西民族职业技术学院、芷江民族职业中专学校、株洲航空高级技工学校，带动职业院校专业建设、师资队伍建设、实训教学现场建设，发挥专业群的辐射和带动作用。主动对接长沙市雨花区、天心区，积极开展区内企业技术改造咨询服务、企业员工培训和农民工技能与就业培训。

本章小节

新时代背景下，长沙航空职业技术学院为了适应战略性新兴产业的发展，结合学校自身的航空办学优势，迅速调整专业结构，新增了与战略性新产业航空方向相关的8个新兴专业，并且构建了航空机电设备维修、航空电子设备维修特色、航空机械制造特色三个战略性新兴产业专业群。各专业群服务湖南战略性新兴产业的路径大致相同，由专业群建设机制、人才培养模式、课程体系与课程建设、专业教学团队建设、实训实习条件建设、服务能力六个方面构成。有效协同促进专业群服务湖南战略性新兴产业。

航空机电设备维修专业群建设机制包括建立健全产教融合校企合作长效机制和建立健全专业建设联盟和教学改革成果推广应用机制两种；人才培养模式包括创新并发展“工学六合”人才培养模式和改革评价模式以及开展国际合作办学三种，课程体系与课程建设包括系统构建“能力进阶”课程体系、实践教学体系建设、专业核心课程建设、网络学习资源建设及学习方式创新、国际化教学标准和国际合作课程开发五个过程；专业教学团队建设包括大师、专业带头人、骨干教师、双师教师、兼职教师和教师团队建设六个方面；实习实训条件建设包括校内实训条件建设、校内生产性实训基地建设和校外实训基地建设三个方面；服务能力包括技术研究、职业培训与终身学习、教育教学研究、国际化人才培养对口支援与社区服务五个方面。

航空电子设备维修特色专业群建设机制包括建立健全产教融合校企合作长效机制和建立健全专业联盟和教学成果推广应用机制两种；人才培养模式包括创新并发展“工学六合”的人才培养模式和改革评价模式三种；课程体系与课程建设包括构建系统化个性化的专业群课程体系、构建“对接岗位、能力递进”的实践教学体系、专业核心课程和新技术课程建设、网络学习资源建设及学习方式创新和国际合作课程开发五个过程；专业教学团队建设包括大师、校企双专业带头人、骨干教师及教学团队培养、双师教师和兼职教师六个方面；实习实训条件建设包括校内实训基地，旭昕电子生产性实训基地以及校外实训（见习）基地三个建设方面；服务能力包括应用技术研究与推广、职业培训与终身学习、教育教学研究、对口支援与社区服务四个方面。

航空机械制造特色专业群专业群建设机制包括建立健全产教融合校企合作长效机制和建立健全专业建设联盟和教学改革成果推广应用机制

两方面；人才培养模式包括探索卓越技师的校企合作群联合订单培养、推进中高职一体化人才培养模式改革和专业群评价模式改革三个部分；课程体系和课程建设包括整体构建“专业群基础平台＋专业方向模块＋拓展能力模块＋社会综合实践”专业群课程体系、系统构建机电一体化专业中高职衔接课程体系和推进专业群“基础技能训练＋专项技能训练＋综合能力训练”的能力、专业核心课程建设、网络学习资源建设及学习方式创新和国际化专业教学标准和课程开发六个过程；专业教学团队建设包括建立3个大师工作室，建设“名师、大师为主体”的校企双专业带头人团队，实施“主攻有方向、带培有大师”的骨干教师培养，双师教师建设，兼职教师建设五个方面；实习实训条件建设包括校内实训条件建设、建校外实训基地建设两部分；服务能力包括应用技术研究与推广、教育教学研究、职业培训与终身学习、对口支援与社区服务五个方面。

参考文献

著作类

[1] UTTERBACK J M. Mastering the dynamics of innovation [M]. Boston：Harvard Business School Press，1994.

[2] DAY S. Wharton on Managing Emerging Technologies [M]. Johnliaisons，Inc，2000.

[3] 中共中央马克思恩格斯列宁斯大林著作编译局. 马克思恩格斯全集：第 23 卷 [M]. 北京：人民出版社，1972.

[4] 叶澜. 教育概论 [M]. 北京：人民教育出版社，1991.

[5] 郝寿义，安虎森. 区域经济学 [M]. 北京：经济科学出版社，1999.

[6] 顾明远，梁忠义. 世界教育大系·职业教育 [M]. 长春：吉林教育出版社，2000.

[7] 石伟平. 比较职业技术教育 [M]. 上海：华东师范大学出版社，2001.

[8] 周明星. 职业教育学通论 [M]. 天津：天津人民出版社，2002.

[9] 赫尔巴特. 普通教育学·教育学讲授纲要 [M]. 李其龙，译. 杭州：浙江教育出版社，2002.

[10] [美] 马歇尔，塔克. 教育与国家财富：思考生存 [M]. 顾建新，译. 北京：教育科学出版社，2003.

［11］赵志群．职业教育与培训学习新概念［M］．北京：科学出版社，2003.

［12］蒋选，杨万东，杨天宇．产业经济管理［M］．北京：中国人民大学出版社，2006.

［13］苏东水．产业经济学［M］．北京：高等教育出版社，2006.

［14］姜大源．职业教育学研究新论［M］．北京：教育科学出版社，2007.

［15］马建富．职业教育学［M］．上海：华东师范大学出版社，2007.

［16］徐国庆．职业教育原理［M］．上海：上海教育出版社，2007.

［17］周明星．职业教育基本理论纲要［M］．北京：人民教育出版社，2010.

［18］刘刚，等．战略性新兴产业发展的机制和路径：价值网络的视角［M］．中国财政经济出版社，2012.

［19］薛澜，周源，李应博，等．战略性新兴产业创新规律与产业政策研究［M］．北京：科学出版社，2015.

［20］梁建军，张宝成．高职院校专业对接产业研究与实践［M］．合肥：中国科学技术大学出版社，2016.

［21］胡丽霞．区域经济与职业教育发展研究［M］．北京：中国经济出版社，2016.

［22］孙绵涛．教育范畴论：上篇［M］．北京：人民出版社，2016.

［23］姜大源．职业教育要义［M］．北京：北京师范大学出版社，2017.

［24］吕岩威．中国战略性新兴产业集聚布局、关联效应与生产效率研究［M］．北京：中国财政经济出版社，2016.

［25］中国工程科技发展战略研究院．中国战略性新兴产业发展报告（2017）［M］．北京：科学出版社，2017.

［26］李叶飞．中国战略性新兴产业发展模式、选择标准和发展战

略研究［M］. 北京：中国经济出版社，2017.

［27］林念修. 新引擎启动："十二五"战略性新兴产业发展回顾［M］. 北京：中国计划出版社，2017.

［28］尹丽波. 战略性新兴产业发展报告［M］. 北京：社会科学文献出版社，2017.

［29］吕天文. 中国战略性新兴产业研究与发展·数据中心［M］. 北京：机械工业出版社，2018.

［30］余剑. 金融支持战略性新兴产业发展研究［M］. 北京：经济管理出版社，2018.

［31］张佳. 高等职业教育与区域经济互动问题的实证研究［M］. 成都：西南交通大学出版社，2018.

［32］肖兴志. 中国培育发展战略性新兴产业跟踪研究［M］. 北京：中国社会科学出版社，2018.

［33］刘洪民，吕海萍，等. 战略性新兴产业：技术创新与政策调整［M］. 北京：科学出版社，2018.

［34］中国工程科技发展战略研究院出版社. 中国战略性新兴产业发展报告（2018）［M］. 北京：科学出版社，2018.

［35］周明星. 中国现代职业教育理论体系：概念、范畴与逻辑［M］. 北京：人民出版社，2018.

［36］BOLDRIN M，LEVINE D. Against Intellectual Monopoly［M］. Cambridge：Cambridge University Press，2008.

论文类

［37］Porter，M. E. What is Strategy［J］. Harvard Business Review，1996（12）.

［38］AGARWAL，RAJSHREE，GORT，et al. The Evolution of Markrts and Entry，Exit and Survival of Firms［J］. Review of Economics and Statistics，1996（78）.

［39］MCGAHAN A M，SILVERMAN B. S. How does innovative

activity changes industries mature? [J]. International Journal of Industrial Organization, 2001 (19).

[40] KLETTE T J, KORTUM S. Innovating firms and aggregate innovation [J]. Journal of Political Economy, 2004 (112).

[41] HANSEN E. Structural panel industry evolution: Implications for innovation and new product development [J]. Forest Policy and Economics, 2006 (8).

[42] BRAGUINSKY S., Gabdrakhmanov S., Ohyama A. A theory of competitive industry dynamics with innovation and imitation [J]. Review of Economic Dynamics, 2007 (10).

[43] MOWERY D. Plusca Change: Industrial R&D in the "Third Industrial Revolution" [J]. Industrial and Corporate Change, 2009 (18).

[44] UNESCO. UNESCO Science Report 2010: The Current Status of Science around the World [R]. Paris: UNESCO Publishing, 2010.

[45] SINON MARGINSON. The Limits of Market Reform in Higher Education [J]. Higher Education Forum, 2010 (7).

[46] President's Council on Jobs and Competitiveness. Road Map to Renewal: Invest in Our Future, Build on Our Strengths, Play to Win [R]. Washington. DC: 2011.

[47] WIPO. World Intellectual Property Report 2011: The Changing Face of Innovation [R]. Geneva: WIPO Press Release, 2011

[48] 劳耐尔. 职业教育是促进人的发展 [EB/OL]. (2011-4-7) [2015-6-11]. http://jnb.gdps.net/2011/477/2011-701.html.

[49] 苗素莲. 产业结构与职业教育关系探析 [J]. 广东工业大学学报：社会科学版，2009 (8).

[50] 刘敏，李兴保，胡凡刚. 欧盟职业教育与培训现代化进展及对我国的启示 [J]. 中国电化教育，2010 (8).

［51］刘洪昌．中国战略性新兴产业的选择原则及培育政策取向研究［J］．科学学与科学技术管理，2011（3）．

［52］朱瑞博，刘芸．我国战略性新兴产业发展的总体特征、制度障碍与机制创新［J］．社会科学，2011（5）．

［53］贺正楚，吴艳．战略性新兴产业的评价与选择［J］．科学学研究，2011（5）．

［54］林学军．战略性新兴产业的发展与形成模式研究［J］．中国软科学，2012（2）．

［55］钱国华．略论职业教育专业建设与产业战略重点的对接［J］．教育与职业，2012（18）．

［56］南海，龚孟伟．我国职业教育实训资源开发与共享机制建立的政策建议［J］．中国职业技术教育，2012（27）．

［57］占小梅．德国职业教育与经济社会发展的适应性研究［D］．石家庄：河北师范大学，2013．

［58］王春明．战略性新兴产业与高级人才政策研究［J］．郑州大学学报（哲学社会科学版），2013（46）．

［59］王利平．高职院校校内实训基地建设路径探析［J］．教育理论与实践，2013（33）．

［60］陆正华，李瑞娜，钟伟．研发效率的区域差异影响因素研究：基于中间：最终产出效率视角［J］．科学学与科学技术管理，2013（34）．

［61］曹洁．湖南省战略性新兴产业人才开发的主要问题及对策建议［D］．长沙：湖南师范大学，2013．

［62］李勃昕．中国战略性新兴产业发展研究［D］．西安：西北大学，2013．

［63］张俊．职业学校与新兴产业对接分析［J］．内蒙古师范大学学报（教育科学版），2013（26）．

［64］李铭辉．新兴产业发展背景下的职业教育改革［J］．教育与职业，2014（29）．

［65］国务院关于加快发展现代职业教育的决定（国发〔2014〕19号）［Z］. 2014-5-2.

［66］张科. 湖南省高职教育服务区域经济存在的问题及对策研究［D］. 南昌：江西科技师范大学，2014.

［67］田江. 刍议新建本科院校双师型教师队伍建设［J］. 教育与职业，2014（12）.

［68］陈涛. 我国高等教育学科专业目录的检视与反思［J］. 现代教育管理，2015（12）.

［69］侯宁，邬玉晶. 新兴产业影响下的高职院校人才培养模式的改革［J］. 教育与职业，2015（3）.

［70］湖南省加速推进新型工业化工作领导小组办公室省统计局省经信委. 2014年湖南战略性新兴产业发展报告［N］. 湖南日报，2015-3-17（10）.

［71］湖南省经济和信息化委员会. 2014年湖南战略性新兴产业发展报告［N］. 湖南日报，2015-3-17（10）.

［72］田拥军，黄国庆. 湖南战略性新兴产业技术技能型人才培养研究［J］. 教育与职业，2015（3）.

［73］汤霓，石伟平. 美国振兴先进制造业的职业教育发展战略述评：奥巴马政府《振兴美国先进制造业》战略计划解读［J］. 高等教育研究，2015（12）.

［74］冯宝晶. “一带一路”视角下我国职业教育国际化发展的理念与路径［J］. 中国职业技术教育，2016（23）.

［75］李慧丽. 我国高职院校课程内容与职业标准对接的研究［D］. 南昌：东华理工大学，2016.

［76］左彦鹏. 高职院校“双师型”教师专业素质研究［D］. 大连：辽宁师范大学，2016.

［77］马秋艳. 高职院校校内实训基地建设问题与对策研究［D］. 济南：山东师范大学，2016.

［78］杨燕. 基于战略性新兴产业的高端技术技能人才培养方式调

整探析［J］. 职教论坛，2016（21）.

［79］徐莉亚. 职业教育专业设置与产业结构适应性分析［J］. 教育与职业，2016（3）.

［80］中国职业教育2030研究报告：发展目标、主要问题、重点任务及推进策略［J］. 中国职业技术教育，2016（25）.

［81］张慧波，叶伟巍，等. 援非项目下高职教育国际化协同路径研究：以宁波职业技术学院为例［J］. 高等工程教育研究，2016（2）.

［82］杨燕. 基于战略性新兴产业的高端技术技能人才培养方式调整探析［J］. 职教论坛，2016（7）.

［83］张安. 高职院校校企合作问题及对策研究［D］. 石家庄：河北师范大学，2017.

［84］陈慧. 山东省高职院校专业设置对区域产业结构的适应性研究［D］. 南充：西华师范大学，2017.

［85］国务院关于印发国家教育事业发展“十三五”规划（国发〔2017〕4号）［Z］. 2017-1-19.

［86］国务院办公厅关于深化产教融合的若干意见（国办发〔2017〕95号）［Z］. 2017-12-19.

［87］张慧青. 基于产业结构演进的高职专业结构调整研究：以山东省为例［D］. 上海：华东师范大学，2017.

［88］王哲，董衍美. 十八大以来中国特色现代职业教育人才培养质量工作报告［J］. 职业技术教育，2017（24）

［89］湖南省发展和改革委员会. 湖南省“十三五”战略性新兴产业发展规划［N］. 2017-1-23.

［90］朱跃东，梁建胜. 新时代下职业教育发展的要求、问题及实践理路［J］. 教育与职业，2018（11）.

［91］马静洲，伍新木. 战略性新兴产业政策的国际对比研究：基于中、美、德、日四国的对比［J］. 河南社会科学，2018（26）.

［92］刘畅，金善女. 战略性新兴产业发展阶段与创新发展模式探析［J］. 统计与管理，2018（2）.

［93］刘福满，于飞，苏欣. 战略性新兴产业高技能人才培养的国际比较研究［J］. 税务与经济，2018（3）.

［94］郭广军，赵雄辉，等. 优化湖南高等职业教育结构供给研究与思考［J］. 中国职业技术教育，2018（3）.

［95］劳甄妮. 职业院校的专业设置与产业结构适配性的供给侧分析［J］. 教育与职业，2018（6）.

［96］杜桂萍. 职业教育课程开发存在的问题及应对策略［J］. 教育与职业，2018（3）.

［97］杨慷慨，邹有奇. 职业教育产教对接制度建设研究［J］. 现代教育管理，2018（7）.

［98］石伟平. 职业教育国际化水平和国际竞争力提升：战略重点及具体方略［J］. 现代教育管理，2018（1）.

［99］丁金昌. 高职教育供给侧改革及其实施路径［J］. 高等工程教育研究，2019（1）.

后　记

创新高职院校培养服务区域战略性新兴产业人才模式，对于加快高技能高素质人才培养速度、促进战略性新兴产业高质量发展以及繁荣区域经济起到了至关重要的作用，有利于助推技能型社会建设和共同富裕等宏伟目标的实现。本研究是 2017 年湖南省教育规划重大委托课题“职业院校服务湖南战略性新兴产业政策与路径研究”（课题编号：XJK17ZDWT03）阶段性研究成果。这部著作从孕育到面世，研究持续五年之久，凝聚了笔者和研究团队的汗水和心血。这也是研究团队长期紧跟国内外职业教育前沿态势，直面中国现代职业教育发展“真问题”，打造职业教育服务新兴产业的集体智慧结晶。拙作最终得以付梓，心中唯有感激之情。

本书由湖南农业大学公共管理与法学学院博士研究生徐波、王子成负责总体设计、框架构建与内容撰写。其中，徐波主要负责第一、二、三、四章的书稿写作；王子成承担第五、六、七、八章的书稿写作。拙作构思过程中，两位在读博士研究生宛如“新兵”一般，饱含战斗激情，但毫无战斗经验，导致前期写作并不流畅甚至产生放弃之意。但幸运的是，我们得到了湖南农业大学公共管理与法学学院教授、博士生导师周明星教授的全程指导，无论是框架设计、文稿修改抑或是书籍定稿，周教授都为我们提出了宝贵的意见。同时，湖南机电职业技术学院温晓琼教授也为课题设计、实践调研与书稿修改提供了无私帮助。本研究得以顺利完成还要感谢同门的师弟师妹们，他们是赵海泓、焦华、胡鑫、刘慧婷、胡文梅等，他们帮助收集文献，整理资料，打印文稿，付出了辛勤的劳动，在此向他们表示衷心的感谢。

本研究旨归是在前人研究基础上的进一步深化，写作过程中引用了众多学者的优秀成果，还得到湖南省教育科学研究院等相关主管部门给予的大力支持，在此一并表示感谢。同时，感谢华中师范大学出版社的编辑们为此书出版付出的辛勤劳动。

徐　波　王子成

2023 年 3 月 24 日于湖南农业大学